PSICOSSOMÁTICA, DE HIPÓCRATES À PSICANÁLISE

CONSELHO EDITORIAL

André Costa e Silva

Cecilia Consolo

Dijon de Moraes

Jarbas Vargas Nascimento

Luis Barbosa Cortez

Marco Aurélio Cremasco

Rogerio Lerner

Blucher

PSICOSSOMÁTICA, DE HIPÓCRATES À PSICANÁLISE

Rubens M. Volich

8ª edição revista e ampliada

Psicossomática, de Hipócrates à psicanálise
© 2000 Rubens M. Volich
2022, 8ª edição
Editora Edgard Blücher Ltda.

2000, 1ª e 2ª edições – Casa do Psicólogo
2002, 3ª edição – Casa do Psicólogo
2004, 4ª edição – Casa do Psicólogo
2005, 5ª edição – Casa do Psicólogo
2007, 6ª edição – Casa do Psicólogo
2010, 7ª edição – revista e ampliada – Casa do Psicólogo

Publisher Edagard Blucher
Editor Eduardo Blucher
Coordenação editorial Jonatas Eliakim
Preparação de texto Diego Rodrigues
Diagramação Guilherme Henrique
Revisão de texto Amanda Fabbro
Capa Leandro Cunha
Imagem da capa "Face a face", Yoël Bernharruche, cortesia da Eden Gallery

Blucher

Rua Pedroso Alvarenga, 1245, 4º andar
04531-934 – São Paulo – SP – Brasil
Tel.: 55 11 3078-5366
contato@blucher.com.br
www.blucher.com.br

Segundo o Novo Acordo Ortográfico, conforme
5. ed. do *Vocabulário Ortográfico da Língua
Portuguesa*, Academia Brasileira de Letras, março
de 2009.

É proibida a reprodução total ou parcial por
quaisquer meios sem autorização escrita da
editora.

Todos os direitos reservados pela Editora Edgard
Blucher Ltda.

Dados Internacionais de Catalogação
na Publicação (CIP)
Angélica Ilacqua CRB-8/7057

Volich, Rubens Marcelo
　　Psicossomática, de Hipócrates à psicanálise /
Rubens M. Volich. – 8 ed. rev., ampl. – São Paulo :
Blucher, 2022.
　　498 p.

　　Bibliografia
　　ISBN 978-65-5506-486-5 (impresso)
　　ISBN 978-65-5506-487-2 (eletrônico)

　　1. Medicina psicossomática 2. Medicina psicossomática – História 3. Psicanálise – História
I. Título

22-2778　　　　　　　　　　　CDD 616.891709

Índice para catálogo sistemático:
1. Medicina psicossomática – História

A meus alunos,
que me ensinaram a aprender.
A meus pacientes,
que me ensinaram a sonhar.

Conteúdo

Algumas palavras...	13
Marilia Aisenstein	
Prólogo à oitava edição	15
Introdução	25
1. Perspectiva histórica	31
A mitologia e a revolução hipocrática	33
"O médico é o servidor da arte..."	36
Da autoridade de Galeno ao Renascimento	41
A Idade Média e o renascimento islâmico da medicina	43
O Renascimento da crítica	46
As marcas da anatomia: da revelação à desilusão	47
A inflexão cartesiana e os prelúdios da medicina moderna	52
O espírito científico e a sistematização da medicina	54
O vitalismo, inspiração da noção de psicossomática	56
Os novos recursos da investigação clínica	60

	Entre corpo e alma	64
	Do contágio psíquico ao hipnotismo	69
2.	A revolução freudiana	75
	As relações entre o psíquico e o somático	81
	O conflito e seus destinos	82
	As dimensões tópica e econômica	83
	Nosografia psicanalítica	89
	A pulsão e o modelo metapsicológico	94
	O trauma e suas vicissitudes	97
	O dilema das neuroses mistas	99
	O corpo, entre as pulsões de vida e de morte	104
3.	Correntes modernas da psicossomática	107
	O movimento psicanalítico e o interesse pela psicossomática	107
	Das psiconeuroses às neuroses de órgão	110
	As dimensões anatômicas, libidinais e relacionais da imagem corporal	112
	Medicina e psicanálise: o nascimento da psicossomática	113
	Vertentes do campo psicossomático	120
	Reich e o paralelismo psicofísico	121
	O Instituto de Psicossomática de Chicago	125
	As vertentes psicofisiológicas	134
	Psiconeuroimunologia	136
4.	Psicossomática psicanalítica e os primórdios do desenvolvimento	147
	As passagens entre o psíquico e o somático	149
	Evolução, integração e desintegração	152

A economia psicossomática na pré e na perinatalidade 157

    Concepção, parentalidade e o ambiente pré-natal 158

    A gestante e o feto: do encontro à (in)diferenciação 163

    Raízes pré-natais da economia psicossomática 165

    Vivências maternas durante a gestação e
desenvolvimento fetal 167

    Organizações e funções pré-natais 170

    A continuidade entre a pré e a perinatalidade: um
psiquismo fetal? 172

O desenvolvimento infantil e a organização psicossomática 176

    O cuidar, o ambiente e a função materna 177

    A estruturação das relações objetais 180

    A função paterna e a censura do amante 187

    Organização e transcendência das funções primitivas 191

A economia psicossomática na infância 204

    Constituição das relações objetais e suas repercussões 205

    Irregularidades da economia psicossomática na
primeira infância 213

    Sucessão sindrômica 224

    As neonecessidades e os procedimentos autocalmantes 226

5. Mentalização e somatização, desdobramentos clínicos 231

Funções do pré-consciente e mentalização 236

Eclipse do sofrer 238

    O pensamento operatório e a depressão essencial 238

As dinâmicas do adoecer 242

    Regressões, desorganizações e somatizações 243

    O ego ideal e as desorganizações psicossomáticas 247

Um olhar para o envelhecer		253
A investigação psicossomática		260
A classificação psicossomática		263
Nosografia psicossomática e as formas do adoecer		265
Neuroses mentais e neuroses bem mentalizadas		268
Neuroses de comportamento e neuroses mal mentalizadas		271
Neuroses de mentalização incerta e neuroses de caráter		273
Mentalização, adoecimento e riscos somáticos		276
Repercussões da economia psicossomática no campo transferencial		280
A elaboração do trabalho com o campo transferencial		285
Por uma outra compreensão do sofrer		287
6.	Mitologias: narcisismo, pulsões e a economia psicossomática	291
	O narcisismo e seus destinos	292
	Resistências e ambivalências	296
	A transcendência pulsional	300
	Um olhar para o primitivo	306
	Instintos, organizações e desorganizações	312
	Outras mitologias	317
7.	Dor, sofrimento e angústia	323
	Entre dor e sofrimento...	325
	O sofrimento entre dois	327
	Paradoxos e destinos do sofrimento	330
	Dor por excesso ou dor por falta?	333

Dor e angústia nos limites do pulsional 337

    O sofrimento entre as pulsões de vida e de morte 340

    O sofrimento a serviço da vida 341

Da pulsão à constituição da angústia 345

    O paradigma das angústias infantis 349

    Por uma semiologia da angústia 353

Da semiologia à clínica 357

Dor sinal e trabalho da dor 359

8. A função terapêutica 367

    Desafios 371

    Paradoxos da clínica, tentativas de superação 372

        A clínica e a transferência 373

        A ética, o sintoma e a experiência do terapeuta 375

    Perspectivas psicoterapêuticas 378

        As dificuldades do encontro 378

        O terapeuta e a função materna 381

        Trabalho terapêutico, trabalho do sonho 382

    Inspirações 386

9. A clínica das desorganizações 389

    Desafios da clínica 394

    Do enquadre clássico à necessidade de sua transformação 397

        Regressões necessárias, regressões iatrogênicas 400

    A continência do enquadre face às desorganizações 403

    Da complexidade da clínica das desorganizações 405

    Das condições necessárias à clínica das desorganizações 408

Dos recursos do paciente ao enquadre na clínica das desorganizações — 412

    Função estruturante, função materna — 413

    O olhar, corpo a corpo à distância — 416

10. Nomear, subverter, organizar — 423

    A clínica do recalcamento — 425

    O corpo revelado — 427

    Dilemas — 430

    Revelações do primitivo — 433

    Turbulências e desorganizações — 437

    Experiências silenciadas — 438

    A escuta do corpo — 441

    Continência, enquadre e escuta: um outro paradigma — 443

Referências bibliográficas — 449

Índice remissivo — 483

Índice de autores e de nomes — 493

Algumas palavras...

Marilia Aisenstein[1]

Com o belo título, *Psicossomática, de Hipócrates à psicanálise*, Rubens M. Volich nos conduz a uma longa e emocionante jornada.

O livro é um monumento. Suas reedições sucessivas, enriquecidas ao longo de vinte e dois anos de pesquisa, são a prova disso.

Composta de dez capítulos, a obra situa o início da história da psicossomática na visão holística de Hipócrates, para quem a medicina cuida da unidade somato-psíquica do humano. Passando pelo Renascimento e pelo Vitalismo até chegar à "revolução freudiana", o autor mostra o quanto a psicossomática contemporânea está enraizada no *corpus* freudiano, inicialmente com a Escola de Chicago e, depois, por meio do ponto de vista econômico preconizado pela Escola de Psicossomática de Paris.

Os três primeiros capítulos são notáveis por sua erudição e sua inteligência. Os capítulos seguintes mergulham nas sutilezas da

---

1 Psicanalista titular da Sociedade de Psicanálise de Paris (SPP), membro da Sociedade Helênica de Psicanálise (Grécia) e do Instituto de Psicossomática de Paris (IPSO). Autora de inúmeros artigos e publicações, entre os quais, no Brasil, *Dor e pensamento. Psicossomática contemporânea* (Dublinense, 2019).

14   ALGUMAS PALAVRAS...

visão psicanalítica das perturbações corporais antes de entrar nas questões colocadas pelo narcisismo, pela angústia e pela dor, tanto psíquica quanto física.

Além das teorias amplamente expostas no livro, grande parte da obra é dedicada à clínica com pacientes somáticos, à técnica e aos paradoxos com os quais o analista se depara em sua prática cotidiana.

Rubens M. Volich expõe e analisa com relevância conceitos-chave do edifício teórico de Pierre Marty como a desorganização somática, a função materna do terapeuta, o ego ideal, entre outros.

Na bela apresentação a esta oitava edição, o autor destaca os acréscimos feitos ao livro, como a discussão sobre as "neuroses mistas", que combinam elementos da psiconeurose de defesa com a neurose atual descrita por Freud. As ideias de Volich me evocam o que Michel De M'Uzan denominou de "personalidades em arquipélago"[2] e também a forma diferente como Pierre Marty insiste na questão da "irregularidade do funcionamento mental"[3].

O autor também se confronta com a difícil questão da transferência e da contratransferência com pacientes somáticos. Ele apresenta posições pessoais originais sobre as origens precoces dos processos que vão construir a economia psicossomática da criança.

No último e novo capítulo, *Nomear, subverter, organizar*, Volich nos propõe seu próprio paradigma do enquadre e da compreensão da transferência e da contratransferência para trabalhar com pacientes com riscos de desorganizações psicossomáticas que, às vezes, podem levá-los à morte.

Psicossomática, de Hipócrates à Psicanálise é um ensaio sobre o que Freud denominou de "o misterioso salto do psíquico para o somático". É um livro essencial para abordar essa questão.

---

2   M. De M'Uzan (1968). *Transferts et névroses de transfert.*
3   P. Marty (1998). *Mentalização e psicossomática*, p. 31.

Prólogo à oitava edição

Sobreviveu?....

Ao longo desses vinte e dois anos, inúmeras vezes pensei no menino que inspirou as primeiras linhas da Introdução deste livro.

Nunca mais o vi, nem naquela nem em nenhuma outra rua da região onde, no tempo de um semáforo vermelho, ocorreu nosso brevíssimo encontro. Crescera? Quem se tornara? Conseguira superar aquela condição de aparente abandono, de vagar ou talvez mendigar nas ruas ao invés de, em pleno dia, estar na escola, em casa, brincando com amigos?

Ao lembrar dele, sempre tive presente a precariedade, a violência e os riscos daquela sua condição, que já então, e cada vez mais nos últimos anos, crescia de forma sinistra e alarmante com o número de moradores de rua e pedintes em todas as cidades de nosso país. Inevitável pensar: sobreviveu?

Nunca pude saber se para ele nosso encontro teve algum desdobramento. Tampouco consegui responder àquelas minhas perguntas. Sei apenas, que, nestas páginas e dentro de mim, o menino continuou vivo e, até hoje, aquela cena acompanha-me em diferentes momentos.

Foi ela que, ao longo dos anos, ajudou-me a melhor compreender a importância da infância, resignificou meu olhar sobre a educação e sobre a clínica, e, principalmente, contribuiu para mudar minha atitude diante de perguntas aparentemente sem sentido. Certamente, muitas das linhas e palavras deste e de outros escritos, assim como várias de minhas ideias, interpretações e descobertas, nasceram de enigmas ao mesmo tempo ingênuos e complexos como aquele com o qual ele me desafiou.

Assim, marcado pelas saudades de um desconhecido, procuro o menino para manifestar, a ele e a muitos outros, minha gratidão pela oitava reedição de *Psicossomática, de Hipócrates à psicanálise*. Gratidão e satisfação renovadas a cada encontro com leitores, colegas e amigos com os quais a discussão das ideias aqui desenvolvidas constituíram-se como experiências de prazer e de descobertas. Como a experiência de acompanhar o filho que cresce, o fruto que brota da árvore que semeamos, o desejo que se realiza.

Desde sua primeira edição, atividades clínicas, de ensino e de pesquisa sempre contribuíram para o amadurecimento deste livro, criando oportunidades para tentar compreender suas imperfeições, sonhar com seu crescimento e suas transformações. E ele cresceu. Hoje, nem ele nem eu somos os mesmos.

Inicialmente publicado na coleção *Clínica Psicanalítica*, à época, da editora Casa do Psicólogo/Pearson, este livro nasceu e acompanhou por vinte anos o crescimento vigoroso dessa coleção que reuniu em 84 títulos a riqueza da reflexão teórica-clínica de colegas e amigos com contribuições importantes para a clínica das cada vez mais complexas manifestações da subjetividade e do sofrimento na atualidade. Desde o início, *Psicossomática, de Hipócrates à psicanálise* foi calorosamente acolhido por Flávio C. Ferraz, diretor da coleção, amigo querido com quem tenho o prazer de compartilhar a realização de outros projetos científicos e editoriais, como os quatro primeiros volumes da série *Psicossoma* (1997, 1998, 2003 e 2008). Esse clima fértil e estimulante, de buscas, trocas e criação, inspirou ainda *Hipocondria: impasses da alma, desafios do corpo*, publicado em 2002 naquela mesma coleção.[1]

Desde sua quarta edição, em 2004, de tempos em tempos este livro vem sendo ampliado, em seu conteúdo e em sua forma, buscando oferecer maior clareza e novos caminhos para aprofundar a compreensão dos temas aqui abordados e, principalmente, refletir o desenvolvimento de minha compreensão teórico-clínica,

A sétima edição, publicada em 2010, marcou a primeira grande ampliação da obra original. O texto foi adaptado às novas normas ortográficas da língua portuguesa[2] e novas notas e referências bibliográficas incluídas. Os conteúdos de vários capítulos originais foram desenvolvidos pelo acréscimo de novos temas (*A função paterna, Evolução integração e desintegração, Nosografia psicossomática e formas do adoecer, O ego ideal e as desorganizações psicossomáticas, Um olhar para o envelhecer*) e dois novos capítulos inseridos. Um primeiro, *Dor, sofrimento e angústia*, apontando para a íntima relação entre essas experiências e para a importância de sua dimensão relacional, sugerindo o interesse clínico de uma visão semiológica dessas manifestações. O segundo, *A clínica das desorganizações*, passou a discutir, por meio da análise de um caso clínico a incidência, as repercussões e o manejo dos movimentos de desorganização da economia psicossomática no enquadre terapêutico.

Nesta oitava edição, somos acolhidos de forma atenciosa em uma nova casa, a Editora Blucher, a quem agradeço o apoio e o cuidado editorial que, uma vez mais, dispensou a uma produção

---

1 Nova edição pela editora Blucher, no prelo.
2 Em vigor desde janeiro de 2009.

de minha autoria. Nela, crescido, amadurecido, completamente revisto, ampliado em várias passagens e com três novos capítulos *Psicossomática, de Hipócrates à psicanálise* inicia uma nova jornada.

Ao longo do caminho até aqui percorrido, a dedicatória a meus alunos e pacientes, significativa já na primeira edição, revelou-se também profética e ainda mais verdadeira. Foram eles que, no decorrer desses vinte e dois anos, continuaram a me inspirar, alimentando ao longo de aulas, supervisões e sessões grande parte das novas ideias, experiências e descobertas até hoje acrescentadas a cada nova edição. Tenho certeza de que muitos reconhecerão, nas novas passagens aqui incluídas, os momentos e as trocas que as originaram. A eles não cansarei de manifestar, a cada oportunidade, minha gratidão por essas contribuições.

Esta oitava edição reflete também novas formas de compreender alguns conceitos assim como as mudanças de minha escrita. Muitas passagens foram reformuladas e novamente redigidas, para corresponder a essas transformações.

Entre os novos temas incluídos, comentei em *O dilema das neuroses mistas* (no Capítulo 2, *A revolução freudiana*) as constatações clínicas de Freud quanto aos quadros que combinam manifestações das psiconeuroses e das neuroses atuais, uma questão pouco desenvolvida por ele, mas plena de implicações para a compreensão das oscilações da economia psicossomática.

O desenvolvimento de vários conteúdos discutidos no quarto capítulo das edições anteriores, *Psicossomática psicanalítica,* levou a sua reorganização em dois capítulos. O primeiro, descrito mais à frente, aprofunda a discussão sobre os primórdios do desenvolvimento e sobre a economia psicossomática na infância. No segundo, *Mentalização e somatização, desdobramentos clínicos* (quinto capítulo desta nova edição), acrescentei *Repercussões da economia psicossomática no campo transferencial,* em que discuto as manifestações transferências e contratransferenciais relacionadas a diferentes organizações e dinâmicas de mentalização.

A clínica ofereceu-me ao longo dos anos a oportunidade de observar e cada vez mais compreender a importância das primeiras experiências e vivências relacionais para a constituição e organização dos recursos da economia psicossomática. Essa compreensão resultou em um novo quarto capítulo, *Psicossomática psicanalítica e os primórdios do desenvolvimento*. Nele, amplio a reflexão sobre as experiências e os processos que forjam a economia psicossomática na infância, como o ambiente, as funções materna e paterna, a transcendência das vivências biológicas para as erógenas e pulsionais, a organização objetal, os movimentos de evolução, integração e desintegração e as irregularidades da economia psicossomática na primeira infância, entre muitos outros. Dirijo também meu olhar para momentos ainda anteriores a essas experiências, na pré e na perinatalidade, reflitindo sobre as raízes pré-natais da economia psicossomática, sobre as interações entre a gestante, o feto e o ambiente parental, e sobre as continuidades e descontinuidades das vivências do feto e da mãe e suas implicações nos primeiros tempos do desenvolvimento da criança.

No Capítulo *Mitologias: Narcisismo, pulsões e a economia psicossomática*, discuto mais detalhadamente as repercussões clínicas e teóricas do encontro com as manifestações mais primitivas da economia psicossomática, aquelas que vividas no que sugiro denominar *territórios do aquém*: aquém da palavra, aquém da representação, aquém do narcisismo, aquém do recalcamento. As resistências e ambivalências vividas por Freud ao aproximar-se desses territórios, assim como as dificuldades e desafios clínicos para lidar com pacientes que vivem tais manifestações, convidam a formulações de novas hipóteses inspiradas na metapsicologia e mudanças nos dispositivos clínicos para o trabalho com esses pacientes.

É essa a inspiração do terceiro novo capítulo inserido nesta edição, *Nomear, subverter, organizar*. Lembrando a importância das hipóteses freudianas sobre o corpo e sobre as relações entre o psíquico e o somático, analiso alguns aspectos clínicos e metapsicológicos que sustentam a ampliação da clínica psicanalítica para o trabalho com as manifestações da economia psicossomática nos territórios mais primitivos dessa economia. A partir de um caso clínico, sugiro um novo paradigma para o manejo do enquadre, da transferência, da contratransferência, dos modos de observação, escuta e interpretação de forma a viabilizar o trabalho com pacientes que vivem desorganizações de sua economia psicossomática, crônicas ou momentâneas.

Para esta nova edição, preparei também um *Índice remissivo* dos principais conceitos da psicossomática psicanalítica de forma a facilitar sua contextualização nas diferentes temáticas aqui desenvolvidas.

Nos vinte e dois anos de existência deste livro, observamos o interesse crescente pela psicossomática psicanalítica no Brasil. A formação que há quase trinta anos ministramos na *Especialização em Psicossomática Psicanalítica* do Instituto Sedes Sapientiae, o *Projeto Clínico e de Pesquisa em Psicossomática* e o *Departamento de Psicossomática Psicanalítica*, criados, respectivamente, há vinte e dois e há cinco anos a partir de nossa Especialização, bem como nossas produções coletivas como Simpósios, Jornadas, seis coletâneas e **trama,** *Revista de Psicossomática Psicanalítica*, são frutos do reconhecimento da importância das contribuições clínicas e teóricas desse campo para a compreensão e para o trabalho com as manifestações mais primitivas e desorganizadas da economia psicossomática.

Principalmente na última década, novos grupos, a maioria ligados à Sociedade Brasileira de Psicanálise (SBP), em São Paulo, no Rio de Janeiro, em Porto Alegre e em Recife, vem também atraindo o interesse de um número cada vez maior de psicanalistas, também contribuindo para a transmissão dessas hipóteses e modalidades clínicas. As trocas com esses colegas em Jornadas e Encontros, como os ocorridos nos últimos anos, também se constituíram, para mim e para os colegas de nosso Departamento do Sedes, em experiências gratificantes de transversalidade entre grupos e colegas com diferentes formações, que contribuem para o crescimento de todos. Espero que continuem prosperando.

Vivemos também, nos últimos anos, a aproximação com os colegas do Instituto de Psicossomática Pierre Marty, de Paris. Graças à feliz iniciativa de vários colegas da SBP, e ao incentivo da querida amiga e colega Diana Tabacof, tivemos a oportunidade de trabalhar diretamente com alguns dos principais colegas franceses, como Claude Smadja, Gérard Szwec, Christophe Dejours, Marília Aisenstein e outros colegas do IPSO. Nesse aspecto, cabe reconhecer o papel de Marília Aisenstein na aproximação entre nossos grupos, e, principalmente, de Diana, que continua a promover essa aproximação pela organização de seminários e encontros.

Em publicação recente,[3] tive a oportunidade de mencionar e agradecer individualmente a praticamente todos os colegas, amigos e companheiros de trabalho, de lutas e de vida que marcaram e contribuíram para minhas realizações, entre as quais este livro, que me é especial. Não me parece ser o caso de repetir essa, felizmente, longa lista, mas reitero a cada um deles meu reconhecimento.

Por ocasião desta oitava edição, agradeço particularmente àqueles que ao longo desses vinte e dois anos acolheram e cultivaram as ideias aqui desenvolvidas, contribuindo para sua divulgação e amadurecimento. Em especial, renovo meu reconhecimento a meus alunos, colegas e amigos que, na Especialização e no Departamento de Psicossomática Psicanalítica do Instituto Sedes Sapientiae, em São Paulo, e em várias cidades do Brasil, instigaram-me com suas

---

3 R. M. Volich (2021). *Tempos de encontro. Escrita, escuta, psicanálise.*

questões e comentários, despertando em mim o desejo de registrar nesta nova edição os efeitos de nossos encontros.

Espero poder continuar compartilhando com eles e com aqueles que agora tomam contato com este livro, os frutos desta e de novas transformações.

São Paulo, abril de 2022.

Sabeis, assim, estrangeiro que és, aí sentado tranquilamente em vossa poltrona, vós que atravessais o mundo passeando, sabeis o que é ver alguém morrer? Já assististes à morte de alguém? Já vistes como o corpo se engruvinha, como as unhas azuladas arranham o vazio, como cada membro se contrai, cada dedo se estira contra o desfecho aterrador, como o estertor emana da goela... Já vistes os olhos exorbitados por este terror que nenhuma palavra pode descrever? Já vistes tudo isso, vós o ocioso, o globe-trotter, que falais da assistência como um dever? Eu vi a morte frequentemente, como médico, eu a vi como... como um caso clínico, um fato... Pode-se dizer que eu a estudei; mas eu a vivi apenas uma única vez, e apenas dessa vez eu senti, compartilhei os pavores, durante aquela noite terrível . . . quando eu me torturava o cérebro em meu assento para descobrir, encontrar, inventar qualquer coisa que pudesse estancar o sangue que corria, corria e corria, contra a febre que a consumia sob os meus olhos, contra a morte que se aproximava cada vez mais e que eu não podia afastar do leito. Compreendeis o que é ser médico: tudo saber sobre as doenças – ter o dever de ajudar, como dizeis tão bem – e, no entanto, estar impotente à cabeceira de uma moribunda, sem nada saber e poder... Sabendo uma única coisa, esta coisa terrível que não podeis trazer nenhum auxílio . . . Ser médico e nada encontrar, nada, nada, nada... Estar ali sentado e balbuciar uma reza qualquer como velha beata na igreja, em seguida fechar os punhos novamente contra um deus miserável que sabemos bem não existir... Compreendeis tudo isso? Vós compreendeis?

Stefan Zweig, Amok ou le fou de Malais, p. 253.

Introdução

Ele vinha de longe. Pequeno, aos cinco metros, fixou-me. Aproximou-se. No movimentado cruzamento das avenidas, pelo vidro entreaberto, perguntou: "*Agora é uma hora da manhã, ou da tarde?*".

Com o coração apertado, respondi: "*o que você acha?*". Surpreso, ele olhou para o céu, reluzente de sol, murmurando: "*Da tarde...*". Sorriu. Já com outro olhar, acrescentou, pensativo: "*Nunca ninguém ligou p'ro que pergunto... Boa tarde, então*".

Prosseguiu. Acompanhei-o pelo retrovisor. O andar lento, sem pressa, o olhar passeando entre os carros e o céu. Desfrutava de sua descoberta? Sua mão, fechada, segurava algo. Não pude ver o que era. Um brinquedo? Um amuleto? Uma arma? O farol abriu. Nunca saberei. Tive medo.

Segui meu caminho. A cena repetia-se em minha cabeça. Quando, pela primeira vez, nossos olhares se cruzaram, senti que ele me desafiava. Do alto de seus seis, sete anos. Minha resposta veio automática, irrefletida, talvez sem sentido, visto o sol escaldante daquela hora. Para ele, foi uma resposta.

Escrevia estas páginas na época em que nos encontramos. Compreendi o que sentira ao destacar neste livro a importância das experiências da infância na determinação dos destinos da economia psicossomática. Lembrei-me de uma experiência, de uma descoberta, talvez, para alguns, tão banal quanto a resposta que dei àquela criança. Descoberta que se cristalizou mediante uma frase de L. Kreisler revelando que, apesar de seu desamparo, o bebê é capaz de promover a competência materna. Lembrei-me também de Searles, apontando para o desejo existente no paciente de curar seu terapeuta. Descobertas transformadoras, que me guiaram ao longo deste livro.

Antes de ser concebido, este trabalho foi decantando-se ao longo dos anos, construindo-se ao sabor das imagens evocadas por meus pacientes, das questões levantadas por aqueles com quem compartilhei as ideias que aqui são desenvolvidas.

Sabemos que apesar dos progressos diagnósticos e terapêuticos da medicina e da área da saúde, os clínicos de todas as especialidades continuam sendo frequentemente confrontados a sintomas, doenças e pacientes refratários a todos os recursos empregados para compreendê-los e tratá-los. Muitas vezes, mesmo após investigações exaustivas, consultas a vários especialistas e tentativas de diferentes protocolos terapêuticos, não se consegue chegar a um diagnóstico. Por outro lado, certos pacientes apresentam mudanças bruscas e surpreendentes de seus quadros, desviando-se da história natural de sua doença ou das respostas esperadas de um tratamento. Nessas circunstâncias, baseados na descrição sintomática e sistêmica, essas evoluções inesperadas e quadros inespecíficos são caracterizados por meio de diferentes termos como "psicossomáticos", "somatizações", "idiopáticos", "funcionais", "sem explicação médica", para citar apenas os mais conhecidos, sem que se consiga propriamente apreender as dinâmicas subjacentes a tais manifestações. Como compreendê-las? Como cuidar e tratar essas manifestações?

Orientado e inspirado pela clínica, experiência essencial de qualquer teoria, este livro visa primeiramente a apresentar uma perspectiva sucinta do campo da psicossomática desde as origens da prática médica. Não apenas pela importância do resgate de uma memória, elemento fundador da identidade de um indivíduo ou de um grupo, mas pela possibilidade de compreender que a preocupação com uma visão ampla e integrada do desenvolvimento e do adoecer humano não é um fenômeno recente, de moda, mas inscrita no próprio mito originário da medicina, personificado em Hipócrates. Uma inscrição gradativamente esmaecida e mesmo, muitas vezes, apagada ao longo dos séculos. O texto nos guia por alguns momentos importantes da história da medicina, suas descobertas, teorias e desenvolvimentos, para compreendermos as repercussões e as marcas por elas deixadas na concepção da doença e da prática médica: o fascínio e o medo, a curiosidade e a reverência pelo corpo humano, a sofreguidão por conhecer, registrar e dominar todos os seus mistérios, as decepções com muitas dessas esperanças.

Somos também apresentados às concepções da psicanálise que, partindo do rejeitado pela ciência – os sonhos, os lapsos, a histeria –, revelou a existência no ser humano de uma outra anatomia, imaginária, determinante da experiência de seu corpo, de seu prazer e de seu sofrer, sugerindo uma outra perspectiva para compreender as relações entre as manifestações psíquicas e somáticas. Acompanhamos os desdobramentos dessa perspectiva no desenvolvimento de novas abordagens terapêuticas, e o interesse que elas despertaram em muitos clínicos que vislumbraram a possibilidade de utilizá-las no tratamento de quadros incompreensíveis e refratários aos tratamentos médicos clássicos. Percebemos como a maior parte das correntes modernas da psicossomática inspirou-se na teoria psicanalítica.

Este livro oferece ainda a possibilidade de compreendermos mais profundamente a função essencial do psiquismo na regulação do equilíbrio psicossomático. Ele revela os processos pelos quais, a partir das experiências mais precoces do ser humano, estrutura-se gradativamente, por meio da relação com seu semelhante, um funcionamento complexo e integrado de funções psíquicas e corporais. Um funcionamento que pode ser perturbado ao longo da existência produzindo, segundo os recursos do indivíduo, manifestações psíquicas, comportamentais ou somáticas, normais ou patológicas.

Ele convida-nos ainda à reflexão sobre as dificuldades que experimentamos no tratamento dos pacientes com uma sintomatologia orgânica ou com funções representativas precárias, analisando os recursos que dispomos para o exercício da função terapêutica, entendida em seu sentido mais amplo, a que permite o contato com o sofrimento do paciente para além do quadro sintomático e aquém das possibilidades de comunicação.

Muitos contribuíram, cada um à sua maneira, para a concretização deste livro. Por ocasião de sua primeira edição, não me parecia possível agradecer individualmente a cada um deles. Neste momento, quando da publicação de sua oitava edição, pude fazê-lo em outra publicação[1] e um pouco mais no Prólogo desta.

Cabe, porém, reiterar aqui meu agradecimento especial aos amigos e colegas do Laboratório de Psicopatologia Fundamental da PUC-SP e do Centro de Estudos da Mama, com quem convivia e trabalhava na época da gestação deste livro, e da Especialização em Psicossomática Psicanalítica do Instituto Sedes Sapientiae, até hoje presentes em minha vida, que, por meio de conversas, discussões e sugestões, inspiraram muitas das concepções desde o início aqui desenvolvidas. Agradeço também ao amigo e colega Milton de Arruda Martins, Professor titular da disciplina de Clínica Geral da FMUSP, que acredita e luta por uma outra forma de ser médico, e aos companheiros dessa disciplina junto com quem foi possível ao

---

1 R. M. Volich (2021). *Tempos de encontro. Escrita, escuta, psicanálise.*

longo de sete anos tornar realidade e promover muitas das ideias aqui defendidas.

Ainda e sempre um agradecimento especial a Lúcia, companheira próxima de descobertas distantes e presentes, pela tradução de alguns trechos de minhas pesquisas do francês e por tudo que construímos ao longo de todos esses anos.

Às crianças, que vêm sempre de longe, minha gratidão.

1. Perspectiva histórica

Desde os tempos imemoriais, o combate entre a Vida e a Morte e a oscilação entre a saúde e a doença foram mistérios fundamentais para o desenvolvimento do conhecimento do ser humano sobre si mesmo e sobre a Natureza. Em torno deles organizaram-se as relações com seus semelhantes e com o meio que os circundava. Na Antiguidade, o adoecer era considerado uma manifestação de forças sobrenaturais sendo a cura buscada em rituais religiosos. As práticas terapêuticas e as concepções de vida, de saúde e de morte eram intimamente ligadas a essas crenças. Contra as doenças, fruto das forças do mal, lutavam os curandeiros, conhecedores dos rituais e das ervas medicinais. Intermediários entre os homens e as entidades superiores, tentavam neutralizar as forças malignas por meio da magia e de sua capacidade de evocar poderes divinos.

Paralelamente a essas visões, foram surgindo, em diferentes culturas, concepções e procedimentos que buscavam uma sistematização de eventos que estariam implicados no adoecer. Assim, na civilização assírio-babilônica (III milênio a.C.) curas rituais e mágicas coexistiam com tentativas de estabelecer procedimentos por analogia, com referências à mitologia, à metafísica e à astrologia. No Egito Antigo, paralelamente à associação entre deuses e sacerdotes, emergiram também os primeiros sinais de um raciocínio analógico na compreensão de sintomas e na escolha terapêutica,,[12] Datado de cerca de 1550 a.C., o papiro Ebers já esboçava uma descrição do corpo humano, de suas doenças e de quadros clínicos detalhados, acompanhados de procedimentos terapêuticos e de prognósticos.[3] No século V a.C., Heródoto assinalava a divisão em especialidades na medicina egípcia.[4] Apesar das poucas referências a práticas médicas, o Antigo Testamento já preconizava medidas de profilaxia e de higiene pessoal e coletiva por intermédio de regras alimentares e de organização social.[5]

Não se trata de reconstituir aqui toda a evolução da prática médica e das teorias que a sustentaram. No entanto, é interessante apontar diferentes momentos dessa evolução que ampliam a compreensão das origens de diferentes tendências e práticas modernas da medicina, revelando também muitos dos pressupostos das atuais teorias psicossomáticas. Perceberemos assim que, longe de ser um movimento recente, uma moda, o interesse por uma visão integrada do desenvolvimento humano, do adoecer e de seu tratamento, sempre esteve presente ao longo da história, refletindo a busca de uma compreensão que não se restringisse à dimensão material do

---

1 Para facilitar a leitura e o acesso aos trabalhos citados aparecem em nota de rodapé com o nome do autor, data da primeira publicação original, título e, para as citações, número da página. As referências bibliográficas completas figuram no final do livro.

2 H. W. Haggard (1940). *El médico en la historia*, p. 58.

3 L. Ayache (1992). *Hippocrate*, p. 10.

4 "cada médico tratava de uma única doença. . . . o país está cheio de médicos, especialistas de olhos, da cabeça, dos dentes, da barriga, ou ainda de doenças de origem incerta". Citado por L. Ayache. *Hippocrate*, p. 11.

5 H. Kamieniecki (1994). *Histoire de la psychosomatique*, p. 6.

corpo, superando as visões fragmentadas da existência humana e do funcionamento do organismo.[6]

A mitologia e a revolução hipocrática

Simultaneamente à complexificação das organizações sociais, a mudança progressiva da consciência do lugar ocupado pelo ser humano na Natureza propiciou o surgimento da medicina enquanto prática "autônoma", mesmo que ainda fortemente marcada por superstições e traços religiosos. Na Grécia Antiga, mais do que em qualquer outra cultura que a precedeu, o indivíduo passou a ser reconhecido e valorizado em sua especificidade, tendo também aumentado a tolerância para com as diferenças entre grupos e sujeitos. Esse contexto favoreceu a confrontação pública de ideias e o desenvolvimento de escolas políticas, filosóficas, científicas, e mesmo religiosas. Essas tendências prepararam o caminho para a possibilidade de desvincular a compreensão da doença do pensamento religioso, ao qual, desde tempos imemoriais, esteve intimamente vinculada.

Segundo a mitologia, numerosos deuses eram dotados de poderes curativos e seus santuários presentes em todas as cidades gregas. Palas Atená era um deles, mas foi Apolo, deus supremo da medicina, que inaugurou a linhagem dos grandes terapeutas.[7] Ele era capaz de disseminar a peste e as doenças com suas flechas, e, ao mesmo tempo, tinha o poder de convocá-las a si, livrando os homens dos malefícios que provocavam. Foi ele quem transmitiu ao centauro

---

6 O interesse da perspectiva histórica para compreender a evolução das concepções sobre as relações entre corpo e psique e suas influências na constituição da medicina e da nosologia médica, a psicopatológica em particular, pode também ser observado pelo prisma da hipocondria.
Cf. R. M. Volich (2002) *Hipocondria: impasses da alma, desafios do corpo*, p. 17-71.
7 T. Bulfinch (1999). *O livro de ouro da mitologia*.

Chíron os conhecimentos da arte terapêutica. Este, por sua vez, foi o responsável pela educação de Esculápio, que veio a se tornar o grande deus grego da medicina, mais venerado do que Apolo.[8]

Esculápio e suas filhas, Higéia e Panacéia deram origem a uma importante linhagem de transmissão de conhecimentos destacada no juramento de Hipócrates.[9] A medicina adquiriu uma dimensão ética e cultural. Ao mesmo tempo, templos dedicados a Esculápio e a seus descendentes tornaram-se verdadeiros centros de peregrinação e de tratamento, onde eram praticados rituais de purificação e dietas, sob forte influência do sacerdote que, durante a visita ao templo, interessava-se pela vida do paciente, conversava com ele ao mesmo tempo que relatava as curas que ali já haviam-se produzido.[10]

Com esses cultos, coexistiram as primeiras tentativas de construir teorias a respeito da doença, da vida e da morte. Já no século VI a.C., os filósofos pré-socráticos buscavam um princípio que explicasse a

---

8 Chíron sofria de uma ferida incurável provocada por uma flecha de Hércules. Esculápio fora salvo *in extremis* do ventre de sua mãe, Coronis, sacrificada na pira funerária por Apolo, em virtude de seus ciúmes de Coronis. Esculápio foi vítima da fascinação por seus próprios poderes. Tendo um dia ressuscitado um homem morto, Esculápio foi punido por Zeus por sua transgressão, retirado do mundo dos humanos e conduzido ao Olimpo. Em outros trabalhos, discuto o significado desses sofrimentos originários e incuráveis naqueles que exercem a arte de curar.
Cf. R. M. Volich (1985/2021). *Do poder da cura à cura do poder.*
Cf. R. M. Volich (1995). *Entre uma angústia e outra.*

9 "Considerar e amar como a meu pai aquele que me ensinou esta arte (terapêutica); viver com ele e, se necessário for, repartir com ele os meus bens; olhar pelos filhos dele como se fossem meus irmãos e lhes ensinar essa arte, se assim o pretenderem, sem receber qualquer pagamento ou promessa escrita; ensinar aos seus filhos, aos filhos do mestre que me ensinou e a todos os discípulos que se inscrevam e que concordem com as regras da profissão, mas só a esses, todos os preceitos e conhecimentos." Hipócrates, *O juramento*, citado por L. Ayache. *Hippocrate*, p. 72.

10 H. W. Haggard (1940). *El médico en la historia*, p. 66, 72 e 73.
L. Ayache (1992). *Hippocrate*, p. 13.

unidade da natureza, tentando situar o corpo e suas doenças na trama de forças do Universo. Mais do que novos modos de tratar as doenças, eles lançaram as bases de uma nova forma de compreendê-las, considerando-as como fenômenos naturais.[11] Vislumbrava-se, assim, a possibilidade de o ser humano ser responsável por sua doença.

Na Ásia Menor, Tales de Mileto questionava a origem divina dos fenômenos da Natureza, defendendo a existência de um princípio racional, determinante de tais fenômenos. Por sua vez, Alcméon, de Cretone, sustentava que a saúde seria a expressão de equilíbrio do ser humano com o Universo. Empédocles, de Agrigento, afirmava que o corpo era formado por quatro elementos, fonte de seus "humores", que estariam também subordinados à luta permanente entre o amor (fonte de integração) e o ódio (fonte de desintegração).[12]

A vitória dos gregos sobre os persas em 480 a.C. e o governo de Péricles trouxeram um período de grande prosperidade para Atenas, propiciando ali a aglutinação de um número significativo de filósofos, muitos dos quais eram médicos. Nesse contexto, emergiu o pensamento de Sócrates e de seus discípulos. Gradualmente, surgiu a ideia de que o ser humano seria constituído não apenas de um substrato material, o corpo e suas funções, mas, também, de uma essência imaterial, vinculada aos sentimentos e à atividade do pensamento, a alma. A tentativa de compreender as relações entre essas dimensões, corpo e alma, constituiu-se como um dos principais veios do pensamento filosófico e das ciências que dele herdaram o espírito de investigação. Ao longo da história e no âmbito da medicina, essa discussão determinou diferentes vertentes na compreensão da doença, da natureza humana e da função terapêutica.

Para Platão (428-347 a.C.), a alma, parte imaterial do ser humano, seria desencarnada, mas localizada, composta de três elementos. A alma

---

11 H. W. Haggard (1940). *El médico en la historia*, p. 77 e 80.
12 H. Kamieniecki (1994). *Histoire de la psychosomatique*, p. 7.

inferior, nutritiva e a média, a das paixões, seriam localizadas no abdômen e no tórax. A alma superior, relacionada com a inteligência e com o conhecimento, seria localizada no cérebro. A perturbação, a loucura, apareceria quando a alma superior não mais conseguisse controlar as outras duas. Essa visão, dualista, também reconhecia que a loucura não seria apenas de origem corporal, mas divina.[13]

Aristóteles (384-322 a.C.) retomou a concepção tripartite de Platão. Ele considerava a existência de uma alma vegetativa (constitutiva das plantas), uma sensitivo-motora (essência dos animais) e uma pensante e racional, atributo exclusivo do ser humano. A alma estaria ligada ao corpo físico, e toda doença física teria também uma expressão anímica. O adoecer seria provocado pela perversão dos humores, sob efeito das paixões que nascem do duplo movimento da alma e do corpo. A cólera ou o desejo de vingança, por exemplo, provocariam a ebulição do sangue. O restabelecimento do doente ocorreria por meio da *catarse*, visando tanto purgar o corpo como purificar a alma.

"O médico é o servidor da arte..."

"Ser útil, ou pelo menos não prejudicar. A arte se compõe de três termos: a doença, o doente e o médico. O médico é o servidor da arte. É necessário que o médico ajude o doente a combater a doença". Essas concepções condensam a profunda transformação promovida por Hipócrates na compreensão da doença e de seu tratamento. Nascido na ilha de Cos, por volta de 460 a.C., contemporâneo de Sócrates e membro do grêmio de Esculápio, ele fundou um verdadeiro corpo de conhecimentos, desenvolvendo uma medicina naturalista, baseada em uma doutrina, metodologia e deontologia específicas.

---

13 H. Kamieniecki (1994). *Histoire de la psychosomatique*, p. 13.

Constituído de 153 escritos, o *Corpus Hippocraticum* descreve muitas das concepções filosóficas, etiológicas e terapêuticas que fundaram a medicina moderna.[14]

Hipócrates partia da ideia de que a observação dos fenômenos da Natureza se opõe a uma concepção sobrenatural da doença. Segundo ele, é impossível observar as partes do corpo abstraindo-as do todo, seja este totalidade cósmica ou apenas corporal.[15] Até sua época, o soma designava apenas o corpo inanimado. Hipócrates introduziu a ideia de unidade funcional do corpo, em que a *psyché*, alma, exerce uma função reguladora: "O corpo humano é um todo cujas partes se interpenetram. Ele possui um elemento interior de coesão, a alma; ela cresce e diminui, renasce a cada instante até a morte. É uma grande parte orgânica do ser".[16]

Hipócrates considerava o ser humano como uma unidade organizada, passível de desorganizar-se. A desorganização propiciaria a emergência de uma doença. Para compreendê-la, ele ressaltava a importância da observação clínica e da anamnese. Ele lançou as bases da propedêutica e também desenvolveu uma tentativa pioneira

---

14 Inúmeros procedimentos mencionados no *Corpus Hippocraticum* parecem ter sido inspirados pela medicina egípcia. Alguns autores defendem também a existência nesses tratados de uma influência hindu, de inspiração cosmológica. Segundo a versão estabelecida por Emile Littré, na França, constam dessa Coleção 96 escritos e 23 cartas apócrifas.
L. Ayache (1992). *Hippocrate*, p. 5 e 11.

15 Platão, em um diálogo entre Sócrates e Fedro, descreve a essência do método hipocrático:
"– Você acredita ser possível ter uma ideia da natureza da alma . . . independente da natureza do todo (*hólos*)?
– Se devemos ter alguma confiança em Hipócrates, ele que é um Asclepíades, não é sequer possível utilizar um método diferente deste quando é do corpo que cuidamos".
Platão, Fedro. Citado por L. Ayache (1992). *Hippocrate*, p. 5.

16 Citado por H. Kamieniecki (1994). *Histoire de la psychosomatique*, p. 7.

de semiologia,[17] descrevendo as doenças a partir de uma pesquisa etiológica e prognóstica. Assim, ele destacava a importância da dimensão histórica, colocando em perspectiva o passado, o presente e o futuro do doente.[18]

Segundo Hipócrates, o médico confronta-se a cada vez com uma história inédita. O exame clínico visa a, antes de tudo, reconstituir a história singular do doente e prever seus possíveis desdobramentos, e não apenas identificar um quadro de entidades mórbidas preestabelecido. Nesse exame, ele serve-se de métodos até hoje utilizados: a investigação do aspecto geral do paciente, a palpação, a auscultação, tendo, porém, ignorado a percussão.[19] A semiologia hipocrática era global e diferencial. Nenhum sintoma isolado é unívoco. Ele ganha significado ao ser contextualizado com o aspecto geral do paciente e com outros sintomas, com os quais vai compor uma síndrome.

Hipócrates concentrava sua atenção na singularidade dos casos, dos lugares e dos tempos, afirmando ser possível induzir categorias mais ou menos gerais, mas nunca universais.[20] Assim, os estudos de caso apresentados em seus escritos são personalizados; os doentes são nomeados e descritos com uma grande riqueza de detalhes, inclusive de sua evolução diária. Para estabelecer o diagnóstico e o prognóstico é necessária uma investigação abrangente da vida do paciente.

> *Nas doenças, aprendemos a extrair os sinais diagnósticos*
> *das seguintes considerações: da natureza humana em*
> *geral e da complexidade de cada um em particular; da*
> *doença; do doente, das prescrições médicas; daquele*

---

17 Estudo dos sinais e sintomas das doenças humanas que permitem a classificação das afecções.

18 H. W. Haggard (1940). *El médico en la historia*, p. 83 e 84.

19 H. W. Haggard (1940). *El médico en la historia*, p. 93.

20 L. Ayache (1992). *Hippocrate*, p. 14.

que prescreve, pois isso pode sugerir os receios ou as esperanças; da constituição geral da atmosfera, e das particularidades do céu e de cada país, dos costumes; do regime alimentar; do modo de vida; da idade; dos discursos e das diferenças que eles oferecem; do silêncio; dos pensamentos que ocupam o doente; do sono; da insônia; dos sonhos, segundo o caráter que eles apresentam e o momento em que eles ocorrem; o movimento das mãos; as coceiras; as lágrimas; da natureza das repetições; das fezes; da urina; da expectoração; dos vômitos; das trocas feitas entre os doentes, e os depósitos que se voltam para a perda do doente ou uma solução favorável; dos suores; dos resfriamentos; dos arrepios; da tosse; dos espirros; dos soluços; da respiração; das eructações; dos ventos barulhentos ou não; das hemorragias; das hemorróidas.[21]

Assim, além da atenção aos sinais corporais, percepções e sensações do paciente, para compreender seus males e sofrimento, é também necessário conhecer seu modo de vida, seu ambiente, suas relações familiares, conjugais, profissionais, sua relação com o passado e expectativas quanto ao futuro. Nos tempos modernos, o campo da psicossomática resgata, de certa forma, o espírito hipocrático ao reconhecer a importância desses elementos, destacando também a função das emoções, do pensamento, das atitudes corporais, da vida psíquica e dos sonhos, em particular, como fatores que contribuem para elucidar os processos de adoecimento, de manutenção da saúde e as formas de promover o tratamento. Segundo Hipócrates,

---

21 *Epidemias*, citado por L. Ayache (1992). *Hippocrate*, p. 26.

os sonhos reproduzem a ação ou as intenções do sujeito desperto. Quando o corpo está saudável, ele não perturba a atividade onírica da alma, e os conteúdos do sonho são então idênticos aos pensamentos do sujeito em vigília. Por outro lado, as afecções do corpo perturbam a alma modificando esses conteúdos segundo um processo analógico. Toda oposição sonhada aos projetos ou às percepções da alma desperta indica, portanto, uma patologia. Sua natureza pode ser detectada pela análise que se refere, por um lado, a um simbolismo macrocósmico . . . e, por outro lado, a um simbolismo metafórico . . . As perturbações dos pensamentos refletem assim as perturbações do corpo, um corpo são deixando a alma livre e idêntica a ela mesma no sono.[22]

Hipócrates aliava uma visão humanista ao rigor do procedimento científico. Na compreensão do adoecer e da terapêutica, ele ressaltava a importância das noções de maturação e de crise, propondo uma apreensão dinâmica da doença em termos de *defesa* e de *catarse*. Ele concebia a doença a partir de uma perspectiva evolutiva considerando aspectos do desenvolvimento do indivíduo, suas condições de vida, bem como uma pré-noção do que hoje poderíamos compreender como fatores constitucionais, a partir dos quais interagem quatro elementos da fisiologia humoral: quente, frio, seco e úmido. O objetivo da terapêutica é restaurar a unidade do todo orgânico ameaçado pela doença, considerando não apenas os sintomas, mas também a natureza do doente.[23]

Contemporânea de Hipócrates, em Cnide, na Ásia Menor, desenvolvia-se uma prática médica baseada em pressupostos bastante

---

22 *Dos Sonhos*, citado por L. Ayache (1992). *Hippocrate*, p. 37.
23 L. Ayache (1992). *Hippocrate*, p. 96.

distintos. No *Corpus Hippocraticum*, os tratados *Doenças II* e *III*, bem como *Afecções Internas*, são tradicionalmente atribuídos a essa escola, cujos membros eram denominados *cirurgiões*.[24] Sua abordagem da doença focalizava os sintomas locais, estabelecendo o diagnóstico e a nosografia a partir dos órgãos atingidos. Nesses tratados, os doentes são apresentados de forma impessoal, segundo curtos parágrafos que descrevem o nome da doença, os sintomas, sua etiologia e seu prognóstico. Essa visão descritiva não buscava compreender a natureza da doença. Como consequência, a terapêutica consistia essencialmente em tratamentos locais e sintomáticos, como a prescrição de vomitivos, aplicação de ventosas e realização de sangrias. Os efeitos colaterais desses tratamentos eram pouco considerados.[25]

Percebemos, assim, já na Grécia Antiga, duas orientações da prática médica. Uma que considerava o funcionamento do organismo integrado à sua dimensão anímico-corporal, ao modo de vida e à história do indivíduo. Outra, orientada para os sintomas e as regiões do corpo atingidas, sem buscar compreender o nexo entre essas partes e outros aspectos da vida do sujeito. Essas posturas diferem sobretudo em suas concepções do ser humano, mais do que a questões ligadas ao método da medicina. Ao longo da história, a oposição entre essas tendências acirrando-se, determinando diferentes formas de compreender a experiência e os processos do adoecer, e os meios para tratá-la.

Da autoridade de Galeno ao Renascimento

Com o declínio de Atenas, no século III a.C., eclipsou-se também a medicina hipocrática, que só foi resgatada cinco séculos mais tarde por Galeno (131-201 d.C.) que traduziu para o latim a obra de

---

24 L. Ayache (1992). *Hippocrate*, p. 24.
25 H. Kamieniecki (1994). *Histoire de la psychosomatique*, p. 10.

42 PERSPECTIVA HISTÓRICA

Hipócrates. Nascido em Pérgano, ex-colônia grega da Ásia Menor, ele afirmava que prática médica é pautada por uma norma corporal:

> *Exercer a medicina é de certa forma transpor todo corpo encontrado a uma norma em função da qual é necessário agir. Se o corpo é suscetível de ser remodelado, isto deve ser feito segundo critérios estritos, que apenas o médico pode prescrever, convicto em sua teoria do melhor corpo; na descrição anatomofisiológica está irremediavelmente implicada a prescrição de comportamentos sociais.*[26]

Defendendo a estreita dependência entre o corpo e o espírito, Galeno desenvolveu uma visão bastante normativa, que insistia na importância da "boa constituição" e da "boa construção" do corpo, determinadas pelo equilíbrio entre o "bom temperamento" e a "boa proporção" entre as partes orgânicas.

Mais conhecido por ter realizado a classificação da farmacopeia tradicional, a partir da experimentação, Galeno ampliou os conhecimentos em anatomia e fisiologia. Ao mesmo tempo, a partir da teoria dos humores de Hipócrates, ele desenvolveu uma *tipologia psicológica* que estaria relacionada com diferentes manifestações patológicas. Essa abordagem foi resgatada por diferentes correntes da medicina de nossos tempos, como a Homeopatia e a Antroposofia, entre outras.

Apesar da inspiração hipocrática, a atitude de Galeno contrastava fortemente com a do pai da medicina. Hipócrates ressaltava a importância da dúvida e da introspecção do médico, o caráter fugidio e passageiro do conhecimento, a importância da experiência, da

---

26 V. Barras e T. Birchler (1995). *La perfection de l'homme selon Galien.*

observação e do juízo pessoal.[27] Por sua vez, Galeno caracterizava-se por suas atitudes firmes e categóricas, seus juízos inquebrantáveis, colocando-se como possuidor de um conhecimento definitivo e infalível: "Nunca até o presente cometi nenhum erro, seja no tratamento, seja no prognóstico, como aconteceu a muitos médicos de grande reputação. Se alguém desejar alcançar o renome... precisa apenas aceitar o que eu fui capaz de demonstrar".[28] Este era também o tom de seus escritos, o que em grande medida contribuiu para que Galeno viesse a se tornar uma autoridade médica incontestável ao longo de quase quinze séculos.

A Idade Média e o renascimento islâmico da medicina

Com a captura de Roma pelos Visigodos em 410, a história da medicina bifurca-se seguindo os destinos da divisão do Império Romano. Em Bizâncio, os conhecimentos clássicos, inclusive da medicina, foram mais preservados, o que, séculos mais tarde, propiciou seu desenvolvimento e sua difusão por meio dos mouros. No Ocidente, aqueles conhecimentos ficaram sujeitos ao enclausuramento que marcou o sistema feudal, ficando sua transmissão restrita aos copistas nos monastérios. Com a expansão do catolicismo, na Europa Ocidental, o pensamento religioso passou a dominar as cenas social, filosófica e científica. A crença na imortalidade da alma e o desprezo pelo corpo levaram ao desaparecimento do exame clínico e de praticamente todos os conhecimentos médicos da Antiguidade.

Entre os séculos VIII e XI, o caráter cosmopolita da civilização islâmica foi o principal responsável pelos avanços da medicina. Filósofos, médicos e sábios árabes, judeus, persas, sírios e gregos

---

27 Em uma de suas frases mais célebres Galeno professa: "A vida é curta e a arte infinita. A experiência falaz e o juízo difícil".
28 Citado por H. W. Haggard (1940). *El médico en la historia*, p. 121.

resgataram os conhecimentos preservados no Império Romano do Oriente, promoveram inúmeras traduções de livros gregos e romanos, desenvolvendo o neo-hipocratismo. Após a invasão da Península Ibérica, em 711, esses sábios contribuíram para a fundação das primeiras escolas de Medicina em Salerno, próxima a Nápoles (século IX), e em Montpellier, sul da França (século XII), onde foi resgatado o espírito humanista e hipocrático.

Nascido na Pérsia, Avicena (980-1037) foi um brilhante herdeiro de Galeno que ambicionou fazer da medicina "um sistema tão exato como a matemática para resolução de problemas".[29] Em seu tratado de dezoito volumes *A cura*, ele realiza uma síntese aristotélica e uma interpretação neoplatônica da criação, defendendo que esta é fruto da vontade e do espírito do Criador, responsável também pelas essências do Intelecto, da Alma e da Natureza. Influenciado pelas interdições de dissecar cadáveres, tanto da cultura islâmica como da católica, Avicena foi um dos responsáveis pela caracterização da cirurgia, na época exercida pelos "barbeiros", como uma arte inferior. Durante muito tempo, a medicina europeia foi uma medicina galênica interpretada por Avicena.

No contexto da cultura islâmica na Espanha, Moisés ibn Maïmon (Maimonides) (1135-1204), filósofo e médico, sustentava que corpo e alma são instâncias interdependentes e em equilíbrio. Segundo ele, a doença surge como uma ruptura desse equilíbrio. As emoções podem produzir tanto o enfraquecimento psíquico como o físico, determinando a necessidade de conhecer o temperamento do paciente para compreender a doença. No tratamento, ele preconizava a utilização tanto dos recursos do corpo como do espírito. A cura representaria o retorno a um equilíbrio anteriormente perturbado. Essa visão integradora é marcante no *Guia dos perplexos*, uma de suas obras mais conhecidas.

---

29 Citado por H. W. Haggard (1940). *El médico en la historia*, p. 151.

*Ação do sofrimento moral e da opressão enfraquece
as funções psíquicas e físicas do homem . . . o apetite
pode desaparecer por causa da dor, da angústia, da
tristeza, das preocupações. A emoção enfraquece os órgãos respiratórios. Se este estado persiste, a pessoa ficará
necessariamente doente, se se prolonga, ela morrerá . . .
A felicidade e o prazer provocam o efeito contrário, e
reforçam a moral e os movimentos do sangue e do espírito.
Desta forma o organismo poderá cumprir suas funções
da melhor maneira possível.*[30]

As Cruzadas provocaram na Europa a circulação de populações
e de ideias. Nesse contexto, foram fundados os primeiros hospitais
e faculdades de medicina. Salerno, na Itália, tornou-se um grande
centro formador de professores, que passaram a ensinar em outras
cidades europeias. Ali foi também escrito o primeiro compêndio
de medicina, o *Regimen Sanitatis Salernitatum* – Regime Sanitário
de Salerno –, que, a partir de 1480, graças à invenção da imprensa
(1440), se difundiu por toda Europa por meio de mais de 200 edições.

Na Idade Média europeia, a medicina era marcada por uma leitura
bastante parcial dos clássicos greco-romanos. Existia uma clara
distinção entre os médicos e os cirurgiões "barbeiros", geralmente
desprezados pelos primeiros. As cirurgias só eram praticadas em
casos extremos e realizadas sem anestésicos nem antissépticos. Médicos e cirurgiões ignoravam quase que completamente a anatomia.
Os conhecimentos médicos eram transmitidos por meio de autores
como Plínio, Galeno e Avicena, sem que suas teorias pudessem ser
criticadas. A medicina combinava ainda uma compreensão natural
da doença e inúmeros elementos de ordem sobrenatural. A Igreja era

---

30 Citado por H. Kamieniecki (1994). *Histoire de la psychosomatique*, p. 15.

onipresente. Assim como Copérnico e Galileu, foram perseguidos por questionarem as teorias geocêntricas do Universo, aqueles que, como Andreas Vesalius e W. Harvey, se aventuraram a questionar as visões de Aristóteles e de Galeno sobre o corpo humano, sofreram também inúmeras perseguições.

O Renascimento da crítica

Nos séculos XV e XVI, a abertura de novas rotas de comércio intensificou a movimentação de indivíduos entre diferentes regiões, dentro da Europa e fora dela. Uma de suas consequências foi o desenvolvimento de uma nova concepção de ser humano e de novos ideais que promoveram a liberdade de pensamento, o espírito de investigação e o direito à crítica dos clássicos. O surgimento de uma nova visão das letras, artes e ciências também marcou os rumos da medicina.

Paracelso (1493-1541) foi um representante exemplar desse novo espírito. Nascido na Suíça, educado na cultura clássica na Universidade, ele aperfeiçoou seus estudos de medicina em inúmeras viagens. Ao mesmo tempo que se dedicava ao estudo de Hipócrates, Galeno e Avicena, interessou-se também pela atividade dos barbeiros, pelos curandeiros e por outras ciências como a geografia, a história e a filosofia. Contrariamente aos costumes da época, apesar de versado em latim, escrevia suas observações em alemão, para que fossem compreendidas pelo maior número possível de seus compatriotas.

Paracelso compreendeu que Hipócrates havia sido, antes de tudo, um excelente observador, enquanto todos aqueles que o sucederam se preocuparam em teorizar, perdendo o contato com a experiência. A adesão incondicional aos mestres e a impossibilidade de reconhecer o valor da experiência eram, segundo ele, a fonte de grande parte dos erros cometidos pelos médicos de sua época. Essas posições provocaram a revolta tanto de seus colegas como de seus alunos, obrigando-o a abandonar a Universidade. Apesar de não ter realizado nenhuma grande descoberta, o maior mérito de Paracelso foi ter defendido a importância da crítica dos conhecimentos estabelecidos e da valorização da própria experiência para que novos caminhos se abrissem para o desenvolvimento da medicina.

As marcas da anatomia: da revelação à desilusão

Os antigos egípcios cultivavam uma verdadeira reverência pelo corpo humano, como demonstra a qualidade do embalsamento que praticavam. Apesar disso, sua religião, assim como muitas culturas da Antiguidade, inclusive a grega, proibia a dissecação. O próprio Hipócrates pouco conhecia a anatomia humana. A maior parte de seus conhecimentos provinha do estudo comparativo da dissecação de animais.[31]

O primeiro livro de anatomia, do qual foram conservados apenas alguns fragmentos, foi escrito por Heófilo, em Alexandria, no século II a.C. Ainda no século XVI, o corpo humano era completamente desconhecido do curandeiro, do médico e do cirurgião, inexistindo, também, qualquer noção da fisiologia. A impossibilidade de questionar os autores clássicos era o maior obstáculo ao avanço nesses campos.

Nascido em Bruxelas, Andreas Vesalius (1514-1564) iniciou seus estudos de medicina em Paris. Cedo decepcionou-se com o ensino ali ministrado, caracterizado pela anatomia há séculos descrita por Galeno. Em Bolonha, desde o século XIV, a dissecação de cadáveres havia sido retomada para fins de ensino.[32] Vesalius seguiu para essa

---

31 H. W. Haggard (1940). *El médico en la historia*, p. 95.
32 H. W. Haggard (1940). *El médico en la historia*, p. 242-243.

cidade, porém constatou que, na aula de anatomia, um barbeiro praticava a dissecação, enquanto o professor nomeava as peças a partir dos textos de Galeno. Ele insurgiu-se contra esse método que nada permitia descobrir de novo, além do mero reconhecimento do que já se encontrava na obra do mestre. Decidiu então dedicar-se à anatomia, e, imediatamente após a obtenção de seu título médico em Pádua, foi nomeado professor de cirurgia e anatomia.

Em 1538, publicou seu primeiro livro, que ainda apresentava o corpo humano segundo uma representação muito próxima da de Galeno, cuja autoridade Vesalius ainda não ousava desafiar abertamente.

Ao dissecar um macaco, em 1541, ele demonstrou que as descrições de Galeno não correspondiam a estruturas anatômicas humanas, mas a estruturas animais, que, entretanto, nunca haviam sido questionadas. Em 1543, Vesalius publicou na Basileia o primeiro tratado de anatomia humana, *De Humani Corporis Fabrica*, composto de 663 páginas e mais de trezentas gravuras.[33] Ao contestar a autoridade de Galeno, sua obra provocou uma forte reação de eruditos e catedráticos. Vesalius foi violentamente atacado e difamado, o que fez com que, inclusive, seus discípulos se voltassem contra ele. Indignado, queimou seus manuscritos e abandonou Pádua. Apesar de toda a oposição que suscitou, seu livro foi de imenso valor para o posterior desenvolvimento da anatomia.

Além de se dedicar a seus estudos anatômicos, Vesalius preconizava a unidade da medicina, criticando a prática médica de sua época. Já então, ele denunciava os efeitos perversos da especialização e da repartição de funções entre diferentes profissionais:

> *os mais reputados médicos, cheios de repugnância pelo trabalho manual . . . começaram a encarregar seus*

---

33 H. W. Haggard (1940). *El médico en la historia*, p. 247.

> *empregados das intervenções cirúrgicas que julgavam*
> *necessário realizar em seus doentes; se contentavam em*
> *assisti-los, como arquitetos a obras.*[34]

As polêmicas em torno da obra de Vesalius não intimidaram o francês Ambroise Paré (1509-1599), que tentou aplicar as concepções de Vesalius à prática da cirurgia. De origem humilde, Paré foi inicialmente um barbeiro, "motivado pela compaixão, pela humanidade e pelos doentes".[35] Ele trabalhou inicialmente no Hospital Hotel Dieu, em Paris, e foi mobilizado como cirurgião militar em 1536, na guerra entre a França, Espanha e Alemanha. Nessa função, ele foi confrontado ao tratamento de feridas provocadas por armas de fogo, que infeccionavam facilmente. Juan de Vigo, médico do Papa Julio II, autoridade da época, defendia que o grau surpreendente de infecção daquelas feridas decorria do fato de a pólvora estar envenenada. Valorizando sua própria experiência, Paré opôs-se a essa interpretação e ao tratamento preconizado pelo colega. Essa atitude autônoma e independente, e, sobretudo, sua preocupação com o bem-estar e com o moral dos doentes, contribuíram para que A. Paré desenvolvesse novos métodos de tratamento, como a ligadura de vasos para estancar hemorragias, próteses, olhos, pernas e braços artificiais para os mutilados, e mesmo os implantes dentários. Aliando o desejo de aliviar o sofrimento de seus semelhantes com a importância da experimentação, Paré tornou a cirurgia uma atividade respeitável. Passou a ser considerado pai da cirurgia moderna, favorecendo também o reconhecimento da anatomia descrita por Vesalius.

O caminho inaugurado por Paré encontrava, porém, dois grandes obstáculos: a dor infligida ao paciente pelo método cirúrgico e

---

34 Citado por M. J. Del Volgo (1998). *O instante de dizer.*
35 H. W. Haggard (1940). *El médico en la historia*, p. 252.

as infecções decorrentes desse procedimento. Mais de um século foi necessário para que fossem superados. O inglês John Hunter (1728-1793) transformou a cirurgia em ciência, sistematizando seu ensino. Em 1844, Wells (1815-1848) e Morton (1819-1868) desenvolveram o uso da anestesia, e, a partir das descobertas de Pasteur, Joseph Lister (1827-1912) descobriu em 1854 o princípio da assepsia, permitindo o combate às infecções pós-operatórias.[36] A partir de então, a cirurgia progressivamente ganhou um lugar de destaque entre as técnicas terapêuticas, atingindo a posição que ocupa em nossos dias.

A possibilidade de eliminar a doença por meio da extirpação de seus sintomas ou das partes do corpo atingidas favorecia o deslocamento do foco do cuidado do doente, aumentando o risco de negligenciar a compreensão de suas origens e de sua dinâmica. Não apenas conhecer, mas inclusive modificar a estrutura anatômica do corpo humano, tais foram as perspectivas abertas por Vesalius e Paré. Expectivas fascinantes que permitiam ao ser humano imaginar-se próximo da divindade. Quando, em uma frase célebre, A. Paré declarou "Eu o tratei, Deus o curou", revelou-se a ambivalência do cirurgião, por um lado, humilde e subserviente a uma força superior, por outro, inebriado pela sensação de proximidade e de parceria com os poderes divinos.

Até a Idade Média, a religião e o pensamento filosófico haviam impregnado a compreensão da doença e do corpo humano. No Renascimento, o ser humano se viu diante de uma encruzilhada. Por um lado, concebia uma visão abstrata e idealista de sua natureza, de seu corpo e de seu funcionamento, e, por outro, era desafiado

---

36 Em 1929, Alexander Fleming (1881-1955) descobre a penicilina, o primeiro de uma série de gerações de antibióticos, produzindo uma revolução no tratamento das infecções em geral e diminuindo ainda mais os riscos das infecções pós-cirúrgicas.

a desvendar sua realidade material. Desde então, intensificou-se a investigação de seu substrato material.

O maior conhecimento da anatomia revelou-se fundamental para a compreensão do adoecer e da terapêutica. Mergulhando nas entranhas do corpo, esperou-se ali encontrar as respostas para todos os enigmas da vida, do funcionamento do organismo e mesmo para a compreensão do pensamento, dos afetos e da vontade humana.

Essa perspectiva imaginária da pesquisa anatômica é parte do mito das origens da medicina e marcou de forma definitiva seus caminhos até os nossos dias. Porém, carregada de muitas esperanças, cada descoberta vem também acompanhada de um sentimento de frustração que revela o caráter melancólico do anatomista moderno. Como sugere P. Fédida,

> *a melancolia do anatomista se compreende como a experiência da desilusão: o corpo não esconde nada que não possa ser visto pela dissecação de cadáveres, pelo inventário dos órgãos e sua nomeação . . . [Esses elementos] constituirão o substrato ideológico de todo o conhecimento médico.*[37]

É importante considerar que, em nossos dias, a genética e diversos campos de pesquisa avançados da medicina se prestam à substituição dessa fantasia, alimentada durante séculos pela anatomia e pela cirurgia. A biologia molecular vem permitindo o mapeamento do genoma humano que possibilita detectar genes ligados ao desenvolvimento de inúmeras doenças, como as de Huntington e de Tay-Sachs, a distrofia miotônica, o glaucoma, a fibrose cística, hemofilia e certos tipos de câncer, como o retinoblastoma, tumores

---

37 P. Fédida (1971). *L'anatomie dans la psychanalyse.*

de mama, ovário e intestino, entre muitos outros.[38] Essas pesquisas acenam com a fascinante perspectiva de um dia, uma vez decifradas todas as sequências do genoma, conhecermos ao nascer, e mesmo antes, todas as predisposições e características do ser que está por vir, não apenas suas características físicas, mas também alguns dos traços de sua personalidade, e, sobretudo, as doenças que ele poderá desenvolver. Em outro trabalho, discuto as consequências desse novo mito da medicina, ressaltando que a dissociação entre o corpo anatômico e fisiológico e o corpo imaginário instaura uma fissura mediante a qual se esvai a subjetividade, preparando o caminho para aquela experiência melancólica.[39]

A inflexão cartesiana e os prelúdios da medicina moderna

René Descartes (1596-1650) imprimiu ao método científico uma visão que influencia a compreensão do ser humano até nossos dias. Destacando a importância da *dúvida sistemática*, Descartes descreve a essência de seu método.

> *Jamais aceitar como exata alguma coisa que eu não conhecesse à evidência como tal . . . evitar, cuidadosamente, a precipitação e a precaução, incluindo apenas nos meus juízos aquilo que se mostrasse de modo tão claro e distinto à minha mente que não subsistisse razão alguma à dúvida; . . . dividir cada dificuldade a ser examinada em tantas partes quanto possível e necessário*

---

38 E.A. Chautard-Freire-Maia (1995). *Mapeamento do genoma humano e algumas implicações éticas.*

39 R. M. Volich (1998). *Gene real, gene imaginário: uma perspectiva fantas(má)tica da hereditariedade.* Essa questão é discutida mais detalhadamente em *O corpo, entre o biológico e o erógeno*, no Capítulo 4.

para resolvê-las; . . . por ordem em meus pensamentos começando pelos assuntos mais simples e mais fáceis de serem conhecidos, para atingir, paulatinamente, gradativamente, o conhecimento dos mais complexos, e supondo ainda uma ordem entre os que não se precedem normalmente uns aos outros; . . . fazer para cada caso enumerações tão exatas e revisões tão gerais que estivesse certo de não ter esquecido nada.[40]

Proposta como fundamento racional de toda ciência, essa visão marcou a medicina com uma tendência a priorizar a "clareza e a distinção" do corpo e de suas funções e a valorização de seu substrato material em detrimento da experiência subjetiva.

Retomando a clássica discussão sobre as relações entre corpo e alma, Descartes ficou mais conhecido por sua concepção dualista, considerada, muitas vezes, radical. No *Discurso sobre o método* (1637), ele concebia a fisiologia como estruturada em torno da matéria e do movimento. Para ele, o corpo seria um autômato puro, uma máquina que se moveria por si mesma.[41] Por sua vez, a alma seria constituída por um princípio imaterial, cuja essência seria apenas pensar. Para ser (existir), a alma não necessitaria de nenhuma localização, nem dependeria de nenhuma coisa material.[42]

Kamieniecki chama a atenção para a evolução do pensamento de Descartes desde o *Discurso sobre o método* até o *Tratado das paixões* (1649).[43] No *Tratado das paixões*, Descartes distingue dois tipos de medicina. A primeira, marcada por processos físico-químicos e fisiológicos, seria comum ao animal e ao ser humano. A segunda,

---

40 R. Descartes (1637). *Discurso sobre o método*.
41 R. Descartes (1637). *Discurso sobre o método*, p. 69.
42 R. Descartes (1637). *Discurso sobre o método*, p. 73.
43 H. Kamieniecki. *Histoire de la psychosomatique*, p. 20.

caracterizada pela união "consubstancial" da consciência (*substância pensante*) e do corpo (*substância extensa*), seria exclusivamente humana, por implicar o "sentimento", realidade humana por excelência.

Segundo Martial Guerolt, a obra de Descartes revela uma convicção crescente de que apenas as concepções mecanicistas não bastariam para a construção de uma teoria da medicina.[44] Para construir essa teoria, diante da insuficiência dos mecanismos físico-químicos e fisiológicos, seria também necessário voltar-se ao estudo da experiência (afetividade). Em correspondência com a princesa Elisabeth, filha do Eleitor palatino, Descartes reconhece o impasse gerado pela visão dualista:

> *Não me parece que o espírito humano seja capaz de conceber distinta e simultaneamente a diferença entre alma e corpo, bem como sua união. Isto porque para isso seria necessário concebê-las ao mesmo tempo como uma única coisa e como duas, o que é contraditório... é necessário portanto para compreender a relação entre alma e corpo (de certa forma renunciar à lógica), pois é apenas utilizando a vida e as conversas ordinárias, abstendo-se de meditar e estudar as coisas que exercem a imaginação (o intelecto) que aprendemos a conceber a união entre corpo e espírito.*[45]

O espírito científico e a sistematização da medicina

No século XVII, a Lei da Gravitação Universal, formulada por Isaac Newton, repercutiu e sobre toda a produção científica, marcando uma tendência que se intensificou nos séculos seguintes. Disseminou-se

---

44 Citado por H. Kamieniecki (1994). *Histoire de la psychosomatique*, p. 20.

45 Cartas à princesa Elisabeth de 23 de maio e 28 de junho de 1643, citadas por H. Kamieniecki (1994). *Histoire de la psychosomatique*, p. 20.

a ideia que os fenômenos da natureza seriam todos mensuráveis e equacionáveis, estabelecendo as bases do método científico, como o conhecemos em nossos dias.

Já no século XVI, em Pádua, Santorio defendera a importância da medida de parâmetros objetivos, como o peso, o pulso e a temperatura do paciente, para compreender o curso da doença, tendo desenvolvido métodos específicos para realizar essas medidas.[46] Por sua vez, Francis Bacon (1561-1626) defendia um neo-hipocratismo, insistindo na importância da observação e no primado da experiência sobre a teoria.

Intensificaram-se as iniciativas visando aprofundar os conhecimentos anatômicos e o funcionamento do organismo. Em 1618, baseado nas concepções de Vesalius e do espanhol Servet, William Harvey (1578-1657) descobriu as funções da circulação sanguínea, descrevendo-as em 1628 em sua obra *Exercitatio anatomica de motu cordis et sanguinis in animalibus*.[47] Nela, elaborou a concepção de aparelho funcional e de sistema fisiológico, destacando também a influência das emoções sobre o órgão cardíaco. Em 1661, o italiano Marcelo Malpigio aprofundou tais descobertas decifrando o enigma da passagem do sangue da circulação arterial para a circulação venosa por meio de vasos capilares.

Médico no exército ao longo das rebeliões que marcaram a história da Inglaterra no século XVII, Thomas Sydenham (1624-1689) desenvolveu uma visão militar da doença, a de um inimigo que deveria ser combatido. Para tanto, o médico precisaria conhecer suas principais características, origens, fragilidades e recursos. Para lutar contra a doença, o organismo mobiliza suas defesas, sendo os sintomas – dor, febre, fraqueza – sinais do curso dessa luta. O objetivo da terapêutica seria mobilizar e reforçar tais defesas. Concebendo o

---

46 H. W. Haggard (1940). *El médico en la historia*, p. 273.
47 H. W. Haggard (1940). *El médico en la historia*, p. 276.

corpo humano como uma unidade funcional, ele constatou também a relação entre sintomas somáticos e *dificuldades morais*, considerando, além disso, a doença como uma purificação, um esforço da Natureza para rejeitar a matéria mórbida e curar o paciente.

Sydenham dedicou-se ao estudo minucioso das doenças a partir da observação à beira do leito do enfermo, partindo do pressuposto que deveriam existir diferentes tipos de doença. A evolução específica e os detalhes de sua história natural de cada uma delas contribuíram para que esboçasse uma classificação de doenças crônicas e agudas.[48]

Em 1675, Sydenham efetuou a primeira descrição da escarlatina e do sarampo, mais tarde, da malária, da varíola, e, em 1683, a da gota. Além da sistematização, sua proposta promovia a construção pelo médico de uma representação interna da doença a partir da proximidade com o doente, a descrição de casos e a valorização da experiência própria do médico:

> *após examinar um grande número de pacientes, o médico possui mentalmente uma concepção clara da enfermidade; conhece sua história natural, suas variações e seu curso provável, podendo assim medicar cada doença separadamente . . . para chegar a isso, tem que estudar cada paciente de maneira completa.*[49]

O vitalismo, inspiração da noção de psicossomática

Duas tendências marcaram a ciência no século XVIII. Por um lado, persistia a influência da física newtoniana e o método das ciências naturais como modelos epistemológicos. Por outro, o Iluminismo

---

48 H. W. Haggard (1940). *El médico en la historia*, p. 312.
49 H. W. Haggard (1940). *El médico en la historia*, p. 315.

passou a contestar a racionalidade do século XVII. Inspirada pelos ideais iluministas e por novas concepções do ser humano e de sociedade, a Revolução Francesa teve também como consequência uma mudança radical no ensino da medicina. Jean-Jacques Rousseau (1712-1778) defendia a relação entre o ser humano e a Natureza, depositando sua esperança no método científico. Para a medicina este foi um período de transição. Os conhecimentos então disponíveis eram insuficientes para a elaboração de uma nosologia consistente, uma vez que as doenças eram apenas descritas como montagem de sintomas.

Por sua vez, Emmanuel Kant (1724-1804) colocou o sujeito como centro da teoria do conhecimento. Ele defendia que o conhecimento do ser humano comporta uma parte fisiológica (o ser humano feito pela Natureza) e uma parte pragmática (o que o ser humano faz dele mesmo). Segundo ele, "Corpo e alma compartilham o bem e o mal que lhes acontece. O espírito é incapaz de funcionar quando o corpo está cansado, e uma dedicação exclusiva ao espírito destrói o corpo, incapaz de regenerar e de fazer o trabalho de reparação".[50]

Buscava-se também uma visão integrada do organismo e do processo do adoecer. O vitalismo da Escola de Montpellier, oriundo do animismo,[51] defendia a existência de uma *força vital* que se encontraria na origem da sensação, do movimento e da vida, sendo também responsável pela saúde e pela patologia. De inspiração hipocrática, defendia a medicina da pessoa total, segundo uma concepção sintética da doença, determinada por fatores biológicos e humorais. Representante dessa corrente, G. E. Stahl (1660-1734) definia a doença como uma perturbação determinada por um princípio imaterial da vida sobre um organismo *naturalmente disposto*, prefigurando

---

50 Citado por H. Kamieniecki (1994). *Histoire de la psychosomatique*, p. 21.
51 Doutrina retomada de Aristóteles segundo a qual a alma é o princípio vital que permite o desenvolvimento da vida orgânica e do pensamento.

a ideia de terreno ou constituição biológicos. A terapêutica deveria respeitar reações naturais do organismo, como a febre, sem contrariar as evoluções espontâneas, um princípio posteriormente resgatado pela homeopatia.

Inspirado por esses princípios, o psiquiatra alemão J. C. Heinroth (1773-1843) criou em 1818 o termo "psicossomática", em um artigo sobre influência das paixões sobre a tuberculose, a epilepsia e o câncer, no qual ressaltava a importância da integração dos aspectos físicos e anímicos do adoecer. Dez anos mais tarde, ele criou o termo *somatopsíquico* para caracterizar as modificações dos estados psíquicos a partir do fator corporal. Segundo ele, a personalidade humana seria composta pelo *instinto*, pela *consciência reflexiva* e pela *consciência moral*, uma parte "estrangeira no interior do nosso Eu", cuja fonte é um *Uber-uns* (Super-nós).[52]

Apesar de organicista, François Xavier Bichat (1771-1802) foi também inspirado pelo vitalismo. Ele desenvolveu a noção de *sistema funcional tissular*[53] e lançou as bases de uma leitura da fisiologia que considera diferentes níveis de organização e estruturas dinâmicas. Diferentes combinações dessas estruturas podem promover tanto o desenvolvimento como a desagregação ou a desorganização do organismo, uma ideia mais tarde encontrada nas noções freudianas das pulsões de vida e de morte. Segundo Bichat,

> *a vida é o conjunto de funções que resistem à morte ... A tendência do ambiente seria destruir e fazer desaparecer os corpos vivos se eles não tivessem um princípio permanente de reação. Este princípio, de natureza desconhecida, só pode ser constatado por suas manifestações*

---

52 Citado por H. Kamieniecki (1994). *Histoire de la psychosomatique*, p. 24.
53 Em sintonia com a ideia desenvolvida por W. Harvey de aparelho fisiológico funcional.

exteriores . . . as propriedades vitais não são precisamente inerentes às moléculas da matéria onde elas se situam. Na realidade, elas desaparecem desde que estas moléculas tenham perdido seu arranjo orgânico. É deste arranjo que elas dependem.[54]

Por sua vez, Charles Hahnemann (1755-1843) resgatou da medicina hipocrática a importância para o médico da observação da Natureza, do paciente e de seu ambiente. A partir da formulação da *Lei dos semelhantes (similia similibus curantur)*, ele criou a Homeopatia. Segundo ele, a potência curativa de um remédio seria fundada sobre a propriedade que ele possui de produzir sintomas semelhantes àqueles da doença, mobilizando a força vital do paciente para combatê-la. Não é a quantidade, mas a proporção de sua diluição que potencializa defesas do organismo. Esse mesmo fundamento sustenta o princípio moderno das vacinações preventivas e da imunoterapia.

Segundo o mesmo espírito holista de todas essas teorias, Jean Georges Cabannis (1757-1808) propôs em 1802 o termo *Antropopéia* para designar a ciência que tivesse como referência o ser humano e aquilo que o cerca. Segundo ele,

> *todas as ciências morais devem ser fundadas no conhecimento físico do ser humano, mas este seria incompleto se negligenciasse o estudo das funções que concorrem para o pensamento, a vontade e a influência que estas exercem sobre o conjunto e as diversas partes do corpo vivo.*[55]

---

54 Citado por H. Kamieniecki (1994). *Histoire de la psychosomatique*, p. 23.
55 J. G. Cabannis (1802). Rapports *du physique et du moral de l'homme*.

Os novos recursos da investigação clínica

Paralelamente a essa busca por um princípio vital, que participaria tanto do processo da saúde como da doença, intensificavam-se as iniciativas para aprofundar os conhecimentos do funcionamento concreto do organismo. Como disciplina, a anatomia abriu o caminho para a investigação minuciosa do corpo humano e de suas estruturas internas. Gradualmente, foram aperfeiçoados os métodos de compreensão dos sinais clínicos dos pacientes, visando a detectar e interpretar, do exterior, os sinais do funcionamento dos órgãos internos.

Repudiado pelo *Ancien Régime* dada as suas origens modestas, Jean Corvisart (1755-1821) tornou-se, após a Revolução Francesa, um dos professores mais influentes de Paris. Como Sydenham na Inglaterra, ele incitava seus discípulos a observar e a aguçar seus sentidos para perceber todos os sinais da doença, e também a sistematizar minuciosamente essas observações. Junto com a autópsia, essas observações permitiam a construção detalhada da história natural da doença.

Corvisart também desenvolveu métodos específicos de exame do doente. Interessou-se pela técnica de percussão criada pelo vienense Leopold Auenbrugger em 1761 e comprovou sua utilidade, depois consagrada pela propedêutica, para a avaliação dos órgãos internos. Corvisart traduziu o livro de Auenbrugger, acrescentando a ele outras quatrocentas páginas com suas próprias observações.[56]

A invenção do estetoscópio permitiu a Theodor Laennec (1781-1826) desenvolver um método anátomo-clínico e uma nosologia baseados na auscultação. Em 1819, ele as apresenta no *Traité de l'auscultation médiate*, no qual compara os ruídos da ausculta dos doentes

---

56 H. W. Haggard (1940). *El médico en la historia*, p. 370.

com as revelações da autópsia dos pulmões daqueles que faleciam. Seu método foi de grande valor para a compreensão da tuberculose.

Desde Hipócrates, muitos já haviam ressaltado a importância da discriminação dos ruídos produzidos pelo organismo para a compreensão de seus diferentes estados.[57] A auscultação direta, método até então utilizado pelos médicos para ouvir os ruídos da respiração, da digestão e os batimentos cardíacos, tinha, sem dúvida, pela proximidade com o corpo do paciente, efeitos que transcendiam a investigação clínica, afetando também a relação que se estabelecia entre ele. Esse método apresentava inúmeras dificuldades, como a fraca intensidade de alguns daqueles sons, ou ainda a dificuldade do médico de se aproximar dos corpos de seus pacientes em virtude das sensações e fantasias que eram mobilizadas no médico por aquela proximidade. Apesar das inúmeras contribuições do estetoscópio para clínica, ele acabou por também contribuir para o afastamento do médico do corpo do paciente, promovendo tanto uma mudança das representações de um a respeito do outro como da própria experiência dessa relação. Cada vez mais, o contato entre ambos passou a ser mediado por instrumentos de medida e de investigação diagnóstica, que tiveram como efeito colateral o distanciamento na comunicação entre eles e uma diminuição do valor da fala e da escuta na relação terapêutica.

Os efeitos dessas tendências, facilmente constatáveis em nossos dias, acentuaram-se à medida que o progresso das técnicas e dos conhecimentos foi oferecendo aos médicos meios cada vez mais específicos de investigação. Em 1895, a descoberta do Raio X pelo alemão Wilhelm Roetgen (1845-1923) propiciou ao médico

---

57 Segundo L. Ayache, Laennec redescobriu o método da auscultação imediata, a aplicação direta da orelha do médico sobre o corpo do paciente, no tratado *Doenças II*, de Hipócrates.
L. Ayache (1992). *Hippocrate*, p. 25.

a *visualização* da anatomia interna do indivíduo, que, até então, lhe era apenas *tangível* por meio da palpação, *audível* por meio da ausculta ou da percussão, ou, ainda, simplesmente *inferida* por meio da anamnese e do raciocínio clínico. A importância progressiva dessa dimensão visual também contribuiu para a transformação da relação médico-paciente. Ela aumentou a distância entre eles, diminuindo o valor dos outros sentidos e da própria intuição do médico, promovendo uma mudança significativa de sua representação interna do paciente.

Cada vez mais específica, a pesquisa médica orientou-se ainda para o nível microscópico. Rudolf Virchow (1821-1902), em Berlim, estendeu para o nível celular a pesquisa patológica desenvolvida por Giovanni Morgagni (1682-1771).[58] Virchow descobriu alterações celulares microscópicas em tecidos que apresentavam sinais de uma certa patologia, impulsionando o desenvolvimento da citologia e da histologia patológicas. Propiciando a visão do infinitamente pequeno, o microscópio converteu-se em mais um importante instrumento para a compreensão da doença do paciente. Além de suas descobertas de laboratório, Virchow foi também um dos pioneiros da medicina social, tendo defendido que a prevenção da doença é mais importante que sua cura, defendendo, para tanto, a importância do saneamento básico e de boas condições de nutrição e higiene.

Louis Pasteur (1822-1895) promoveu o desenvolvimento da patologia. Descobriu que muitas doenças são provocadas por bactérias e, em 1881, desvendou a origem do vírus da raiva, desenvolvendo o princípio da vacinação pela sensibilização do organismo para defender-se contra a agressão viral. Mais tarde, Robert Koch (1843-1910) descobriu as bactérias do cólera, das febres tifoide e bubônica,

---

58 Em seu tempo, Morgagni havia descrito as características anatômicas da pneumonia, do câncer e da meningite.

da disenteria e da difteria e também da tuberculose, formulando a teoria da etiologia específica das doenças,[59] que promoveu um interesse crescente pelo funcionamento do sistema imunológico.

Graças à pesquisa de Claude Bernard (1813-1878), a prática médica e, especialmente, a fisiologia sofreram uma grande guinada. Em 1865, sua obra *Introdução à medicina experimental* inaugurou a medicina científica, baseada na observação e no método experimental. Defendendo a ideia de um funcionamento integrado do organismo humano, ele postulava a existência de um princípio de constância, regulador do equilíbrio do meio interior, mais tarde consagrado pelo endocrinologista Walter Cannon (1871-1945) por intermédio do conceito de *homeostase*.[60] Claude Bernard sustentava que a doença, apesar de ser fruto e evidência de um desequilíbrio, é parte de um processo que, em última instância, visa a restabelecer o equilíbrio do organismo. Em uma célebre disputa com Pasteur, ele contestava o fundo vitalista da teoria dos germes, afirmando ser necessário considerar, no desenvolvimento das infecções, não apenas o papel dos bacilos, bactérias e outros microorganismos, mas também do terreno no qual eles se instalam.

Na passagem do século XVIII para o XIX, Philippe Pinel (1745-1826), inspirado pela Declaração dos Direitos do Homem e do Cidadão, passou a defender esses mesmos direitos para os doentes mentais que, na época, eram encarcerados e acorrentados. Desde 1793, no Hospital de Bicêtre, no sul de Paris, desenvolveu o "tratamento moral" para os chamados "alienados", ressaltando também a importância da dimensão institucional em seu tratamento. Suas iniciativas valeram-lhe o reconhecimento como "pai da psiquiatria francesa".

---

59 Especificação de conjunto de requisitos para que um germe possa ser reconhecido como agente infeccioso de uma doença.

60 H. W. Haggard (1940). *El médico en la historia*, p. 381.

A libertação gradual desses doentes marcou o reconhecimento efetivo da doença mental como uma forma de sofrimento como qualquer outra enfermidade e não como uma possessão demoníaca ou um crime que merecia a reclusão. Dessa forma, inaugurou-se não apenas o caminho para a humanização do tratamento dos doentes mentais, mas também para o reconhecimento da importância e da especificidade do sofrimento psíquico, não necessariamente vinculado a uma doença ou lesão corporal.

Entre corpo e alma

Ao longo do tempo, as reflexões sobre as relações entre corpo e espírito ocuparam um lugar de destaque em muitas das tentativas para compreender o adoecimento e o funcionamento do organismo humano. As concepções sobre essas relações foram principalmente marcadas por duas correntes, o monismo e o dualismo, que também influenciaram as diferentes teorias psicossomáticas modernas.

As visões *monistas* concebem existir no ser humano um único princípio vital. Para alguns, como os *idealistas*, esse princípio seria constituído pela *alma*: o somático seria uma manifestação do substrato psíquico. Os principais representantes dessa visão foram Platão, Berkeley (1685-1753), os idealistas do século XIX e Hegel (1770-1831). Outros, como os *materialistas,* sustentam que o corpo constituiria a única realidade desse princípio, sendo o psíquico um epifenômeno do corpo. Os principais representantes dessa visão foram Demócrito de Abdera (460-370 a.C.), Hobbes (1588-1679), de La Mettrie (1709-1751), Spinoza (1632-1677), Cabannis (1757-1808), Moleschott e Haeckel (1834-1919).[61]

---

61 A. Haynal e W. Pasini (1984). *Médecine psychosomatique*, p. 7-9, a partir das discussões de H. Misiak (1961). *The philosophical roots of scientific psychology*.

Outras correntes como o *empirismo*, representado por Locke (1632-1704) e Hume (1711-1776), o *associacionismo* de J. S. Mill (1806-1873), o *positivismo*, o *materialismo* e o *neopositivismo*, em suas diferentes formas desde o século XIX, também evidenciaram o princípio monista.

Inaugurando o *dualismo*, Anaxagoras (500-428 a.C.) defendia a distinção entre soma e psique, corpo e alma constituiriam dois princípios vitais diferentes do ser humano. As principais diferenças entre as correntes dualistas dizem respeito às relações entre esses princípios. As concepções *hilomórficas* consideram que corpo e alma, de naturezas diferentes, formam uma única substância completa, sendo seus principais representantes Aristóteles (384-322 a.C.), Tomás de Aquino (1225-1274) e os neoescolásticos. Herdeiro de Platão, Aristóteles sustentava que a alma daria forma ao corpo, porém constituiria com ele uma unidade substancial.[62] Na Idade Média, São Tomás de Aquino resgatou e consolidou o predomínio da concepção aristotélica. O *interacionismo*, representado por Descartes (1596-1650), sustenta que corpo e alma seriam duas substâncias diferentes e separadas, mas que se influenciariam reciprocamente.[63] Leibnitz (1646-1716) representa a corrente *paralelística* que concebe corpo e alma como substâncias distintas. Elas agiriam como dois relógios que funcionam independentemente um do outro, dentro de uma harmonia preestabelecida. O *paralelismo psicofísico*, defendido por Wundt (1832-1920), sustenta que o ser humano seria constituído por um organismo que se manifesta sob dois diferentes aspectos, corporal e mental.

O quadro a seguir sintetiza todas essas concepções.

---

62 Cf. *A mitologia e a revolução hipocrática*, neste capítulo.
63 Cf. *A inflexão cartesiana*, neste capítulo.

Quadro 1.1 Correntes de pensamento sobre a relação corpo-alma

	Teoria	Formas	Ponto de Vista	Representantes
Monismo	Existência de um só princípio no ser humano: corpo *ou* alma	Idealismo	*Alma espiritual* é única realidade	Platão, Berkeley, idealistas do século XIX, Hegel
		Materialismo	*Corpo material* é única realidade	Hobbes, de La Mettrie, Spinoza, Cabanis, Moleschott, Haeckel
Dualismo	Existência de dois diferentes princípios no ser humano: corpo *e* alma	Hilomorfismo	Corpo e alma formam uma só substância	Aristóteles, Thomas de Aquino, neoescolásticos
		Interacionismo	Corpo e alma são duas substâncias tendo uma influência recíproca	Descartes
		Paralelismo	Corpo e alma são duas substâncias agindo de forma independente	Leibniz
		Paralelismo psicofísico	Corpo e alma são dois aspectos diferentes do homem	Wundt

Fonte: H. Misiak (1961). *The philosophical roots of scientific psychology*, apresentado por Haynal e Pasini (1984). *Médecine psychosomatique*, p. 8.

Henry Ey apontou as dificuldades inerentes tanto às concepções monistas como às dualistas.

O dualismo esbarra com certa unidade do ser humano, e o monismo, admitindo duas interpretações diferentes (espiritualista ou materialista), esbarra com uma certa

*dualidade do ser humano. [Assim] em todos os proble-
mas (conhecimento, percepção, linguagem, vontade),
confrontam-se esses pontos de vista que são como anti-
nomias da razão e devem ser submetidos a uma crítica
"transcendente" da própria constituição da atividade
psíquica do sujeito, de seu corpo e de seu mundo (Kant).
Daí decorre a necessidade de retornar à própria realidade
do desenvolvimento e da organização do ser psíquico
e de superar essas querelas abstratas considerando as
relações entre o físico e o moral na perspectiva dinâmica
de uma hierarquia do ser vivo*, animado e pessoal, *única
perspectiva que permite sair do impasse.*

*É enquanto submetido à "lógica do ser vivo" (F. Jacob)
que o corpo é organizado segundo um programa genético,
mas o corpo psíquico, nem separado do corpo físico, nem
confundido com ele, é ele mesmo organizado, integrado,
enquanto Sujeito de seu próprio programa pessoal.*[64]

Por sua vez, Karl Jaspers defendeu que a relação entre corpo
e alma se caracterizaria pela interação absoluta e pela influência
recíproca. Existe uma unicidade indissociável entre tais dimensões.

*A unidade de corpo e alma como unidade de todo ser
vivo figura-se presente em todo homem. O fato existe
da unidade do indivíduo como corpo, que é alma, ou
tem alma, ou que a manifesta, sem que, no entanto, por
isto, a indubitável unidade corpo-alma seja visível tal
qual objeto que se possa reconhecer. O que queremos,
pensamos, apreendemos, é sempre alguma coisa que já*

---

64 H. Ey, P. Bernard e C. Brisset (1978). *Manuel de psychiatrie*, p. 4 e 5.

deriva da unidade, alguma coisa especial da qual se pode inquirir como se porta em relação à unidade do todo.[65]

Segundo Jaspers, o caráter unitário indissociável das relações corpo-alma é algo que cada ser humano vivencia em si mesmo. Ao mesmo tempo, esta é também a característica das sensações e de toda manifestação expressiva. Essas *experiências* constituem o objeto da *fenomenologia* e da *somatopsicologia*. Ao conceber o corpo todo como sede da alma, assim como a determinação pela alma da experiência desse corpo, perdem o sentido as tentativas de localização anatômica das funções psíquicas.[66]

Herdeira das correntes que consideram a unidade corpo-alma, a psicossomática busca compreender a existência humana, a saúde e a doença segundo essa visão integrada, atenta para as manifestações dessa unidade no sujeito e concebe, por meio dela, a ação terapêutica. Como aponta Jaspers, podemos lidar com as manifestações somatopsíquicas em quatro níveis.

1. Na psicologia das expressões, *que permite compreender a significação dos gestos e da fisionomia, do ponto de vista somático.*

2. Nas relações causais, *cujo estudo visa a descobrir quais são os modos de ser somáticos, e de que maneira atuam sobre a psique.*

---

65 K. Jaspers (1985). *Psicopatologia geral*, v. I, p. 269.

66 "Presumir a coincidência do somático e do psíquico em qualquer parte do encéfalo é fantasia do raciocínio abstrato, que não vai além de uma hipótese vazia, inimaginável, a começar pela ideia cartesiana de que a glândula pineal fosse a sede da alma... É só onde vemos e vivenciamos primariamente, no corpo a alma e a alma no corpo, que está a coincidência (entre esses dois termos)". K. Jaspers (1985). *Psicopatologia geral*, v. I, p. 272 e 273.

3. Na inquirição da estrutura somática e da constituição, como fundamento da caracterização psíquica.

4. Nos fatos somáticos, que representam uma sequência de processos psíquicos . . . e constituindo a relação mais exterior e menos significativa entre alma e corpo, se os confrontamos com os resultados obtidos quando estudamos a expressão.[67]

Essas quatro dimensões e o reconhecimento do valor da experiência do corpo e de suas manifestações pelo sujeito são vetores essenciais que devem orientar tanto a clínica como a pesquisa em psicossomática.

Do contágio psíquico ao hipnotismo

Paralelamente ao desenvolvimento das bases racionais e científicas que marcaram a medicina desde o século XVIII, as manifestações mais abstratas da existência continuaram a despertar interesse. Como relata H. Kamieniecki, enquanto o Iluminismo, particularmente presente na França, valorizava a razão e a sociedade, na Alemanha, o Romantismo favorecia o culto pelo irracional e pelo individual, promovendo o interesse pelas profundezas da vida íntima e emocional.[68] Segundo essa concepção, o Universo é um todo organizado em que cada parte se liga às demais por uma relação de "simpatia". O interesse pelo magnetismo animal teve essas visões como o pano de fundo.

Em seu livro *A influência dos planetas sobre as doenças humanas*, o médico alemão Joseph Anton Mesmer (1734-1815) defendia a

---

67 K. Jaspers (1985). *Psicopatologia geral*, v. I, p.273.
68 H. Kamieniecki (1994). *Histoire de la psychosomatique*, p. 25.

existência do *magnetismo animal*, um fluido, que, preenchendo todo o Universo, constituir-se-ia como elemento que perpassava o ser humano, a terra e os corpos celestes, e também as relações entre os próprios seres humanos.[69] A doença seria o resultado da má distribuição desse fluido no corpo, e seu tratamento consistiria em restaurar o equilíbrio perturbado. Com esse objetivo, Mesmer organizava sessões coletivas de magnetização. Os pacientes senta-vam-se em torno de um grande tanque de madeira contendo limalha de ferro, destinada a captar os fluidos magnéticos. Cada paciente segurava uma barra metálica mergulhada na limalha, e, por meio dela, receberia o magnetismo restabelecendo seu equilíbrio. Segundo Mesmer, seu método produzia acentuava as crises da doença pro-movendo a cura. Stefan Zweig descreve com riqueza de detalhes as manifestações observadas durante as sessões de magnetização (muitas vezes agitação, convulsões etc.), ressaltando que essas rea-ções se intensificavam especialmente a partir do momento em que Mesmer entrava no ambiente.[70]

As sessões de magnetização de Mesmer faziam sucesso em toda a Alemanha. Na França, porém, uma comissão real composta por Lavoisier, Franklin e Guillotin contestou o caráter científico de tais experiências, e, inclusive, a existência do magnetismo animal, proibindo que elas fossem realizadas, por constituírem uma ameaça para os bons costumes. Na mesma época, o Marquês de Puységur levantava a hipótese que o segredo da cura pelo magnetismo estaria muito mais relacionado à vontade do magnetizador do que a um suposto fenômeno magnético. Em 1813, Frei Faria defendeu uma posição semelhante afirmando que as curas e as manifestações produzidas a partir da tina de Mesmer não eram decorrentes do fluido, mas, sim, ao que se passava na imaginação do magnetizado, e, em particular,

---

69 F. A. Mesmer (1779). *Memória sobre a descoberta do magnetismo animal.*
70 S. Zweig (s/d). *A cura pelo espírito*, p. 56 e seguintes.

da relação que se estabelecia entre ele e o magnetizador. Trinta anos mais tarde, na Inglaterra, James Braid dedicou-se à compreensão das crises de sonambulismo criando o termo *hipnotismo*.[71]

Na verdade, todos aqueles fenômenos apenas apresentavam, sob um novo prisma, manifestações há muito conhecidas, descritas ao longo dos séculos, anteriormente atribuídas a forças sobrenaturais ou à possessão demoníaca. As "manias de baile" (*épidémie dansante*), grupos de pessoas que se aglutinavam em danças com ritmos cada vez mais frenéticos, já haviam sido descritas em inúmeras regiões desde a Idade Média, como as observadas em 1518, em Estrasburgo (leste da França), uma das mais intensas manifestações do "contágio mental". Segundo Haggard,

> *o furor de dançar era apenas uma forma física de expressar uma excitação emocional intensíssima; fenômeno muito similar ao que tem lugar em casos de grande exaltação religiosa, na qual o indivíduo possuído por um fervor paroxístico põe-se a tremer e a agitar-se até perder a consciência.*[72]

Fenômenos semelhantes frequentemente eram observados nos rituais e em crenças ligadas à bruxaria.

O contágio mental e a transmissão por sugestão são manifestações inerentes às relações entre o ser humano e seus semelhantes. Como vimos, a função do sacerdote e os rituais que o cercavam sempre foram parte essencial das curas produzidas no contexto religioso. A crença do doente no poder do curandeiro ou do médico é parte integrante do processo terapêutico, influenciando o curso desse

---

71 H. Kamieniecki (1994). *Histoire de la psychosomatique*, p. 26.
72 H. W. Haggard (1940). *El médico en la historia*, p. 214.

processo, a relação entre o médico e seu paciente e ainda a relação que a sociedade como um todo estabelece com a medicina e seus procedimentos. As dinâmicas da transferência, descritas por Freud, e a "eficácia simbólica", relacionada ao xamanismo e analisada por Claude Lévi-Straus, são componentes essenciais dessas manifestações.[73]

Curiosamente, apesar de inicialmente rechaçada, a teoria do magnetismo e seus desdobramentos frutificaram na França.[74] Em Nancy, A. Liébeault e H. Bernheim desenvolveram experimentos para a utilização terapêutica do magnetismo por meio do hipnotismo. Eles demonstraram a importância da relação entre o magnetizador e o paciente, e da sugestão por ele exercida, para os resultados do tratamento. Segundo eles, esses fenômenos são presentes não apenas na histeria, mas também em outros tipos de doenças dos nervos e estados normais. Por meio da hipnose, A. Liébeault e H. Bernheim conseguiam fazer desaparecer sintomas nervosos. Em estado de sono induzido, sugeriam aos pacientes a realização de ações antes impossíveis para eles, modificavam hábitos nocivos, e, mesmo, provocavam algumas alterações do funcionamento orgânico.[75] Ambos também desenvolveram o tratamento de afecções orgânicas em vigília, lançando as bases do que veio a se constituir como a psicoterapia.

---

73 S. Freud (1912a). *A dinâmica da transferência*, E.S.B., XII, p. 133.

Para maior facilidade e para evitar notas excessivamente longas, a referência às *Edição Standard Brasileira das Obras Psicológicas Completas de Sigmund Freud* é aqui abreviada como E.S.B. (Edição Standard Brasileira), seguida do número do volume da coleção.

C. Lévi-Strauss (1975). *Antropologia estrutural*, p. 215 e seguintes.

74 S. J. Cazeto (2001) efetua uma excelente análise das condições históricas, culturais, ideológicas e científicas que propiciaram esse desenvolvimento e suas repercussões em *A constituição do inconsciente em práticas clínicas na França do século XIX*.

75 S. Freud (1925b). *Um estudo autobiográfico*, E.S.B., XX, p. 17.

Por sua vez, no Hospital da Salpêtrière, em Paris, Jean Marie Charcot fazia uso experimental da hipnose para promover a reprodução de paralisias e outros sintomas característicos dos distúrbios histéricos. Ele demonstrou a equivalência entre os sintomas histéricos produzidos por sugestão e os dos acessos espontâneos traumáticos. Diferentemente dos colegas de Nancy, Charcot sustentava que a eficácia terapêutica da hipnose era restrita unicamente aos casos de histeria.

Assim, no final do século XIX, estavam reunidas condições propícias ao reconhecimento e à investigação das dimensões subjetivas e relacionais associadas às manifestações orgânicas, normais e patológicas, bem como ao desenvolvimento de novas perspectivas terapêuticas que considerassem tais dimensões na compreensão e no tratamento das doenças.

Após os imensos progressos do conhecimento e das técnicas para desvendar os mistérios do organismo e do adoecer, alcançados ao longo da história, ao final do século XIX, foi possível, por meio da "cura pelo espírito",[76] resgatar o valor da palavra e da relação terapêutica para prosseguir tal caminho. Renovou-se, então, para o ser humano a oportunidade de lançar-se na aventura do descobrimento dos obscuros continentes de suas paixões e de seus mais remotos desígnios.

---

76 Segundo a feliz expressão de Stefan Zweig. *A cura pelo espírito.*

2. A revolução freudiana[1]

A obra freudiana marcou de forma indelével a evolução das concepções acerca das relações entre o psíquico e o somático. As inquietações pessoais e os desafios encontrados por Freud durante sua formação médica e ao longo de sua prática clínica constituíram um corpo teórico-clínico que progressiva e sistematicamente propõe e reformula modelos para a compreensão de tais relações.

Inicialmente inclinado para o Direito, sob a influência das obras de Goethe e de Darwin, Freud decidiu voltar-se para a Medicina.[2] Entre 1876 e 1882, trabalhando sob a direção de Ernst Brücke[3]

---

1 Este capítulo apresenta uma visão panorâmica das contribuições originais de Freud para a compreensão das relações entre o psíquico e o somático e suas repercussões sobre as teorias psicossomáticas modernas. No Capítulo 6, *Mitologias: Narcisismo, pulsões e a economia psicossomática*, aprofundo a análise das principais hipóteses metapsicológicas que sustentam a teoria e a clínica psicossomática psicanalítica.

2 S. Freud (1925b). *Um estudo autobiográfico*, E.S.B., XX, p. 20.

3 Ernst Wilhelm von Brücke (1819-1892) foi um precursor da anatomia histológica e da fisiologia, pesquisador da fisiologia das sensações. No início de sua carreira (1876-1882), Freud trabalhou em seu laboratório tendo recebido dele um apoio

iniciou o que poderia vir a constituir uma promissora carreira como anatomofisiologista do sistema nervoso. Como esmerado pesquisador, Freud desenvolveu sua capacidade de observação e sua técnica de dissecação do sistema nervoso de enguias. Entusiasmado com seu discípulo, Brücke o incitou a sistematizar e teorizar suas observações, o que resultou na publicação por Freud de cerca de vinte artigos sobre suas pesquisas.

Apesar dessas realizações, em 1882, Freud abandonou a pesquisa em neurologia para dedicar-se à clínica das doenças nervosas. Segundo a história oficial,[4] essa mudança deveu-se sobretudo a razões financeiras, uma vez que não encontraria na pesquisa fundamental recursos suficientes para concretizar seu projeto de constituir uma família com Martha Bernays. Porém, poderíamos questionar a *função encobridora* dessa versão considerando que a atitude de Freud foi também reflexo de sua insatisfação com os modelos e as perspectivas oferecidos pela neurologia de seu tempo para responder a suas inquietações a respeito da natureza humana.[5]

Em 1882 Freud foi aceito como assistente na clínica do professor H. Nothnagel,[6] em Viena, e, seis meses depois, promovido a médico

---

importante para suas pesquisas e para a nomeação, em 1886, como *Privatdozent* (professor auxiliar) de Neuropatologia da Universidade de Viena.

4   E. Jones (1953). *Life and work of Sigmund Freud.*

5   R. M. Volich (2000). *Paixões de transferência.*
    Desenvolvo nesse artigo a hipótese que, muito antes da formulação do conceito de transferência, a sensibilidade de Freud à sua experiência transferencial, com relação aos seus objetos de estudo e a suas relações pessoais e profissionais, constituiu-se como um fator determinante de sua passagem da pesquisa neurofisiológica e da clínica médica clássica ao desenvolvimento da psicanálise, enquanto método terapêutico e corpo teórico. Essas ideias foram ampliadas mais recentemente em R. M. Volich (2022). *Corações inquietos. Freud, Fliess e as neuroses atuais.*

6   Hermann Nothnagel (1841-1905) professor de Medicina Interna da Universidade de Viena, desenvolveu trabalhos em neurologia, cardiologia, farmacologia e sobre o tratamento das doenças do intestino e do peritônio. Freud trabalhou em seu

estagiário na clínica psiquiátrica de Meynert,[7] expoentes da neurologia da época. A exemplo de Brücke, ambos também apreciavam as qualidades e competências de Freud. A precisão de seus diagnósticos era reconhecida por outros colegas vienenses e mesmo estrangeiros.[8] Apesar dos obstáculos políticos e do preconceito quanto a suas origens judaicas, ele consegue, por seus méritos, atingir todos os graus da hierarquia hospitalar ao seu alcance na época.

Graças à intervenção de Brücke, Freud foi nomeado em 1885 para o cargo de conferencista (*Privat-Dozent*) na Universidade de Viena, obtendo também a bolsa de estudos que lhe permitiu empreender, naquele mesmo ano, sua viagem de estudos a Paris e a Berlim. Com Brücke, Meynert, no Hospital Geral e nos círculos médicos de Viena, Freud passou a ser reconhecido, encontrando não apenas vias possíveis de saída para "seu isolamento", mas também para sua ascensão na hierarquia médica. A viagem para Paris e a busca de outro modelo teórico e profissional em Charcot correspondiam a tentativas de Freud de encontrar alternativas para sua insatisfação com a clínica das doenças nervosas que conhecera e com as teorias que, na época, as sustentavam.

A glória e o poder que Charcot desfrutava em seu país contribuíram para que Freud encontrasse nele a presença suficientemente forte que permitisse a ele, um jovem médico vienense de 29 anos,

---

serviço por seis meses (1882-1883). Foi presidente da Sociedade Vienense de Psiquiatria juntamente com Krafft-Ebing e apoiou Freud para a obtenção do título de professor *Extraordinarius* (Associado), em 1896.

7 Theodor Meynert (1833-1892), psiquiatra e renomado neuroanatomista, foi diretor do departamento de psiquiatria da Universidade de Viena, onde Freud trabalhou por cinco meses (1883-1884). Apesar de ter ajudado Freud em vários momentos do início de sua carreira, em 1886, Meynert foi um dos principais opositores à utilização da hipnose, preconizada por Charcot e utilizada por Freud, e ao trabalho que ele apresentou na Sociedade Médica de Viena sobre a histeria masculina, o que levou ao afastamento definitivo dos dois.

8 S. Freud (1925b). *Um estudo autobiográfico*, E.S.B., XX, p. 22.

superar os impasses criados por suas identificações com seus mestres vienenses e por suas teorias. Freud deslumbrou-se não apenas com a *mise-en-scène* dos auditórios e das consultas de Charcot no serviço de Neurologia do hospital da Salpêtrière, mas, sobretudo, com suas contribuições acerca da histeria, ao atribuir a ela um lugar especial entre as doenças nervosas. De outubro de 1885 a março de 1886, Freud acompanhou pessoalmente suas demonstrações e experimentações utilizando a hipnose. Charcot reconheceu "a autenticidade das manifestações histéricas [de suas pacientes] e de sua obediência a [certas] leis" do funcionamento mental, a manifestação da histeria também em homens e a equivalência entre "paralisias e contraturas histéricas produzidas por sugestão [hipnóticas] com as mesmas características que os acessos espontâneos, que eram muitas vezes provocados traumaticamente". Freud aprendeu com ele a respeitar a clínica e a observação como soberanas com relação a qualquer teoria: "*La théorie c'est bon, mais ça n'empêche pas d'exister*", afirmava Charcot, "um *mot* [palavra] que deixou indelével marca em [seu] espírito".[9]

Apesar de ter encontrando respaldo para suas intuições na autoridade de Charcot, Freud também permitia-se questionar o mestre. Ressentiu-se de sua pouca receptividade quando lhe relatou o caso de Anna O., cuja história clínica revelada por Breuer tanto o havia entusiasmado.[10] Charcot deu pouca atenção a sua hipótese de "que na histeria as paralisias e anestesias das várias partes do corpo se acham demarcadas de acordo com a ideia popular dos seus limites e não em conformidade com fatos anatômicos". Apesar dessa reação, Freud não abdicou dessa ideia, que veio a se constituir como um dos esteios para a descoberta de uma anatomia imaginária modelada pela sexualidade. Concluiu com pesar que o mestre francês parecia

---

9   "A teoria é importante, mas não impede que (o fenômeno) exista".
      S. Freud (1925b). *Um estudo autobiográfico*, E.S.B., XX, p. 24.
10 S. Freud (1925b). *Um estudo autobiográfico*, E.S.B., XX, p. 32.

demonstrar pouco interesse em "penetrar mais profundamente na psicologia das neuroses".

Ainda assim, Freud persistiu em sua busca para compreender mais profundamente as neuroses, a psicopatologia e as dinâmicas do psiquismo, bem como para articular a esses fenômenos a constituição daquela anatomia imaginária.

No verão de 1889, enquanto elaborava os efeitos de seu aprendizado com Charcot e as dúvidas que este lhe suscitara, buscando também superar suas dificuldades na utilização da técnica hipnótica, Freud passou várias semanas em Nancy, no leste da França. Ali encontrou Liébeault e Bernheim.[11] "comovendo-se" diante do primeiro em virtude de "seu trabalho entre as mulheres e crianças pobres das classes trabalhadoras."[12] Ficou impressionado com os trabalhos de Bernheim, que defendia a existência de "poderosos processos mentais que . . . permaneciam escondidos da consciência dos homens". Apesar de breve, a viagem a Nancy foi considerada por Freud como uma das mais proveitosas de sua vida.

Seu percurso inicial pela neurologia, seu interesse pelos efeitos anestésicos da cocaína, seu encontro com os fenômenos do hipnotismo e suas dificuldades pessoais na utilização dessa técnica, bem como

---

11 Ambroise-Auguste Liébault (1823-1904) foi seguidor de Frei Faria (magnetismo animal), de Mesmer e de James Braid. Juntamente com H. Bernheim criou a Escola de Nancy, pioneira na pesquisa e na prática clínica com a hipnose e com o método da sugestão.

Hippolyte Bernheim (1840-1919), neurologista dedicou-se à psicoterapia e introduziu a técnica da sugestão de Liébeault em sua prática clínica. Com ele, em 1882, criou a Escola de Nancy com uma concepção da hipnose diferente da de J. M. Charcot. Enquanto este a considerava um estado patológico característico dos estados histéricos, Bernheim e Liébeuault viam a hipnose um sono induzido pela sugestão do médico, passível de ser utilizada como recurso psicoterapêutico, hipótese apreciada e utilizada posteriormente por Freud.

R. M. Volich (2000). *Paixões de transferência.*

12 S. Freud (1925b). *Um estudo autobiográfico, E.S.B.,* XX, p. 29.

seus conflitos transferenciais e identificatórios com seus primeiros mestres – Brücke, Nothnagel, Meynert, Charcot e Bernheim –, conduziram Freud à encruzilhada que oferecia a ele dois caminhos para a compreensão e para a clínica dos distúrbios nervosos.

> *De um lado, o modelo médico; as discussões espetaculares de caso em anfiteatro, as demonstrações de saber, o desfile do saber professoral, a passividade dos alunos. Charcot era um "visual", para quem a observação e a visibilidade da demonstração eram fundamentais. Para ele, a hipnose era um instrumento para demonstrar a correção de suas hipóteses, considerando ainda que sua eficácia seria restrita unicamente aos quadros de histeria.*
>
> *De outro, Bernheim, um "intuitivo" que, com seus colegas de Nancy, fornecia evidências das relações que vinculam os fenômenos hipnóticos aos processos correntes da vida de vigília e do sono, trazendo "à luz as leis psicológicas que se aplicam a ambos os tipos de eventos".[13] Para esses autores, a hipnose era antes de tudo um método terapêutico que evidenciava os fenômenos da sugestão, presentes não apenas na histeria, e também observáveis em inúmeros outros tipos de tratamentos das doenças nervosas.[14]*

Essas constatações permitiram a Freud compreender o que experimentara junto a Liébeault e Bernheim, e ressignificar seu aprendizado junto a Charcot.

---

13 S. Freud (1888-1889). Prefácio à tradução de *De la suggestion*, de Bernheim, *E.S.B.*, I, p. 117.

14 R. M. Volich (2000). *Paixões de transferência*, p. 155.

Entre a clínica do "visual" e a clínica da "intuição", Freud vislumbra a nau que poderia permitir-lhe navegar entre as águas mais conhecidas da vida psicológica normal e os mares tormentosos dos estados neuróticos, preparando sua grande navegação pela a clínica da escuta. Largando as amarras da medicina, ele pode, assim, lançar-se em sua jornada rumo à descoberta do inconsciente.[15]

As relações entre o psíquico e o somático

Foram esses os ventos que marcaram, desde suas origens, os rumos da reflexão freudiana sobre as relações entre o psíquico e o somático. O interesse de Freud pela histeria e sua intuição de que as manifestações dessa doença não apresentavam nenhuma correspondência com a estrutura anatômica dos órgãos afetados representaram uma verdadeira ampliação da compreensão das múltiplas possibilidades de manifestação do sofrimento humano.

Questionando as vias pelas quais o conflito psíquico podia manifestar-se na esfera somática, aceitando acolher aquilo que a ciência de sua época rejeitava – os sonhos, os lapsos, a histeria e, inclusive, uma outra anatomia, imaginária –, Freud fundou a psicanálise, desenvolvendo uma clínica e uma teoria que permitem a compreensão de diferentes movimentos e relações entre as manifestações psíquicas e corporais. De ponta a ponta – nas suas descobertas sobre os sonhos e sobre a sexualidade, nos modelos do psiquismo, das pulsões e da metapsicologia –, a obra freudiana apresenta uma reflexão permanente sobre as relações entre a mente e o soma.

---

15 R. M. Volich (2000). *Paixões de transferência*, p. 156.
R. M. Volich (2022). *Corações inquietos. Freud, Fliess e as neuroses atuais.*

Assim, em 1923, refletindo sobre seu percurso desde seus estudos médicos, Freud pondera:

> *a psicanálise nunca pretendeu ser uma panaceia ou produzir milagres. Para além de seus efeitos de cura, ela pode recompensar os médicos através de uma compreensão insuspeitada sobre as relações entre o psíquico e o somático.*[16]

O conflito e seus destinos

A teoria freudiana ressalta o papel do conflito na existência humana. Nosso organismo e nossa existência, bem como as relações do ser humano com a natureza e com seus semelhantes, são permanentemente marcados pela contraposição de diferentes forças, interesses, necessidades e processos fisiológicos. Em meio a conflitos como esses somos concebidos, gestados, paridos. A partir deles passamos a existir, nos desenvolvemos, nos constituímos. As diferentes soluções encontradas para os conflitos experimentados ao longo da vida, ou em um momento particular desta, participam do bem-estar ou o adoecer de cada sujeito.

Freud descreve diferentes dimensões da experiência conflitual humana: conflitos entre necessidades fisiológicas, desejos, sexualidade e a realidade, que determina as possibilidades de satisfazê-los; conflitos entre as diversas instâncias psíquicas, a censura e as defesas contrapondo-se a representações inaceitáveis; o modo de funcionamento do inconsciente opondo-se ao modo consciente; o *ego* e o *superego* confrontando as forças do *id*;[17] o conflito entre

---

16 S. Freud (1923a). *Dois verbetes de enciclopédia*, E.S.B., XVII, p. 234.

17 Conhecemos o caráter problemático da nomenclatura *id, ego* e *superego* para descrever essas instâncias do aparelho psíquico, uma vez que elas derivam da

libido de objeto e libido narcísica, para citar apenas alguns dos mais conhecidos.

As repercussões, as dinâmicas e as organizações subjetivas resultantes desses conflitos constituem nossa personalidade, moldam nossos recursos para enfrentar a vida, suas ameaças e seus prazeres. Esses processos contribuem também para as formas de expressão do sofrimento do sujeito manifestações psíquicas, somáticas ou por descargas de comportamento.

A investigação, a análise e a elaboração dos conflitos aos quais fomos e somos submetidos, constitui um dos pilares da psicanálise. Freud revelou que os sintomas neuróticos são fruto de uma *formação de compromisso* simbólica entre diferentes elementos de conflitos permeados pela sexualidade.[18] Porém, muito cedo, ele foi confrontado com o fato de que muitos sintomas e doenças não correspondiam a essa dinâmica etiológica.

As dimensões tópica e econômica

Ao explicitar a função da sexualidade na etiologia das neuroses, Freud resgatou uma dimensão culturalmente acobertada da existência humana.[19] Revelou também sua importância no desenvolvimento,

---

tradução inglesa dos textos de Freud a partir dos originais alemão. Entretanto, optei por mantê-la ao longo de todo o livro em nome da uniformidade, uma vez que as citações desses textos aqui utilizadas são feitas a partir da edição da Imago, que utiliza esses termos, ao invés de *eu, supereu* e *isso*, mais fiéis ao texto alemão, que seria minha preferência. Como sugere Paulo César Lima de Souza, autor da nova tradução de Freud editada pela Companhia das Letras, "importa, nas traduções dos termos técnicos. . . não esquecer que as diferentes denominações se aplicam à mesma coisa" (P. C. L. de Souza. Nota do tradutor In: S. Freud (1923). *O Eu e o Id*. In: Sigmund Freud. Obras Completas Volume 16)

18 S. Freud (1896b). *Observações adicionais sobre as neuropsicoses de defesa, E.S.B.*, III.

19 J. Breuer & S. Freud (1893- 1895). *Estudos sobre a histeria, E.S.B.*, II. p. 53.

S. Freud (1898). *A sexualidade na etiologia das neuroses, E.S.B.*, III, p. 289.

especialmente na infância, colocando em evidência a libido e as pulsões, energias ao mesmo tempo essenciais e ameaçadoras para o sujeito.[20] Enraizada no organismo, a excitação sexual tem uma função fundamental na articulação dos recursos para lidar com conflitos aos quais ela vai estar submetida, psíquicos, mas também da economia psicossomática.

Desde suas primeiras formulações, as hipóteses freudianas são marcadas por uma dimensão econômica que busca compreender os destinos da excitação sexual no organismo e sua relação com outras funções da vida do sujeito. Freud descreve as condições de satisfação ou não dessa excitação, descreve seu desenvolvimento por meio de diferentes etapas (oral, anal, fálica e genital), suas possibilidades de acesso à consciência mediante uma representação, ou sua impossibilidade quando impedido pelo recalcamento ou por outros mecanismos de defesa.

Essas dinâmicas são desde o início modeladas pelas relações do sujeito com um outro humano. A partir dessas relações delineiam-se também as primeiras experiências de satisfação e de frustração das necessidades vitais da criança. Como revelou Freud,[21] sobre essas primeiras experiências ligadas às necessidades e à autoconservação (fome, sede, limpeza, calor, proteção) *apóiam-se* e se organizam as experiências de prazer e a sexualidade, marcando a passagem de funcionamentos pautados pelo instinto para outros da ordem da pulsão, bem como da organização biológica para as funções erógenas e subjetivas de cada pessoa.

Assim, os destinos da excitação sexual são forjados pelas experiências de satisfação ou de frustração experimentadas pelo sujeito

---

20 S. Freud (1905). *Três ensaios sobre a teoria da sexualidade*, E.S.B., VII, p. 5.
21 S. Freud (1905). *Três ensaios sobre a teoria da sexualidade*, E.S.B., VII.

tanto nas relações com um outro humano, objeto externo, como com seu próprio corpo, por meio das experiência autoerógenas.[22]

Desde seus primeiros trabalhos, Freud apontou para a importância das funções psíquicas para a mediação e organização das excitações no organismo. Ao descrever o surgimento de manifestações neuróticas em pacientes que, até então, não haviam apresentado sintomas dessa natureza, ele ressalta,

> *Esses pacientes . . . gozaram de boa saúde mental até o momento em que houve uma ocorrência de* incompatibilidade em sua vida representativa – *isto é, até que seu eu se confrontou com uma experiência, uma representação ou um sentimento que suscitaram um afeto tão aflitivo que o sujeito decidiu esquecê-lo, pois* não confiava em sua capacidade de resolver a contradição entre a representação incompatível e seu eu por meio da atividade de pensamento.[23]

Em outras palavras, os sintomas psiconeuróticos resultariam de um conflito ("incompatibilidade") entre vivências ou representações que provocam desprazer ("afetos aflitivos"). Eles seriam fruto da impossibilidade da "atividade de pensamento", ou seja, da elaboração e da ligação, que deveria diminuir ou eliminar a perturbação ("afeto aflitivo") produzida por elas:

Compreendemos, então, que o pensamento, as representações, o aparelho e as dinâmicas psíquicas tem uma função importante na regulação das quantidades de excitação no organismo, sendo principalmente responsáveis pela mediação das possibilidades

---

22 S. Freud (1914a). *Sobre o narcisismo: uma introdução, E.S.B.*, XIV, p. 85.
23 S. Freud (1894). *As neuropsiconeuroses de defesa, E.S.B.*, III, p. 55.

86   A REVOLUÇÃO FREUDIANA

elaboração e de ligação entre afetos (excitações) e representações e por seus destinos e formas de organização nas instâncias do aparelho psíquico. Buscando eliminar o desprazer, o psiquismo pode desenvolver diferentes mecanismos (inclusive de defesa), de forma a afastar ou eliminar a totalidade ou partes dos elementos de um conflito, fontes de desprazer. Porém, nem sempre estão presentes os recursos necessários para que o psiquismo cumpra essa função.

No Capítulo VII de *A interpretação dos sonhos,* Freud apresenta o primeiro modelo espacial do aparelho psíquico, conhecido como *primeira tópica,* no qual concebe três instâncias, *inconsciente* (Ics), *pré-consciente* (Pcs) e *consciente* (Cs).[24] As dinâmicas intrínsecas a cada uma delas determinam diferentes formas de relação entre afetos e representações, bem como diferentes condições de acessibilidade de experiências, recordações, sensações e representações à consciência do sujeito.

Nesse modelo já é possível vislumbrar o lugar central de *pré-consciente* na dinâmica do psiquismo e, como veremos, na articulação da economia psicossomática.[25] Formado a partir de sua diferenciação do inconsciente, ele se situa como uma passagem incontornável de toda representação que busca alcançar a consciência, constituindo, assim, um verdadeiro reservatório de representações. Ao mesmo tempo que são passíveis de acesso à consciência, graças à intensidade do investimento, as representações pré-conscientes preservam ainda uma proximidade com as fontes somáticas, pulsionais e instintivas inconscientes. O pré-consciente constitui-se, assim, como um operador de ligações psíquicas e de comunicação entre instâncias e funções da economia psicossomática. Posteriormente, destacando a importância dessa função, P. Marty aponta que a fluidez da circulação

---

24 S. Freud (1900). *A interpretação dos sonhos, E.S.B.,* IV, p. 89.
25 Cf. *A função do pré-consciente* no Capítulo 5.

entre as três instâncias do aparelho anímico, e deste com o corpo, é um fator essencial do equilíbrio psicossomático.[26]

Entre cada uma das instâncias, interpõe-se a *censura*, que precisa ser ultrapassada para que as representações localizadas em uma delas possam ter acesso à seguinte. A condição para que isso ocorra é o investimento (ligação) dessa representação por uma carga de afeto. O acesso ao pré-consciente e à consciência depende, portanto, da quantidade de afeto (A) (excitação) ligada a uma determinada representação (R), e da capacidade dessa representação investida de superar o conflito entre ela e a censura (recalcamento, mecanismos de defesa) existente nas passagens de uma instância a outra.

Quadro 2.1 Relações entre representação e afeto no inconsciente e no consciente segundo a primeira tópica do aparelho psíquico

A ligação entre representação e afeto é essencial para que uma ideia, uma sensação e uma lembrança de experiência possam ser objeto da consciência. Quando uma representação produz desprazer, o aparelho psíquico mobiliza seus recursos para tentar eliminá-la da consciência. O trabalho do recalcamento é um dos meios para alcançar esse objetivo, pela ruptura da ligação entre o afeto e a representação fonte de desprazer.[27] Ao separar afeto e representação, o recalcamento pressiona a representação desinvestida em direção

---

26 P. Marty (1990b). *A psicossomática do adulto*, p. 27.
27 Cf. S. Freud (1894). As neuropsiconeuroses de defesa, *E.S.B.*, III.
"uma realização aproximada da tarefa se dá quando o eu transforma essa representação poderosa numa representação fraca, retirando-lhe o afeto – a soma de excitação – do qual está carregada. A representação fraca não tem então praticamente nenhuma exigência a fazer ao trabalho da associação. Mas a soma de excitação desvinculada dela tem que ser utilizada de alguma outra forma", p. 56.

ao inconsciente, ao mesmo tempo que essa representação é atraída pelas representações inconscientes.[28]

Quadro 2.2 Destinos do afeto e da representação após o recalcamento

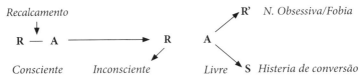

Porém, o afeto (excitação) separado da representação permanece livre, desligado. O acúmulo de afeto livre, não ligado, é também fonte de desprazer e mesmo de angústia.[29] A função do aparelho psíquico, nesse caso, é promover a descarga ou a ligação desse afeto para manter seu equilíbrio e evitar o desprazer. Ele pode tanto ser ligado a outras representações, como ser descarregado por meio de funções corporais ou de comportamentos. Como veremos, cada um desses destinos determinam diferentes constelações no funcionamento psicossomático.[30] Como aponta Freud, a ligação do afeto desinvestido pelo recalcamento a uma representação substitutiva caracteriza o mecanismo de *deslocamento*, dinâmica central da neurose obsessiva e das fobias. A ligação e a descarga desse afeto por meio de partes do corpo configuram o mecanismo da *conversão*, característico das

---

28 S. Freud (1915b). Repressão, *E.S.B.*, XIV. Como mostra o próprio título desse artigo de Freud na *Edição Standard*, muitas traduções brasileiras confundem a distinção entre recalcamento (*Verdrängung*) e repressão (*Unterdrückung*). Como apontam Laplanche e Pontalis (1977), do ponto de vista da tópica do aparelho psíquico "a repressão se opõe ao recalcamento". Neste, "a instância recalcante (o ego), a operação do recalcamento e o seu resultado são *inconscientes*, enquanto a repressão seria, pelo contrário, um mecanismo *consciente* atuando ao nível da 'segunda censura', situada entre o consciente e o pré-consciente; tratar-se-ia de uma exclusão para fora do campo de consciência atual, e não da passagem de um sistema (pré-consciente-consciente) para outro (inconsciente)", p. 594.
29 S. Freud (1895a). Sobre os fundamentos para destacar da neurastenia uma síndrome específica intitulada de "neurose de angústia"., *E.S.B.*, III.
30 Cf. o Capítulo 5, *Mentalização e somatização, desdobramentos clínicos*.

manifestações histéricas. Ele descreve ainda uma terceira possibilidade, quando é impossível separar a representação do afeto pelo qual está investida. Nesse caso, a "representação incompatível" é "rejeitada junto com seu afeto" pelo eu, e este se comporta como se a representação não tivesse lhe ocorrido. Dito de outra forma o desprazer é evitado por meio de uma ruptura com a realidade (o fator que determina o caráter desprazeroso da representação), caracterizando o mecanismo da clivagem, uma cisão do eu e de sua relação com a realidade. O resultado são as "confusões alucinatórias", como então denominava Freud alguns processos psicóticos.[31]

Nosografia psicanalítica

A partir dessas descobertas, no final do século XIX, Freud concebe um modelo funcional, etiológico e nosográfico da psicopatologia.[32] Em vários manuscritos ("rascunhos") e cartas enviadas para Wilhelm Fliess,[33] Freud chama a atenção de seu colega para a dinâmica comum da etiologia das neuroses. Assim, em 2 de maio de 1897, ele escreve:

---

31 S. Freud (1894). *As neuropsiconeuroses de defesa*, E.S.B., III, p. 56, 58 e 64.
   A questão da divisão do *ego* nos processos psicóticos e no fetichismo é mais desenvolvida em:
   S. Freud (1927b) *Fetichismo*. E.S.B., XXI.
   S. Freud (1938). *Esboço de psicanálise*, E.S.B., XXIII.
32 S. Freud (1896b). *Observações adicionais sobre as neuropsicoses de defesa*, E.S.B., III, p.187.
   Freud (1898). *A sexualidade na etiologia das neuroses*, E.S.B., III.
33 Rascunhos H de 24 de novembro de 1895 e K de 1º de janeiro de 1896 In: J.M. Masson (Ed.). *A correspondência completa de Sigmund Freud para Wilhelm Fliess* (1887-1904), p. 108 e p. 163.
   A influência de Flies como interlocutor e inspirador de muitas das primeiras concepções freudianas sobre a etiologia sexual das neuroses e sobre a nosografia psicanalítica são mais detalhadamente descritas em R. M. Volich (2022). *Corações inquietos. Freud, Fliess e as neuroses atuais.*

> *Apercebo-me agora de que todas as três neuroses (his-*
> *teria, neurose obsessiva e paranoia) exibem os mesmos*
> *elementos (ao lado da mesma etiologia), quais sejam,*
> *fragmentos de memória, impulsos (derivados das lem-*
> *branças) e ficções protetoras; mas a irrupção na cons-*
> *ciência, a formação de soluções de compromisso (isto*
> *é, de sintomas), ocorre nelas em pontos diferentes. [Os*
> *elementos recalcados, na histeria, as reminiscências; na*
> *neurose obsessiva, os impulsos perversos; na paranoia,*
> *as ficções protetoras (fantasias) podem penetrar] na*
> *vida normal, em meio a distorções devidas à solução*
> *de compromisso.*[34]

As *formações de compromisso* – os sintomas psicopatológicos, mas também as "psicopatologias da vida cotidiana",[35] como os sonhos, os lapsos de linguagem, os atos falhos e os esquecimentos, entre outros – são então compreendidas como o resultado de uma falha da função defensiva.

Assim, os sintomas corporais manifestos nas conversões histéricas são uma transposição do conflito psíquico para o campo somático. Por meio dessa operação, o sintoma corporal histérico tem ao mesmo tempo uma função de descarga da excitação e de expressão simbólica, camuflada e substitutiva do conflito recalcado. No caso da neurose obsessiva e das fobias, por meio do deslocamento, são as representações e comportamentos substitutivos que cumprem a função simbólica da formação de compromisso.[36]

---

34 S. Freud. Carta a W. Fliess de 2 de maio de 1897. In J. M. Masson (Ed.). *A correspondência completa de Sigmund Freud para Wilhelm Fliess* (1887-1904), p. 240.

35 S. Freud (1901). *Sobre a psicopatologia da vida cotidiana*, E.S.B., VI, p. 19.

36 S. Freud (1894). *As neuropsiconeuroses de defesa.*

Esse modelo etiológico e dinâmico do sintoma neurótico sustenta também a proposta terapêutica da psicanálise. Por meio do processo psicanalítico, o caráter simbólico do sintoma e das formações de compromisso pode ceder seu lugar à explicitação do conflito que lhe havia originado, revelando, ao mesmo tempo, a defesa, as representações, as lembranças infantis e os complexos, cujo acesso à consciência havia sido impedido pelo recalcamento e pelos mecanismos de defesa.

Porém, ao mesmo tempo que se empenhava em compreender o mecanismo e o tratamento das psiconeuroses, Freud também foi confrontado às evidências de manifestações, como a neurastenia e a neurose de angústia, nas quais o caráter simbólico, a experiência infantil e mesmo os mecanismos conversivos pareciam não estar implicados. Comparando as fobias da neurose de angústia com as das psiconeuroses, ele afirma: que nas primeiras "o afeto não se origina numa representação recalcada, *revelando-se não adicionalmente redutível pela análise psicológica, nem equacionável pela psicoterapia*".[37]

A partir dessas constatações delinearam-se na teoria freudiana dois modelos para compreender a sintomatologia somática: o da conversão histérica e o da neurose atual.

A *conversão histérica* caracteriza-se como uma conversão somática da energia psíquica. O sintoma corporal tem, do ponto de vista etiológico, uma relação com os conflitos sexuais infantis, e constitui-se como uma formação de compromisso simbólica, resultante do conflito entre o infantil, a pulsão e o recalcamento.[38] É seu caráter simbólico que o torna suscetível à terapêutica psicanalítica.

---

37 S. Freud (1895a). Sobre os fundamentos para destacar da neurastenia uma síndrome específica intitulada de "neurose de angústia", *E.S.B.*, III. Sublinhado por Freud.

38 J. Breuer & S. Freud (1893-1895). *Estudos sobre a histeria*, *E.S.B.*, II.

Na *neurose atual* encontramos manifestações de uma angústia difusa e uma sintomatologia funcional (vertigem, dispneia, taquicardia, cefaleia, sudorese, transtornos digestivos, parestesias etc.). Esses sintomas, entretanto, não possuem sentido simbólico nem relação com o infantil. Eles seriam apenas reações à estase libidinal, à impossibilidade de descarga de excitações do presente que se acumulam em virtude do bloqueio das satisfações libidinais. Nessas manifestações, o sintoma somático possui essencialmente uma função econômica de descarga das excitações e da angústia. Ele permanece à margem dos processos psíquicos, sem possuir um significado simbólico, condições que, segundo Freud, o torna refratário à cura analítica:

> *[a neurose de angústia] resulta do acúmulo de excitações . . . do fato extremamente importante de que a angústia que se encontra no fundamento das manifestações da neurose* não permite nenhuma derivação psíquica . . . *o mecanismo da neurose de angústia deve ser buscado no desvio da excitação sexual somática que fica à margem do psíquico, e em uma utilização anormal provocada por essa excitação.*[39]

Esses elementos permitem estabelecer, em 1894, duas grandes categorias nosográficas, a partir das quais, até os nossos dias, se organiza a psicopatologia psicanalítica. Nas psiconeuroses predominam as fontes infantis e as possibilidades de derivação e ligação psíquica do afeto. Nas neuroses atuais o acúmulo do afeto seria predominantemente decorrente de experiências presentes ou recentes da pessoa,

---

39 Freud S. (1895a). Sobre os fundamentos para destacar da neurastenia uma síndrome específica intitulada de "neurose de angústia", *E.S.B.*, III, p. 109. Traduzido e sublinhado por mim.

que, em decorrência da falta de recursos para derivar esse afeto para o psíquico, levaria a descargas e sintomas somáticos.

Em suas primeiras classificações, Freud não considerava a hipocondria uma categoria específica como a neurastenia e a neurose de angústia, mesmo quando a mencionava como "medo de adoecer", observado em alguns casos.[40] Após a formulação mais precisa do conceito de narcisismo ele a consagrou como "a terceira neurose atual", delineando as diferenças entre as fantasias hipocondríacas e as doenças orgânicas do ponto de vista da economia libidinal, sugerindo ainda que uma parcela de hipocondria, poderia participar da formação das demais neuroses.[41]

Em 1917, na *Conferência XVIII*, "Fixação em traumas", Freud descreve *neuroses traumáticas*, cuja etiologia, dinâmica e função econômica são semelhantes às das neuroses atuais.[42] Descritas a partir das manifestações das neuroses de guerra,[43] as neuroses traumáticas evidenciariam a fixação do paciente a uma experiência traumática, transposta de forma repetitiva em sonhos, sintomas e outras manifestações, ilustrando especialmente "o aspecto econômico dos processos mentais":

O quadro a seguir apresenta a descrição de Freud de cada um desses grupos, especificando os principais mecanismos etiológicos relacionados a cada manifestação. Do ponto de vista dinâmico, econômico e da nosografia, as doenças ditas "funcionais" e os quadros

---

40 S. Freud (1895a). *Sobre os fundamentos para destacar da neurastenia uma síndrome específica intitulada de "neurose de angústia".*

41 S. Freud (1914a). *Sobre o narcisismo: uma introdução.*
Discuto mais amplamente as transformações nosográficas da hipocondria na psicanálise e sua função nos os movimentos de organização e desorganização da economia pulsional em R. M. Volich (2002). *Hipocondria, impasses da alma, desafios do corpo.*

42 S. Freud (1916-1917b). *Conferências introdutórias sobre a psicanálise II.*

43 S. Freud (1919a). *Introdução à psicanálise das neuroses de guerra.*

descritos como "psicossomáticos" situam-se em continuidade com as manifestações das neuroses atuais.

Quadro 2.3 Nosografia psicanalítica: principais grupos e fatores etiológicos[44]

Neuroses atuais		Psiconeuroses de defesa	
Perturbação descarga atual excitação		Separação afeto/representação	
Fonte atual		Fonte infantil	
Neurastenia	*Descarga corporal*	*Histeria*	*Conversão*
Neurose de angústia	*Descarga corporal*	*Obsessão*	*Deslocamento*
Hipocondria	*Descarga corporal*	*Fobias*	*Deslocamento*
Neurose traumática	*Descarga corporal*	*Psicose*	*Ruptura c/ realidade*

Fonte: adaptado de J. Laplanche e J.-B. Pontalis (1977). *Vocabulário de psicanálise*, p. 379.

A pulsão e o modelo metapsicológico

A formulação do conceito de narcisismo, em 1914, o aprofundamento da concepção de pulsão e o desenvolvimento da metapsicologia ampliaram o modelo clínico e teórico freudiano para elucidar a natureza do fenômeno psíquico e de suas relações com o biológico.[45] Esses elementos permitiram melhor compreender, a partir de suas raízes

---

44 A nosografia psicanalítica sofreu inúmeras modificações, principalmente após o desenvolvimento do conceito de narcisismo. A partir de 1914, Freud passa a distinguir, dentro do grupo das psiconeuroses, as neuroses de transferência e neuroses narcísicas. Em 1924, uma nova classificação distingue, ainda no grupo das psiconeuroses, entre neuroses, neuroses narcísicas e psicoses. A categoria das neuroses atuais foi mantida em 1914 e 1924.

45 S. Freud (1914a). *Sobre o narcisismo: uma introdução, E.S.B.*, XIV.
Essas questões são aprofundadas no Capítulo 6, *Mitologias: Narcisismo, pulsões e a economia psicossomática.*

corporais, a função das relações entre o sujeito e seu semelhante no desenvolvimento humano, bem como na constituição do aparelho psíquico e do mundo interno de cada ser.

Ao formular o conceito de *pulsão*, Freud destaca sua dimensão econômica, vinculada às excitações do organismo.[46] Verdadeira força motriz do humano, a pulsão distingue-se do instinto por sua natureza e por sua plasticidade quanto aos seus modos de expressão e objetos de satisfação. Os *instintos* manifestam-se e buscam satisfação essencialmente por intermédio de mecanismos automáticos da fisiologia e do comportamento, determinados principalmente por fatores biológicos e hereditários. A inanição e a desnutrição, por exemplo, provocam um rebaixamento dos níveis de glicemia no sangue e o desconforto deste estado só cessará diante da ingestão de nutrientes. Por sua vez, a *pulsão* é passível de manifestar-se por meio de seus representantes psíquicos, podendo ser satisfeita por uma maior diversidade de objetos e modalidades. Ainda no âmbito alimentar, sabemos que, por um certo tempo, tanto o bebê como o adulto são capazes de suportar o desconforto da fome mediante uma lembrança, de caráter alucinatório, de experiências anteriores de satisfação.

Concebendo a pulsão como um "conceito-limite" entre o psíquico e o somático, Freud ressalta a fonte corporal da pulsão e sua orientação a encontrar satisfação não apenas no nível das necessidades do corpo, mas também por meio de experiências psíquicas. Assim, a dimensão pulsional permite a transcendência dos determinismos da ordem biológica para outros níveis de experiência, específicos e constitutivos da espécie humana.

O *modelo metapsicológico* amplia a compreensão das origens do fenômeno psíquico, normal ou patológico, por meio de uma

---

46 S. Freud (1915a). *O instinto e suas vicissitudes*, E.S.B., XIV.

perspectiva que busca acompanhá-lo desde as suas fontes corporais até a sua organização *tópica* (localização no aparelho psíquico) e suas expressões *dinâmica* (a circulação dentro desse aparelho) e *econômica* (os investimentos libidinais em instâncias, representações e objetos).[47] Na cena metapsicológica se desenlaça a trama da existência humana, pautada pelo enredo pulsional.

A dimensão econômica é particularmente importante para o entendimento da formação do sintoma, do adoecer e da normalidade. Diante do sofrimento do sujeito, é fundamental compreender os destinos de seus afetos, de sua energia libidinal, de sua destrutividade. Estão eles investidos de forma narcísica (no próprio sujeito) ou orientados para outros sujeitos, outros objetos, para o mundo? A excitação pulsional manifesta-se por vias simbólicas ou mentais, ou apenas por meio de descargas automáticas de comportamentos ou reações corporais? Como veremos, a observação dessas dinâmicas é especialmente necessária para a compreensão do funcionamento psicossomático.

Como destaca Freud, o aparelho psíquico e suas funções se constituem como recursos de proteção contra os excessos de excitação, oriunda tanto do exterior como do interior do organismo. As representações são catalisadoras, elementos que podem promover a ligação e a organização das excitações que circulam no organismo. Por meio da representação, a pulsão pode inscrever-se no aparelho psíquico e por intermédio das ligações entre afeto e representação pode ser viabilizado um certo equilíbrio do funcionamento do organismo. A impossibilidade de ligação por vias representativas ou mentais resulta na livre circulação de quantidades elevadas de excitação no organismo, potencialmente desorganizadoras tanto do funcionamento psíquico como do corporal. O caráter excessivo e desorganizador dessas excitações constitui as experiências traumáticas.

---

47 S. Freud (1915a). *O instinto e suas vicissitudes*, E.S.B., XIV.

O trauma e suas vicissitudes

O traumatismo caracteriza-se, portanto, antes de tudo, como a vivência de um *excesso*. Freud o descreve como um aumento abrupto da excitação, do afeto, das cargas pulsionais, impossíveis de serem suprimidas, assimiladas ou elaboradas pelas vias normais (motoras ou mentais). Esse excesso resulta em distorções funcionais e estruturais não apenas no aparelho psíquico mas também no organismo.[48] Porém, ao discutir essa questão, ele ressalta a natureza relativa do trauma psíquico.[49] Este se constitui, sobretudo, como uma experiência que depende tanto das intensidades dos estímulos (internos ou externos) presentes como dos recursos do sujeito para lidar com essas intensidades.

Ainda que alguns eventos como acidentes, doenças, a morte de entes queridos, mudanças bruscas do cotidiano possam ser mais suscetíveis de provocar perturbações vividas como traumáticas, um acontecimento em si mesmo não é necessariamente traumático. O efeito traumático dependerá da relação entre a intensidade desse acontecimento e os recursos do sujeito para lidar com ele: uma pessoa com poucos recursos para enfrentar uma situação aparentemente inócua pode vivê-la como traumática desorganizando-se de forma persistente, assim como uma outra pessoa com recursos mais consistentes pode suportar acontecimentos muito perturbadores e, graças a eles, conseguir suportar a perturbação e reorganizar-se, superando suas eventuais consequências deletérias.

---

48 S. Freud (1910a). *A concepção psicanalítica da perturbação psicogênica da visão*, E.S.B., XI, p. 197.

49 S. Freud (1919a). *Introdução à psicanálise das neuroses de guerra*, E.S.B., XVII, p. 259.
Myriam Uchitel apresenta de forma clara e sensível os desdobramentos dessas questões em M. Uchitel (2000). *Neurose traumática: uma revisão crítica do conceito de trauma*.

A função etiológica do traumatismo é considerada por Freud desde seus primeiros escritos.[50] Porém, a partir do estudo das neuroses de guerra a noção de traumatismo psíquico pode ser mais elaborada. Os distúrbios funcionais dos combatentes da Primeira Guerra Mundial apresentavam uma grande semelhança com as dinâmicas e manifestações das neuroses atuais. Segundo Freud, as *neuroses traumáticas* resultariam de um aumento abrupto de excitações no aparelho psíquico provocando uma reação de terror diante de ameaças para o qual o *eu* não estaria preparado. No plano econômico, esse traumatismo produz os mesmos efeitos que a sexualidade reprimida, destacando, sobretudo, a noção de fixação ao acontecimento traumático.[51]

Em 1917, Freud aponta as semelhanças entre a etiologia, a dinâmica e a função econômica das neuroses traumáticas e as das neuroses atuais.[52] As primeiras evidenciam a fixação do paciente a uma experiência traumática, transposta de forma repetitiva em sonhos, sintomas e outras manifestações. Elas ilustram especialmente "o aspecto econômico dos processos mentais":

> o termo "traumático" não tem outro sentido senão o sentido econômico. [referindo-se] a uma experiência que, em curto período de tempo, aporta à mente um acréscimo de estímulo excessivamente poderoso para ser manejado ou elaborado de maneira normal, [que pode] resultar em perturbações permanentes. [elas permitem] descrever como traumáticas também aquelas experiências nas quais nossos

---

50 Carta a Fliess de 21/5/1894 em J. M. Masson (1986). *A correspondência completa de Sigmund Freud para Wilhelm Fliess* (1887-1904), p. 73.

51 S. Freud (1920). *Além do princípio do prazer*, E.S.B., XVIII, p.17.

52 S. Freud (1916-1917b). *Conferência XVIII – Fixação em traumas – Inconsciente*. In: Conferências introdutórias sobre a psicanálise II, *E.S.B.*, XVI.

pacientes neuróticos parecem se haver fixado ... a neurose poderia equivaler a uma doença traumática [resultando da] incapacidade de lidar com uma experiência cujo tom afetivo fosse excessivamente intenso.[53]

O dilema das neuroses mistas[54]

Já em meados dos anos 1890, quando esboçava as principais vertentes de uma nosografia psicanalítica,[55] Freud observava em alguns pacientes a oscilação etiológica, econômica e sintomática entre manifestações das psiconeuroses e das neuroses atuais, configurando um quadro que denominou de *neuroses mistas*.

os três métodos de defesa ... e, juntamente com eles, as três formas de doença a que levam esses métodos podem combinar-se numa mesma pessoa. O aparecimento simultâneo de fobias e sintomas histéricos, frequentemente observado na prática, é um dos fatores que dificultam uma separação nítida entre a histeria e as outras neuroses e que tornam necessária a postulação da categoria de "neuroses mistas".[56]

E ainda, "No intuito de analisar as 'neuroses mistas' posso afirmar ...: *onde quer que ocorra uma neurose mista, será possível descobrir uma mistura de várias etiologias específicas".*[57]

---

53 S. Freud (1916-1917b). *Conferência XVIII – Fixação em traumas – Inconsciente*, p. 325.

54 Essa questão é contextualizada e desenvolvida mais amplamente em R. M. Volich (2022). *Corações inquietos. Freud, Fliess e as neuroses atuais*.

55 Cf. *Nosografia psicanalítica*, acima, neste capítulo.

56 S. Freud (1894). *As neuropsiconeuroses de defesa*.

57 S. Freud (1895a). *Sobre os fundamentos para destacar da neurastenia uma síndrome específica intitulada de "neurose de angústia"*.

Mesmo que reconhecidas e mencionadas de forma eventual, por cerca de 30 anos, essas manifestações nunca foram objeto de atenção maior da parte de Freud. A partir de 1914, em pleno período de elaboração de seus textos metapsicológicos, sobre o luto e a melancolia e ampliando pela metapsicologia sua teoria dos sonhos, Freud concebe uma nova perspectiva da nosografia. Ele passa a distinguir as neuroses de transferência das neuroses narcísicas e descreve também as neuroses traumáticas. A maior clareza dessas novas formulações teóricas e clínicas permitem também reformular algumas concepções sobre as possibilidades da técnica psicanalítica de tratá-las.

Em 1917, nas *Conferências introdutórias sobre a psicanálise*, Freud apresenta uma concepção renovada das neuroses atuais descrevendo suas diferenças e relações com as psiconeuroses e dedica uma atenção especial à complexidade das neuroses mistas e seus desafios clínicos Ele assinala a continuidade existente entre o "estado neurótico comum" e suas manifestações patológicas.

A partir dos desenvolvimentos metapsicológicos e de suas elaborações sobre a técnica psicanalítica dos anos 1910, Freud consegue delinear melhor as diferenças entre cada uma dessas manifestações a partir dos *significados* e *localizações* dos sintomas, e do grau de participação dos *mecanismos mentais* em sua etiologia:

> *Em [ambas] os sintomas se originam da libido e constituem empregos anormais da mesma; são satisfações substitutivas. Mas os sintomas das neuroses "atuais" – pressão intracraniana, sensações de dor, estado de irritação em um órgão, enfraquecimento ou inibição de uma função – não têm nenhum "sentido", nenhum significado psíquico. Não só se manifestam predominantemente no corpo [como, os sintomas histéricos] como também*

constituem, eles próprios, processos inteiramente somáticos, *em cuja origem estão* ausentes todos os complicados mecanismos mentais *que já conhecemos.*[58]

Lembrando que a libido se encontra na etiologia de ambas as neuroses, ele aponta para uma equivalência entre os sintomas das psiconeuroses e das neuroses atuais, apesar das diferenças nas formas de organização libidinal e nas dinâmicas de cada uma. Essa equivalência pode ser melhor compreendida pela consideração da natureza da pulsão, formulada em *Os instintos e suas vicissitudes*. Se, por um lado, a pulsão possui uma fonte somática, por outro, orienta-se e é passível de ser representada psiquicamente.[59] Assim, ele destaca:

> *a função sexual não é uma coisa puramente psíquica, da mesma forma como não é uma coisa puramente somática. Influencia igualmente a vida corporal e mental. Se, nos sintomas das psiconeuroses, nos familiarizamos com as manifestações de distúrbios na atuação psíquica da função sexual, não nos surpreenderemos ao encontrar nas neuroses "atuais" as consequências somáticas diretas dos distúrbios sexuais.*[60]

A partir dessas dimensões, psíquica e somática, da organização e da expressão pulsional, Freud retoma a questão das indicações

---

58 S. Freud (1916-1917b). Conferência XXIV - O estado neurótico comum. In: *Conferências introdutórias sobre a psicanálise II, E.S.B.*, XVI, p. 451, sublinhado por mim.

59 S. Freud (1915a). *O instinto e suas vicissitudes, E.S.B.*, XIV.

60 S. Freud (1916-1917b). Conferência XXIV - O estado neurótico comum. In: *Conferências introdutórias sobre a psicanálise II, E.S.B.*, XVI, p. 452, sublinhado por Freud.

terapêuticas para as manifestações das psiconeuroses e das neuroses atuais. Enquanto a psicanálise propicia a compreensão e o tratamento das manifestações psíquicas da função sexual, "a clínica médica [oferece] uma indicação valiosa" para o entendimento dos distúrbios das neuroses atuais:

> *nos detalhes de seus sintomas e também em sua característica [as neuroses atuais influenciam]* todo sistema orgânico e toda função, *mostram uma inconfundível semelhança com os estados patológicos que surgem da influência crônica de substâncias tóxicas externas e de uma suspensão brusca das mesmas - as intoxicações e as situações de abstinência.*[61]

Freud aponta também para os diferentes *graus de complexidade* dessas manifestações. As neuroses "atuais" (neurastenia, neurose de angústia e hipocondria) apresentam manifestações "*mais simples*" do que as das psiconeuroses (histeria, neurose obsessiva, fobias, psicoses) "*doenças psíquicas mais complicadas*". Segundo ele, as neuroses atuais não ofereceriam "qualquer ponto de ataque" e "seriam "improdutivas no que concerne à psicanálise", estabelecendo, então, esse critério diferencial para a indicação terapêutica do método psicanalítico. Este não teria recursos para tratar as expressões sintomáticas e as doenças causadas pela descarga pulsional direta no corpo, sendo indicado apenas para as psiconeuroses, manifestações *psíquicas* da função sexual. Caberia à pesquisa e à clínica "biológica-médica", a responsabilidade de trazer "uma valiosa contribuição" para a

---

61 S. Freud (1916-1917b). Conferência XXIV - O estado neurótico comum. In *Conferências introdutórias sobre a psicanálise II*, E.S.B., XVI, sublinhado por mim.

compreensão e o tratamento dos distúrbios *somáticos* das neuroses atuais e das doenças orgânicas.[62]

Salientando que as "formas puras" da neurastenia, da neurose de angústia e da hipocondria ocorrem apenas "ocasionalmente", Freud retoma suas descrições das "neuroses mistas" lembrando que estas são "de ocorrência muito frequente",[63] e que, geralmente, as três estão "mescladas umas com as outras" e, inclusive, eventualmente, com "algum distúrbio psiconeurótico". Ele acrescenta que "um sintoma de uma neurose "atual" é, frequentemente, "o núcleo e o primeiro estádio de um sintoma psiconeurótico" sugerindo a conhecida imagem de que a neurose atual desempenharia o papel "do grão de areia com que um molusco cobre de camadas de madrepérola".[64]

Freud descreve ainda um desafio adicional ao diagnóstico diferencial entre essas neuroses. Ele aponta que, frequentemente, na formação de uma neurose, "um sintoma de uma neurose 'atual' é o núcleo e o primeiro estádio de um sintoma psiconeurótico". Essa dinâmica pode ser observada na relação "entre a neurastenia e a neurose de transferência ['histeria de conversão'], entre a neurose de angústia e a histeria de angústia, [e] também entre a hipocondria e . . . a parafrenia (demência precoce e paranoia)".[65]

Ao invés de se desencorajar diante dessas condições complexas, Freud insistia na importância e na necessidade de diferenciá-las com vistas ao trabalho clínico, como sempre buscou fazer desde

---

62 S. Freud (1916-1917b). Conferência XXIV - O estado neurótico comum. In *Conferências introdutórias sobre a psicanálise II, E.S.B.*, XVI, p. 452-3.

63 S. Freud (1898). *A sexualidade na etiologia das neuroses, E.S.B.*, III, p. 254.

64 S. Freud (1916-1917b). Conferência XXIV - O estado neurótico comum. In *Conferências introdutórias sobre a psicanálise II, E.S.B.*, XVI, p. 454.

65 S. Freud (1916-1917b). O estado neurótico comum. In: *Conferências introdutórias sobre a psicanálise II, E.S.B.*, XVI, p. 455.

1895.[66] Alguns anos depois, após elaborar suas concepções sobre a segunda tópica e formular novas hipóteses sobre a angústia, Freud continuaria a destacar essa relação etiológica e evolutiva entre uma manifestação inicial de neurose atual constituindo-se como o núcleo original de uma psiconeurose.[67]

As neuroses mistas, bem como as oscilações etiológicas e sintomáticas entre as psiconeuroses e as neuroses atuais em uma mesma pessoa, desde sempre observadas por Freud, evidenciam uma das principais características da economia psicossomática, que, como veremos, apresenta, ao longo da vida e a cada momento da existência do sujeito, a possibilidade de oscilar entre formas e funções mais ou menos organizadas e complexas, dependendo de sua história relacional, de seu momento de vida e dos recursos que construiu para lidar com suas experiências.[68]

O corpo, entre as pulsões de vida e de morte

Em *Além do princípio do prazer,* Freud opera uma modificação significativa na dimensão econômica da metapsicologia. Durante muito tempo, ele atribuiu o desprazer ao acúmulo de quantidades de excitação no aparelho psíquico enquanto compreendia o prazer como resultante da descarga ou diminuição dessas excitações.[69] Naquele artigo de 1920, ele descreve algumas experiências como o jogo infantil do carretel (que simula o desaparecimento da mãe), os sonhos traumáticos e a compulsão à repetição que contradizem o princípio de que o objetivo da vida psíquica seria a obtenção

---

66 "a importante decisão que precisamos tomar ... é se o caso tem as características da neurastenia ou de uma psiconeurose".

S. Freud (1898). *A sexualidade na etiologia das neuroses,* E.S.B., III, p. 254.

67 S. Freud (1926). *Inibições, sintoma e ansiedade.*

68 Cf. *Evolução, integração e desintegração,* no Capítulo 4.

69 S. Freud (1905). *Três ensaios sobre a teoria da sexualidade,* E.S.B., VII.

de prazer, que formulara inicialmente.[70] Em 1911, Freud já havia apontado que, com vistas à sobrevivência e sob a pressão das pulsões de autoconservação, em algumas situações, o princípio de prazer necessitava curvar-se ao princípio de realidade.[71] Nessa circunstâncias, seria necessário que o indivíduo seja capaz de tolerar um certo nível de desprazer.

Assim, reformulando seu primeiro modelo pulsional, do par pulsões de autoconservação-pulsões sexuais, destacado entre 1905 e 1915,[72] Freud passa a reconhecer no âmbito do primeiro grupo de pulsões, do *ego*, uma tendência conservadora, regressiva e desintegradora, que buscaria a restauração de um estado anterior, não dotado de vida, que ele caracteriza como *pulsão de morte*. Por sua vez, as pulsões sexuais também reproduziriam estados primitivos do ser vivo, porém por meio de sua tendência à fusão (primitivamente, celular), à ligação e à integração teriam como função a manutenção e a reprodução da vida, características da *pulsão de vida*.[73]

A propensão integradora e progressiva de Eros, das pulsões de vida, é condição essencial para o desenvolvimento humano, e, em particular, para a constituição de estruturas, dinâmicas e funções orgânicas e psíquicas cada vez mais complexas. Além disso, ao combinar-se, mesclar-se, intricar-se com as pulsões de morte, as pulsões de vida, se opõem às funções desintegradoras e destrutivas das pulsões de morte, impedindo-as de alcançar seu alvo, a redução completa das tensões, a aniquilação do ser vivo e sua recondução ao

---

70 S. Freud (1920). *Além do princípio do prazer*, E.S.B., XVIII.

71 S. Freud (1911a). *Formulações sobre os dois princípios do funcionamento mental*, E.S.B., XII, p. 277.

72 S. Freud (1915a). *O instinto e suas vicissitudes*, E.S.B., XIV.

73 S. Freud (1920). *Além do princípio do prazer*, E.S.B., XVIII.
   As implicações dessas reformulações do modelo pulsional tanto na psicanálise como nas teorias psicossomáticas são mais profundamente discutidas no Capítulo 6, *Mitologias: Narcisismo, pulsões e a economia psicossomática.*

estado anorgânico. Observamos em várias manifestações, como no sadismo, na anorexia, na doença somática, e nas depressões, entre muitas outras, essa fusão entre componentes amorosos e agressivos, de preservação e de destruição do sujeito.[74]

Essa revelação da teoria psicanalítica, entre outras, é, como veremos, uma referência fundamental para o desenvolvimento posterior das teorias psicossomáticas. As intuições de Freud sobre as articulações entre corpo e mente, entre o amor e a destrutividade entre movimentos organizadores e desorganizadores do desenvolvimento, entre o normal e o patológico inauguraram, para os que o sucederam, a possibilidade de compreender a função das dinâmicas psíquicas na existência humana e suas relações com o funcionamento orgânico em particular.

A leitura epistemológica das diferentes correntes da psicossomáticas do século XX deixa claramente entrever inúmeros vetores conceituais derivados das concepções freudianas: a relação do sintoma orgânico com a dinâmica psíquica, com o infantil e com as primeiras relações de objeto, desdobramentos da distinção entre as psiconeuroses e as neuroses atuais, a dimensão erógena, pulsional e econômica do funcionamento psicossomático, a função das dimensões simbólicas e representativas, as implicações da noção de traumatismo, entre muitos outros.

Tais correntes, mesmo as que se afastaram de suas fontes freudianas ou as mais voltadas para a biologia e para a fisiologia, compartilham ainda com a psicanálise a tentativa permanente de resolver o grande enigma da existência humana: compreender como o humano, destinado, programado e organizado para usufruir e promover a vida individual e coletiva, embrenha-se nos sombrios caminhos, muitas vezes precoces, do abandono e da destruição de si mesmo e de seu próximo.

---

74 Uma discussão ampliada dessas questões é feita em *Dor e angústia nos limites do pulsional*, no Capítulo 5.

3. Correntes modernas da psicossomática

A maioria dos pioneiros da psicossomática foi oriunda do movimento psicanalítico. Suas teorias refletem suas filiações e o burburinho que marcou a expansão da psicanálise ao longo da primeira metade do século XX. Os roteiros das migrações das primeiras gerações de psicanalistas revelam como teorias, que posteriormente se constituíram como verdadeiras "escolas", e, em particular, as psicossomáticas, formaram-se a partir de questões, filiações e da convivência de seus autores em um mesmo grupo de origem, bem como de suas influências recíprocas.

O movimento psicanalítico e o interesse pela psicossomática

Após os anos de solidão sentida por Freud nos primeiros tempos de sua carreira,[1] a partir de 1902, um grupo de "jovens médicos"

---

1 E. Jones (1953). *Life and work of Sigmund Freud.*
P. Gay (1991). *Freud, uma vida para nosso tempo.*
R. M. Volich, (2022). *Corações inquietos: Freud, Fliess e as neuroses atuais.*

passou a se reunir em torno dele com o objetivo de "aprender a psicanálise para em seguida exercê-la e divulgá-la".[2] Esse grupo, informalmente denominado "Sociedade psicológica das quartas-feiras", foi o embrião do que se constituiu oficialmente em 1908 como a Associação Vienense de Psicanálise, fundada por Otto Rank, Theodor Reik, Wilhelm Stekel, Max Graff, Hitschman, Isidor Sadger, Fritz Wittels e Alfred Adler, entre outros.

Também fazia parte desse grupo Karl Abraham, um importante divulgador das ideias freudianas. Ao transferir-se de Viena para Berlim, ele tomou a iniciativa de organizar, em 1908, a Associação Psicanalítica de Berlim. Dela fizeram parte Max Eitingon e Hans Sachs também vindos de Viena, assim como, procedentes de Budapeste, Ernst Simmel, Melanie Klein (analisada por Ferenczi) e Franz Alexander (analisado por Sachs). Mais tarde, Félix Deutsch e Wilhelm Reich e Georg Groddeck, filiado apenas em 1920 por insistência de Freud, também participaram do grupo berlinense. Félix Deutsch, Franz Alexander, Georg Groddeck e Wilhelm Reich trouxeram posteriormente contribuições importantes para as teorias psicossomáticas.

Até os anos 1920, Viena e Berlim eram os dois pólos principais do movimento psicanalítico. Naquele ano, instigados pelas ideias de Freud, Abraham, Simmel e Eitingon fundaram a Policlínica de Berlim e, em 1927, a clínica psicanalítica do castelo de Tegel, com uma equipe de médicos e enfermeiras sensíveis à psicanálise.[3] Budapeste também congregava um círculo significativo de adeptos da psicanálise, mas, apesar da produção original de S. Ferenczi, estes geralmente oscilavam entre os grupos das duas outras capitais europeias.

---

2 S. Freud (1914c). *Sobre a história do movimento psicanalítico*, E.S.B., XIV, p. 16.

3 Freud afirmava ser "necessário preparar-se para o momento em que a consciência social considerasse como uma obrigação o cuidado psicológico da mesma maneira que as outras obrigações de salvamento e de saúde".
   E. Roudinesco (1986). *Histoire de la psychanalyse en France*. v. 1, p. 155.

Sándor Ferenczi e Sándor Rado haviam fundado em 1913 a Associação Húngara de Psicanálise. Em 1920, a Associação contava com 17 membros, entre eles Géza Roheim, Melanie Klein e Eugene Sokolnicka. Em 1922, S. Rado, Michaël e Alice Ballint foram para Berlim para prosseguir suas formações. Após uma análise com Hans Sachs, M. Ballint retornou a Budapeste e, em 1926, depois de uma análise com Ferenczi, tornou-se analista didata. Com a ascensão do nazismo na Hungria, M. Ballint fugiu para a Inglaterra, onde foi um dos pioneiros da interlocução entre a psicanálise e a medicina, principalmente ao desenvolver a aplicação das concepções psicanalíticas à relação médico-paciente e à compreensão do adoecer.

A expansão da psicanálise para o oeste intensificou-se com a fundação por Ernst Jones da Associação Psicanalítica Americana, em 1911, e da Associação Inglesa, em 1913. Por muito tempo incipientes, esses grupos continuavam existindo graças às viagens periódicas que seus membros faziam a Viena e Berlim para análises de curta duração. Essas duas sociedades só ganharam consistência e importância institucional com o início da migração dos psicanalistas austríacos e alemães, para escapar das tempestades autoritárias que se anunciavam naqueles países nos anos 1930.

As décadas de 1910 e 1920 foram marcadas tanto pela expansão do movimento psicanalítico como pelas migrações de alguns de seus membros. Nesse mesmo período, os psicanalistas viviam e elaboravam os efeitos da revolução metapsicológica freudiana, sobretudo os da referência pulsional, que levaram um grande número de analistas a interessar-se pelas relações genéticas, etiológicas e funcionais entre o psíquico e o biológico.

Em 1923, Freud destacou a importância desse duplo movimento. Apontando o interesse da psicanálise como um método terapêutico que permite ao médico compreender as relações entre o psíquico e o somático, ele ressaltava as perspectivas favoráveis à utilização do tratamento psicanalítico no caso de enfermidades orgânicas, assinaladas por Smith E. Jelliffe, nos Estados Unidos, por Georg Groddeck e por Félix Deutsch.[4]

Desde muito cedo, vários analistas dedicaram-se à compreensão das doenças orgânicas a partir das hipóteses freudianas. Em 1913, E. Federn publicou um caso de asma rebelde, anos depois Léon Allendy, um caso de eczema, Sacha Nacht, um caso de retocolite hemorrágica, enquanto Smith E. Jelliffe, nos Estados Unidos, descrevia um caso de psoríase. Em 1914, um artigo de K. Westphal sobre a origem nervosa da úlcera péptica interessou médicos e psiquiatras militares confrontados aos distúrbios funcionais dos combatentes da Primeira Guerra Mundial.[5] Por sua vez, S. Ferenczi insistia na importância da perspectiva dinâmica e nosográfica da psicanálise para a compreensão e o tratamento das doenças orgânicas, uma visão que marcou grande parte de sua obra.

Das psiconeuroses às neuroses de órgão

Paciente e interlocutor privilegiado de Freud, considerado por este como um analista talentoso, Sándor Ferenczi realizou, já em 1909, uma primeira conferência na Sociedade de Medicina de Budapeste na qual criticava as teorias organicistas, propondo uma distinção entre os distúrbios funcionais das neuroses atuais e as psiconeuroses.[6]

Mais tarde, considerando os desenvolvimentos das concepções freudianas sobre a sexualidade e sobre o narcisismo, Ferenczi destacou a importância dessa perspectiva econômica para a compreensão

---

4   S. Freud (1923a). *Dois verbetes de enciclopédia, E.S.B.*, XVIII.
5   K. Westphal (1914). *Untersuchungen zur Frage der nervosen Entstehung peptischer Ulcera.*
    H. Kamieniecki (1994). *Histoire de la psychosomatique*, p. 37.
6   S. Ferenczi (1909). *A respeito das psiconeuroses.*

e o tratamento dos sintomas orgânicos, apontando para a relação de reciprocidade entre estados de excitação central e periféricos. Introduzindo-se o conceito de *Patoneurose*, ele analisou manifestações neuróticas consecutivas a uma doença orgânica, observando que o sintoma orgânico é capaz de concentrar sobre si uma maior quantidade de libido adquirindo um valor erógeno.[7] Segundo ele, esse investimento narcísico da doença também participa do processo de cura.

Em um artigo de 1919, Ferenczi analisou a relação entre as funções do pensamento e as da motricidade, afirmando que as pessoas do "tipo motor" têm dificuldades em atividades intelectuais em virtude de seu intenso investimento na atividade muscular, utilizada como forma privilegiada de descarga de excitações impossíveis de serem descarregadas pela via da imaginação.[8] Como veremos, essa dinâmica ocupará um lugar central nas concepções posteriormente desenvolvidas por P. Marty.[9]

Ferenczi foi também o criador do termo *neurose de órgão*, mais tarde retomado por Franz Alexander. Distintas das neuroses clássicas, como a histeria, as neuroses de órgão apresentariam configurações próximas da neurastenia, como revelam manifestações funcionais específicas da asma, das enxaquecas e das úlceras.[10] Em seu artigo de 1926, ao chamar a atenção para a dimensão psíquica presente na dinâmica de toda doença, inclusive orgânica, Ferenczi ressaltava a importância de considerar as descobertas psicanalíticas no tratamento de toda e qualquer doença.

---

7   S. Ferenczi (1917). *As patoneuroses.*
8   S. Ferenczi (1919). *Pensamento e inervação muscular.*
9   P. Marty e M. Fain (1955). *L'importance du rôle de la motricité dans la relation d'objet.*
    Cf. *A estruturação das relações objetais*, no Capítulo 4.
10 S. Ferenczi (1926). *As neuroses de órgão e seu tratamento.*

112 CORRENTES MODERNAS DA PSICOSSOMÁTICA

A psicanálise foi bem sucedida no tratamento de doenças orgânicas como doenças cardíacas e pulmonares. Em uma doença cardíaca grave, o alívio da atividade cardíaca sob a influência da transferência e a descoberta dos focos psíquicos recalcados da doença pode permitir neutralizar uma perturbação compensatória do sistema circulatório.

Se, ao restabelecer a harmonia da vida afetiva e particularmente da vida sexual, a psicanálise é capaz de também curar as doenças orgânicas, é necessário admitir que a regeneração necessária à cura extrai suas forças da fonte de energia sexual, como se a autoconsevação, em caso de perigo particularmente grave (doença) devesse convocar a conservação da espécie.[11]

As dimensões anatômicas, libidinais e relacionais da imagem corporal

A clínica de pacientes que apresentavam lesões cerebrais e dificuldades de lateralidade conduziu Paul Schilder a publicar, em 1923, um estudo sobre a imagem corporal que, segundo ele, seria composta pelos "mecanismos do sistema nervoso central implicados na imagem espacial que cada um tem de si mesmo".[12] Partindo da neurologia, Schilder demonstrava que a compreensão das manifestações encontradas naqueles pacientes deveria basear-se não apenas na fisiologia e na neuropatologia, mas também na psicologia.

Seria errado supor que a fenomenologia e a psicanálise deveriam ou poderiam ser separadas da patologia do

---

11 S. Ferenczi (1926). *As neuroses de órgão e seu tratamento.*
12 P. Schilder (1923). *A imagem do corpo*, p. 5.

cérebro. Parece-me que a teoria do organismo poderia e deveria ser incorporada numa doutrina psicológica que vê a vida e personalidade como uma unidade . . . utilizei o insight *que nos dera a psicanálise com seus mecanismos psíquicos para elucidar problemas da patologia do cérebro . . . sempre acreditei que não existe separação entre o orgânico e o funcional. A mente e personalidade são entidades tão eficientes quanto o organismo.*[13]

Ao longo de seu estudo, P. Schilder tentou compreender a relação entre o modelo postural, a sensorialidade, a erogeneidade e a ação do corpo próprio de cada um e sua relação com o corpo dos outros. Sempre considerando as dimensões anatômicas e fisiológicas de manifestações, como a construção do esquema e do tônus corporal, agnosias e apraxias, a função dos orifícios do corpo, da dor, e muitas outras, ele examinava também os aspectos libidinais dessas dimensões, analisando tanto seu desenvolvimento, como suas manifestações específicas na histeria, na neurastenia, nas doenças orgânicas, nos casos de despersonalização e nos estados dolorosos. Além disso, ele dedicou ainda uma atenção particular aos aspectos socioculturais na constituição da imagem corporal, analisando a função do espaço, da indumentária e da ginástica na construção dessa imagem, bem como a função dos modelos identificatórios.

Medicina e psicanálise: o nascimento da psicossomática

Georg Groddeck (1866-1934) construiu suas hipóteses principalmente a partir de sua experiência como médico. Inicialmente, ele teve pouco contato com a teoria freudiana, apesar de ter sido médico da maior parte dos analistas vienenses em sua clínica de Baden-Baden.

---

13 P. Schilder (1923). *A imagem do corpo*, p. 5.

A despeito de suas restrições a algumas formulações freudianas, tornou-se membro da Associação Psicanalítica de Berlim em 1920, afirmando que as doenças orgânicas podiam ser compreendidas e tratadas pela psicanálise.[14] Segundo Groddeck, não existem doenças orgânicas ou doenças psíquicas, pois corpo e alma adoecem simultaneamente. A expressão psicossomática remete não a um estado, mas a uma essência, a do ser humano. Em carta a Freud, em 27 de maio 1917, ele escreveu:

> *Não foi através do estudo das neuroses que eu cheguei a minhas posições – eu deveria dizer a suas posições – mas através da observação de doenças que somos levados a chamar de físicas. Eu tinha a firme convicção que o espírito e o corpo são uma mesma entidade que abriga o Isso, uma potência através da qual nós somos vividos . . . eu recusei aceitar a separação entre as doenças somáticas e as doenças psíquicas. Eu tentei tratar o indivíduo em sua totalidade, o Isso nele . . . No desenvolvimento destas ideias, que são fundamentalmente suas ideias, é impossível utilizar outra terminologia, diferente daquela que você elaborou... com a condição de estender o conceito de inconsciente e sua significação... O que é indispensável para o tratamento psicanalítico das afecções ditas físicas.*[15]

Em 1923, ano em que P. Schilder publicou seu primeiro estudo, *Körperschema*, e Freud, *O ego e o id*, G. Groddeck lançou pela *Internationaler Psychoanalytischer Verlag*, de Viena, *O Livro d'Isso*.[16]

---

14 G. Groddeck (1920). *Sobre a psicanálise do orgânico no ser humano.*
15 Carta de Groddeck a Freud (27/5/1917), citada por H. Kamieniecki (1994). *Histoire de la psychosomatique*, p. 39.
16 G. Groddeck (1923). *O Livro d'Isso.*

Escrito sob forma de correspondência assinada sob o pseudônimo de Patrik Troll, essa obra marcou a paternidade de Groddeck da psicossomática moderna e definiu suas posições com relação ao movimento psicanalítico.

Groddeck sempre insistiu no aspecto criativo do Isso, absolutamente arraigado no funcionamento orgânico.[17] Constituído por um princípio vital universal e unificador, suscetível de simbolização, ele obedece às mesmas dinâmicas que o sonho: "O Isso vive o homem; é a força que o faz agir, pensar, crescer, sentir-se bem ou doente, numa palavra, o que o vive".[18]

Muito marcado pela compreensão particular que Groddeck tinha da psicanálise, no *Livro d'Isso* ele discute uma ampla gama de questões: a relação do humano com o infantil, a função das relações primitivas com a mãe, a função do ato sexual e do parto na vida da mulher, os destinos dos sentimentos maternos de amor e ódio, a função psíquica do adoecer, as dinâmicas inconscientes, a sexualidade, as sensações corporais, a relação do Isso com a transferência. Ele analisa ainda a relação do ser humano com a Natureza, a função do simbolismo corporal e da sexualidade, do sonho, do complexo de Édipo, a função e o tratamento do câncer, a religião como uma criação do Isso, a relação do adoecer com o recalcamento, a relação do Isso com a morte, com a doença mental, bem como a perversão, o voyeurismo e exibicionismo e suas relações com a histeria, a dimensão de fantasia "real" do Isso, o narcisismo e a homossexualidade de todos os seres humanos, entre outros.

Ao refletir sobre a etiologia dos processos de adoecimento, Groddeck denuncia o conflito inerente ao pensamento causalista, dividido entre os que defendem a primazia das causas internas ou a das externas. Para ele, a resistência para a plena compreensão

---

17 G. Groddeck (1923). *O Livro d'Isso*, p. 9-11.
18 G. Groddeck (1923). *O Livro d'Isso*, p. 229.

desses processos provém da dificuldade do ser humano de observar a si mesmo.[19]

> *Sonhamos com um tratamento que ao invés dos sinto-mas fará desaparecer a causa das doenças. Gostaríamos de aplicar uma terapêutica causal, [e, nesse sentido,] nos pusemos à busca das causas das doenças. Primeiro, estabelecemos teoricamente, e com grande reforço de palavras, que há duas causas* soi-disant *inteiramente estranhas uma à outra: uma interna, que o ser humano extrai de si mesmo,* a causa interna, *e uma externa,* a causa externa, *que provém . . . do meio ambiente. [Após] uma divisão assim tão nítida, nos jogamos com verdadeira fúria sobre as causas externas, isto é: os ba-cilos, os resfriamentos, o excesso de comida de bebida, os acidentes de trabalho e sabe-se lá mais o quê. E a causa interna foi completamente esquecida! Por quê? Porque é muito desagradável olhar para dentro de si mesmo – e é apenas em si mesmo . . . que encontramos as poucas fagulhas que iluminam as trevas da causa interna, a disposição – porque existe alguma coisa que o analis-ta freudiano chama de resistência dos complexos . . . Sempre existiram médicos que levantaram a voz para dizer: o homem fabrica ele mesmo suas doenças, nele repousa as* causae internae *. . . Diante dessas palavras,*

---

19 De forma significativa, um dos primeiros artigos de Pierre Marty também discute as dificuldades pessoais do terapeuta para a compreensão do fenômeno psicossomático.
P. Marty (1952). *Les difficultés narcissiques de l'observateur devant le problème psychosomatique.*
Cf. *Desafios da clínica*, no Capítulo 9.

muitos ergueram a cabeça, elas foram repetidas, mas
logo voltaram para as causas externas, atacadas com a
profilaxia, a desinfecção e todo o resto.

Não é possível tratar a não ser sintomaticamente e não é
possível tratar a não ser causalmente. É que ambas são
uma só. Não há diferença entre as duas noções. Quando
se cura, trata-se a causa interna, o ser humano que
extrai a doença de seu Isso; e para poder curar, o médico
é obrigado a levar em conta os sintomas . . . No fundo,
pouco importa se fuçamos com cuidado entre os signos
da doença ou se nos contentamos com ler uma carta do
paciente . . . Sempre será um tratamento do ser humano,
e ao mesmo tempo, de seus sintomas.[20]

Ao longo de seu livro, marcado por inúmeros relatos pessoais e descrições de casos, Groddeck descreve a doença como uma criação do Isso, carregada de sentido, de finalidade e de função expressiva. Resgatando uma ideia que, desde Hipócrates, autores como Sydenham já haviam defendido, ele sustenta que as mesmas forças do Isso, que participam do adoecer, devem ser mobilizadas no processo terapêutico associadas aos procedimentos indicados pelo médico.

O objetivo . . . de todo tratamento médico é conseguir
alguma influência sobre o Isso. Em geral, costuma-se com
esse objetivo tratar diretamente certos grupos de unidades
– Isso; nos entregamos a essa operação com uma faca ou
com substâncias químicas, com a luz e o ar, o calor e o frio,
a corrente elétrica ou os raios . . . na maioria das vezes o
que fazemos é golpear às cegas . . . Não deveríamos nos

---

20 G. Groddeck (1923). Carta 32. In *O Livro d'Isso*, p. 227 e 228.

esquecer que não é o médico que derrota a doença, mas o doente. O doente cura a si mesmo, com suas próprias forças, assim como é através de suas próprias forças que ele caminha, come, pensa, respira, dorme.[21]

Apesar disso, ele destacava a importância de também considerar as resistências do paciente ao tratamento. "é um erro acreditar que o doente vai ao médico para se tratar. Há apenas uma parte de seu Isso disposta a sarar, a outra se obstina na doença e espreita ardilosamente a ocasião para obrigar o médico a prejudicá-lo".[22]

Groddeck defendia a necessidade de ampliação da terapêutica psicanalítica para além do campo das neuroses, afirmando que a psicanálise também precisava reconhecer as manifestações do Isso durante todo o processo de desenvolvimento e de criação do ser humano, inclusive no adoecer.

Estou convencido de que não faço nada além, com a psicanálise, do que fazia antes quando receitava banhos quentes, indicava regimes, massagens, e mandava com autoridade, coisas de que continuo me servindo. A novidade é apenas do ponto de vista do tratamento ... Meu tratamento ... consiste em tentar tornar conscientes os complexos inconscientes do Eu, metodicamente e com toda a manha e força de que disponho. Isso sem dúvida é novo, mas não provém de mim; Freud é o inventor disso; meu papel limita-se a aplicar esse método também aos males orgânicos. Como parto do princípio de que o Isso é o objeto da profissão médica; como sou da opinião

---

21 G. Groddeck (1923). Carta 32, In: *O Livro d'Isso*, p. 226 e 227.
22 G. Groddeck (1923). Carta 32, In: *O Livro d'Isso*, p. 229.

de que o Isso, através de sua força soberana, constitui
o nariz, provoca a inflamação do pulmão, torna o ho-
mem nervoso . . . como creio, além disso, que o Isso se
deixa influenciar tanto pelo fato de tornar conscientes
os complexos inconscientes do Eu como pelo ato de abrir
uma barriga, não compreendo – ou não compreendo
mais – como é possível imaginar que a psicanálise só é
utilizável para os neuróticos e que as doenças orgânicas
devem ser tratadas com outros métodos.[23]

Ao longo de 1921, Groddeck enviava a Freud partes de *O livro d'Isso*, à medida em que as redigia. A correspondência entre eles nesse período revela a ambivalência de cada um com relação aos conceitos de inconsciente e de *id*. Como aponta R. Lewinter,

assim como, em "O livro d'Isso", Groddeck havia abu-
sado do [conceito de Freud de] Ics (Inconsciente), em
"O ego e o id", [Freud] abusa do Isso (Id) [de Groddeck]
transformando completamente seu sentido, introduzindo
nele o que lhe era completamente estrangeiro: um saber
organizado e não mais orgânico.[24]

Em uma carta endereçada a Groddeck, em 18 de junho de 1925, Freud enumerava as diferenças entre o Isso de Groddeck e aquele que ele mesmo utilizou na descrição de sua segunda tópica: "Em seu Isso, eu naturalmente não reconheço meu Isso civilizado, burguês, despojado da mística. Entretanto, como você sabe, o meu deriva do seu".[25] Diferenças de compreensão como

---

23 G. Groddeck (1923). Carta 32, In: *O Livro d'Isso*, p. 228.
24 R. Lewinter, L'art de l'enfance. In: G. Groddeck (1923fr). *Le livre du ça*, p. IV.
25 Carta a Groddeck, de 18 de junho de 1925, citada por R. Lewinter, L'art de l'enfance. In: G. Groddeck (1923fr). *Le livre du ça*, p. VI. Tradução minha.

essa já transpareciam em 1923, quando da publicação de *O ego e o id*, considerado por Groddeck

> *bonito, mas, para mim, sem o menor alcance . . . o Isso [de Freud] possui apenas um valor relativo para as neuroses. Ele transcende para a esfera orgânica de forma apenas secreta, com a ajuda da pulsão de morte ou de destruição, tomada de Stekel e de Spielrein. O aspecto construtivo de meu Isso ele deixa de lado, sem dúvida para introduzi-lo sub-repticiamente da próxima vez...*[26]

Apesar das divergências conceituais e do lugar relativamente marginal que Groddeck acabou ocupando no movimento psicanalítico, suas concepções deixaram marcas profundas na teoria psicanalítica. Além de ter incorporado o termo por ele criado ao próprio modelo do aparelho psíquico, a psicanálise não mais podia ignorar as íntimas relações entre o funcionamento psíquico e o orgânico, e tampouco suas repercussões.

Vertentes do campo psicossomático

Nos anos 1930, a influência crescente da ideologia e do regime nazistas da Alemanha nos países da Europa Central provocou a imigração de um grande número de psicanalistas para os Estados Unidos. No início dos anos 1940, trabalhavam naquele país Otto Rank, Theodor Reik, Franz Alexander, Otto Fenichel, Felix Deutsch, Wilhelm Reich, Erich Fromm, Ernst Simmel, Renè Spitz, Géza. Roheim e Richard Sterba, dentre outros. Com esse movimento, convergiram

---

26 Carta de Groddeck a sua esposa, de 15 de maio de 1923, citada por R. Lewinter, L'art de l'enfance. In: G. Groddeck (1923fr). *Le livre du ça*, p.VI. Tradução minha.

para o novo meio cultural e científico americano diversas abordagens clínicas e teóricas, desenraizadas de seus meios de origem. Suas filiações anteriores e sua identidade europeia foram elementos aglutinadores que determinaram as associações desses psicanalistas e sua produção teórica.

Todos os pioneiros da psicossomática foram próximos ou tiveram contato com as formulações freudianas. Georg Groddeck, Felix Deutsch e Franz Alexander conviveram por quase dez anos na Associação Psicanalítica de Berlim. Também Wilhelm Reich, que ali viveu entre 1931 e 1934, foi instigado pelas concepções desse grupo. Desde a década de 1920, esses analistas empenharam-se em desenvolver uma abordagem psicanalítica da doença orgânica. Partindo dos principais vetores clínicos e conceituais da teoria freudiana, como a consideração da sexualidade, a diferença econômica do sintoma na neurose atual e na psiconeurose, as teorias de cada um buscavam superar o modelo da conversão histérica para compreender o sintoma somático, a relação entre a motricidade e a atividade mental, a função econômica da angústia, o papel da agressividade na etiologia da doença e a noção de caráter e de especificidade da personalidade mórbida, entre outros.

Reich e o paralelismo psicofísico

Wilhelm Reich evidenciou as relações entre a economia sexual, o psiquismo e o funcionamento vegetativo. Segundo ele, "o trabalho no campo da economia sexual demonstrou que o inconsciente de Freud está presente e é concretamente perceptível sob a forma de sensações e impulsos do meio vegetativo".[27] A experiência psíquica está ancorada nas funções fisiológicas, o que permite que uma

---

27 W. Reich (1940). *A função do orgasmo*, p. 63.

vivência psíquica provoque uma resposta somática, que, por sua vez, pode produzir uma mudança funcional ou estrutural em um órgão.

Reich criticava a tendência do meio psicanalítico a "psicologizar o fisiológico", seja ao aplicar indiscriminadamente interpretações psicológicas aos processos somáticos, ou ao afirmar que todas as enfermidades resultavam de desejos inconscientes.[28] Ele compreendia os desequilíbrios das funções corporais como decorrentes de perturbações gerais do funcionamento vegetativo, destacando que as relações entre as manifestações somáticas e psíquicas são pautadas pelo paralelismo psicofísico: "O psíquico e o somático são dois processos paralelos que exercem efeito recíproco um sobre o outro".[29] A intensidade de uma ideia psíquica depende da excitação somática momentânea à qual é associada. As emoções se originam nas pulsões (e, portanto, no campo somático) o que permite a compreensão da relação entre a neurose de angústia fisiogênica e a psiconeurose psicogênica.

Para Reich, a perturbação da libido genital constitui a fonte da neurose pelo lado somático. A estase sexual, impossibilidade de descarga da libido acumulada, é um fator etiológico significativo no desencadeamento das patologias. O conflito psíquico e a estase sexual se retroalimentam e essa frequentemente tem relação com os conflitos sexuais infantis. Essa perspectiva evidencia a relação entre excitação sexual e angústia, duas formas de expressão do sistema nervoso vegetativo.

Os sintomas se constituem como tentativas de descarga parcial e de ligação da libido estásica. A estrutura muscular participa dessa dinâmica permitindo ou retendo o fluxo da energia libidinal do

---

28 "Como poderia o Inconsciente produzir um carcinoma?"
    W. Reich (1940). *A função do orgasmo*, p. 64 e 65.
29 W. Reich (1940). *A função do orgasmo*, p. 70.

indivíduo, por meio da *couraça do caráter*.[30] Assim, a resistência
ao trabalho analítico pode manifestar-se não apenas como uma
resistência à associação livre do paciente, mas também por meio
do corpo e sua couraça muscular.

O caráter é uma alteração crônica do Eu que marcado por uma
rigidez de funcionamento, atitudes e sentimentos que determinam modos característicos de reação do sujeito. Diferentemente
do sintoma, sentido como incômodo e estranho à pessoa, o caráter
é vivido como o que ela considera ser "sua natureza". Sintônico ao
Eu do sujeito, a função do caráter é proteger esse Eu contra perigos
internos e externos, razão pela qual Reich o denomina "couraça".[31]

Porém, o preço pela função defensiva da couraça é a diminuição
da mobilidade psíquica e libidinal do sujeito e de suas relações
com os objetos e com o mundo. Ela opera segundo o princípio do
prazer-desprazer, intensificando-se quando de experiências ou fantasias desprazerosas e atenuando-se quando das prazerosas. As fontes
mais primordiais do caráter encontram-se nas experiências infantis,
sendo alimentadas pelos conflitos entre as pulsões e as defesas que
impedem sua satisfação.

Ao longo do desenvolvimento, por meio fixações e regressões,
organizam-se gradativamente diversas camadas do caráter. Os conflitos entre pulsões e defesas instauram uma "unidade funcional
antitética" que participa da manutenção do caráter: "O mundo total
da experiência passada incorpora-se ao presente sob a forma de
atitudes de caráter. O caráter de uma pessoa é a soma total funcional
de todas as experiências passadas".[32]

Funcionalmente, à couraça do caráter correspondem hiperto-
nias musculares cuja função é conter não apenas a energia da vida

---

30 W. Reich (1940). *A função do orgasmo*, p. 104 e 124.
31 W. Reich (1933). *Análisis del carácter*, p. 159.
32 W. Reich (1940). *A função do orgasmo*, p. 129.

sexual, mas também o ódio, a angústia e a agressividade. Segundo Reich, a terapia analítica deveria não apenas propiciar ao paciente a consciência de sua sexualidade reprimida, mas também torná-lo capaz de potência orgástica, ou seja, capaz de descarregar completamente a energia sexual acumulada. Para tanto, ele desenvolveu a *vegetoterapia*, que intervém diretamente sobre a couraça muscular, com vistas a libera as tensões estásicas.[33]

Lembrando as influências recíprocas entre o soma e a psique, Reich alerta para os limites e os diferentes modos de funcionamento desses campos. Enquanto as experiências do psiquismo são predominantemente determinadas por qualidades, as do soma o são pelas quantidades: "A qualidade de uma atitude psíquica depende da quantidade de excitação somática da qual provém".[34] A energia biológica, governa tanto o psíquico como o somático, constituindo uma unidade funcional (identidade psicossomática). O centro vegetativo, origem da energia biológica situa-se na região abdominal, no plexo solar.

Reich foi um clínico sensível, que fez importantes contribuições à teoria e à técnica psicanalíticas.[35] Ele discutiu e desenvolveu as implicações da categoria das neuroses atuais e da noção de caráter, destacou a importância da perspectiva econômica na abordagem do sintoma e a relação dialética entre o funcionamento fisiológico e o funcionamento mental, revelou o papel econômico e intersubjetivo do aparelho muscular, entre outras. Como mostra Cláudio M. Wagner, as resistências às hipóteses de Reich foram e continuam sendo, primordialmente, fruto dos conflitos provocados por suas posições políticas e ideológicas.[36] Em consequência do rompimento com os

---

33 W. Reich (1940). *A função do orgasmo*, p. 231.
34 W. Reich (1940). *A função do orgasmo*, p. 226.
35 W. Reich (1933). *Análisis del carácter*.
36 C. M. Wagner (1996). *Freud e Reich: continuidade ou ruptura?*

órgãos oficiais da psicanálise e do ostracismo a que foi submetido, muitas dessas contribuições, compartilhadas ou incorporadas por vários autores do campo da psicossomática, não fossem reconhecidas.

O Instituto de Psicossomática de Chicago

Grande parte dos psicanalistas que constituíram a que veio a ser conhecida como a "Escola de Psicossomática de Chicago" foram formados em Viena, Berlim e Budapeste. Durante muito tempo, Felix Deutsch, Flanders Dunbar, Franz Alexander, O. English e Ruesch, entre outros, tentaram compreender os mecanismos subjacentes e as relações entre as reações emocionais e respostas do sistema vegetativo e do sistema nervoso central. Nesse contexto, buscaram também examinar a existência de relações entre conflitos emocionais específicos e estruturas de personalidade com alguns tipos de doenças somáticas, como a úlcera, alergias, enxaquecas, asma e distúrbios digestivos.[37] Essas teorias imprimiram à psicossomática marcas que influenciaram a maneira de pensar de algumas gerações de clínicos e terapeutas.

Ainda em Berlim, em 1926, Felix Deutsch resgatou o termo psicossomática sugerido por Heinroth. Ao mesmo tempo que questionava a utilização indiscriminada da noção psicanalítica de conversão em medicina interna, F. Deutsch criticava o organicismo da medicina, que, excessivamente voltada para os sintomas, negligenciava a dimensão humana do adoecer.[38] Após emigrar para Boston, promoveu nos meios hospitalares a discussão sobre a relação médico-paciente, principalmente sobre as atitudes identificatórias e contratransferenciais do médico em sua prática. Além disso, ele também desenvolveu o método da *anamnese associativa*, que introduzia

---

37 F. Alexander (1952). *A medicina psicossomática.*
38 F. Deutsch (1928). *De l'influence du psychisme sur la vie organique.*

126 CORRENTES MODERNAS DA PSICOSSOMÁTICA

na anamnese clássica uma investigação específica para que o médico também pudesse considerar aspectos psicodinâmicos do paciente.[39]

Franz Alexander: da especificidade psicodinâmica ao funcionamento neurovegetativo

Ao emigrar para os Estados Unidos em 1929, Franz Alexander levou consigo seu projeto berlinense de ampliar a prática psicanalítica para o campo da medicina. Discutindo as concepções pioneiras de James L. Halliday,[40] ele aponta para as dificuldades com as quais se confronta a medicina psicossomática.

> *Halliday . . . propõe classificar alguns estados como a úlcera duodenal, o bócio exoftálmico, o diabetes e as desordens vasculares hipertensivas como afecções psicossomáticas pois, nestes casos, o fator emocional parece ser de grande valor etiológico. A dificuldade dessa posição é que . . . em quase todos os problemas crônicos, os fatores emocionais têm um papel. A importância do fator emocional varia segundo as condições, mas, talvez, mesmo de doente a doente. Se a expressão "doença psicossomática" significa a presença de fatores emocionais como fator etiológico, a maior parte das doenças é psicossomática . . . inexiste um método suficientemente seguro para apreciar a proporção quantitativa dos fatores emocionais (centrais) e dos fatores somáticos locais em diferentes estados e casos individuais.[41]*

---

39 F. Deutsch (1939). *L'interrogatoire psychosomatique.*
40 J. L Halliday (1943). *Concept of a psychosomatic affection.*
41 F. Alexander (1953). *Problèmes méthodologiques en médecine psychosomatique.*

Assim, segundo Alexander, toda doença é psicossomática, uma vez que os fatores emocionais interagem com todos os processos fisiológicos pelas vias nervosas e humorais.[42] A psicossomática busca compreender a etiologia das doenças como perturbações da coordenação total dos processos orgânicos e não como processos locais isolados. As funções da personalidade se constituem como os recursos mais desenvolvidos dessa coordenação, assim é importante considerá-las no estudo dos processos mórbidos. A perspectiva psicossomática deve considerar as dinâmicas psicológicas que participam da origem e da evolução das doenças e também da terapêutica, trabalhando os componentes psicológicos simultaneamente e em relação com os não psicológicos.[43]

Criticando a evolução da medicina que, dividida em especialidades, passou a estudar os órgãos e suas funções como entidades separadas, Alexander defendia a importância de reconhecer a unidade do organismo também incluindo a personalidade do doente.[44] Ele destaca a identidade evolutiva e dinâmica entre os processos psíquicos e os processos fisiológicos e lembra que as manifestações do psiquismo são inscritas e decorrem do desenvolvimento da fisiologia das funções vitais. São exemplos desses processos as respostas do bebê a estímulos do meio e do outro, que se manifestam quase que exclusivamente por meio da atividade corporal.

Para Alexander, as grandes funções do organismo dividem-se segundo três esquemas dinâmicos fundamentais: *incorporação*, *retenção* e *eliminação*, que se constituem também como vetores matriciais dos movimentos psíquicos que subentendem todas as atividades humanas, com suas implicações relacionais e orgânicas.

---

42 F. Alexander (1952). *A medicina psicossomática.*
43 F. Alexander (1953). *Problèmes méthodologiques en médecine psychosomatique,* p. 334 e 343.
44 F. Alexander (1953). *Problèmes méthodologiques en médecine psychosomatique,* p. 335.

Inspirado pela noção de Ferenczi de *neurose de órgão* e pela de *termodinâmica energética emocional* de Helen Flanders Dunbar,[45] Alexander compreende a emergência da doença a partir da ideia de *constelação psicodinâmica específica*. Diante de certas situações emocionais, algumas reações de base reativam conflitos internos da história do indivíduo. A cada situação de base corresponde uma síndrome de modificações corporais, isto é, psicossomáticas (riso, choro e mudança de ritmo cardíaco, entre outras).

Segundo Alexander, "o soma não pode ser reduzido aos órgãos vegetativos, mas inclui também todo o sistema neuromuscular".[46] A manifestação da doença depende da relação entre as estruturas de personalidade do sujeito, os conflitos de base, as musculaturas voluntária e involuntária e o sistema visceral/neurovegetativo. A etiologia e os modos de evolução de uma doença são determinados pela combinação da vulnerabilidade de um órgão específico ou do sistema somático com a constelação psicodinâmica característica do paciente, com a situação exterior que mobiliza seus conflitos e com as defesas que ele elaborou contra estes.

Um paciente com uma constelação psicodinâmica característica, vulnerável no nível de um órgão ou de um sistema somático específico, poderá desenvolver uma doença quando confrontado a uma situação exterior que mobiliza seus conflitos primitivos, sem que possa utilizar as defesas contra tais conflitos, seja por não terem

---

45 Segundo essa autora, a energia vital constitucional conserva-se por meio de suas transformações diversas. Todos os fenômenos vitais orgânicos ou psíquicos são manifestações e transformações dessa energia que pode tanto se degradar sob efeito de agentes tóxicos ou vulnerantes externos como sob efeito de emoções e de conflitos internos excluídos da consciência.
F. Dunbar (1938). *Emotions and body changes.*
F. Dunbar (1943). *Psychosomatic diagnosis.*
46 F. Alexander (1953). *Problèmes méthodologiques en médecine psychosomatique,* p. 339.

se constituído, seja terem se tornado inoperantes. Na perspectiva terapêutica, é importante descobrir a zona conflitual nodal do paciente com vistas a dissolvê-la.

A partir dessa compreensão, Alexander descreveu constelações psicodinâmicas específicas à asma, à artrite reumatoide, à colite ulcerativa, à hipertensão essencial, à neurodermite, à tireotoxicose e à úlcera gástrica e duodenal.[47] Também chamou a atenção para a distinção funcional entre o sistema muscular voluntário e o visceral. A *musculatura voluntária* presta-se como suporte para *sintomas do tipo histérico*, resultantes de conflitos psíquicos. Por outro lado, o *sistema visceral/neurovegetativo*, involuntário, serve primordialmente às descargas e manifestações de certas emoções crônicas. Os sintomas que se manifestam por meio desse sistema não se constituem como sintomas de conversão, ou seja, não se prestam à solução de conflitos psíquicos.

O sistema neurovegetativo, ou sistema nervoso autônomo, é o responsável pelo controle de diferentes funções vitais como a respiração, circulação do sangue, temperatura e digestão. Ele é composto e opera principalmente por meio de dois modos de funcionamento, simpático e parassimpático, em permanente interação. Segundo Alexander, as reações crônicas de cada um desses funcionamentos desencadeiam as doenças classicamente denominadas "psicossomáticas", nomeada por ele *neuroses vegetativas*.[48]

O sistema simpático adrenérgico é orientado para alertar o sujeito para possíveis ameaças e prepará-lo para defender-se, lutar ou fugir. Entre muitos efeitos, sua atividade inibe processos anabólicos e digestivos, estimula a atividade cardiorrespiratória e suprarrenal, eleva a pressão sanguínea, dirige o sangue do centro para periferia (membros) e cérebro, bem como aumenta o consumo de carboidratos.

---

47 F. Alexander e Cols. (1968). *Psychosomatic specificity.*
48 F. Alexander (1952). *A medicina psicossomática.*

A cronicidade das funções simpáticas é subjacente a *atitudes de rivalidade, agressividade* e *hostilidade* e frequentemente participa da etiologia das enxaquecas, hipertensão, hipertireoidismo, neurose cardíaca, artrite, síncope por vaso depressão e diabetes. O hipertenso essencial seria uma pessoa sob pressão constante da agressividade e da competição reprimidas, vividas no nível neurovegetativo visceral, que, porém, no nível da musculatura voluntária, se apresenta bem controlado, sem dar vazão a tais sentimentos.

Por sua vez, o sistema nervoso parassimpático é o responsável pelos processos metabólicos de manutenção e desenvolvimento das funções vitais como digestão, respiração e crescimento. A atividade parassimpática é anabólica, promove os processos digestivos, desacelera os batimentos cardíacos, diminui a pressão arterial, a secreção da adrenalina e do açúcar no sangue, produzindo e acompanhando os estados de relaxamento, calma e repouso. A cronificação das funções parasimpáticas é correlativa ao *bloqueio das tendências de dependência* e à dificuldade de ser objeto de cuidados pelo outro. Essas dinâmicas participariam da etiologia da asma, úlcera gástrica, prisão de ventre, diarreia, colite e fadiga. O paciente com úlcera obriga-se a ser ativo, não se permitindo expressar suas necessidades e sua dependência, por não poder aceitá-las internamente, ou porque sua demanda é rejeitada pelo seu meio.[49]

Flanders Dunbar demonstrou a relação entre a dificuldade do sujeito de lidar com a agressividade e o risco de acidentes, tentando também estabelecer uma relação entre perfis de personalidades e riscos de doenças somáticas.[50] Segundo ela, 80% das vítimas de acidentes frequentes são impulsivas, com gosto pela aventura, incapazes de controlar a agressividade, principalmente diante de representantes da autoridade. Os acidentes corresponderiam a uma busca inconsciente de punição em virtude da culpa inconsciente.

---

49 F. Alexander (1952). *A medicina psicossomática.*
50 F. Dunbar (1943). *Psychosomatic diagnosis.*

Para testar a hipótese da especificidade psicossomática, no Instituto de Chicago,[51] Alexander, Thomas French e George Pollock desenvolveram um método específico de investigação baseados em entrevistas orientadas para os aspectos psicodinâmicos do paciente. Em uma amostra com oitenta e três pacientes, eles tentaram chegar a um diagnóstico a partir das constelações psicodinâmicas específicas, sem conhecer os quadros clínicos orgânicos. Em 41% dos casos, os pesquisadores conseguiram chegar a um diagnóstico correto com base em uma única entrevista, e em 51% dos pacientes com três entrevistas.[52]

Defendendo a individualização do processo terapêutico, segundo as especificidades dinâmicas de cada paciente, Alexander criticava as tentativas médicas de refutar as abordagens psicológicas como algo estranho à medicina, e também as abordagens organicistas que buscam substituir conhecimentos psicodinâmicos bem-definidos por referências exclusivas aos processos cerebrais e fisiológicos que lhes diriam respeito. Segundo ele, "não é oportuno, nem em psiquiatria nem em outros ramos da medicina, caracterizar alguns estados como psicossomáticos em contraste com estados puramente psicológicos ou puramente somáticos".[53]

Repensando os perfis de personalidade

Até os dias atuais, a psicossomática é assimilada à vertente bastante difundida pelos pesquisadores americanos que buscam aplicar o

---

51 Em 1930, Alexander tornou-se professor visitante de psicanálise na Universidade de Chicago. Em 1932 fundou o Chicago Psychoanalytic Institute. Seu interesse pelas manifestações psicossomáticas levou-o, juntamente com outros pesquisadores, a fundar o jornal *Psychossomatic Medicine* que contribuiu para divulgação desse campo no meio médico e para promover a psicanálise como parte integral da medicina.

52 F. Alexander e Cols. (Eds.) (1968). *Psychosomatic specificity. Vol. 1, Experimental study and results.*

53 F. Alexander (1953). *Problèmes méthodologiques en médecine psychosomatique*, p. 343.

modelo de Alexander a quase todas as especialidades médicas. Um grande número de pesquisas tentou e ainda tenta, com maior ou menor sucesso, estabelecer correlações estatísticas entre doenças e certas características de personalidade, utilizando escalas de ansiedade (Spielberger), testes de personalidade (MMPI), projetivos (Rorschach, HTP) e outros métodos de avaliação.

Haynal e Pisani descrevem, por exemplo, o cardiopata como alguém que manifesta "uma ansiedade à flor da pele"; e que, sem poder explicar a origem de sua ansiedade, sente-se "desamparado", apresentando em sua organização pulsional uma "fixação anal através de uma exigência de controle", e uma agressividade anal caracterizada por um intenso desejo de destruir o objeto. O tabagismo e a obesidade, frequentemente encontrados nesses pacientes, indicariam a presença de "fixações orais", que apresentam também uma "patologia do narcisismo", fonte de sua onipotência e de seu alto grau de exigência com relação a si mesmo e aos outros.[54] Por sua vez, S. E. Locke e J. R. Gorman descrevem um "perfil de personalidade do tipo C" que predisporia ao câncer, caracterizado pela utilização predominante de mecanismos como a "negação, recalcamento das emoções (principalmente da cólera e da agressividade), rigidez mental, respeito excessivo das convenções, predisposição ao desespero".[55]

Hipóteses dessa natureza, assim como as realizadas por Alexander ou por Dunbar, foram levantadas com relação a diversas doenças, em particular àquelas consideradas "funcionais" ou "essenciais", qualificação frequentemente utilizada para manifestações cuja etiologia não pode ser explicada por meio dos métodos consagrados de investigação médica. A maioria dos livros no campo da psicossomática é organizada segundo o modelo dos tratados de clínica geral, dedicando cada capítulo a distúrbios de órgãos ou sistemas

---

54 A. Haynal e W. Pisani (1984). *Médecine psychosomatique*, p. 115 e 116.
55 S. E. Locke e J. R. Gorman (1989). *Behavior and immunity*.

específicos, como distúrbios respiratórios, endócrinos, digestivos ou dermatológicos, apenas acrescentando a análise de seus aspectos psicodinâmicos à descrição dos principais quadros de cada doença.

Porém, cabe questionar se tais aspectos da personalidade e modos de funcionamento psíquico, sem dúvida presentes nos pacientes examinados, são efetivamente específicos e exclusivos da doença em questão, coronariana, oncológica ou outra. A experiência clínica mostra que um mesmo traço ou conjunto de fatores de personalidade, bem como certas dinâmicas psíquicas, podem ser encontrados em quadros clínicos diferentes, não sendo específicos a um único tipo ou grupo de doenças.

Da mesma forma, é importante considerar os limites da transposição das inferências estatísticas, obtidas a partir de grupos experimentais, de dados epidemiológicos ou de correlações como as das pesquisas antes mencionadas, para o plano da clínica individual. A cada consulta, encontro ou sessão, o paciente desafia o clínico a compreender um universo único e inédito, cuja riqueza enquanto experiência não pode ser completamente refletida pelos métodos experimentais e pelas estatísticas. A especificidade da constelação sugerida pelo termo "constelação específica" deve ser buscada na dimensão única da experiência de cada paciente constituída por sua história, pelo contexto e pelo momento nos quais se insere sua doença. De forma semelhante, é também no caráter único de cada relação terapêutica, entre cada paciente e aquele seu médico, que um quadro patológico pode encontrar o caminho, também específico a cada processo, para sua reversão.

Assim, a pesquisa e a clínica psicossomáticas devem orientar-se para a investigação dos mecanismos individuais que transformam não apenas a doença orgânica, mas qualquer doença, sintoma ou sofrimento, seja qual forem suas formas de manifestação, no único recurso possível para a superação de impasses, deficiências e conflitos da história de cada sujeito, impossíveis de serem elaboradas ou superadas de outra forma.

As vertentes psicofisiológicas

E. Weiss e O. English sugeriam a existência de uma íntima relação entre a doença psicossomática e *resíduos filogenéticos* de respostas habituais de um organismo diante de situações encontradas em seu ambiente. Frente a uma situação de perigo, é natural o aumento da pressão sanguínea como resposta à mobilização dos mecanismos de fuga ou de luta. O desequilíbrio ou a cronificação desses mecanismos provocaria o desenvolvimento de doenças como a hipertensão, por exemplo. Comparando as manifestações clínicas dos pacientes com os resultados obtidos pelo método experimental, esses autores consideravam que a doença somática seria uma forma de descarga da energia psíquica reprimida ou acumulada e estabeleceram hipóteses sobre as possíveis vias de comunicação entre a experiência psíquica e as manifestações corporais. Segundo eles,

> *O funcionamento psíquico do tubo digestivo foi regis-*
> *trado no cérebro ao longo da infância e, em seguida,*
> *desaparece no inconsciente. Quando uma excitação se*
> *produz, os impulsos infantis podem ser retransmitidos*
> *inconscientemente pelo sistema nervoso vegetativo; certas*
> *necessidades afetivas como o amor, a necessidade de*
> *proteção, se não são satisfeitas conduzem a uma solução*
> *mais regressiva que solicita um esforço anormal dos*
> *órgãos, resultando na doença.*[56]

---

56 E. Weiss e O. English (1943) citados por H. Kamieniecki (1994). *Histoire de la psychosomatique*, p. 4.

Outros pesquisadores chamaram a atenção para a fragilidade da expressão simbólica e emocional encontradas em muitos pacientes diagnosticados com quadros de síndromes psicossomáticas. Ruesch ressaltava as perturbações da expressão verbal e simbólica desses pacientes, denominando-os *personalidades infantis*.[57] McLean afirmava que tais pacientes apresentavam dificuldades intelectuais para verbalizar suas emoções.[58] Buscando uma base fisiológica que explicasse tais reações, sugeriu os conceitos de *cérebro triuno* e de *cérebro visceral*. Segundo ele, ao invés de serem elaboradas no nível do neocórtex, que permitiria a expressão simbólica por meio de palavras, as emoções encontrariam uma expressão imediata pelas vias autônomas, respondendo como uma espécie de "linguagem de órgão".

Em 1936, Hans Selye descreveu a *Síndrome Geral de Adaptação,* um conjunto de reações fisiológicas não específicas que visa a preparar o organismo para defender-se de agressões, composta de três fases: alarme diante de uma ameaça, resistência a ela e esgotamento. A doença poderia resultar tanto de uma incapacidade do organismo em desencadear essas reações de defesa como da manutenção dessas reações além do necessário. Selye também celebrizou a noção de estresse, como o elemento, real ou imaginário, que desencadeia de forma aguda ou crônica a Síndrome Geral de Adaptação.[59]

Questionando a noção de especificidade do conflito de personalidade nos processos de adoecimento, H. Wolff defendeu a ideia de uma *especificidade da resposta funcional* do indivíduo a certas

---

57 J. Ruesch (1948). *The infantile personality.*

58 P. D. McLean (1949). *Psychosomatic disease and the "visceral brain".*
P. D. McLean (1970). *The triune brain: emotion and scientific bias.*

59 H. Selye (1946). *The General Adaptation Syndrome and the disease of adaptation.* Uma análise aprofundada do conceito de estresse – ampla, atual e clinicamente detalhada – é realizada por Maria Auxiliadora A. C. Arantes e Maria José F. Vieira (2002). *Estresse.*

136 CORRENTES MODERNAS DA PSICOSSOMÁTICA

situações de vida. A doença seria o resultado da especificidade do significado de uma certa experiência, e a resposta por ela suscitada situar-se-ia tanto no nível físico e como no nível do corpo.[60] Essas reações corporais podem ser adaptativas, protetoras, defensivas ou ofensivas. Partindo da noção de estresse ligada a eventos de vida, Wolff investigou as implicações das atitudes corporais no nível fisiológico, sustentando que as pessoas que viveram situações difíceis de serem suportadas têm um risco maior de adoecer que aquelas que não passaram por tais dificuldades.

Psiconeuroimunologia

Desde os anos 1940, estudos epidemiológicos constataram o aumento da incidência de doenças orgânicas entre pessoas que apresentam estados depressivos. Essas observações conduziram ao incremento de pesquisas buscando compreender as relações entre as emoções e o sistema imunológico e também detectar mecanismos de natureza celular, fisiológica e anatômica que intermediariam a percepção de eventos internos e externos e suas repercussões sobre as reações do organismo.

Depressão, doença e respostas imunes

Em 1968, Rosenblat e colegas já haviam demonstrado o aumento de anticorpos antinucleares e de anticorpos antivirais em pacientes deprimidos e em outros indivíduos com distúrbios psiquiátricos.[61]

---

60 H. G. Wolff (1950). *Life stress and bodily disease.*

61 Rosenblatt e Cols. (1968). *The relationship between antigammaglobulin activity and depression.*
   Os anticorpos são responsáveis pela defesa do organismo contra agentes infecciosos. Por sua vez, os anticorpos antinucleares são "autoanticorpos" que agem contra diversos componentes celulares. Altos índices desses anticorpos

Em 1977, Bartrop e colegas revelaram uma diminuição significativa da resposta linfocitária T em pessoas enlutadas.[62] Por sua vez, estudando as funções imunológicas de indivíduos cujas esposas tiveram um câncer de mama em fase terminal, Schleiffer e colegas observaram que as funções linfocitárias do marido se mantinham estáveis durante o período da agonia da esposa, diminuindo após a sua morte.[63] Em outro trabalho, eles compararam indivíduos hospitalizados por uma depressão maior com indivíduos normotímicos examinados em ambulatório e constataram fenômenos da mesma ordem, concluindo que essas diferenças poderiam ser atribuídas à hospitalização.[64] Uma outra pesquisa, realizada por Kronfol e colegas (1983), demonstrou que a intensidade de perturbações depressivas apresentam uma relação direta com alterações imunológicas.[65]

S. E. Locke e J. R. Gorman relatam diversas pesquisas que indicam uma forte correlação entre a depressão e a incidência ou o risco de câncer. Numa delas, 2.020 funcionários da W. Digital submetidos ao MMPI,[66] um teste de personalidade, apresentaram um risco de câncer duas vezes maior quando o teste indicava tendência depressiva. Em outra, o monitoramento de 6.500 adultos ao longo de 19 anos revelou que mulheres "infelizes", "pouco satisfeitas da vida", apresentaram um aumento de 50% da incidência de câncer e de

---

são característicos de doenças sistêmicas autoimune e sua detecção é a principal ferramenta para o diagnóstico dessas afecções.

62 R. L. Bartrop e Cols. (1977). *Depressed lymphocyte function after bereavement.*

63 S. J. Schleifer e Cols. (1983). *Suppression of lymphocyte stimulation following bereavement.*

64 S. J. Schleifer e Cols. (1984). *Lymphocyte function in major depressive disorder.* S. J. Schleifer e Cols. (1985). *Depression and immunity lymphocyte fuction in ambulatory depressed patients, hospitalized schizophrenic patients, and patients hospitalized for herniorraphy.*

65 Kronfol e Cols. (1983). *Impaired lymphocyte function in depressive illness.*

66 Minnesota Multiphasic Personality Inventory, questionário para a avaliação da personalidade.

300% da mortalidade. Um terceiro estudo acompanhou durante vinte anos 1.337 alunos de medicina e revelou um aumento do risco de câncer nos que manifestaram "relações pessoais ou familiares pouco satisfatórias".[67]

Autores como Pettingale sugerem que estados emocionais como a "perda de esperança", a "resignação estoica" e a "repressão da agressividade" poderiam constituir-se como fatores prognósticos do risco evolutivo de doenças proliferativas, como o câncer.[68] Em outro trabalho, ele revela a existência de uma correlação positiva entre as taxas de Iga sérica[69] e a tendência das mulheres em reprimir suas emoções, principalmente as de caráter agressivo.[70]

Analisando o estresse de estudantes durante o período de realização de exames, Dorian et al. demonstraram em um estudo randomizado a diminuição das defesas imunitárias de estudantes de psiquiatria alguns dias antes de seus exames de qualificação e um aumento dessas defesas duas semanas após estes.[71] Por sua vez, examinado estudantes que apresentavam "dificuldades de adaptação" em períodos de exames, S. E. Locke e J. R. Gorman constataram que estes apresentavam uma diminuição significativa (30%) da atividade

---

67 Citados por S. E. Locke e J. R. Gorman (1989). *Behavior and immunity*.

68 K. W. Pettingale (1984). *Coping and cancer prognosis*.

69 Altas taxas de Imunoglobina A sinalizam alteração nas mucosas, principalmente gastrintestinais e respiratórias, indicando infecções respiratórias, intestinais, na pele ou dos rins e na cirrose hepática e outros processos inflamatórios. A baixa quantidade de IgA circulante pode favorecer o desenvolvimento de doenças, uma vez que as mucosas ficam desprotegidas e podem ser observadas em quadros de alterações imunológicas, asma; alergias respiratórias, fibrose cística, leucemia, diarreia crônica entre outros.

70 K. W. Pettingale e Cols. (1977). *Serum IgA and emotional expression in breast cancer patients*.

71 B. Dorian e Cols. (1982). *Aberrations in lymphocyte subpopulations and functions during psychological stress*.

das células NK ("natural killers") e da produção de CD4 e interferon, responsáveis pelas defesas do organismo.[72]

Redes e agentes imunomoduladores

A partir dos anos 1970, nas interfaces entre o sistema nervoso, hormonal e de defesa do organismo, foram identificadas inúmeras células, como as células T, B, NK, os anticorpos IgE, IgM, IgA, e muitos outros, responsáveis por pelas trocas entre esses sistemas. Por outro lado, um grande número de pesquisas apontou para a influência de fatores psicossociais e emocionais sobre o funcionamento do sistema imune. Baseado nessas evidências, Blalock sugeriu que o sistema imunológico tem uma função correspondente à de um órgão sensorial.[73] Essas hipóteses e descobertas justificaram na época a criação de um novo campo de pesquisa, a Neuropsicoimunologia, com vista a desenvolver estratégias de profilaxia, de diagnóstico e de tratamento das doenças de origem imunológica, neuroendócrina e também psicológica.[74]

Estudos epidemiológicos e a descoberta de redes neurobiológicas complexas reforçaram a hipótese que fatores psicológicos podem intervir na gênese de doenças graves como o câncer. R. Ader e Y. Shavit descreveram os efeitos do estresse inevitável sobre o sistema imunológico.[75] Em 1981, V. Riley observou o desenvolvimento de tumores malignos transplantados em camundongos colocados em situações de estresse.[76]

---

72 S. E. Locke e J. R. Gorman (1989). *Behavior and immunity.*

73 J. E. Blalock (1984). *The immune system as a sensory organ.*

74 R. L. Bartrop e Cols. (1977). *Depressed lymphocyte function after bereavement.*
S. J. Schleifer e Cols. (1985). *Depression and immunity lymphocyte fuction in ambulatory depressed patients, hospitalized schizophrenic patients, and patients hospitalized for herniorraphy*

75 R. Ader (1980). *Psychosomatic and psychoimmunologic research.*
R. Ader, (1981). *Psychoneuroimmuynology.*

76 V. Riley (1981). *Psychoneuroendochrine influences on immunocompetence and neoplasia.*

Gabriel Gachelin distingue três tipos de conexões entre a rede nervosa e a rede linfocitária: *anatômicas, funcionais* e *embriológicas*. No nível anatômico, as principais concentrações de células linfoides compartilham suas enervações com diversos órgãos. Por exemplo, lesões do córtex cerebral esquerdo reduzem o número de linfócitos T do baço e, consequentemente, sua atividade biológica. Sendo assim, pode-se considerar o sistema imunológico como um *órgão difuso* por todo o corpo humano. Cada célula do sistema linfoide em movimento pode estar em contato com diversos órgãos, como a *medula espinal*, o *timo*, o *baço* e as *glândulas linfáticas*. A maioria das comunicações entre o sistema nervoso e o sistema imunitário não se processa por vias anatômicas fixas. Um verdadeiro eixo neuroimunológico é constituído por meio de conexões entre os dois sistemas que se comunicam por meio de hormônios clássicos (corticosteroides e hormônios sexuais), neurotransmissores (acetil-colina, noradrenalina, serotonina etc.) e também neuro-hormônios.[77]

Gachelin aponta que não existe nenhum estado emocional que não se reflita em um funcionamento particular do sistema imunoló-gico. Porém, a relação entre eles não pode ser predita exatamente, ou descrita em termos causais, pois ela é permanentemente modificada pela história somática do sujeito. O sistema imunológico representa uma dimensão relacional e histórica do indivíduo, o que lhe permite participar da linguagem do corpo. Para esse autor, o *self* imunológico é constituído por todos os processos que participam das interfaces entre o organismo/indivíduo e o ambiente.

Nesse sentido, sugerindo a ideia de um *Eu célula*, Helly Ân-gela Aguida ressalta a importância de um olhar integrado entre todos os níveis de organização e funções do organismo e o Eu, inclusive celular. As células, unidades básicas de vida, de forma

---

77 G. Gachelin (1986). *Emotions et immunité*, p. 665.
    G. Gachelin (1985). *Vie relationnelle et immunité*

surpreendente e dinâmica, estão em conexão e sintonia com as experiências do indivíduo, desde o ventre materno. Embora naturalmente submetidas a leis gerais da natureza, elas contemplam enigmas e mistérios de um universo microscópico relacional que se revela singular, particular, perceptivo, sensível, interativo e próprio a cada indivíduo.[78]

Ela lembra a importância da epigenética na modulação das relações entre a herança genética e o ambiente. A célula é afetada pelo meio e reciprocamente o afeta. Com alta eficiência, complexidade e sofisticação, sistemas integrados de percepção e comunicação celulares avaliam as informações que chegam do organismo como um todo e cooperam entre si com vistas a autorregulação e manutenção do equilíbrio, a favor da vida.

Blalock e Smith descrevem as comunicações entre os sistemas neuroendócrinos e imunológicos.[79] Algumas células do sistema imune podem funcionar como *células nervosas flutuantes* (*free-floating nerve cells*) e o conjunto destas células se constitui como uma espécie de *cérebro móvel*.[80] Segundo eles, o compartilhamento de sinais e de receptores permite ao sistema imunológico prestar-se a uma *função sensorial*: ele pode detectar estímulos não cognitivos (bactérias, vírus, antígenos) que não são reconhecidos pelo sistema nervoso. Essas informações repercutem sobre o sistema neuroendócrino, produzindo, em consequência, modificações psicológicas. Em contrapartida, o reconhecimento dos estímulos cognitivos pelo sistema nervoso central pode fornecer informações humorais reconhecidas e transferidas pelos receptores hormonais dos linfócitos, produzindo

---

78 Helly Ângela Caram Aguida é cirurgiã geral, coloproctologista, professora da Especialização em Psicossomática Psicanalítica do Instituto Sedes Sapientiae –SP, onde desenvolve os desdobramentos dessa hipótese. Comunicação pessoal, março de 2022.

79 J. E. Blalock e E. M. Smith (1985). *The immune system: our mobile brain.*

80 J. E. Blalock (1984). *The immune system as a sensory organ.*

modificações no nível imunológico. Assim, os dois sistemas constituem um circuito integrado, com uma comunicação de mão dupla entre o sistema imune e as estruturas nervosas e viscerais.

Gachelin afirma que "a relação entre emoção e imunidade se acha sem dúvida nessa capacidade de integração pelas células linfáticas dos sinais emitidos pelo sistema nervoso a outros órgãos, em resposta a informações – emocionais ou não – exteriores".[81] Segundo ele, a existência de estruturas intermediárias entre o evento mental e o evento imunológico, como o representante de um agindo sobre o outro, permite pensar a relação entre expressão orgânica e funcionamento psíquico. Aparentemente, em resposta a estímulos exteriores, a neuroimunomodulação não tem apenas uma função defensiva, mas poderia ser responsável pelo equilíbrio neuro-hormonal do indivíduo. Dessa forma, reações emocionais ou experiências relacionais intensas, podem desencadear patologias somáticas. A reatividade da célula de memória pode influenciar a forma da resposta ou o órgão ou sistema de expressão da patologia.

Alguns impasses...

À luz dessas hipóteses, é tentador buscar esclarecer exclusivamente na neuroimunomodulação os enigmas da mediação psicossomática, da relação entre emoções e o adoecer, das passagens entre o corpo e a psique. Porém, como aponta Gachelin, esse raciocínio, apesar de aparentemente confortável e promissor, apresenta inúmeros riscos. Ele alerta para esse perigo argumentando que, apesar das evidências sobre as comunicações entre sistema imunológico e o sistema nervoso, é muito difícil estabelecer exclusivamente a partir desse fato uma relação com o desenvolvimento de patologias específicas. Como reconstituir as relações causais entre as reações de um certo indivíduo a um acontecimento de sua vida e perturbações

---

81 G. Gachelin (1986). *Emotions et immunité*, p. 666.

fisiológicas, orgânicas ou funcionais específicas? A ação dos neuro-hormônios sobre as células do sistema imune é conhecida, mas o grande desafio é transpor a pesquisa no nível celular para uma compreensão do organismo como um todo: "[transferir as] pesquisas em medicina psicossomática experimental para a escala celular . . . não simplifica o estudo das relações entre emoções e o estado do sistema imunológico!"[82]

Muitos pesquisadores apontam para as dificuldades dos protocolos de pesquisa nesse campo, algumas delas difíceis de serem superadas. Relações estatisticamente significativas entre perturbações emocionais e alterações imunológicas não permitem, apenas por si mesmas, compreender a natureza e a especificidade de um choque emocional no desencadeamento dessas alterações, ou ainda, o papel de possíveis predisposições individuais. A partir de questões como essas, na década de 1980, John Maddox criticava duramente essas pesquisas questionando se, efetivamente, elas apresentam evidências suficientes para sustentar toda esperança depositada na psicoimunologia.[83]

O interesse despertado pela psiconeuroimunologia e os grandes investimentos na pesquisa nesse campo foi renovado e ampliado pelas grandes esperanças depositadas desde o final do século XX nas descobertas da biologia molecular. Analisando de forma abrangente os grandes avanços da medicina daquele período, Milton de A. Martins apontava que todas essas descobertas sem dúvida contribuíram para a melhor compreensão de muitas doenças. Porém, já então, ele alertava que por detrás de uma certa euforia observada em alguns meios científicos com relação a elas, existia uma grande pretensão que poderia rapidamente se revelar decepcionante.

---

82 G. Gachelin (1986). *Emotions et immunité*, p. 666.
83 J. Maddox (1984). *Psychoimmunology before its time.*

> *essas descobertas não vão conseguir explicar o comportamento humano e o adoecer e, na verdade, a medicina do século XXI não vai ser só a medicina da biologia molecular: ela será a medicina da multicausalidade e do diálogo entre todas as áreas [medicina, pesquisa básica, psicologia, antropologia] . . . É dessa conversa que poderá surgir um entendimento mais claro da doença e do adoecer. Para isso é importante que os preconceitos de cada área de pesquisa sejam superados, e que o diálogo comece a acontecer em todo o mundo.*[84]

Em diferentes épocas, inúmeras evidências revelaram, e ainda hoje revelam, que no ser humano as representações e as manifestações corporais, sejam elas anatômicas, fisiológicas ou citológicas não se esgotam na dimensão biológica. A clínica paga um pesado tributo pelo não reconhecimento das possibilidades humanas de transcendência da experiência corporal e suas implicações para a compreensão da saúde e do adoecer. O prazer, o sofrimento, as queixas e os relatos dos pacientes estão frequentemente referidos, como veremos, a essa outra forma vivência, a de uma representação imaginária de seus corpos.[85]

Apesar da importância das descobertas das vias de transmissão e dos agentes que participam da mediação neurológica-endócrinaimune, resta ainda compreender por que essas descobertas, por mais precisas que sejam, são insuficientes para revelar plenamente os fatores que determinam, na *experiência de cada indivíduo*, o desequilíbrio da rede neuro-hormonoimunológica. A despeito de todas as moléculas e medicamentos já desenvolvidos para reequilibrar

---

84 M. A. Martins (1998). *Reflexões sobre a formação do médico*, p. 204.
85 Cf. *O corpo, entre o biológico e o erógeno*, no Capítulo 5.

essa rede, e do aparente sucesso de alguns deles, o clínico continua e continuará convocado ao contato com a história e com a experiência de cada paciente para que se produza não apenas o eclipse de seus sintomas, mas uma verdadeira superação do seu sofrer.

4. Psicossomática psicanalítica e os primórdios do desenvolvimento

Tomar como eixo de nosso percurso a teoria psicanalítica não significa absolutamente defender a prioridade dos processos psíquicos sobre os orgânicos para a abordagem dos fenômenos psicossomáticos. Reconhecendo a importância das evidências que revelam a integração entre essas dimensões e as relações dialéticas entre elas, a psicanálise desenvolveu valiosos operadores teóricos e clínicos para essa abordagem.

Enquanto *operador teórico*, a psicanálise oferece um aparelho conceitual para a compreensão das relações entre o psíquico e o somático e das funções do psiquismo na manutenção do equilíbrio psicossomático. Enquanto *operador clínico*, ela propicia uma referência de escuta, de leitura e de interpretação que amplia as possibilidades da consulta terapêutica, médica, psicológica e de qualquer outro profissional da saúde, enriquecendo também os recursos para a intervenção profilática e mesmo terapêutica em processos educacionais, sociais ou do trabalho.

A obra freudiana revela que a representação das vivências e dos sintomas corporais transcendem a norma anatômica. Paralelamente ao desenvolvimento biológico, estrutura-se no ser humano, a partir das relações com seu semelhante, uma representação imaginária de seu corpo que o vincula também a uma ordem social, cultural e linguística. Vários autores, como Piera Aulagnier, André Green, Pierre Fédida, D. W. Winnicott, Joyce McDougall, Christophe Déjours, Marília Aisenstein entre muitos, destacam a importância dessas dimensões.[1]

Assim como Freud, Pierre Marty insiste na importância do legado da Natureza, da espécie e dos pais para o desenvolvimento humano. Essa herança deriva não apenas das estruturas cada vez mais conhecidas da genética, mas também de um universo de desejos e de relações nas quais somos imaginados e concebidos, e também de uma cadeia evolutiva que preservou e transformou as marcas das lutas pela sobrevivência com o meio e das relações com a cultura e com nossos semelhantes.

Em colaboração com Michel Fain, Michel de M'Uzan, Léon Kreisler, Christian David e outros, P. Marty fundou em 1972 o Instituto de Psicossomática de Paris. Partindo das concepções psicanalíticas, sobretudo da referência metapsicológica, desde os anos 1950, esse grupo vinha desenvolvendo um corpo teórico que busca compreender a função do aparelho psíquico e de suas funções como reguladores do funcionamento psicossomático, e, em particular, dos destinos das excitações no organismo. Dependendo das características do desenvolvimento e do momento de vida de cada sujeito, o bom funcionamento dessas dinâmicas ou suas

---

1   P. Aulagnier (1985). *Naissance d'un corps, origine d'une histoire.*
    P. Fédida (1978). *La question de la théorie somatique dans la psychanalyse.*
    A. Green (1983). *Narcisismo de vida, narcisismo de morte.*
    J. McDougall (1981). *Corps et métaphore.*
    D. W. Winnicott (1949). *A mente e sua relação com o psique-soma.*
    C. Dejours (1989). *Repressão e subversão em psicossomática: investigações psi-canalíticas sobre o corpo.*
    M. Aisenstein (2019). *Dor e pensamento. Psicossomática contemporânea.*

perturbações podem resultar em manifestações "psíquicas", "comportamentais" ou "somáticas", normais ou patológicas. Ressaltando a importância das relações intersubjetivas no desenvolvimento desses processos, essas teorias apontam para os processos dialéticos que forjam e participam do funcionamento psicossomático ao longo do desenvolvimento individual.

As passagens entre o psíquico e o somático

Como vimos no capítulo anterior, inúmeros psicanalistas, como Ferenczi, F. Deutsch e Alexander, já haviam demonstrado as limitações do modelo da histeria para compreender os sintomas orgânicos de seus pacientes. Ferenczi, em particular, questionou as restrições de Freud à utilização do método psicanalítico para o tratamento das neuroses atuais e das doenças orgânicas. Ao mesmo tempo que destacava a riqueza das concepções psicanalíticas, em particular da metapsicologia, para compreender essas manifestações e as relações entre o psíquico e o somático, ele sustentava a necessidade de mudanças no enquadre terapêutico e no manejo transferencial para tratá-las.[2]

Na França, G. Parcheminey e M. Ziwar questionaram a ideia de psicogênese e de conversão como modelo explicativo para as doenças ditas psicossomáticas.[3] Para compreendê-las, Parcheminey sugeria situá-las segundo uma perspectiva evolutiva genética, na qual o desenvolvimento psicoafetivo e o biológico são concomitantes e intricados. Tendo em vista serem as fontes das pulsões somáticas, ele afirmava ser preciso investigar os mecanismos mediadores da integração da energia pulsional no psiquismo e no próprio corpo.

---

2 S. Ferenczi (1926). *As neuroses de órgão e seu tratamento.*
3 M. Ziwar (1949). *Psychanalyse des principaux syndromes psychosomatiques.*

Enquanto Freud buscava compreender na histeria "o salto do psíquico no somático",[4] esses autores se interessaram pelas dinâmicas envolvidas nos dois sentidos dessa passagem, afirmando que esse duplo movimento é determinado por um mesmo e único processo, considerado de duas perspectivas diferentes. M. Ziwar insistia que os fatores psicodinâmicos participam da etiologia de uma doença, sem que isso implique na exclusividade de uma visão psicogenética. Segundo ele, tanto os distúrbios psíquicos como os orgânicos são expressões de falhas em processos fundamentais de adaptação.

Joyce McDougall sugere que a passagem do corpo à psique é fruto das primeiras tentativas do bebê de superar a dor física, a frustração e a experiência do vazio.[5] Por sua vez, inspirada pelo conceito freudiano de apoio,[6] Piera Aulagnier sustenta que as funções corporais constituem a matéria-prima das representações psíquicas.[7] Segundo ela, a atividade de representação é o equivalente psíquico do trabalho de metabolização, próprio à atividade orgânica. Se Freud refere-se a uma fonte somática do afeto, dever-se-ia considerar a existência de uma fonte somática da representação psíquica do mundo. A experiência da realidade só se constitui a partir do momento em que é capaz de afetar as próprias funções corporais.[8]

Concebendo três processos fundamentais do desenvolvimento do sujeito, os *processos originários*, os *processos primários* e os *processos secundários*, Aulagnier ressalta que as representações pictográficas (pictogramas), características do modo de funcionamento do originário,

---

4   S. Freud e J. Breuer (1895). *Estudos sobre a histeria*, E.S.B., II, p. 13.

5   J. McDougall (1974). *The psychosoma and the psychoanalytic process*.

6   S. Freud (1905). *Três ensaios sobre a teoria da sexualidade*, E.S.B., VII.
    Segundo Freud, as pulsões sexuais apoiam-se sobre as pulsões de autoconservação, sobre as funções vitais que lhes fornecem uma fonte orgânica, uma direção e um objeto. Cf. *O corpo, entre o biológico e o erógeno*, a seguir, neste capítulo.

7   P. Aulagnier (1975). *A violência da interpretação*.

8   P. Aulagnier (1985). *Naissance d'un corps, origine d'une histoire*.

são responsáveis pela ligação da heterogeneidade da vivência corporal. O processo originário constitui-se segundo o modelo sensorial, ou seja, a partir das funções corporais e da excitação das superfícies sensoriais. O *pictograma* é uma formação necessária para a existência psíquica de todos os fenômenos da vida. A relação entre o psíquico e o somático é marcada por essas relações primitivas, mediadas pela situação de encontro com a psique materna, em que representação e afeto podem ou não ser conformes à realidade da vivência corporal.

Dessa forma, a primeira condição de representabilidade da experiência do sujeito está ligada ao corpo e, mais precisamente, à sua atividade sensorial. Desse empréstimo às funções corporais resulta que, no originário, a única representação possível do mundo é aquela que é o reflexo especular do espaço corporal: "a especularização eu-mundo é de fato uma especularização psique-corpo".[9] Essa vivência paradigmática marca todas as experiências posteriores da realidade psicossomática do indivíduo. Contudo, paradoxalmente, ao mesmo tempo que o corpo se presta como substrato da vida psíquica, oferecendo à atividade representativa vivências que permitem a ela apropriar-se de seus modos de funcionamento, ele pode também ser objeto privilegiado de desejos e modos de funcionamento que visam à sua destruição.[10]

Em função do caráter primitivo e não verbal de todas essas dinâmicas, frequentemente, elas são negligenciadas durante o tratamento psicanalítico, mesmo quando da presença de sintomas orgânicos. Da mesma forma, na consulta médica, o interesse quase exclusivo pelo sintoma orgânico restringe o raciocínio clínico, ao não considerar a função e o momento de emergência da doença na história do paciente. Em ambas as situações, a negligência de um ou outro desses aspectos torna grandes setores da vida do paciente

---

9 P. Aulagnier (1985). *Naissance d'un corps, origine d'une histoire.*
10 Cf. *Paradoxos e destinos do sofrimento* no Capítulo 7.

inacessíveis à ação terapêutica. Por mais que os psicanalistas possam estar interessados no corpo, sobretudo, como uma representação mental apoiada na linguagem, ou os médicos concentrados nas perturbações fisiológicas e nas lesões do organismo, é importante compreender as relações entre todos esses processos, bem como as rupturas dos modos de organização e das defesas psíquicas do sujeito e seus processos metabólicos, orgânicos e suas defesas imunológicas.

Como vimos, os sintomas ditos psicossomáticos são mais próximos das neuroses atuais do que da histeria.[11] Sublinhando o funcionamento autônomo das funções corporais e as contingências que impedem a integração de manifestações orgânicas com os processos psíquicos, J. McDougall aponta que "na histeria o corpo 'se empresta' à psique para ser utilizado segundo a vontade desta última [enquanto] na doença somática o corpo faz seu próprio pensamento".[12] Nesse segundo caso, o terapeuta é confrontado a funcionamentos e expressões mais arcaicas, com sintomas que estão mais próximos de sinais do que de símbolos. O "pensamento" somático é quase literal, "mortalmente" preciso, prescindindo de qualquer tradução psíquica das necessidades.

As possibilidades de integração do funcionamento psicosso-mático assim como os obstáculos e rupturas dessa integração são fruto da história de cada pessoa, das condições genéticas, evolutivas e relacionais de seu desenvolvimento, o que nos convida a melhor conhecê-los.

Evolução, integração e desintegração

A filogênese (história das espécies) revela que, ao longo da evo-lução, os seres vivos mais complexos e mais tardios apresentam características de repetição dos seres mais simples e primitivos e

---

11 Cf. o quadro *Nosografia psicanalítica* no Capítulo 2.
12 J. McDougall (1974). *The psychosoma and the psychoanalytic process*, p. 441.

desenvolvimentos a partir destes. Por sua vez, a ontogênese (história de cada ser) revela que o desenvolvimento de cada ser humano parte de seu elemento mais essencial, a reprodução celular, para constituir funções progressivamente mais organizadas e alcançar níveis evolutivos cada vez mais complexos.[13]

As tendências de integração e de desenvolvimento de funções cada vez mais complexas e diferenciadas são características comuns a todos os seres vivos. O que distingue uma espécie de outra é o nível de desenvolvimento e de complexidade que cada uma alcança ao longo de sua existência. Do ponto de vista evolutivo, os recursos mais desenvolvidos e complexos de cada indivíduo são aqueles que melhor permitem lidar com as exigências do meio externo e do próprio organismo, com vistas não apenas à sobrevivência, mas também à melhoria das condições de vida. Se, por um lado, algumas funções são presentes em uma ampla gama de seres vivos, como a coordenação motora nos mamíferos, por outro, certas funções são exclusivas de algumas espécies, como o refinamento da linguagem e do raciocínio humanos.

Durante a gestação, a partir de processos automáticos de divisão celular determinados pela genética, uma única célula indiferenciada divide-se, desenvolve-se e se multiplica formando estruturas e funções cada vez mais complexas como os tecidos, os órgãos, o feto como um todo. Por exemplo, as diferentes camadas do embrião, ectoderme (exterior), mesoderme (média), endoderme (interna), evoluem e se diferenciam originando as diversas partes do corpo. No ser humano, observamos que a camada exterior da pele (epiderme) e o sistema nervoso têm a mesma origem embriológica na ectoderme, da mesma

---

13 Essa perspectiva evolutiva é bastante presente nas concepções de Freud (um grande admirador de Charles Darwin e de John Jackson) e inspira também as hipóteses de P. Marty e da psicossomática psicanalítica.
Cf. o Capítulo 6, *Mitologias: Narcisismo, pulsões e a economia psicossomática.*

forma que a partir da endoderme desenvolvem-se a Trompa de Eustáquio, o fígado, o pâncreas e o aparelho gastrintestinal. Tanto na fase intrauterina como após o nascimento, todos os órgãos, funções e sistemas desenvolvem-se a partir de dinâmicas dessa natureza.

Uma hipótese interessante a ser considerada seria que, talvez, as estruturas mais complexas do ser humano guardem uma espécie de "memória fisiológica" dessas origens. Grupos de órgãos que se desenvolvem a partir de uma mesma camada do zigoto poderiam guardar entre si uma "relação funcional", que manifestar-se-ia por ocasião de uma perturbação do equilíbrio psicossomático. Diante de tal perturbação, hierarquias funcionais bem configuradas podem ser revertidas e se desorganizar no sentido inverso das linhas evolutivas.

Após o nascimento, a tendência de integração progressiva e de complexificação de movimentos e funções inicialmente desorganizados persiste. Entretanto, esse processo deixa de ser primordialmente determinado pela programação genética, como durante a gestação. Naturalmente, ele ainda é em grande parte condicionado pela programação biológica, porém passa também a depender da qualidade dos cuidados dispensados ao bebê, que podem favorecer ou dificultar a realização do potencial de desenvolvimento da criança. Quando as condições são favoráveis, observamos, por exemplo, o desenvolvimento progressivo de inúmeras funções como a convergência ocular, a coordenação motora, a discriminação auditiva, o reconhecimento e a distinção entre seres familiares e estranhos, a linguagem, as instâncias e dinâmicas psíquicas e muitos outros.[14] Nesse movimento, constatamos que, no ser humano, os recursos

---

14 A tendência progressiva é presente em todas as dimensões do desenvolvimento. Apenas como ilustração:
   Motricidade: descoordenação → coordenação tronco → coordenação periférica → motricidade fina → sentar → engatinhar → andar.
   Fala: sons involuntários → balbucios → imitação tonalidades → palavras isoladas → articulação de palavras → construção frases.

psíquicos encontram-se no polo mais evoluído e complexo do desenvolvimento, como ilustrado a seguir.[15]

Quadro 3.1 Complexificação, integração e organização no desenvolvimento humano

Desenvolvimento intrauterino				*Desenvolvimento criança*			
Células	Tecidos	Órgãos		Coordenação sensomotora	Relações de objeto	Linguagem	Elaboração Psíquica

⟶

Cronologicamente, a primeira hierarquia sensorial no contato da criança com o mundo é, nessa ordem: 1. a dimensão tátil, 2. a dimensão auditiva e 3. a dimensão visual. A integração crescente dos sentidos, de outros recursos e da elaboração que eles promovem faz com que, aproximando-se da adolescência, essa ordem de primazia se inverta, passando a ser: 1. visual, 2. auditiva e 3. tátil.

Assim, no sentido evolutivo, o desenvolvimento do ser humano é determinado por tendências à formação de estruturas, dinâmicas e funções das mais simples para as mais complexas, das menos organizadas para as mais organizadas, da desordem para a hierarquização. Esse movimento progressivo objetiva promover o equilíbrio de um organismo permanentemente solicitado por estímulos internos e

---

Relações objetais: fusão com a mãe → reconhecimento semelhantes → distinção familiar/estranho → triangulação pai-mãe-criança.
Instâncias psíquicas: *Id* → *ego* → *superego*.
  Inconsciente → pré-consciente → consciente
15 Nesse diagrama, a representação do desenvolvimento linear e sucessivo dessas funções tem apenas um *objetivo didático*. Como sabemos, esse processo ocorre de forma simultânea, com progressões, regressões e a interação recíproca entre diferentes funções. A ilustração visa apenas a destacar o movimento evolutivo progressivo de alguns dos recursos somáticos, comportamentais e psíquicos.

externos, se possível, por meio dos recursos mais organizados.[16] Porém, ainda para alcançar o equilíbrio, o organismo é algumas vezes levado a responder a tais solicitações mediante respostas anacrônicas, primitivas, menos elaboradas do que é ou já foi capaz, com movimentos no sentido contraevolutivo, como mostra o diagrama a seguir. Outras vezes, em virtude de perturbações que impedem seu desenvolvimento, esse equilíbrio só é possível pela utilização de recursos mais precários, aquém do que, potencialmente, a pessoa poderia ter desenvolvido.

Quadro 3.2 Movimentos de organização e de desorganização da economia psicossomática

Células	Tecidos	Órgãos	Coordenação sensomotora	Relações de objeto	Linguagem	Elaboração psíquica

Desorganizações somáticas	Manifestações comportamentais	Manifestações psicopatológicas

Durante a vida, o ser humano voga em um oceano turbulento o equilíbrio é frequentemente instável e fugaz. O movimento vital almeja o desenvolvimento de funções cada vez mais organizadas e hierarquizadas, como os recursos psíquicos. Porém, esse movimento de preservação e promoção da vida confronta-se também com movimentos regressivos, de desorganização e de destruição, no sentido contrário do desenvolvimento, que, buscando o equilíbrio, resultam em manifestações comportamentais ou, mesmo, somáticas, ainda mais desorganizadas e primitivas.[17] Segundo P. Marty, as manifestações orgânicas, psíquicas e comportamentais, são alguns dos recursos da economia psicossomática para tentar regular sua homeostase, suas relações com o meio e com os outros humanos.[18]

---

16 P. Marty (1976). *Les mouvements individuels de vie et de mort*, p. 116.

17 Essas questões são ampliadas em *Regressões, desorganizações e somatizações*, no Capítulo 5.

18 P. Marty (1990b). *A psicossomática do adulto*.

Essas manifestações, mais perceptíveis e conhecidas após o nascimento, trazem também em suas raízes muitas marcas de experiências, movimentos e formas de organização anteriores a esse momento.

A economia psicossomática na pré e na perinatalidade[19]

Em 1926, ao desenvolver sua segunda teoria da angústia, Freud discute as hipóteses de Otto Rank sobre o *trauma do nascimento*. Apesar de algumas discordâncias com Rank, Freud reconhece essa experiência como um paradigma para vivências posteriores de perda, de separação, de desamparo e de angústia. O nascimento marca uma ruptura radical na relação de dependência fisiológica entre o bebê e sua mãe, vivida durante a gestação, uma vivência intensa, eminentemente corporal, fisiológica, sensorial e perceptiva.

A despeito dessa ruptura e da imensa diferença entre as condições pré e pós-natais, em seu artigo, Freud chama a atenção, para a *continuidade* entre as experiências vividas pelo bebê nessas duas condições: há muito mais continuidade entre a vida intrauterina e a primeira infância do que a impressionante censura do ato do nascimento nos teria feito acreditar.[20]

Freud se interessa particularmente pela substituição das vivências por ele denominadas "narcísicas", indiferenciadas e de dependência corporal do feto (marcadas por processos fisiológicos de sobrevivência providos pela mãe) pela dependência e indiferenciação com objeto materno externo, bem como sua eventual superação pela constituição da autonomia, da alteridade e da possibilidade de outras escolhas

---

19 Agradeço o convite de Vera Iaconelli para refletir sobre essas questões apresentadas de forma inédita aqui e em outras passagens do livro.

20 S. Freud (1926). *Inibição, sintoma e ansiedade*, E.S.B., XX, p. 162.

objetais. Segundo ele, "a situação biológica da criança como feto é substituída . . . por uma relação de objeto psíquica quanto a sua mãe".[21]

Essa continuidade entre as vivências intrauterinas e pós-natais da criança, sublinhada por Freud, é sujeita a percalços, nuances e contingências. Ela depende especialmente da dimensão relacional e de condições do ambiente, presentes mesmo antes do nascimento.[22] Depende de cada pessoa que antecipa, prepara e participa desse momento, da forma como esperam e acolhem o bebê, e de como lidam com a perturbadora vivência de sua imaturidade, com seu desamparo e sua dependência absoluta, experiências que marcam tanto o corpo como o psiquismo incipiente daquele ser.

Apesar de não ter se dedicado à clínica infantil, a dimensão relacional e a função continente e organizadora da mãe e daqueles que propiciam cuidados ao bebê e à criança sempre foram reconhecidas por Freud como fundamentais para o desenvolvimento corporal, do aparelho psíquico, da economia pulsional, das experiências narcísicas e objetais e várias outras. Posteriormente, a partir da observação e da prática clínica, vários autores ampliaram essas concepções, desenvolvendo também, como veremos, novas hipóteses para a compreensão da pré e da perinatalidade, bem como das particularidades e implicações da parentalidade durante esses períodos.

Concepção, parentalidade e o ambiente pré-natal

Do ponto de vista biológico, a fecundação marca o início da história individual do humano. Porém, sua *concepção*, no sentido

---

21 S. Freud (1926). *Inibição, sintoma e ansiedade*, E.S.B., XX, p. 162.

22 D. W. Winnicott (1956). *A preocupação materna primária.*
D. W. Winnicott (1965). *O ambiente e os processos de maturação. Estudos sobre a teoria do desenvolvimento emocional.*
L. Kreisler, M. Fain e M. Soulé (1974). *A criança e seu corpo.*
T. B. Brazelton e B. G Cramer (1992). *As primeiras relações.*

mais amplo, é muito anterior esse momento. Ela é precedida pela história de cada um dos pais, pelas vivências em suas famílias de origem, pelas características das relações com seus progenitores, irmãos, com outros parentes, com diferentes gerações. A partir dessas vivências constituem-se as identificações, os encontros e desencontros amorosos, as representações de família, de relações conjugais e possíveis, impossíveis e idealizadas, da maternidade e da paternidade, experiências que participam do desejo de tornar-se (ou não) pais e dos sentimentos que acompanham essas fantasias.

Bem antes da fecundação, antes mesmo do encontro e da constituição do casal parental, tais experiências forjam também os sonhos a respeito do bebê, da criança e da família do porvir. Anterior à gestação biológica, com início incerto e duração imprecisa, uma *gravidez imaginária* – assim como um bebê e uma família imaginários[23] – precedem e acompanham a materialização da experiência real de tornar-se pai ou mãe. Como lembra Vera Iaconelli, por si só, o corpo, não garante a função parental (materna ou paterna), assim como a gestação não assegura por si mesma a vivência da maternidade, que se constrói no âmbito subjetivo, simbólico e relacional.[24]

Todas essas vivências e fantasias individuais incidem, são compartilhadas e transformadas no âmbito do casal. Como sugerem Silvia Zornig e D. Stern, elas fazem parte da "pré-história" da criança[25] constituindo a *parentalidade*, processo real e fantasmático que prepara

---

23 Inúmeros autores destacaram a importância das dimensões erógena, hipocondríaca, fantasmática e imaginária das experiências corporais como:

S. Leclaire (1979). *O corpo erógeno.*

C. Dejours (1998). *Biologia, psicanálise e somatização*, p. 44.

M. Sami-Ali (1984). *Corps réel, corps imaginaire.*

Cf. *O corpo, entre o biológico e o erógeno*, a seguir, neste capítulo.

24 V. Iaconelli (2016). *Mal-estar na maternidade: do infanticídio à função materna.*

25 S. Zornig (2010). *Tornar-se pai, tornar-se mãe: o processo de construção da parentalidade.*

Stern, D. (1997). *A constelação da maternidade.*

e acompanha a constituição do desejo de tornar-se pai ou mãe, os meios pelos quais buscam concretizar esse desejo, as formas como são vividos a gestação, o parto e, em seguida, o cuidado do bebê e da criança.

Silvain Missonnier destaca que a *antecipação* é uma dimensão importante dessas experiências. Ela permite melhor compreender a constituição da parentalidade no período pré-natal e também sua função no desenvolvimento e na integração progressiva das funções intrauterina do feto. Por meio dos processos de antecipação parentais, anteriores à concepção, a criança pode ser inserida em um processo de simbolização e de relações fantasmáticas que a confrontam com a "diversidade e complexidade de cenários possíveis" para os desejos do casal e com "o imprevisível" destino que pode ser dado a eles.[26]

Monique M. Bydlowski aponta que durante a gravidez o psiquismo materno é marcado pela *transparência psíquica*, condição na qual fragmentos do pré-consciente e do inconsciente chegam mais facilmente à consciência da mãe.[27] Nesse período, o equilíbrio psíquico é afetado pela dupla condição do bebê, ao mesmo tempo presente no interior do corpo da mãe e em suas fantasias, mas ausente da realidade visível. A dimensão narcísica da gravidez remete a gestante a lembranças de seu passado, diminui seu investimento no mundo exterior e favorece a emergência de reminiscências e fantasmas esquecidos, sem que sejam barrados pela censura. A transmissão das representações psíquicas inconscientes da mãe para a criança estabelece a continuidade entre a vida psíquica pré natal da futura mãe e o psiquismo da criança.[28]

---

26 S. Missonnier (2006). *Parentalité prénatale, incertitude et anticipation*, p. 211-212.

27 M. Bydlowski (1997). *Transparence psychique due à la grossesse.*
M. Bydlowski (2002). *O olhar interior da mulher grávida: transparência psíquica e representação do objeto interno.*

28 M. Bydlowski (1997). *Transparence psychique due à la grossesse.*
B. Golse e M. Bydlowski (2002). *Da transparência psíquica à preocupação materna primária: uma via de objetalização.*

Dinâmicas de mesma natureza participam também da *transmissão transgeracional*, transferência – normal ou patológica – de fantasias sobre o bebê que impõe a ele, marcas de experiências dos genitores em suas famílias de origem com as gerações anteriores, descrita por Escosteguy.[29] Experiências, conflitos e traumas da história dos pais e de outros parentes podem ser atualizados em novas configurações familiares que estão em vias de construir. Como lembra Alberto Eiguer, efeitos dessas vivências manifestam-se em diferentes momentos da história familiar ou pessoal como na escolha do parceiro, no nascimento, no desmame, quando das vivências edípicas, na construção da intersubjetividade e identidade familiar, em conflitos na ordem do parentesco.[30]

Missonnier aponta que a fantasia e o projeto de gravidez, bem como sua materialização, inauguram uma *relação de objeto virtual*,[31] relação biopsíquica recíproca que se manifesta por meio de comportamentos, afetos e representações (conscientes e inconscientes) da mãe e do pai, relacionados ao embrião e ao feto. A função dessa relação é, ao mesmo tempo, "acolher" e "conter" a criança interior para representá-la pelo pensamento, acompanhando seu desenvolvimento biológico. Ela se caracteriza pela reciprocidade feto-ambiente, por sua trajetória transformadora intra, inter e protossubjetiva, pelo caráter virtual desse objeto e pela continuidade entre as experiências útero-placentárias e as experiências objetais orais, anais genitais posteriores.[32]

---

29 N. U. Escosteguy (1997). *Transgeracionalidade.*

30 A. Eiguer (1987). *O parentesco fantasmático. Transferência e contratransferência em terapia familiar e psicanalítica.*
   A. Eiguer e Cols. (1997). *Le Génerationnel.*

31 S. Missonnier (2007a). *Le premier chapitre de la vie? Nidification fœtale et nidation parentale.*

32 S. Missonnier (2007a). *Le premier chapitre de la vie? Nidification fœtale et nidation parentale*, p. 66.

Segundo ele, esses processos preparam a *nidação biopsíquica* para a *criança interior,* que pode corresponder à nidação uterina do embrião, a partir da qual se originam e se transformam as fantasias e representações do desenvolvimento intrauterino do bebê. Para os pais, essa criança interior situa-se na encruzilhada entre o bebê virtual pré-natal e o bebê atualizado após o nascimento.[33]

A relação de objeto virtual é a matriz da linhagem objetal que vai da relação de objeto parcial para a relação de objeto total, revelados por Melanie Klein.[34] Sua função é conter e viabilizar a gênese e o dinamismo evolutivo das relações de objeto. Dessa forma, ela se constitui como uma versão pré-natal da função continente descrita por Bion e por Anzieu,[35] sendo também o fundamento da intersubjetividade primária.[36]

Esses processos evolutivos de investimento e de construção das funções parentais – do casal e de cada um dos pais –, anteriores ao nascimento e à descoberta da gravidez, modulam as condições e possibilidades de fecundação, a evolução e a vivência de intercorrências da gravidez e do desenvolvimento fetal. Eles também influenciam as condições e desenlaces perinatais, do parto e dos primeiros tempos de vida bebê. Já no período pré-natal, é possível reconhecer formas precoces de experiências essenciais para o desenvolvimento pós-natal do bebê e da criança, como as funções do ambiente, as preocupações maternas primárias, o *holding,* descritos por Winnicott[37] e por

---

33 S. Missonnier (2007a). *Le premier chapitre de la vie? Nidification fœtale et nidation parentale,* p. 75.

34 M. Klein (1948). *Sobre a teoria da ansiedade e da culpa.*

35 W. R. Bion (1973). *Atenção e interpretação: uma aproximação científica à compreensão interna na psicanálise e nos grupos.*
   D. Anzieu (1993). *La fonction contenante de la peau du moi et de la pensée: conteneur, contenant, contenir.*

36 S. Missonnier (2006). *Parentalité prénatale, incertitude et anticipation,* p. 217.

37 D. W. Winnicott (1956). *A preocupação materna primária.*
   D. W. Winnicott (1965). *O ambiente e os processos de maturação. Estudos sobre a teoria do desenvolvimento emocional.*

Bowlby,[38] e, como veremos a seguir, as funções materna e paterna[39] que implicam e influenciam os processos da economia psicossomática, desde os primeiros tempos da vida intrauterina.

Esse ambiente e o exercício parental dessas funções pré-natais influenciam e organizam as primeiras integrações intersubjetivas virtuais entre os pais, o embrião e o feto. Eles fazem a mediação das vivências sensório-perceptivas deste último, que sintonizam e reagem, *in utero*, às oscilações desse ambiente, aos estados emocionais da mãe e às alterações hormonais que modificam o meio placentário, e afetando o desenvolvimento pré-natal, o parto e os primeiros tempos de vida do bebê.

A gestante e o feto: do encontro à (in)diferenciação

Na gravidez, a mulher se confronta com a experiência peculiar de conviver, em seu próprio corpo, com um corpo estranho que é parte de si mesma e, ao mesmo tempo, diferente de si, semelhante ao pai. Oriundo de um óvulo, de seu corpo, a existência do ovo (zigoto), do embrião e, posteriormente, do feto só é possível pelo encontro, pela "aceitação" e pela mescla com um elemento "estrangeiro" a si, o espermatozoide.[40] Resulta dessa combinação um organismo fisiologicamente marcado por essa condição imanente de conter

---

38 J. Bowlby. (1985). *Apego, perda e separação.*

39 L. Kreisler, M. Fain e M. Soulé (1974). *A criança e seu corpo.*
   P. Marty (1990b). *A psicossomática do adulto.*
   Cf. *O cuidar, o ambiente e a função materna* e *A função paterna*, a seguir neste capítulo.

40 O zigoto (ovo) é formado por 46 cromossomos – 23 da mãe e 23 do pai – que combinam milhares de informações do código genético de cada um, definindo o sexo, características e o potencial de desenvolvimento de cada novo ser. O processo de divisão e multiplicação celular do zigoto tem início por volta de 30 horas após a fecundação.

em si mesmo o semelhante, geneticamente idêntico, e o diferente, geneticamente distinto.

Os momentos que antecedem esse encontro, naturais ou mediados pela tecnologia médica, são perpassados pela figura real e imaginária de um outro. Mesmo que não o perceba, com a fecundação, a mãe passa a viver, em suas entranhas, a condição e os efeitos dessa "convivência" com o familiar e com o estranho. Sensações corporais, sentimentos, fantasias, sonhos e intuições muitas vezes traduzem os sinais ainda não conscientes de uma gravidez já materializada. Um novo filtro, impregnado pela ambivalência e pelos efeitos da familiaridade e da estranheza com essas manifestações, a marca e as resignificam, e, uma vez a gestação revelada, atravessam também as percepções e a compreensão das misteriosas vivências de conter, no interior de seu corpo, outro ser que ali se desenvolve, e, ao mesmo tempo, o transforma.

Como lembra Missonner, vivências corporais de estranhamento, frequentes na gravidez, mobilizam de forma privilegiada a experiência do *Unheimlich*, inquietante familiar, descrita por Freud.[41] Em situações cotidianas, percepções e sentimentos supostamente novos e surpreendentes, que parecem familiares e estranhamos, são manifestações do recalcado, do inconsciente. Na gravidez, essa experiência se apóia não apenas em lembranças e fantasias inconscientes, aguçadas, como vimos, pela transparência psíquica, mas também por sensações e percepções da mulher a respeito das mudanças de seu corpo, que refletem, igualmente, as condições semelhante/estranho, parte de si/distinto de si representadas pelo feto.

Esses processos são particularmente notáveis quando da intensificação de fantasias e angústias de má-formação do bebê.[42] Apesar

---

41 S. Missonnier (2007b). *Entre extrême incertitude et extrême onction: le diagnostic foetal.*

Freud (1919b). *O Estranho, E.S.B.*, vol. XIX.

42 S. Missonnier (2007b). *Entre extrême incertitude et extrême onction: le diagnostic foetal.*

da materialidade de muitos dos processos de acompanhamento da gestação (exames clínicos e de imagem, consultas etc.), que permitem a avaliação e percepções reais das condições fetais, frequentemente prevalece a representação imaginária que a mãe tem de seu bebê, diferente de sua da realidade biológica.

Raízes pré-natais da economia psicossomática

É curioso o paralelismo entre a experiência materna do estranho familiar vivida com relação ao feto e o processo fisiológico característico das primeiras semanas de gestação. Nesse período, o sistema imunológico da mãe precisa "reconhecer" o embrião e o feto reorganizando-se para assimilar e tolerar processos fisiológicos e anatômicos diferentes de seus próprios, que, em outras condições, rejeitaria.[43]

A condição intrauterina implica em uma íntima relação entre o desenvolvimento do feto e a economia psicossomática da mãe. Inúmeros processos fisiológicos do primeiro dependem do funcionamento do organismo materno que imprime nesse novo ser as marcas de sua própria economia psicossomática. Barker et al. sugerem a hipótese de uma "programação fetal" segundo a qual

---

Bydlowski, M. (1997) *Transparence psychique due à la grossesse.*

43 Erlebacher e colaboradores revelam que, entre a primeira e a segunda semana após a fecundação, a nidação biológica (implantação do embrião no útero) desencadeia um processo que desativa uma função do sistema imunológico necessária ao ataque de corpos estranhos. O zigoto não é identificado como "estranho", é assimilado como "familiar" e, assim, as células imunes não são mobilizadas para proteger o local da nidação. Os antígenos do feto (geneticamente diferente da mãe) entram em contato com o sistema imune materno, sem, porém, provocar reações de rejeição (como em transplantes, por exemplo). O feto não é atacado e pode continuar a desenvolver-se.
Erlebacher e Cols. (2007). *Constraints in antigen presentation severely restrict T cell recognition of the allogeneic fetus.*

perturbações do ambiente intrauterino tem efeitos permanentes no desenvolvimento e na função de órgãos, tecidos e estruturas fetais.[44]

A relação fusional biológica intrauterina, imperativa para a sobrevivência do feto, as condições de diferenciação/indiferenciação, de conteúdo/continente, de semelhante/estrangeiro, vividas "de fora" pela mãe, e "de dentro", pelo bebê, marcam o organismo humano desde o período pré-natal. A partir de registros metabólicos, fisiológicos, sensoriais e perceptivos primordiais, essas marcas podem se constituir como fixações orgânicas pré-natais, precursoras das *fixações orgânicas* sugeridas por P. Marty.[45] Apesar de anteriores a qualquer registro representativo, verbal ou consciente, essas marcas podem se manifestar de forma larvada, após o nascimento, transformadas e mescladas com expressões somáticas, comportamentais ou mentais do indivíduo ao longo de toda a vida.[46]

Muito antes e de forma ainda mais essencial e vital do que para o bebê após o nascimento, a sobrevivência e o desenvolvimento embrionário e fetal dependem completamente do corpo da mãe, especialmente, do ambiente placentário. Continente e fonte de estimulação, a placenta e o líquido amniótico preenchem inúmeras funções como amortecimento de movimentos, regulação da temperatura, proteção antibacteriana, filtro de estímulos, nutrição e depuração, entre várias outras.[47] Por meio delas, são mantidas as condições necessárias para a vida do feto, promovidas suas primeiras

---

44 Baker e Cols. (1989) citado por Guest e Cols. (2013). *Os efeitos do estresse na função do eixo hipotalâmico-pituitário-adrenal em indivíduos com esquizofrenia.*
45 P. Marty (1990b) *A psicossomática do adulto.*
 Cf. *Regressões, desorganizações e somatizações*, no Capítulo 5.
46 P. Aulagnier (1978). *A violência da interpretação.*
 I. Fontes (1999). *Psicanálise do sensível: a dimensão corporal da transferência.*
 S. Missonnier (2006). *Parentalité prénatale, incertitude et anticipation.*
47 J. Quayle e V. Bunduki (1997). *Estados comportamentais do feto e psiquismo pré e perinatal.*

trocas com o ambiente interno materno e também a estimulação necessária ao seu desenvolvimento morfológico, fisiológico, anatômico e funcional.[48]

Todas essas expressões da economia psicossomática da mãe, influem o desenvolvimento intrauterino fetal, modelando as organizações e funções precursoras da economia psicossomática do bebê.

Vivências maternas durante a gestação e desenvolvimento fetal

Inúmeros estudos evidenciam relações significativas entre estados emocionais da gestante, desenvolvimento fetal e desenlaces perinatais. Vivências de ansiedade e estresse da gestante podem provocar perturbações gestacionais, obstétricas e perinatais, como pré-eclâmpsia, aumento de anomalias congênitas, prematuridade e baixo peso ao nascer.[49] No puerpério, elas podem acarretar na criança

---

48 Além de proteínas, carboidratos, lipídios e outros nutrientes, o ambiente placentário também é composto de hormônios (gonadotropina, lactogênio, esteroides, estrogênio, progesterona e neuropeptídeos) sensíveis às oscilações dos estados emocionais maternos K. L. Moore e Cols. (2013), *Embriologia Básica*.
Apesar de capaz de filtrar substâncias potencialmente nocivas ao feto, a barreira placentária é parcialmente permeável a substâncias como álcool, nicotina, princípios ativos de certos medicamentos e outras drogas que podem prejudicar seu desenvolvimento. Alterações significativas no humor como ansiedade e depressão liberam na corrente sanguínea cortisol e neurotransmissores capazes de atravessar a barreira placentária modificando o ambiente intrauterino e interferindo no desenvolvimento fetal.
Gitau e Cols. (1998). *Fetal exposure to maternal cortisol*.
Davis e Cols. (2007). *Prenatal exposure to maternal depression and cortisol influences infant temperament*.
49 V. Glover e T. G. O´Connor (2002). *Effects of antenatal stress and anxiety: Implications for development and psychiatry*.
A. Faisal-Cury e Cols. (2010). *Common mental disorders during pregnancy and adverse obstetric outcomes*.

perturbações comportamentais (alimentação, sono), emocionais (irritabilidade, agitação) e do desenvolvimento (tamanho, altura, neurológico), e, na mãe, depressão puerperal, ansiedade e outras transtornos de humor.

Segundo Kreisler, vivências maternas de alta intensidade durante a gestação podem resultar, nos bebês, em insônia primária, cólicas e gritos paroxísticos, além de hipertonia, excesso de vigilância e hipersensibilidade a estímulos externos e excitações.,[50, 51]

Nunes et al. lembram que a violência vivida durante a gravidez está associada a precariedade socioeconômica, gravidez não planejada, estilo de vida e alimentação não saudáveis, abuso de álcool e drogas,[52] que podem repercutir sobre o desenvolvimento fetal. Um outro estudo, realizado em Unidades Básicas de Saúde, revelou a relação significativa entre episódios de transtornos mentais das mães durante o segundo e o terceiro trimestres de gravidez e perturbações

---

50 L. Kreisler (1992). *A nova criança da desordem psicossomática.*

51 Outros estudos revelam que bebês cujas mães viveram estados de alta ansiedade, depressão e raiva durante a gravidez apresentam níveis mais baixos de dopamina e de serotonina e baixo tônus vagal que resultam em sono profundo mais prolongado, menos tempo em estado de vigilância calma, maior nível de retraimento e piores desempenhos nos itens maturidade motora e estabilidade.

Field e Cols. (2003). *Pregnancy anxiety and comorbid depression and anger: effects on the fetus and neonate.*

O estresse pré-natal materno tem sido igualmente relacionado a problemas comportamentais e psicológicos pós-natais, como esquizofrenia, déficit de atenção e hiperatividade (TDAH), autismo, desordem depressiva maior, transtorno bipolar.

Guest e Cols. (2013). *Os efeitos do estresse na função do eixo hipotalâmico-pituitário-adrenal em indivíduos com esquizofrenia.*

52 Nunes e Cols. (2010). *Violence during pregnancy and newborn outcomes: a cohort study in a disadvantaged population in Brazil.*

de comportamento de seus bebês bem como da capacidade dessas mães de se relacionarem com eles durante o puerpério.[53]

Manifestações de anorexia neonatal foram observadas por Kreisler em bebês com mães gravemente depressivas, que viveram durante a gestação fantasias de que eles não sobreviveriam.[54] Uma metanálise de pesquisas evidenciou uma relação significativa entre episódios depressivos durante a gravidez e risco de parto prematuro e baixo peso no nascimento.[55]

A mediação neuro-hormonal modula as interações entre a mãe e o feto em seu desenvolvimento e também na vivência de estados fisiologicamente equivalentes a experiências de dor e de prazer pós--natais.[56] Exames de imagem permitem identificar no feto posturas e estados de agitação e tranquilidade motora, de tensão e relaxamento, variação do ritmo cardíaco e da atividade intestinal correspondentes às oscilações dos estados emocionais de satisfação e sofrimento, prazer e desprazer vividos pela mãe.

Wilheim sugere que vivências intrauterinas como todas essas se constituem como raízes de experiências pós-natais de acolhimento ou desamparo, confiança ou desalento, esperança ou desesperança, entre outras. Segundo ela, é possível inclusive reconhecer em "registros traumáticos pré-natais . . . as raízes mais profundas de determinadas psicopatologias, bem como de afecções psicossomáticas." Para a autora, "todas as experiências biológicas pelas quais passa o ser,

---

53 Costa e Cols. (2018). *Transtornos mentais na gravidez e condições do recém--nascido: estudo longitudinal com gestantes assistidas na atenção básica.*
54 L. Kreisler (1992). *A nova criança da desordem psicossomática.*
55 Grote e Cols. (2010). *A meta-analysis of depression during pregnancy and the risk of preterm birth, low birth weight, and intrauterine growth restriction.*
56 Guest e Cols. (2013). *Os efeitos do estresse na função do eixo hipotalâmico--pituitário-adrenal em indivíduos com esquizofrenia.*

desde a sua concepção até o seu nascimento, ficam registradas em uma matriz básica inconsciente".[57]

Organizações e funções pré-natais

Desde a concepção e após o nascimento, fatores genéticos, fisiológicos, anatômicos, tóxicos e ambientais interagem com condições de desenvolvimento sensoriais, motoras, comportamentais e mentais e com a história pessoal, familiar e relacional de cada um contribuem para a configuração individual da economia psicossomática.[58] Como lembra Wagner Rañña, nas últimas décadas a *epigenética* vem demonstrando a possibilidade de transformação do genoma por meio de interações intersubjetivas e com o ambiente.[59] A articulação, interação e grau de complexidade de cada um desses fatores contribui para a organização dos *núcleos psicossomáticos originários* e das *linhagens evolutivas*)[60] e para a formação dos recursos da organização e da economia psicossomática.

No período intrauterino, o desenvolvimento embrionário e fetal é predominantemente determinado pela programação genética, entretanto, como vimos, estão também sujeitos às contingências fisiológicas, neuro-hormonais e fantasmáticas da organização psicossomática

---

57 J. Wilheim (2002). *O que é psicologia pré-natal?*, p. 54.

58 L. Kreisler, M. Fain e M. Soulé (1974). *A criança e seu corpo.*

59 W. Rañña (2014). *Desafios à integração psicossomática na infância e a clínica da constituição da subjetividade: a privação, o excesso e a exclusão.*

60 "Características fisio e psicopatológicas inscritas ao mesmo tempo no organismo e no psiquismo sob a influência interativa das primeiras relações, sem omitir as predisposições biológicas e psicológicas próprias da criança. As linhagens evolutivas podem ser designadas como vetores por serem portadoras de qualidades específicas, tanto somáticas como psicológicas, reativas e interativas" L. Kreisler (1992). *A nova criança da desordem psicossomática*, p. 362.

materna, bem como às incipientes vivências perceptivas, sensoriais e fisiológicas do feto.

Nesse período, é possível observar em todos os níveis desenvolvimento – celular, embriológico, anatômico, fisiológico, sensorial, motor e outros – as tendências progressivas de diferenciação, organização, integração e complexificação funcionais da economia psicossomática.[61]

Observações dos movimentos fetais, realizadas por Alexandra Piontelli, revelam o desenvolvimento dessas tendências. Desde os estágios mais iniciais, o feto apresenta movimentos complexos como sugar, espreguiçar, coçar, bocejar, esfregar as mãos e os pés. Por meio da motilidade é também possível perceber o desenvolvimento sensorial (tato, olfato, paladar e visão), a reatividade e respostas cada vez mais discriminadas e específicas aos estímulos a que é submetido.[62]

Ao longo de cada etapa da gestação, a pesquisa embriológica descreve detalhadamente a organização, complexificação e maturação de formações anatômicas, órgãos, sistemas e funções.[63]

A percepção e a sensorialidade fetal destacam-se como funções por meio das quais, gradativamente, mediadas pelo metabolismo materno-fetal e pelo estado de maturação do sistema nervoso do feto, ele vai apreendendo a se relacionar com estímulos interiores e exteriores ao corpo da mãe. A motricidade é um dos principais recursos para responder e "interagir" com estes estímulos. Vários autores destacam os benefícios da estimulação tátil e motora do bebê

---

61 Cf. *Evolução, integração e desintegração*, acima neste capítulo.

62 Alexandra Piontelli aplicou ao feto o método de observação de bebês desenvolvido por Ester Bick, observando seu comportamento por meio de imagens de ultra-som.
A. Piontelli, (1992). *De feto à criança: Um estudo observacional e psicanalítico.*
E. Bick (1964). *Notes on infant observation in psycho-analytic training.*

63 Moore e Cols. (2013). *Embriologia Básica.*

no puerpério e na primeira infância para seu desenvolvimento físico e relacional e também para a constituição de seu aparelho psíquico.[64]

A continuidade entre a pré e a perinatalidade: um psiquismo fetal?

Durante os estágios mais tardios de desenvolvimento fetal encontram-se presentes condições anatômicas e neurológicas propícias à existência de uma "mente" ou de um "psiquismo". Considerando-se essas condições e a clara capacidade do feto para perceber, reagir e responder a estímulos, alguns autores sugerem compreender essas manifestações como expressões de um "psiquismo fetal".[65]

Segundo Wilheim, fatos e vivências ocorridas com o ser humano nos estágios pré-natais são marcados em registros mnêmicos preservados no inconsciente e farão parte da bagagem

---

64 D. Anzieu (1988). *O Eu-pele.*
J. Ajuriaguerra (1980). *Manual de psiquiatria infanti*l.
A. Montagu (1986). *Tocar.*
Tanto no período intrauterino como no pós-natal, as funções táteis e motoras têm um papel fundamental na estimulação do bebê e interação com os pais. A *haptonomia* busca promover por meio de leves toques dos pais na barriga da mãe, a interação com o feto durante a gestação, o vínculo com os pais e o desenvolvimento do feto.
A Shantala, técnica indiana de massagem, também evidencia a importância do contato corporal para a interação e estimulação do bebê após o nascimento.
F. Veldman (2001). *Philosophy behind science. Confirming affectivity, the dawn of human life: the pre-, peri- and postnatal affective-confirming. Haptonomic accompaniment of parents and their child.* F. Leboyer (1986). *Shantala uma arte tradicional massagem para bebês.*
65 A. Piontelli (1992). *De feto à criança: Um estudo observacional e psicanalítico.*
J. Wilheim (2002). *O que é psicologia pré-natal?*
S. Maiello (2010). *À l'aube de la vie psychique. Réflexions autour de l'objet sonore et de la dimension spatio-temporelle de la vie prénatale.*

inconsciente pós-natal, influenciando sua personalidade, sua conduta e seu comportamento.[66]

Piontelli sugere que, ainda no ventre materno, cada feto parece ser "um indivíduo com personalidade própria, preferências e reações", capaz de se "relacionar de formas diferentes com o seu próprio ambiente e os vários componentes que faziam parte dele.[67] Segundo ela, as marcas das experiências intrauterinas podem ser revividas e reelaboradas em momentos mais tardios de seu desenvolvimento, uma hipótese também sustentada por Missonnier.[68]

Por sua vez, Bernard Golse afirma que as marcas sensoriais pré-natais inauguram os primeiros tempos de traumas constitutivos e estruturantes, que, após o nascimento, podem ser reconstituídos no *a posteriori* do encontro com o psiquismo e com as irregularidades da presença do objeto externo. A retradução de traços de memória pictográfica pré-natal, propiciada por esse encontro, é modelada pelo confronto recíproco, mas assimétrico, de dois psiquismos, o da criança, ainda sendo estruturado, e o do adulto, já constituído.[69]

Suzanne Maiello questiona se os registros sensoriais, táteis e motores por meio dos quais o feto percebe, interage e explora o ambiente intrauterino teriam ou não um estatuto de memória, se ele teria a capacidade de elaborá-las, se a fase primitiva da vida

---

66 J. Wilheim (2002). *O que é psicologia pré-natal?*

67 A. Piontelli (1992). *De feto à criança: Um estudo observacional e psicanalítico,* p. 23.

68 S. Missonnier (2006). *Parentalité prénatale, incertitude et anticipation.*
S. Missonnier (2007a). *Le premier chapitre de la vie? Nidification fœtale et nidation parentale.*

69 Laplanche descreve essa condição como "situação antropológica fundamental", estruturante da subjetividade humana.
Laplanche (2007). *Sexual: la sexualité élargie au sens freudien.*
B. Golse (2011). *O Bebê nas interfaces: entre psicanálise e apego, entre neurociências e psicopatologia, entre prevenção e predição,* p. 21

fetal poderia ser considerada a-mental ou pré-mental.[70] Segundo ela, uma certa consciência de existência surgiria ainda *in-utero* por meio da percepção auditiva diferencial entre sons e silêncios, entre ruídos rítmicos e ruídos aleatórios. A experiência da voz humana configuraria o *objeto sonoro*, matéria-prima para a constituição de um proto-objeto, a partir do qual, posteriormente, se constituirá o objeto externo. As descontinuidades da voz materna que alcançam o feto proporcionariam a ele uma pré-forma da problemática pós-natal da ausência-presença do objeto.[71]

Esses e muitos outros processos observados no feto assemelham-se com as funções apresentadas pelo bebê após o nascimento. Porém, essas dinâmicas e comportamentos rudimentares carecem das características, da organização e da complexidade das funções equivalentes presentes no pós-natal. Seria possível reconhecer neles uma "personalidade"? Em que medida refletem ou são atravessados pela "consciência", por "lembranças", ou "pensamentos", como, pondera Maiello?

Evocadas para justificar a existência de um "psiquismo" rudimentar já na fase pré-natal, tais funções são ainda incipientes, operando predominantemente no registro sensorial, motor e neurológico. No feto, elas carecem de mediação representativa capaz de transformá-las e traduzi-las em lembranças, ideias, fantasias, condição que se tornará possível após o nascimento, com a intermediação do universo relacional e representativo parental e da linguagem.

A noção de "psiquismo fetal" é complexa, controversa e difícil de ser formalmente estabelecida. É notável o cuidado dos autores

---

70 S. Maiello (2010). *À l'aube de la vie psychique. Réflexions autour de l'objet sonore et de la dimension spatio-temporelle de la vie prénatale.*

71 S. Maiello (1991). *L'objet sonore - Hypothèse d'une mémoire auditive prénatale.* S. Maiello (2010). *À l'aube de la vie psychique. Réflexions autour de l'objet sonore et de la dimension spatio-temporelle de la vie prénatale..*

na utilização da forma condicional em suas hipóteses, a referência a sufixos como "pré", "proto", "ante", sugerindo claramente que esses processos não correspondem inteiramente ao funcionamento pós--natal, revelando-se, porém, precursores de funções que alcançarão posteriormente seu pleno desenvolvimento. Apesar dessas dificuldades, a reflexão em torno dessa questão importa por evidenciar, pela perspectiva embriológica e perinatal, a "continuidade" percebida por Freud e muitos outros autores entre os dois tempos, pré e pós-natal, da existência humana.

A perspectiva evolutiva da economia psicossomática prescinde da postulação ou identificação formal de um "psiquismo", anterior ao nascimento. As manifestações a ele atribuídas podem ser compreendidas no contexto da continuidade estrutural e funcional entre as funções perceptivas, sensoriais, neurológicas e motoras pré-natais que, ao progressivamente se organizarem e se coordenarem, orientam-se para a formação das estruturas e funções presentes no nascimento do bebê, constituindo os recursos do recém-nascido, seu *equipamento de base*, como descreve Cramer.[72] Estes, por sua vez, continuarão se desenvolvendo após o nascimento, a partir e dependendo das novas condições orgânicas, ambientais e relacionais decorrentes desse acontecimento.

Nos primeiros meses de vida, é possível reconhecer no bebê manifestações que muitas vezes são consideradas como "pensamentos", "lembranças" e "sentimentos", porém a partir da inferência e da interpretação dos próximos e daqueles que dele cuidam.

---

72 Cramer observou que, contrariamente à imagem durante muito tempo cultivada do bebê pacífico, fechado dentro de seu narcisismo autístico e mal-organizado, o recém-nascido possui uma organização sofisticada e dotada de um arsenal de funções que fazem dele um ser ativo e pré-adaptado.
B. Cramer (1987). *A psiquiatria do bebê: uma introdução.*
W. Ranña (1997). *Psicossomática e o infantil: uma abordagem através da pulsão e da relação objetal.*

Nesse período, mesmo que mais organizados e reconhecíveis, tais experiências ainda se manifestam, como no período intrauterino, primordialmente por meio da sensorialidade, da motricidade, de comportamentos, formas não verbais e não representativas.

A proximidade cronológica e funcional entre processos e comportamentos do feto nas fases pré-natais, e os do recém-nascido e do bebê durante o puerpério evidenciam a continuidade evolutiva da economia psicossomática que se organiza progressivamente, desde a concepção, por meio de funções cada vez mais assemelhadas ao funcionamento pós-natal. A partir desse momento, mediada pela relação ao outro humano, prossegue seu desenvolvimento, inicialmente bastante marcado por processos orgânicos, diferenciando-se e gradualmente se organizando, configurando nesse movimento as dinâmicas do psiquismo, as formas mais articuladas e complexas de organização da economia psicossomática.

O desenvolvimento infantil e a organização psicossomática

Após o nascimento, o potencial de diferenciação, complexificação e de integração funcional observado no feto persiste. A partir das contingências genéticas, biológicas e das marcas do período fetal, o desenvolvimento passa a depender em maior medida da qualidade dos cuidados dispensados ao bebê, das relações com o ambiente e com aqueles que dele cuidam.[73] Essas condições, que implicam a parentalidade, podem favorecer ou dificultar a realização do potencial evolutivo da criança.

---

73 D. W. Winnicott (1956). *A preocupação materna primária.*
L. Kreisler (1992). *A nova criança da desordem psicossomática.*
W. Ranña (1997). *Psicossomática e o infantil: uma abordagem através da pulsão e da relação objetal.*

Sabemos que, apesar de completo do ponto de vista biológico, ao nascer, o bebê é um ser imaturo e desamparado, por si só inviável do ponto de vista da sobrevivência. Se, no útero, o vínculo orgânico com a mãe supria as necessidades vitais do feto, a imaturidade funcional e o desamparo do recém-nascido acarretam a premência da presença de um outro humano para garantir sua vida, e promover seu desenvolvimento.

Essas funções, geralmente asseguradas pela mãe, mas que podem ser exercidas por outras pessoas do ambiente da criança, podem propiciar não apenas a satisfação de suas necessidades vitais (alimentação, proteção, higiene), mas funcionam também como uma "película" que o "envolve", um "filtro" de proteção contra estímulos com os quais o bebê, por sua condição, ainda não é capaz de lidar ou assimilar. Essa função de "película", denominada por Freud de *paraexcitações*, ou barreira de contato, tem um papel essencial na organização e no desenvolvimento da economia psicossomática do bebê e, especialmente, de seu recursos psíquicos.[74]

O cuidar, o ambiente e a função materna

Para além da satisfação das necessidades fisiológicas, por meio do que Léon Kreisler denomina de *função materna,* o adulto oferece sua proteção contra as ameaças do meio, e também enquanto paraexcitações. É também essa função que estimula o desenvolvimento de sua autonomia e de seus recursos para lidar com necessidades e contingências da vida. Plenitude, estabilidade, coerência

---

74 Função situada no limite do aparelho psíquico responsável por filtrar e ligar estímulos de forma a protegê-lo, bem como a proteger o organismo, contra os excessos que podem impedir sua organização ou desorganizá-lo
S. Freud (1895b). *Projeto de uma psicologia científica, E.S.B.,* I.
S. Freud (1920). *Além do princípio do prazer, E.S.B.,* XVIII, p. 17.

e permeabilidade das interações com o bebê as são as principais características destacadas por Kreisler, que favorecem o exercício dessa função e a organização desses recursos. Assim como Winnicott, que descreve a importância de um ambiente suficientemente bom para a integração entre o psique-soma-mente, para a constituição do *self* e do sentimento de um *self* alojado no corpo,[75] Kreisler ressalta o caráter fundamental dessa função para promover o desenvolvimento e o equilíbrio da economia psicossomática do bebê.[76]

Para a mãe, a função materna organiza-se no contexto da *preocupação materna primária*, descrita por Winnicott como estado de sensibilidade exacerbada da mãe em relação ao filho, que se inicia na gestação e se estende pelos primeiros tempos do puerpério.[77] Por meio da função materna, a mãe, e também os próximos que cuidam (pai e outros familiares), podem perceber, descobrir e acompanhar, os ritmos da criança, buscando compreender e responder a suas interações corporais, vocalizações e gestos. Nessa condição, eles se constituem como intérpretes das reações do bebê, nomeando-as, atribuindo a elas significado, introduzindo-o, assim, ao universo simbólico e representativo. Dessa forma, eles se revelam como organizadores de sua economia pulsional, da construção de seu universo relacional intersubjetivo, de funções e de comportamentos.[78]

Por um certo período, a mãe assume, por meio da qualidade de sua presença e cuidado do bebê, funções que este ainda não é capaz de

---

75 D. W. Winnicott (1949). *A mente e sua relação com o psique-soma.*
76 L. Kreisler (1992). *A nova criança da desordem psicossomática.*
77 D. W. Winnicott (1956). *A preocupação materna primária.*
78 P. Aulagnier (1975). *A violência da interpretação.*
 L. Kreisler (1992). *A nova criança da desordem psicossomática.*
 W. Ranña (1997). *Psicossomática e o infantil: uma abordagem através da pulsão e da relação objetal.*
 W. Ranña (2003). *A criança e o adolescente: seu corpo, sua história e os eixos da constituição subjetiva.*

assumir por si mesmo, em razão de seu estado de desenvolvimento. Por meio dessa *gerência materna*, ela propicia a seu filho as condições para a aquisição de competências específicas, que podem permitir a ele desenvolver-se autonomamente até os níveis mais evoluídos e harmônicos de funcionamento.

Ao mesmo tempo, como apontam Brazelton e Cramer, o recém-nascido já apresenta um estilo de relacionamento próprio e uma propensão ativa e intencional para envolver-se na reciprocidade social.[79] Assim, é importante considerar que ele também é capaz de induzir a competência e o funcionamento maternos.[80]

Os cuidados maternos são fonte de estímulos necessários à maturação e ao desenvolvimento do bebê, inclusive fisiológico. Em continuidade com o que é observado durante o período intrauterino, inúmeras pesquisas, relatadas por A. Montagu, revelam a importância do contato sensorial com a mãe após o nascimento para a organização do sistema imunológico e da estimulação epidérmica no processo de mielinização do sistema nervoso.[81]

Ao descrever o *hospitalismo*, René Spitz demonstrou que apenas a satisfação das necessidades biológicas e dos cuidados materiais é insuficiente para garantir a sobrevivência do bebê.[82] Após a Segunda Guerra Mundial, ele observou noventa e um bebês em uma instituição de crianças abandonadas, percebendo que, apesar de terem suas necessidades fisiológicas e de higiene satisfeitas, aqueles que haviam sofrido uma privação afetiva extrema e que viviam uma grande carência emocional, apresentavam do terceiro ao sexto mês

---

79 T. B. Brazelton e B. G. Cramer (1992). *As primeiras relações*.

80 L. Kreisler (1992). *A nova criança da desordem psicossomática*, p. 351.
   Nesse sentido, é importante considerar que, na relação terapêutica, o paciente também é capaz de promover a competência do terapeuta.

81 A. Montagu (1986). *Tocar*.

82 R. Spitz (1963). *O primeiro ano de vida*.

de vida atraso motor, passividade, inércia, diminuição marcante nos movimentos (mesmo na cama), expressão facial vaga, deficiência da coordenação ocular. Alguns deles, até os quatro anos, não conseguiam ficar de pé, andar ou falar. Além disso, esse grupo de bebês apresentava uma grande incidência de doenças infecciosas graves e mortalidade significativamente maior que a da população daquela idade.

Percebemos assim que, após o nascimento, a relação com um outro humano é um fator fundamental para o processo de maturação do bebê, para o desenvolvimento e a integração de cada uma de suas competências como a motricidade, as relações com os demais humanos, a linguagem e até do aparelho e das dinâmicas psíquicas, as criações mais elaboradas desse processo.

É importante considerar que os recursos psíquicos não são acessórios de luxo do desenvolvimento. Esses recursos exercem funções essenciais de assimilação e elaboração dos estímulos, excitações e vivências provenientes da realidade externa e do meio interior. Eles são forjados e funcionam a partir de marcas deixadas pelas vivências que os constituíram, marcas de satisfação e de frustração, de dor e de prazer, de amor e de ódio. As perturbações relacionais com as pessoas do ambiente próximo à criança, sobretudo nos primórdios da vida, são elementos potenciais de instabilidade que comprometem o funcionamento psicossomático.

A estruturação das relações objetais

Em *O instinto e suas vicissitudes*, Freud caracteriza o objeto como o elemento mediante o qual a pulsão atinge seu alvo, ou seja, a satisfação.[83] O objeto pode ser uma outra pessoa, um ser animado,

---

83 S. Freud (1915a). *O instinto e suas vicissitudes, E.S.B.*, XIV, p. 137.

algo inanimado, uma parte do corpo do próprio indivíduo, pode ser parcial ou total. Porém, em qualquer caso, é uma entidade a ser constituída internamente pelo sujeito. A condição de desamparo do recém-nascido coloca-o na dependência de um outro humano para a satisfação de suas necessidades. As experiências de satisfação, inscrevem-no bebê a marcas dessas experiências e as das pessoas que as propiciaram. A partir delas, o objeto de satisfação libidinal passa a possuir duas "existências" inextricáveis, uma interna e outra externa, às quais cada um poderá recorrer para tentar satisfazer as necessidades ou desejos que vierem a (re)emergir. A relação de objeto implica a troca entre o sujeito e o outro, bem como dimensões reais e imaginárias.

A história da constituição do mundo objetal testemunha o percurso de satisfações e de frustrações do sujeito diante de seus desejos. Por meio da constituição psíquica do objeto, estrutura-se a representação interna do mundo e organiza-se o universo pulsional.

Apesar de mais conhecida pela sua dimensão psíquica, a constituição do objeto mobiliza também funções biológicas e da sensomotricidade. Como lembra Maurice Bouvet, as primeiras identificações do bebê são *identificações corporais* que passam pelas experiências sensomotoras primitivas.[84] Ao buscar o objeto de satisfação, o seio, por exemplo, o bebê precisa localizá-lo por meio da visão ou do tato, coordenar a posição de seu corpo e o movimento de seus membros para atingi-lo, contrair e relaxar os músculos faciais e labiais para sugá-lo. Essas experiências são incorporadas à representação desse objeto. Como observam P. Marty e M. Fain:

> *a evolução da motricidade de um indivíduo pode ser considerada como um núcleo essencial da formação de sua personalidade, a ponto que as expressões motoras*

---

84 M. Bouvet (1956). *La relation d'objet.*

que encontramos na relação de objeto adulta constituem apenas uma pequena parte da implicação da motricidade nesta relação.[85]

Por sua vez, a mãe, ou aquele que provê os cuidados ao bebê, propicia-lhe não apenas satisfação material (alimentação, limpeza), mas igualmente sua própria experiência afetiva, libidinal e fantasmática que acompanha tais ações. Assim, as marcas da experiência emocional do outro passam também a fazer parte da representação do objeto.

A partir da observação de bebês, René Spitz destaca três estágios na constituição do mundo objetal: o *estágio pré-objetal* (sem objeto), o *estágio do precursor do objeto* e o *estágio do objeto libidinal constituído.*[86] Cada um deles permite reconhecer, paralelamente ao desenvolvimento das instâncias objetais, a estruturação progressiva de funções orgânicas, sensoriais e relacionais, formadas em torno de *organizadores*, noção emprestada por Spitz à embriologia.[87]

Os *organizadores psíquicos* representam pontos nodais do desenvolvimento do bebê. O fracasso na consolidação de um organizador revela a perturbação ou a interrupção do desenvolvimento. Dessa forma, a posição da criança com relação a esses organizadores, no contexto das demais características de cada estágio, é um indício importante para a compreensão de seu funcionamento psicossomático. O primeiro organizador se caracteriza pela resposta do sorriso indiscriminado do bebê a qualquer rosto humano. O segundo é sinalizado pela reação de estranhamento, de angústia diante de

---

85 P. Marty e M. Fain (1955). *L'importance du rôle de la motricité dans la relation d'objet*, p. 209.

86 R. Spitz (1963). *O primeiro ano de vida.*

87 Os organizadores caracterizam a convergência de linhas de desenvolvimento biológico em um ponto específico no organismo do embrião, marcando a direção para determinado eixo de desenvolvimento.

uma pessoa estranha. O terceiro organizador é identificado por intermédio da expressão do "não", considerado por Spitz como o primeiro sinal semântico da criança, que marca para ela o início da comunicação humana. A constituição desses organizadores é intimamente relacionada ao desenvolvimento do mundo objetal da criança, como veremos a seguir.

Os estágios da constituição do objeto e o desenvolvimento individual

Segundo Spitz, o *estágio não objetal* corresponde aproximadamente ao estágio do narcisismo primário descrito por Freud.[88] A organização mais presente nesse estágio é a do funcionamento automático das funções vitais. Nesse período, em virtude da precariedade de sua condição primordial, o recém-nascido vive ainda predominantemente a experiência fusional de sentir-se como parte da mãe, sem conseguir diferenciar suas próprias experiências e percepções.

Esse momento inicial do desenvolvimento é representado por P. Marty pela imagem de um mosaico, o *mosaico primitivo* ou *primordial*, que ilustra a independência relativa das funções orgânicas e a primazia de funcionamentos automáticos (*princípio de automação*), característicos desse momento.

> *Após o nascimento, as primeiras organizações homeostáticas, que garantem o equilíbrio geral do recém-nascido, não garantem . . . uma coesão exemplar das diversas funções existentes. Essas funções se exercem então de forma relativamente independente umas das outras, associadas em mosaico, sem encontrar-se organizadas em um sistema comum e autônomo . . . os poderes de*

---

88 S. Freud (1914a). *Sobre o narcisismo: uma introdução*, E.S.B., XIV, p. 85.

associação e de hierarquização funcionais são em grande parte assegurados pela função materna.[89]

Como vimos, é a função paraexcitante da gerência materna que, contendo, filtrando e elaborando os estímulos vividos pelo bebê, permite a organização gradativa da percepção, do afeto, e dos novos conjuntos funcionais da criança, mais complexos e hierarquizados. Segundo Spitz, no âmbito do desenvolvimento neurofisiológico, organizam-se inicialmente as funções cenestésicas, presentes no nascimento. Nesse estágio, predominam-se as "sensações" indiferenciadas, viscerais, centradas no sistema nervoso autônomo, funcionando segundo o registro de tudo/nada, vinculadas ao inconsciente, e que se manifestam, sobretudo, sob a forma de emoções. Nos estágios posteriores, a organização cenestésica evolui para a *organização diacrítica*, caracterizada pelo processamento da percepção localizada, circunscrita e intensiva por meio dos órgãos periféricos dos sentidos. Centralizada no córtex, a organização diacrítica manifesta-se por meio de processos cognitivos, inclusive da ordem da consciência. Spitz observa que o recém-nascido só é capaz de percepção por contato, e não à distância. A *cavidade primária*, a boca e a região oral, é a zona perceptiva predominante desde o nascimento, a primeira utilizada para a percepção e a exploração táteis do mundo e dos objetos.[90]

No estágio seguinte, do *precursor do objeto*, estrutura-se o primeiro organizador, a *reação de sorriso*. Durante o segundo mês de vida, a forma do rosto humano passa a ser um percepto visual privilegiado para o bebê. A partir do terceiro mês, surge uma resposta específica: o sorriso diante da visão desse rosto. Spitz observa que não se trata ainda propriamente de uma relação objetal, apenas um sinal de

---

89 P. Marty (1976). *Les mouvements individuels de vie et de mort*, p. 119.
90 R. Spitz (1963). *O primeiro ano de vida*, p. 47.

Gestalt, um *pré-objeto*.[91] A reação do sorriso é ainda indiferenciada, o sorriso aparece diante do rosto de qualquer pessoa; o bebê não reconhece um rosto de perfil. Dos quatro aos seis meses, a relação com o rosto adquire atributos objetais, passando ele a ser um objeto único, individual.

O estabelecimento do pré-objeto representa uma verdadeira revolução para o bebê. Ele marca a passagem da posição de recepção passiva para a relação objetal ativa, bem como a suspensão da exclusividade do princípio, prazer para a instauração do princípio de realidade.[92] O reconhecimento do rosto humano é indício do estabelecimento de traços de memória e do início da diferenciação tópica entre as instâncias psíquicas inconsciente, pré-consciente e consciente, que pressupõe e propicia o deslocamento de cargas psíquicas e de traços de memória.[93] O pré-objeto sinaliza também a instauração de um *ego*-rudimentar e das primeiras estruturas somatopsíquicas. Ao desenvolver esses recursos, o *ego* da criança pode gradativamente assumir, ele mesmo, a função de paraexcitações. A resposta do sorriso é a premissa para todas as relações sociais subsequentes do sujeito.

O terceiro estágio caracteriza-se pelo *estabelecimento do objeto libidinal*. Ele é marcado pela estruturação do segundo organizador, a *angústia diante do estranho*. Spitz considera que esta é a primeira manifestação de angústia propriamente dita.[94] Entre seis e oito meses,

---

91 R. Spitz (1963). *O primeiro ano de vida*, p. 65.

92 S. Freud (1911a). *Formulações sobre os dois princípios do funcionamento mental*, *E.S.B.*, XII, p. 1.

93 S. Freud (1900). *A interpretação dos sonhos*, cap.VII, *E.S.B.*, IV, p. 277.
   S. Freud (1923b). *O ego e o id*, *E.S.B.*, XIX, p. 23.

94 R. Spitz (1963). *O primeiro ano de vida*, p. 111.
   A importância dinâmica, econômica e semiológica dessa e de outras modalidades de organização da angústia é mais amplamente desenvolvida em *Da pulsão à constituição da angústia*, no Capítulo 7.

o bebê passa a distinguir uma pessoa conhecida de uma estranha. O estranho é a "não mãe", despertando no bebê a experiência do abandono e da ausência da mãe. Ele desencadeia na criança agitação, choro, irritação e rejeição. Essas reações indicam a existência, no bebê, de traços de memória do rosto da mãe.

Ao longo das passagens do estágio não objetal até o estabelecimento do objeto libidinal estruturam-se também os *fenômenos* e os *objetos transicionais* descritos por D. W. Winnicott.[95] Esses objetos (partes do próprio corpo, pedaços de tecido, animais de pelúcia) ao qual a criança é especialmente ligada e os fenômenos transicionais (o balbuciar do bebê, a canção de ninar) revelam a passagem gradativa de um estado de fusão com a mãe àquele em que aos poucos o bebê poderá experimentá-la como um objeto distinto dele mesmo. O objeto transicional, representante da presença da mãe, é um recurso que ajuda a criança a suportar e a lidar com a angústia de separação, que favorece a constituição do objeto diferenciado e prepara o caminho para sua autonomia futura.

Com o estabelecimento do segundo organizador, na *esfera somática*, viabiliza-se o funcionamento diacrítico sensorial graças à mielinização quase completa das vias neuronais, que propicia a coordenação dos órgãos efetores, da postura e da motricidade. Na *esfera mental*, estruturam-se e avolumam-se os traços de memória, propiciando sequências de ações dirigidas e diversificadas, uma das condições para o funcionamento do *ego*. No plano da *organização psíquica*, a maturação e o desenvolvimento dos recursos congênitos permitem ao bebê descarregar a tensão afetiva de maneira intencional e dirigida, diminuindo o nível de tensão psíquica, promovendo meios mais diversificados e eficientes de satisfação das necessidades e de promoção do equilíbrio psicossomático. A estruturação progressiva do psiquismo delineia melhor as funções e as fronteiras entre o

---

95 D. W. Winnicott (1951). *Objetos transicionais e fenômenos transicionais.*

ego, o *id* e o mundo exterior, entre o eu e o não eu.[96] Nesse terceiro estágio, o estabelecimento do objeto libidinal marca a transição da manifestação do que o bebê sente para o que ele deseja.

Spitz aponta que a aquisição da locomoção promove uma mudança radical na comunicação entre o bebê e a mãe. Antes disso, a "conversa" entre eles é marcada por palavras, sons e gestos não necessariamente coerentes, desprovidos muitas vezes de qualquer intencionalidade: "[as palavras] não proíbem, não impedem, não obrigam; no entanto, criam um clima especial. São, por assim dizer, excitações de prazer recíproco".[97] A capacidade de locomoção da criança induz na mãe a substituição progressiva daquele estilo de comunicação pela *proibição*, por *ordens*, pela *reprovação*, pela invectiva, necessariamente frustrantes para a criança, além de privá-la do clima característico das "conversas" anteriores. Por meio de gestos e palavras, a mãe utiliza com frequência a negativa. A partir de um certo momento, a criança passa a repetir os gestos e as palavras de negação da mãe.

Esse momento marca a cristalização do terceiro organizador da psique, a *formulação do "não"* pela criança. Ele é fruto da capacidade de *identificar-se* com o outro, passando a ser capaz de utilizar um conceito abstrato. Na formulação do "não" está implicada a confrontação com a frustração gerada pela proibição, que mobiliza a agressividade da criança e a necessidade de incluí-la e lidar com ela na relação com a mãe, objeto de amor. Além disso, como aponta Freud, a negação supõe também a capacidade de julgamento.[98]

A função paterna e a censura do amante

O investimento do filho pela mãe é marcado por inúmeros conflitos e pela ambivalência. Antes mesmo da concepção, o bebê ocupa

---

96 S. Freud (1923b). *O ego e o id*, E.S.B., XIX, p. 23.
97 R. Spitz (1963). *O primeiro ano de vida*, p. 136.
98 S. Freud (1925a). *A negação*, E.S.B., XIX, p. 295.

imaginariamente um lugar especial na economia psíquica da mulher. Segundo Freud, ele é vivido como aquele que poderia permitir a ela a superação de sua falta, de seu complexo de castração e de suas vivências edípicas,[99] representando uma promessa de superação do sofrimento experimentado nessas vivências. Assim, o bebê ocupa, desde o surgimento do desejo da maternidade, durante a gravidez e após o nascimento, um lugar central nas dinâmicas narcísicas da mãe. Durante a gestação, ele é, concretamente, parte de seu corpo, mas, mesmo após o nascimento, imaginariamente, ele também continua em certa medida representado dessa forma.

Essa fantasia simbiótica, de indiferenciação entre mãe e filho, é marcada pela ambivalência. Ao mesmo tempo que, narcisicamente, o bebê é amado enquanto parte imaginária da mãe, ele é também odiado por tudo que ele representa como "prova" da falta materna. Nessa dinâmica, participam também as experiências das mulheres enquanto filhas de suas mães, marcadas por suas dinâmicas identificatórias e edípicas. Essa constelação determina as atitudes da mulher com relação a seu filho ou a sua filha: de amor e de ódio, aceitação e rejeição, tolerância e intolerância de sua presença, sua possibilidade ou impossibilidade de separar-se deles.

Apesar da intensidade dessa relação, a mulher é também objeto de um outro desejo, o do homem, pai da criança, seu companheiro, ou, como cada vez mais reconhecemos em novas configurações familiares e de gênero, de uma companheira que a solicita, buscando

---

99 S. Freud (1924a). *A dissolução do complexo de Édipo*, E.S.B., XIX, p. 217.
Há muito essa leitura freudiana do complexo de Édipo e da função do filho para a mulher nessa constelação vem sendo questionada e sua análise ampliada.
Cf. A. M. Sigal (2002). *Algo mais que um brilho fálico: considerações acerca da inveja do pênis.*
L. Fuks (2002). *Diferentes momentos da evolução feminina.*
F. Ferraz (2008). *O primado do masculino em xeque.*
R. M. Volich (1995). *O eclipse do seio na teoria freudiana - A recusa do feminino.*

fazer valer seus próprios desejos, fantasias e necessidades de satisfação.[100] É a partir desse lugar que o pai ou um outro ou outra que ocupe esse lugar é incitado ou incitada a exercer a *função paterna*. Ele se interpõe entre a mãe e o bebê, buscando romper a vivência simbiótica e narcísica de ambos, convida-a a renunciar por alguns momentos a seu lugar de mãe para ocupar o lugar de mulher, sua companheira. Por meio dessa função, o pai ou a companheira também oferece a seu filho a oportunidade de sentir a ausência da mãe, de viver a experiência de estar separado e afastado dela, criando as primeiras oportunidades para que ele descubra que sua existência pode ser distinta da de sua mãe.

A mãe vê-se, assim, dividida entre duas ordens desejantes, a da mulher, referida a seu objeto de amor, seu companheiro, geralmente de natureza objetal, e a da mãe, referida a seu filho, de natureza narcísica. Em um primeiro momento, o reconhecimento do desejo do homem, do pai, pela criança depende da capacidade da mãe de representá-lo e sustentá-lo diante de seu filho. Essa capacidade depende do quanto a referência edípica, que implica o reconhecimento da função paterna, esteja bem-estabelecida para ela própria filha-companheira-mãe.[101]

A mãe vive o conflito entre o desejo narcísico de preservar indefinidamente o investimento e a proximidade de seu bebê, e a necessidade e o desejo de afastar-se dele, de atender a seu companheiro, que a deseja enquanto mulher. Para investir o homem enquanto

---

100 Um amplo panorama e uma análise profunda das novas configurações identitárias, de gênero e familiares pode ser encontrado nos cinco volumes temáticos (Parentalidade, Laço, Gênero, Corpo e Tempo) da coleção Parentalidade & Psicanálise, organizada por Daniela Teperman, Thaís Garrafa e Vera Iaconelli. D. Teperman, T. Garrafa e V. Iaconelli (Orgs.) (2021). *Parentalidade & Psicanálise.*

101 L. Fuks (2002). *Diferentes momentos da evolução feminina.*
A. M. Sigal (2002). *Algo mais que um brilho fálico: considerações acerca da inveja do pênis.*

seu objeto de amor, ela necessita desinvestir seu bebê enquanto mãe, renunciando à satisfação narcísica desse investimento. Esse movimento é descrito e nomeado por Michel Fain como *censura do amante*.

> *em uma perspectiva utópica, a mãe que assumiu sua função de paraexcitações desinveste provisoriamente seu filho desde que o desejo a transforma em mulher. Ela busca aproveitar do sono do bebê que deve assumir [para ele] o papel de paraexcitações, uma vez que o sono é uma forma autônoma de identificação primária . . . [Na realidade] o desejo da mulher faz com que desapareça a mãe antes que a criança adormeça, e o bebê pode conhecer o contato físico com uma mãe ausente e, com o desejo da mulher ex-mãe, aparece para a criança como algo que pode, sem dúvida, manifestar-se como um desejo constituído, mas já com uma ligação a um objeto ao mesmo tempo ausente e presente, uma ligação que pode também produzir a recusa da regressão ao sono.*[102]

A capacidade da mãe para realizar esses movimentos de investimento/desinvestimento de seu filho, modulada pela função paterna, que interdita a fantasia incestuosa e a convoca enquanto mulher, é determinante das possibilidades da criança de experimentar a oscilação presença/ausência materna, essência da constituição da experiência de si mesmo[103] e de sua autonomia. Essa experiência determina também as condições de formação do universo erógeno

---

102 M. Fain (1971). *Prélude à la vie fantasmatique*, p. 322.

103 Winnicott aponta também para a importância dessas dinâmicas na constituição da "capacidade [do indivíduo] estar só na presença de alguém". Essa capacidade depende da introjeção do objeto materno, e dos recursos para elaborar seu

da criança, de sua capacidade de representação, de seu aparelho psíquico, e da possibilidade de reconhecimento da presença paterna, e, consequentemente, de acesso à ordem edípica, à cultura. Esses movimentos contribuem também para a estruturação das noções de tempo e de espaço, por meio da experiência do ritmo propiciado pela presença/ausência da mãe, e da orientação espacial, fruto da necessidade da criança de situar-se com relação à posição do objeto de satisfação.

As características dos estágios da constituição dos objetos, as dinâmicas em torno das funções materna e paterna, a censura da amante e a constelação edípica são referências importantes para a compreensão do funcionamento psicossomático e de suas perturbações, não apenas na criança, mas também no adulto. As perturbações de uma certa função, de um organizador ou das relações objetais podem ser indícios significativos de fragilidades do desenvolvimento, de modos de relação ou de momentos de desorganização do sujeito que podem vir a constituir situações de risco de descompensação, psíquica, somática ou comportamental.

Organização e transcendência das funções primitivas

Na fase adulta e, em certa medida, na adolescência, dependendo da história individual, o equilíbrio psicossomático pode ser buscado por meio de organizações, funções e recursos relativamente bem delineados. No puerpério e, sobretudo, na primeira infância, mas também em suas fases posteriores, esses recursos, inicialmente inexistentes ou precários, encontram-se ainda em vias de constituição,

---

mundo interno, principalmente os estados de não integração, determinados pelas características das relações com a mãe, acima descritas.

D. W. Winnicott (1958). *A capacidade para estar só.*

sendo tributários das condições do ambiente e, especialmente, das características da função materna e outras dinâmicas relacionais.

As primeiras formas de organização da economia psicossomática da criança são instáveis e fluidas. As reações do bebê a suas necessidades orgânicas e relacionais, percepções, sensações (fome, frio, desconforto, afastamento da mãe) são predominantemente corporais (agitação, choro, oscilações metabólicas e outros) e dependem intimamente da relação com a mãe e com os cuidadores para satisfazê-las, acalmá-las e organizá-las. Ao longo de toda a vida, o contexto relacional modula o equilíbrio psicossomático, porém, nos primeiros tempos, sua influência é particularmente importante tanto na determinação dos caminhos organizadores do desenvolvimento, como nos movimentos de desorganização, dos quais podem decorrer os quadros patológicos da infância.

Nesse período, as características da economia psicossomática resultam principalmente dos níveis de articulação das funções anatômicas e fisiológicas com a organização pulsional e representativa, mediadas pelas relações intersubjetivas e objetais.[104]

O corpo, entre o biológico e o erógeno

Como vimos, o desenvolvimento da criança compreende não apenas a maturação e a evolução das funções biológicas, mas também o amadurecimento e a complexificação das dimensões relacionais, psicoafetivas e, especificamente da sexualidade. Como destaca Freud, essa função se destina não apenas à reprodução e à preservação da espécie, como nos outros seres vivos, mas também à experiência de

---

104 L. Kreisler (1992). *A nova criança da desordem psicossomática.*
W. Ranña (1997). *Psicossomática e o infantil: uma abordagem através da pulsão e da relação objetal.*
W. Ranña (2003). *A criança e o adolescente: seu corpo, sua história e os eixos da constituição subjetiva.*

um "algo mais", propiciado pela experiência do prazer.[105] Desde o nascimento, ao ser cuidada por sua mãe, ou por outra pessoa que exerça a função materna, a criança experimenta, simultaneamente à satisfação de suas necessidades, o prazer de ser desejada por ela. Por meio de gestos, palavras, fantasias, essas experiências promovem a erogenização do corpo da criança, que, dessa forma, transcende gradativamente seus funcionamentos corporais automáticos, determinados pela natureza, para viver novas experiências, que podem tanto conduzir ao prazer, como à angústia.

Esse processo, caracterizado por Freud mediante a noção de *apoio* das pulsões sexuais sobre as pulsões de autoconservação,[106] é descrito por Cristophe Dejours como a *subversão do corpo biológico pelo corpo erógeno.*[107] A subversão libidinal corresponde à luta do sujeito para constituir uma ordem psíquica que tenta superar a ordem fisiológica. Dessa forma, o determinismo biológico pode, ao menos parcialmente, ser conjurado e transformado por ele. Essas dinâmicas, transformadoras e de transcendência da ordem biológica, são descritas por Kreisler por meio da ideia de uma *epigenética do corpo erógeno.*[108]

As funções orgânicas implicam vários órgãos e sistemas, colocados a serviço da preservação da vida, da autoconservação. A nutrição, por exemplo, implica a boca, a língua, o estômago, o tubo digestivo, o ânus etc. Porém, cada uma dessas partes pode também

---

105 S. Freud (1905). *Três ensaios sobre a teoria da sexualidade*, E.S.B., VII, p. 5.
Partindo das concepções freudianas, Maria Helena Fernandes efetua uma excelente análise da evolução clínica e teórica da compreensão do lugar do corpo em diferentes vertentes e momentos da psicanálise.
M. H. Fernandes (2003). *Corpo.*

106 S. Freud (1905). *Três ensaios sobre a teoria da sexualidade*, E.S.B., VII.

107 C. Dejours (1989). *Repressão e subversão em psicossomática: investigações psicanalíticas sobre o corpo.*

108 L. Kreisler (1992). *A nova criança da desordem psicossomática.*

ser utilizada de uma forma diferente daquela programada para a função fisiológica. Ao ser alimentada, a criança pode utilizar sua boca não apenas como um recipiente para receber e mastigar o alimento, mas também para brincar com o bolo alimentar, experimentar as sensações de boca cheia ou vazia, de retenção ou da expulsão do alimento, tudo isso (e muito mais!) antes de degluti-lo. Como aponta Spitz, a boca, "cavidade primária", se constitui no início da vida em um verdadeiro instrumento de investigação e descoberta.[109] Por meio dela, a criança descobre o contorno de partes de seu corpo e de outros objetos, suas papilas experimentam os diferentes gostos dos alimentos segundo sua localização na cavidade bucal, ela antecipa e imagina os destinos possíveis para aquilo que nela se encontra: incorporar para dentro de si ou rejeitar para fora de seu corpo. "Brincar" com o bolo alimentar é, portanto, uma forma de se descobrir e de descobrir o mundo, representado pelo alimento.

Não é outra a leitura de D. W. Winnicott quando ele destaca importância do brincar para o desenvolvimento da criança, ressaltando que nessa atividade o corpo está sempre implicado.[110] O jogo, a brincadeira possível com cada uma das funções corporais e com as diferentes partes de nosso corpo, permite que nos libertemos um pouco de necessidades que se colocam sempre como urgências. Por intermédio do brincar, lembrando e simulando os momentos de saciedade, a criança pode, por um tempo, desvencilhar-se de sua fome, satisfazendo e imaginando outros prazeres. Dessa maneira, ela inicia seu aprendizado da tolerância, da espera para comer, para ir ao banheiro, para dormir, para amar. A fantasia e o sonho ocupam, como veremos, um lugar fundamental nesse aprendizado.

---

109 Cf. *Os estágios da constituição do objeto e o desenvolvimento individual*, acima, neste capítulo.

110 D. W. Winnicott (1971). *O brincar: uma exposição teórica.*

A brincadeira com cada parte do corpo forja uma outra dimensão da experiência corporal, o *corpo erógeno*,[111] o corpo que habitamos e que não se limita apenas ao corpo fisiológico. Um corpo que sustentado pelo corpo biológico o transcende e nos faz verdadeiramente humanos, libertando-nos da exclusividade do instinto animal, ao constituir a fantasia, o sonho, a erogeneidade. A partir do *corpo real*, anatômico, fisiológico, configura-se um outro corpo, um *corpo imaginário*.[112] Dejours acentua o caráter primordial e estruturante desse corpo. As falhas na sua constituição, os fracassos da subversão libidinal traduzem-se pela impossibilidade de completar o desenvolvimento psíquico, ou por falhas e fragilidades da economia psicossomática.

Entretanto, para que o brincar com o corpo seja possível, a criança precisa de um companheiro de jogo. Sem a presença de um outro, da mãe ou do pai, por exemplo, nenhuma brincadeira é possível. Sem o acordo ou a disponibilidade deles, tampouco. A incapacidade dos pais de promover ou tolerar brincadeira do bebê – por se angustiarem diante dela, por não poderem acompanhar seu ritmo, por lhes ser essa brincadeira insuportável, em virtude de suas próprias histórias e das dimensões eróticas e fantasmáticas que a acompanham – perturba a constituição dessa outra experiência do corpo. Nesse caso, a criança mantém-se refém da biologia e da fisiologia, esbarrando em dificuldades para encontrar outras vias de expressão e de satisfação para suas necessidades. Fica assim comprometida a constituição do corpo libidinal e da subjetividade que ele sustenta, bem como muitos dos recursos paraexcitantes para lidar com conflitos internos e externos.

Nas zonas do corpo excluídas do brincar, a subversão não pode acontecer. Essas zonas permanecem cristalizadas no automatismo

---

111 C. Dejours (1998). *Biologia, psicanálise e somatização*, p. 44.
    S. Leclaire (1979). *O corpo erógeno*.
112 M. Sami-Ali (1984). *Corps réel, corps imaginaire*.

de funcionamento estrito da ordem biológica, ficando também excluídas da relação com o outro. Elas são forcluídas do corpo erógeno, constituindo zonas de fragilidade, mediante as quais podem se manifestar as doenças somáticas.

A brincadeira compartilhada com o corpo permite à criança experimentar um corpo que não é apenas um conjunto de funções orgânicas, fisiológicas. Ela constitui seu corpo e sua subjetividade, propicia-lhe a possibilidade de tornar-se um ser desejante, social, da cultura. A experiência do corpo erógeno propicia também outras transformações importantes no desenvolvimento psicossomático: a passagem da vivência do instinto para a da pulsão, da necessidade para o desejo, da excitação para a experiência da angústia, e do sono fisiológico para o sonho.[113]

A dimensão erógena e imaginária da experiência do corpo e as condições de sua estruturação permitem compreender as relações entre o psíquico e o somático, a origem das fantasias, da linguagem, do sonho, dos recursos de cada um para lidar com o prazer ou com a dor e os caminhos do adoecer.

O corpo imaginário é também uma referência primordial de toda relação humana. A dimensão fantástica-fantasmática da linguagem, originada no corpo e a ele referente, permeia todas as trocas com nossos semelhantes, é parte integrante do discurso cultural, cotidiano e mesmo científico a respeito do corpo, da saúde e da doença. Ela é, portanto, uma dimensão essencial a ser considerada pelo terapeuta, para a compreensão do sofrimento de seu paciente.[114]

---

113 Desenvolvo a análise das implicações clínicas dessas questões e da subversão libidinal no Capítulo 10, *Nomear, subverter, organizar*.

114 Em *Hipocondria: impasses da alma, desafios do corpo* (2002) amplio essa discussão destacando a função das dinâmicas hipocondríacas nesses processos e ressaltando a importância do reconhecimento dessas dinâmicas na clínica, sobretudo médica.

O desamparo, origens e funções da fantasia

A vivência do desamparo marca os primórdios da existência humana. A passagem da quietude e satisfação permanente do meio intrauterino para o exterior exige, em pouco tempo, que o organismo do bebê responda a sensações, estímulos, necessidades e carências com os quais nunca antes se deparara. Ao nascer, ele não conta mais com os mecanismos automáticos de regulação, até então propiciados pelo organismo materno, para lidar com estímulos internos e externos aos quais ele foi e continuará a ser constantemente submetido. No início, o bebê não possui quase nenhum recurso para proteger-se ou lidar com as excitações e as exigências, oriundas de seu corpo e de fora dele. O automatismo de suas funções vitais é ainda insuficiente para esse fim. Mais do que isso, essas mesmas funções passam também a exigir do novo ser novas ações e condições para continuar garantindo a sobrevivência e o equilíbrio do organismo. É necessário comer, respirar, regular a temperatura do corpo proteger-se contra as ameaças de toda ordem sem mais contar com o cordão umbilical ou com a placenta para esses fins.

Após o nascimento, a mãe herda de seu próprio organismo a incumbência de promover fora dele aquilo que natural e fisiologicamente garantia para seu filho em seu ventre. Quase sempre, ela se assusta e se surpreende com a dimensão dessa herança. Ela pode aceitar esse legado, pode recusá-lo, pode delegá-lo. De qualquer forma, alguém precisa assumi-lo. Cada uma dessas possibilidades marca de forma decisiva os destinos da economia psicossomática.

É difícil imaginar o que representa para o bebê as experiências perinatais. Confrontar-se com ondas crescentes de estímulos incompreensíveis, com necessidades orgânicas diferentes e simultâneas, mas todas imperativas, com o aumento insuportável da excitação que as acompanham... A aceleração do ritmo cardíaco, a respiração ofegante, o sangue ruborizando o corpo inteiro, a agitação e o

choro cada vez mais intensos são tentativas desesperadas de desvencilhar-se, de alguma forma, de experiências tão insuportáveis.
Mas não são exatamente reações como essas que nos inundam na
vivência de uma tragédia? Ao nomear *desamparo* a experiência do
recém-nascido, Freud pensava nessa equivalência. A tragédia e o
nascimento compartilham sensações dessa natureza, marcadas pelo
excesso, pela desorganização, pela impotência, pela sideração, pela
extrema dependência de um outro para (re)organizar-se. Como
não reconhecer o desamparo, como sugere Freud, na essência da
experiência traumática?[115]

Para o bebê, aquelas reações corporais, imediatas à emergência
do desprazer pela excitação acumulada, acabam sendo, após um certo
tempo, por si mesmas ineficazes. As descargas por elas promovidas
ficam aquém do necessário, não são específicas nem satisfazem as
necessidades orgânicas que produzem a tensão, exigindo objetos
específicos para sua satisfação. Enquanto ela não é alcançada, as
descargas corporais persistem, intensificam-se, repetem-se, por serem
automáticas, involuntárias, cessando apenas mediante a satisfação
da necessidade ou o esgotamento do organismo.

A *experiência de satisfação* é a única capaz de diminuir tais
turbulências. Ela propicia uma descarga eficiente, uma *ação específica* à necessidade.[116] Ela diminui a intensidade das excitações,
acalma, apazigua. Experiência inesquecível, marca estruturante que
de alguma forma sinaliza que, apesar do desamparo, o caos não é
inevitável, que uma ordem é possível, que diante da necessidade que
desponta e da agitação que se anuncia pode existir uma esperança.
Talvez seja impossível descrever a intensidade e o significado dessas

---

115 S. Freud (1920). *Além do princípio do prazer*, E.S.B., XVIII, p. 17.
116 S. Freud (1895b). *Projeto de uma psicologia científica*, E.S.B., I, p. 245.
    S. Freud (1900). *A interpretação dos sonhos*, E.S.B., IV, especialmente Capítu-
    lo VII, p. 1.

experiências para o bebê. Podemos, porém, perceber os profundos efeitos que elas produzem.

Uma vez satisfeito, da fome, por exemplo, o bebê se acalma e, algum tempo depois, começa a reproduzir com os lábios os movimentos de sucção. Mesmo dormindo, aparentemente sem fome, ele repete esses movimentos, como uma espécie de lembrança, de nostalgia, daquela experiência que o libertou do caos e do desespero. Verdadeiro *traço de memória* inscrito no corpo, que marca a origem de uma *experiência alucinatória*. Na ausência da necessidade, tanto quanto do objeto de satisfação, o bebê reproduz com seu corpo a vivência do momento libertador da satisfação. Uma lembrança evocada simplesmente para reproduzir o prazer propiciado por aquele momento, independentemente de qualquer necessidade. Esses movimentos sinalizam o advento da subversão libidinal e as primeiras tentativas de autonomia do bebê com relação às suas necessidades corporais e com relação aos objetos que podem satisfazê-las.

Por meio do prazer pela lembrança do momento de satisfação e da capacidade de reproduzi-lo, estrutura-se a experiência autoerótica. A alucinação primitiva é fruto da inscrição da experiência de satisfação e do objeto que a propiciou no psiquismo do bebê. Ela é uma experiência primordial do ser humano a partir da qual se organizam as fantasias, as representações, o sonho, e, de forma mais ampla, as instâncias e dinâmicas psíquicas e o funcionamento psicossomático. A experiência alucinatória permite a superação das necessidades corporais para a constituição do desejo humano, estruturado em torno da busca da repetição das primeiras experiências de satisfação e de seus objetos.

A alucinação primitiva se constitui, sobretudo, como uma organização estruturada e econômica para o equilíbrio psicossomático. Em certa medida, ela torna suportável a latência até a satisfação real das necessidades, poupando as funções orgânicas, que, dispendiosas, tendem à descarga imediata diante do caráter desprazeroso de qualquer acúmulo de tensão. É assim que a atividade de fantasia pode propiciar a ligação das excitações do organismo, contribuindo também para a estruturação do psiquismo e para a constituição do princípio de realidade.

Diante da (re)emergência de necessidades e de estados de excitação, a alucinação primitiva e a fantasia implicam um primórdio de organização que permite que a inscrição da experiência de satisfação possa ser psiquicamente reinvestida e evocada para tentar evitar, por meio da lembrança, o desprazer da tensão. Elas propiciam a possibilidade de, mediante atos psíquicos, diminuir a utilização ou o esgotamento dos recursos corporais automáticos e inespecíficos, muitas vezes, ineficientes, ou mesmo fatais.

Da alucinação primitiva ao sonho

A experiência do sonho é herdeira direta de todas essas dinâmicas. Como aponta Michel Fain, o sistema sono-sonho é, ao mesmo tempo, estruturante da economia psicossomática e paradigmático para sua compreensão.[117] Segundo ele, "Se os traços mnésicos existem desde o início, eles só adquirem progressivamente um valor representativo ... através da regressão eficaz [sono-sonho] que produz, ao mesmo tempo, a perda da representação".[118]

A neurofisiologia contribui com algumas evidências para essa hipótese. Segundo Michel Jouvet, o sonho é um mecanismo de regulação do organismo, responsável pela manutenção de seu equilíbrio físico-químico e pela recuperação da energia despendida durante a vigília. No início da vida, ele contribui também para a maturação fisiológica, em especial do sistema nervoso. O sono paradoxal (fase

---

117 M. Fain (1971). *Prélude à la vie fantasmatique*.
118 M. Fain (1971). *Prélude à la vie fantasmatique*, p. 322.

REM,[119] durante a qual ocorre o fenômeno onírico) é o guardião não apenas do sono, como afirma Freud, mas da própria individuação psicológica, sendo o responsável pela "programação da individuação do sistema nervoso central".[120]

Os estudos neurofisiológicos do sono mostram que os recém--nascidos dormem cerca de 80% do dia, enquanto crianças de um ano dormem 50%. Com o tempo, diminui progressivamente a duração do sono dos bebês, assim como o número de períodos de sono. Os bebês de 3 a 4 semanas dormem de 7 a 8 períodos curtos de sono por dia, os de 6 semanas 2 a 4 períodos mais longos, e com 28 semanas eles já têm um longo sono durante a noite e dois períodos curtos de dia. Paralelamente, podemos também constatar uma diminuição do tempo proporcional de sono do tipo REM (fase correspondente à produção onírica): nos cinco primeiros meses de vida, o sono REM representa 40% do período de sono, de 6 a 24 meses, 30% – 25% do período de sono, e de 3 a 5 anos, 20% – 18% do período de sono (semelhante a adultos).[121]

A alteração da duração e dos ritmos de sono-sonho ao longo do desenvolvimento, sobretudo nos primeiros meses de vida, é um indício significativo de que a atividade neurológica correspondente à atividade onírica exerce um papel de proteção e de maturação de funções do organismo ainda incipientes para lidar com a estimulação excessiva ao qual ele está submetido. Com efeito, a regressão promovida pelo ciclo sono-sonho é mais frequente e longa justamente nos

---

119 REM (*rapid eyes movements*): fase do sono dito paradoxal caracterizado pela atonia muscular, pelo incremento dos movimentos oculares e pela semelhança do traçado de ondas cerebrais com o estado de vigília.

120 M. Jouvet (1992). *Le sommeil et le rêve*, p. 182.

121 P. H. Mussen e Cols. (1974). *Child development and personality*, p. 168.
N. Ganhito (2001) enriquece e aprofunda a compreensão do desenvolvimento das funções do sono, de suas perturbações e repercussões em *Distúrbios do sono*. Por sua vez, em "Sono e sonho: dupla face do psicossoma", D. Gurfinkel (2003) articula mais especificamente essas questões à economia psicossomática.

períodos em que a criança se mostra menos preparada para lidar com aqueles estímulos. Podemos assim considerar que a constituição gradativa do paraexcitações da criança e de seu aparelho psíquico substitui aos poucos a atividade neurológica correspondente ao ciclo sono-sonho. Como observa M. Fain:

> *Quando Freud mostra a matéria viva protegida por um revestimento mortificado... ele introduz a noção de retenção de um certo capital narcísico a ser protegido. Essa função de proteção do narcisismo, desde o nascimento, aparece naquela que é a primeira forma de identificação primária, o sono psicológico. Sua proteção necessita um rebaixamento considerável da excitação, seja qual for a fonte da mesma.*[122]

A constituição do paraexcitações e o desenvolvimento da atividade onírica e da vida de fantasia apresentam diferentes dinâmicas e níveis de evolução de uma pessoa a outra, exercendo de forma mais ou menos satisfatória sua função de regulação do equilíbrio psicossomático. M. Fain descreve quatro diferentes modalidades de atividade onírica e de fantasia, relacionadas ao funcionamento do paraexcitações, ao grau de organização da economia psicossomática e às possíveis perturbações que delas podem decorrer:[123]

1. As representações psíquicas encontram-se em equilíbrio com as exigências do *id*, protegendo o *ego* por meio de representações simbólicas e da atividade de fantasia. Utilização de pequena quantidade de energia ligada. Essas dinâmicas indicam um bom funcionamento do paraexcitações e são características das fantasias e dos sonhos neuróticos.

---

122 M. Fain (1971). *Prélude à la vie fantasmatique*, p. 301.
123 M. Fain (1971). *Prélude à la vie fantasmatique*.
     M. Fain e L. Kreisler (1970). *Discussion sur la genèse des fonctions représentatives.*

2. As demandas pulsionais podem ser simbolizadas por meio de representações, mas são vividas como estranhas ao sujeito. Para escapar ao desprazer, o *ego* diminui a intensidade dos afetos, rejeitando para o exterior parte das produções inconscientes. Essas dinâmicas apontam para falhas no processo de ligação do paraexcitações e são características de sonhos e fantasias psicóticos.

3. As tensões entre as excitações internas e externas são rebaixadas ao seu nível mínimo. O *ego* funciona segundo uma energia banalizada pelo instinto de morte. Os sonhos remetem-se a fragmentos de acontecimentos atuais, sem "profundidade" nem história. Esses processos apontam também para falhas do paraexcitações, caracterizando as fantasias e sonhos de pacientes que, diante de tensões extremas, podem algumas vezes desenvolver episódios somáticos (mentalização incerta).

4. O sujeito nunca sonha e apresenta um discurso caracterizado por representações literais e pobre de fantasias. Esse funcionamento indica falhas graves no sistema de paraexcitações, constituindo um sinal de gravidade real ou potencial de distúrbio somático.

Em linha com essas observações, D. Gurfinkel sublinha a importância clínica de deslocar o foco da compreensão do sonho do polo tradicional de "objeto (seu conteúdo e interpretação) para o sonhar enquanto função".[124] Segundo o autor, como condição anterior à interpretação do sonho, cabe compreender as manifestações frequentes do que ele denomina *colapso do sonhar*, "um estado de coisas que se instala quando a função onírica deixa de operar ou opera de maneira precária e insuficiente". Inspirado na observação freudiana, que aponta para o fracasso da função onírica nos sonhos traumáticos,[125] Gurfinkel

---

124 D. Gurfinkel (2008). *Sonhar, dormir, psicanalisar: viagens ao informe*, p. 204.
125 S. Freud (1920). *Além do princípio do prazer*, E.S.B., XVIII.

analisa as repercussões do *sono branco*, um sono sem a experiência do sonhar, decorrente de falhas da função onírica, como as que se manifestam nas desorganizações psicossomáticas.

A economia psicossomática na infância

Wagner Ranña aponta que o movimento de integração da economia psicossomática se processa ao longo de três eixos, o *pulsional*, o *simbólico* e o *intersubjetivo,* por meio dos quais se organizam tanto as aquisições do desenvolvimento como as desorganizações da economia psicossomática.[126]

O eixo pulsional articula e integra as vivências corporais e psíquicas. É por meio dele que se processa, como vimos, a transcendência da ordem biológica, do instinto e da necessidade, para a ordem erógena. Perturbações na organização do eixo pulsional comprometem os recursos mentais e representativos, que podem resultar em descargas comportamentais, somáticas e distúrbios funcionais como anorexia, asma, mericismo, entre outros.

O eixo simbólico (intrapsíquico) permite, por meio da linguagem, transformar as vivências perceptivas, sensoriais, motoras e corporais em representações, imagens, fantasias e sonhos, marcados por metonímias e metáforas.[127] Por meio dessas manifestações são

---

126 W. Ranña (2003). *A criança e o adolescente: seu corpo, sua história e os eixos da constituição subjetiva.*
W. Ranña (2014). *Desafios à integração psicossomática na infância e a clínica da constituição da subjetividade: a privação, o excesso e a exclusão.*
127 W. Ranña (2003). *A criança e o adolescente: seu corpo, sua história e os eixos da constituição subjetiva.*
W. Ranña (2014). *Desafios à integração psicossomática na infância e a clínica da constituição da subjetividade: a privação, o excesso e a exclusão.*

operadas as ligações de afetos e estímulos e organiza-se a mentalização,[128] o brincar e a criatividade e a possibilidade de organização sintomática simbólica, característica das neuroses. A instabilidade e a precariedade deste eixo dificultam a formação de sintomatologia de expressão mental e representativa, podendo levar à desorganização do eixo pulsional e à manifestação de sintomatologia somática.

O eixo intersubjetivo, marcado pelas funções materna e paterna, é voltado para o outro e para o ambiente.[129] Ele modela a organização tanto do eixo pulsional como do simbólico e depende da posição daqueles que exercem tais funções com relação a seu próprio mundo objetal e eixo intersubjetivo (relações narcísicas e objetais, castração e lugar na triangulação edípica).

Pela via intersubjetiva, os processos psíquicos e a linguagem favorecem a simbolização, instaurando a angústia de castração, subjetivando o vazio relacional dos primeiros tempos como ausência (do objeto) e nomeado-o como falta, constitutiva do desejo. Dessa forma, são enriquecidos os recursos para a organização e equilíbrio dos processos somáticos. As perturbações nesse eixo podem comprometer os recursos relacionais e objetais, a consistência dos recursos simbólicos e do eixo pulsional aumentando o risco de desorganizações da economia psicossomática.

Constituição das relações objetais e suas repercussões

Como vimos, o desenvolvimento psicossomático é tributário das relações objetais primitivas. As características da presença e dos cuidados

---

128 P. Marty (1990b). *A psicossomática do adulto.*
Cf. o capítulo seguinte, *Mentalização e somatização, desdobramentos clínicos.*
129 W. Ranña (2003). *A criança e o adolescente: seu corpo, sua história e os eixos da constituição subjetiva.*
W. Ranña (2014). *Desafios à integração psicossomática na infância e a clínica da constituição da subjetividade: a privação, o excesso e a exclusão.*

maternos e paternos determinam as possibilidades e os limites desse desenvolvimento. Para que ele seja possível, a mãe, o pai ou aquele que exerce essas funções, deve propiciar ao bebê um bom equilíbrio entre os momentos de presença e ausência, de investimento e desinvestimento da criança. Das condições desse equilíbrio dependem a organização da economia libidinal, das linhas evolutivas, dos níveis de organização psíquica, dos pontos de fixação do desenvolvimento e de experiências que marcarão os eventuais movimentos regressivos e recursos de reorganização da economia psicossomática.

As formas de exercício das funções materna e paterna modulam as condições para o surgimento e a evolução das atividades de fantasia e de representação e para a consistência da integração que elas podem propiciar para funções orgânicas e da motricidade. O grau de equilíbrio entre o investimento/desinvestimento da criança pela mãe influencia as possibilidades de instauração do comportamento autoerótico, da alucinação do desejo e também de entrada do pai, terceiro elemento da tríade edipiana, nessa relação. A perturbação das relações objetais primitivas prejudica ou impede esses desenvolvimentos, podendo esclarecer, não apenas alguns desequilíbrios psicossomáticos precoces, como sublinha Michel Fain, mas também muitas manifestações posteriores, na adolescência e na fase adulta, desses desequilíbrios.[130]

Perturbações das primeiras relações mãe-bebê podem provocar fissuras ou impedir as ligações entre as pulsões e as representações internas e externas, perturbando também as funções de satisfação e de proteção, produzindo na criança estados de carência, de privação, de sofrimento aos quais a criança pode responder com distúrbios funcionais. Nessas condições, os objetivos pulsionais e a atividade autoerótica correm o risco de tornar-se autônomos, desvinculados de toda representação mental dos objetos. Essa dinâmica pode originar uma clivagem perigosa entre a psique e o soma na vida adulta. Os

---

130 L. Kreisler, M. Fain e M. Soulé (1974). *A criança e seu corpo.*

distúrbios da relação mãe-criança delineiam-se, essencialmente, em torno de vivências de carência ou de excesso de presença materna.

Como vimos, R. Spitz descreveu por meio do hospitalismo as consequências da privação materna e do estado de carência afetiva (parcial ou total) que ela suscita no bebê,[131] enumerando ainda outras situações, por ele denominadas psicotóxicas, potencialmente perturbadoras dessa relação: a. rejeição primária manifesta, ativa ou passiva; b. superpermissividade ansiosa primária; c. hostilidade disfarçada em ansiedade; d. oscilação entre mimo e hostilidade; e. oscilação cíclica de humor da mãe; e f. hostilidade conscientemente compensada.[132] Essas situações podem ser relacionadas com distúrbios somáticos observados na primeira infância, como mostra o quadro a seguir.

Quadro 4.1. Atitudes maternas e doenças psicogênicas da primeira infância, segundo R. Spitz

	Atitudes maternas	Doenças da criança
Psicotóxico (qualidade)	Rejeição primária manifesta	Coma do recém-nascido (Ribble)
	Superpermissividade ansiosa primária	Cólica dos três meses
	Hostilidade disfarçada em ansiedade	Eczema infantil
	Oscilação entre mimo e hostilidade	Hipermotilidade (balanço)
	Oscilação cíclica de humor	Manipulação fecal
	Hostilidade conscientemente compensada	Hipertimia agressiva (Bowlby)
Deficiência (quantidade)	Privação emocional parcial	Depressão anaclítica
	Privação emocional completa	Marasmo (hospitalismo)

Fonte: R. Spitz (1963). *O primeiro ano de vida*, p. 156.

---

131 Cf. *O cuidar, o ambiente e a função materna*, acima, neste capítulo.
132 R. Spitz (1963). *O primeiro ano de vida*, p. 155.

Em sintonia com essas observações de Spitz, Kreisler chama a atenção para dois modos de interação perturbadores do desenvolvimento e da economia psicossomática no puerpério e na primeira infância: aqueles marcados pela insuficiência de investimento materno e os que resultam de excessos de excitação da criança.[133]

Perturbações por carências: mericismo, comportamento vazio e depressão branca

Compreendemos, então, que a presença física da mãe não garante por si só boas condições para o desenvolvimento da criança. L. Kreisler chama a atenção para o fato de que as mães podem estar fisicamente presentes, mas psiquicamente ausentes.

As carências relacionais podem decorrer de separações repetidas, instabilidade na guarda da criança, da passagem de uma pessoa a outra ou de hospitalizações repetidas e injustificadas, além de situações sócio-econômicas desfavoráveis, caracterizando-se essencialmente por três formas: por *insuficiência, descontinuidade* e *distorção*.[134]

Estados depressivos da mãe, latentes ou manifestos, depressões pós-parto, psicoses puerperais, depressões neuróticas, depressões endógenas e condições melancólicas também podem perturbar a organização da economia psicossomática, produzindo manifestações sintomáticas e patológicas.[135] Muitas depressões na infância são consequência de verdadeiros estados depressivos da mãe, latentes ou manifestos.[136]

---

133 L. Kreisler (1996). *La psychosomatique de l´enfant.*
134 L. Kreisler (1996). *La psychosomatique de l´enfant.*
135 L. Kreisler (1992). *A nova criança da desordem psicossomática.*
    V. Iaconelli (2005). *Depressão pós-parto, psicose pós-parto e tristeza materna.*
    A. Cantilino e Cols. (2010). *Transtornos psiquiátricos no pós-parto.*
136 L. Kreisler (1992). *A nova criança da desordem psicossomática*, p. 69.

Dentro desse panorama, são particularmente frequentes, apesar de negligenciadas, manifestações como as descritas por A. Green em torno da imagem da "mãe morta".

> *Não se trata de uma depressão por perda real de um objeto, [por] uma separação real de um objeto que teria abandonado o sujeito . . . O traço essencial desta depressão é que ela se dá em presença de um objeto, ele mesmo absorto num luto. A mãe por uma razão ou outra se deprimiu . . . entre as principais causas desta depressão materna encontramos a morte de um ser querido . . ., mas pode tratar-se também de uma decepção que inflige uma ferida narcísica. . . Em todos os casos, a tristeza da mãe e a diminuição do interesse pela criança estão em primeiro plano.*[137]

As condições de carência materna perturbam o desenvolvimento da criança, podendo também produzir uma série de manifestações sintomáticas e patológicas.

No *mericismo,* por exemplo, para compensar um investimento insuficiente pela mãe, o bebê desenvolve intensas atividades autoeróticas, tentando "prescindir" de uma presença materna, que, de qualquer forma, ele vive como impossível. Por meio da regurgitação e da ruminação do bolo alimentar, a criança mericista perverte um funcionamento corporal (provocando a regurgitação ao invés de aceitar o trânsito alimentar natural para o estômago), desenvolvendo uma atividade autoerótica que passa a estar desvinculada de qualquer fantasia. A satisfação é encontrada em um circuito fechado em que o bolo alimentar ocupa, de forma concreta, quase que

---

137 A. Green (1980). *A mãe morta*, p. 255.

completamente o lugar de objeto que caberia real e imaginariamente à mãe. Contrariamente aos bebês insones, que, como veremos em seguida, necessitam da presença real da mãe para adormecer, os bebês mericistas não tem problemas para dormir.

A *síndrome do comportamento vazio* é também uma reação à carência materna precoce, que pode se perpetuar, caso persista a relação desértica com a mãe. Ela é caracterizada por um vazio de afetos e de representações e um funcionamento submetido ao automatismo de repetição. A vida da criança é organizada em torno de comportamentos, de coisas e situações concretas. Suas atividades encontram-se esvaziadas de fantasia e voltadas, sobretudo, para o plano sensório-motor. Observa-se uma atonia afetiva global, caracterizada por uma indiferenciação com relação aos objetos (ausência da angústia diante do estranho), e pela pobreza ou ausência de atividades eróticas ou transicionais.[138] Essas condições podem resultar em patologias graves da criança como quadros infecciosos repetitivos, retardos de crescimento, distúrbios de sono e alimentares intensos.

Ainda no registro da carência materna, L. Kreisler descreve "a *depressão branca*, ou o *vazio depressivo* da criança, próximas do comportamento vazio mas distinguindo-se deste por seu aparecimento fortuito em resposta a uma depressão ocasional da mãe, de maior ou menor duração".[139]

Tanto o comportamento vazio como a depressão branca apresentam um alto grau de reversibilidade, desde que as condições patogênicas sejam modificadas pelo restabelecimento de condições de investimento da criança, pela mãe e por aqueles que dela cuidam. Caso contrário, elas podem vir a cristalizar-se mais tarde em uma neurose de comportamento, caracterizada, como veremos, por deficiências da organização mental.

---

138 L. Kreisler (1992). *A nova criança da desordem psicossomática*, p.134.
139 L. Kreisler (1992). *A nova criança da desordem psicossomática*, p. 71.

Perturbações por excessos, a insônia precoce

Assim como as condições de carência, os excessos relacionais também perturbam a organização da economia psicossomática. A presença e satisfação constantes da mãe e de cuidadores impede as oscilações presença-ausência, necessidade-satisfação e a organização dos recursos psíquicos que delas resultam.

Como revela M. Fain, *proibições severas* que impedem o bebê de criar substitutos autoeróticos e a *autoproposição constante* da mãe como único objeto possível de satisfação e de viabilidade psíquica dificultam a constituição de objetos internos e a emergência da vida de fantasia.[140]

Quadros de *insônias precoces* frequentemente resultam de tais condições. Para conseguirem adormecer, muitos bebês necessitam da presença real e constante da mãe, como guardiã do sono deles, por não terem conseguido desenvolver uma atividade psíquica primitiva autônoma, alucinatória, semelhante ao sonho, que lhes permitiria prescindir dessa presença como barreira de proteção (paraexcitações) própria de estímulos internos e externos.[141]

A observação de bebês no momento de dormir revela essencialmente três tipos de reações representando diferentes equilíbrios econômicos entre as atividades motora, representativa e autoerótica.

1. O bebê adormece sozinho, realizando mais tarde, durante o sono, movimentos de sucção. Esse comportamento é um indício de um bom funcionamento do aparelho mental e de uma boa relação com a atividade representativa, que permitem "imaginar" o objeto de satisfação e a regressão necessária ao sono.

---

140 M. Fain (1971). *Prélude à la vie fantasmatique.*
 L. Kreisler, M. Fain e M Soulé (1974). *A criança e seu corpo.*
141 L. Kreisler, M. Fain e M Soulé (1974). *A criança e seu corpo.*
L. Kreisler (1992). *A nova criança da desordem psicossomática.*

2. O bebê só adormece chupando o dedo, indicando a necessidade de contato e da sucção de um objeto real que corresponderia ao objeto de satisfação para conseguir a regressão necessária ao sono.

3. A criança agita-se, berra, chupa freneticamente o dedo e não consegue adormecer. Esse comportamento revela a impossibilidade de imaginar ou de substituir o objeto real de satisfação produzindo um ciclo ininterrupto de descargas, ineficazes para a promoção da regressão narcísica que conduz ao sono.

Segundo M. Fain, essas três formas de autoerotismo revelam diferenças qualitativas do equilíbrio motricidade-representação, correspondente às diferentes distribuições da libido narcísica e objetal. O primeiro é próximo da representação, uma representação que reforça o sono por uma descarga alucinatória da excitação. O segundo indica a necessidade de uma excitação real bem mais longa, e o terceiro parece lançar-se em um ciclo infernal de descarga sem fim, em detrimento da atividade onírica e representativa.[142]

A partir de suas observações, M. Fain propõe a distinção entre *mães calmantes* e *mães que permitem a satisfação* de seu bebê. As mães dos bebês insones foram descritas como calmantes, voltadas para acalmar os bebês e não para propiciar a eles uma experiência de satisfação erógena, fantasmática autônoma. Elas apresentam uma falha maciça em seu papel de paraexcitações. Existe um investimento materno, porém, ele é tão viciado que não permite ao bebê constituir para si mesmo um paraexcitações autônomo. Nesse caso, a mãe propõe-se constantemente como única guardiã do sono da criança, função sem nenhuma relação com aquela normalmente exercida pelo sonho.[143] Em virtude dos conflitos com seus próprios objetos primitivos, essas mães não conseguem propiciar a seus filhos

---

142 M. Fain (1971). *Prélude à la vie fantasmatique*, p. 322.
143 M. Fain (1971). *Prélude à la vie fantasmatique*, p. 315.

identificações primárias que permitam a eles adormecer prescindindo do contato físico com elas. Elas revelam-se incapazes de organizar seu instinto materno, oferecendo à criança mensagens discordantes em que a possibilidade de identificação primária com ela coexiste com uma tendência equivalente de rejeição. Quando elas conseguem renunciar a sua atitude calmante, propiciando experiências de satisfação para seu filho, o ciclo sono-sonho da criança é gradativamente regularizado.

As insônias primárias e, como veremos, as cólicas do primeiro trimestre podem se manifestar em bebês que vivem excessos relacionais e de excitação, resultantes do contato com mães cuja ansiedade se traduz por um excesso de presença e interações contraditórias e violentas. Essa presença materna excessiva também pode ser encontrada na dinâmica de bebês asmáticos e dos que apresentam o espasmo do soluço. Os excessos também podem desorganizar sistemas como a função alimentar, contribuindo para a anorexia precoce, ou função intestinal, como no desenvolvimento do megacólon funcional.[144]

Irregularidades da economia psicossomática na primeira infância

Bastante sensíveis às condições relacionais e do ambiente, os desequilíbrios e perturbações da economia psicossomática na primeira infância se manifestam por meio de uma multiplicidade de expressões somáticas, motoras, do desenvolvimento, comportamentais e, mesmo, por meio de formas incipientes de desorganizações mentais. Kreisler enumera algumas dessas perturbações:[145]

---

144 L. Kreisler (1976). *La psychosomatique de l'enfant.*
145 L. Kreisler (1976). *La psychosomatique de l'enfant*, p. 93.

I. Perturbações de expressão somática

Insônia, anorexia, bulimia, vômitos, cólicas, constipação, diarreia, distúrbios respiratórios.

II. Perturbações do desenvolvimento

Atrasos e descompasso de desenvolvimento motor, de linguagem, da relação com objetos inanimados (adaptabilidade), com as pessoas (sociabilidade).

III. Perturbações de expressão motora

Anomalias globais: agitação, inércia

Anomalias específicas: ritmos de balanço do corpo e de rotação da cabeça, hábitos nervosos compulsivos: autoerótico e autoagressivos.

IV. Perturbações mentalizadas

Síndromes deficitárias: debilidade, retardo

Depressão, excitação, apatia

Distúrbios fóbicos: fobias alimentares, de objetos e de pessoas

Psicoses precoces.

No contexto deste livro, apresentaremos apenas uma visão panorâmica dessa ampla gama de manifestações, focalizando as perturbações com expressão somática mais frequentes na primeira infância. De graves a benignas, elas demandam um cuidado particular de serem contextualizadas na história de vida e relacional de cada criança para serem compreendidas e tratadas. Como lembra Kreisler, uma mesma expressão clínica (insônia, anorexia, cólicas etc.) pode surgir como resposta a diferentes conflitos e condições relacionais, dependendo do grau de desenvolvimento da economia psicossomática da criança.[146]

---

146 L. Kreisler (1976). *La psychosomatique de l'enfant.*

As sintomatologias e doenças funcionais[147] da infância evidenciam perturbações na capacidade de lidar com a sobrecarga de excitações. Muitas vezes, distúrbios mais tardios na infância, na adolescência e, mesmo, na idade adulta podem ter suas raízes em perturbações, carências e fixações somáticas da organização psicossomática na primeira infância, que merecem ser investigadas.

Como vimos, a etiologia dessas manifestações frequentemente resulta de uma combinatória entre os recursos inatos e adquiridos do bebê. Os inatos são aqueles herdados e programados geneticamente, a competência constituída pela capacidade de perceber o objeto, reagir a ele, investi-lo e provocar suas reações, que predispõe a criança à relação, seus níveis particulares de responsividade, atenção, vigilância, avidez ou falta de apetite, entre outros.[148] Os recursos adquiridos são desenvolvidos a partir das primeiras experiências relacionais, do acolhimento do ambiente e da aprendizagem em diferentes dimensões das vivências do bebê (motora, da linguagem, objetal, comportamental, representativa e outras).

Como apontam Kreisler e Rañña, os transtornos funcionais no bebê resultam frequentemente de perturbações do circuito pulsional.[149] Disfunções da relação da mãe com a criança perturbam tanto a função paraexcitante da mãe, como a possibilidade do bebê de constituir e desenvolver recursos autônomos para lidar com o desamparo e com necessidade e excitações internas e externas.

---

147 Perturbações de funções sem lesões de órgãos. Frequentemente manifestações de evoluções inesperadas de quadros clínicos e sinais inespecíficos desses quadros são também denominados sintomas "psicossomáticos", "somatizações", "idiopáticos", "funcionais", "sem explicação médica", para citar apenas os mais conhecidos.

148 L. Kreisler (1992). *A nova criança da desordem psicossomática*.

149 L. Kreisler (1996). *La psychosomatique de l'enfant*.
    W. Rañña (2014). *Desafios à integração psicossomática na infância e a clínica da constituição da subjetividade: a privação, o excesso e a exclusão*.

As expressões, sintomas e doenças somáticas se constituem como vias privilegiadas de escoamento de tensões e conflitos que não podem ser contidos na relação, ligados ou organizados por meio de recursos comportamentais ou mesmo, de forma rudimentar, psíquicos. Ao mesmo tempo, buscando o equilíbrio da incipiente economia psicossomática, as manifestações somáticas da primeira infância podem se prestar como tentativas de apelo diretas (gritos, movimentos, disfunções orgânicas), sem mediação da linguagem, ao cuidado da mãe e dos próximos.

Além do mericismo e dos distúrbios de sono, descritos mais acima, destacam-se entre os distúrbios funcionais da primeira infância as cólicas dos primeiros meses, o espasmo do soluço, a anorexia, o nanismo por sofrimento psicológico, a encoprese, a enurese e a asma.

Cólicas dos primeiros meses

Nos três primeiros meses de vida são freqüentes as cólicas do bebê. Elas são geralmente compreendidas como resultantes da imaturidade do aparelho digestivo que responde ao acúmulo de ar, gases e apresenta sensibilidade a alimentação materna. Seus sintomas mais frequentes são choro intenso, difícil, às vezes impossível, de ser acalmado, enrugamento da testa, tremores dos lábios, olhos fechados e distensão do abdômen. Exames e investigações clínicas muitas vezes não revelam sinais lesionais ou doença, o que torna tais manifestações enigmáticas para os médicos.

Kreisler, Fain e Soulé e também Ranña sugerem que essas reações podem estar sinalizando os primórdios de vida psíquica e pulsional do bebê, modalidades primitivas de relação objetal com pais, tentativas de comunicação por meio da vivência corporal, marcas pré-representativas (corporais) de vivências de desprazer.[150]

---

150 L. Kreisler, M. Fain e M Soulé (1974). *A criança e seu corpo.*
W. Ranña (2003). *A criança e o adolescente: seu corpo, sua história e os eixos da constituição subjetiva.*

A impossibilidade de organizar a excitação por meio dos recursos psíquicos, nesse momento ainda rudimentares e em constituição, leva a que a circulação e descarga pulsional seja predominantemente realizada no nível fisiológico, gastrecintestinal. As cólicas do primeiro trimestre podem ser consequência do excesso de presença e hiperinvestimento da mãe no bebê, que impede o bebê de lidar com tais vivências em níveis mais organizados.

Observa-se que as cólicas podem ceder quando são encontradas formas alternativas de descarga, por meio, por exemplo, da chupeta, que permite a descarga da excitação por meio do prazer oral localizado, ou ainda do embalo, que propicia o investimento no corpo inteiro da bebê. Esses dois recursos podem acalmar a agitação o bebê (e a aflição dos pais...) e aplacar as excitações, permitindo que ele consiga adormecer. O prazer autoerótico e motor substituem tanto a presença da mãe quanto de cuidadores promovendo a função paraexcitante da alucinação primitiva e dos sonhos.

As cólicas costumam frequentemente desaparecer a partir do momento em que se constitui o primeiro ponto organizador (sorriso social) descrito por Spitz,[151] que sinaliza as primeiras formas de organização da vida mental e que aumentam a capacidade do bebê de suportar frustrações, diminuindo a necessidade de descargas somáticas. Ao mesmo tempo, constata-se a diminuição de irritabilidade e os problemas de sono, resultantes da constituição do paraexcitações, do apoio libidinal, da inscrição representativa de experiências de satisfação, que permitem organizar a excitação em torno de representações e viabilizam a circulação pulsional no terreno psíquico.[152]

---

151 R. Spitz (1963). *O primeiro ano de vida.*
    Cf. *Os estágios da constituição do objeto e o desenvolvimento individual*, acima, neste capítulo.

152 L. Kreisler, M. Fain e M. Soulé (1974). *A criança e seu corpo.*
    W. Ranña (1997). *Psicossomática e o infantil: uma abordagem através da pulsão e da relação objetal.*

Espasmo do soluço

O espasmo do soluço ocorre geralmente em crianças de 6 meses a 3 anos e corresponde ao bloqueio da respiração da criança durante uma crise intensa de choro, frequentemente provocada por contrariedade, medo ou dor. Em casos extremos, pode ocorrer a perda temporária de consciência ("desmaio"). Esses comportamentos são impressionantes e angustiantes para os pais e para aqueles que presenciam a crise, podem ser confundidos com crises convulsivas e também provocar o medo de morte súbita do bebê.[153]

O espasmo do soluço se apresenta, essencialmente segundo duas configurações. A forma "pálida" é relacionada ao pavor e a situações de violência e se manifesta predominantemente pelo retraimento, passividade e crises de choro interrompida pelo espasmo. A forma "roxa", ou cianótica, é relacionada à cólera, descargas motoras e tensão.

As crises geralmente revelam a oscilação da criança entre uma grande necessidade de dependência da mãe e a intensa pulsão de domínio do ambiente com vista a alcançar a autonomia. Elas surgem como expressão afetiva brusca, intensa e desagradável, frequentemente em uma interação eletiva com um cuidador impressionável do ambiente familiar (a mãe ou a avó, por exemplo) e no contexto de obstáculos ou frustrações na realização de desejos, interrupção de atividades e situações equivalentes.[154]

Anorexia

A anorexia é um comportamento de recusa alimentar sistemática com diferentes funções dependendo do estágio de desenvolvimento da criança. Ela pode levar à desnutrição e surge no bebê por volta do

---

153 L. Kreisler, M. Fain e M. Soulé (1974). *A criança e seu corpo.*
    L. Kreisler (1996). *La psychosomatique de l´enfant.*
154 L. Kreisler (1996). *La psychosomatique de l´enfant.*

2° semestre, quando começa a se organizar a relação diferenciada e eletiva com a mãe, frequentemente no momento da introdução de outros alimentos além do leite.[155]

Na *forma depressiva*, encontrada em condições extremas, como no marasmo ou hospitalismo, descrito por Spitz,[156] ela é fruto da depressão branca ou do vazio depressivo. O bebê não se alimenta por falta de investimento materno e do meio, pela fragilidade do desejo que viva e se desenvolva.

Na *forma neurótica*, a anorexia pode ser fruto de uma maternagem agressiva ou intrusiva, condensando a agressividade na recusa do alimento. A impossibilidade de dirigir a agressividade para a mãe e figuras parentais desloca os ataques para a comida. Esse comportamento, marcado pela recusa, pode infiltrar outros funcionamentos como a recusa daquilo que vem do outro, ou a recusa da aprendizagem na idade escolar.[157]

Nanismo por sofrimento psicológico

O retardo de crescimento por sofrimento psicológico é distinto do nanismo genético. Neste último, observa-se tanto o atraso no desenvolvimento com a desproporção entre partes do corpo, enquanto no primeiro o desenvolvimento corporal é proporcional, porém a altura da criança é inferior às curvas normais de crescimento.

Ele geralmente ocorre em ambientes familiares altamente patológicos, marcados pela violência, pelo abandono e por maus tratos

---

155 L. Kreisler (1996). *La psychosomatique de l´enfant.*

156 R. Spitz (1963). *O primeiro ano de vida.*

157 L. Kreisler, M. Fain e M. Soulé (1974). *A criança e seu corpo.*
Maria Helena Fernandes descreve desdobramentos e manifestações posteriores da anorexia na adolescência e na idade adulta, relacionando-as a diferentes configurações do feminino.
M. H. Fernandes (2006). *Transtornos alimentares: anorexia e bulimia.*

da criança, que resultam em inorganizações graves da economia psicossomática com falhas graves no desenvolvimento geral e da mentalização, podendo, em alguns casos haver graves riscos à vida da criança.[158] Nessas crianças, as condições de carência afetiva e perturbações relacionais produzem também distúrbios de comportamento e de sono, com falhas nos processos de simbolização e grande frequência de descargas pelo comportamento.

Em função da importância nociva do ambiente relacional, em muitos casos, o afastamento da criança do ambiente familiar reverte a síndrome. Dependendo da gravidade do quadro, a prescrição de hormônios de crescimento pode ser necessária, porém, muitas vezes, apenas a administração de hormônios sem modificação das condições relacionais surte poucos efeitos.

Transtornos de eliminação: enurese, encoprese e megacolon

A enurese, a encoprese e o megacólon funcional são perturbações mais tardias da infância (a partir de 4 anos) que consistem respectivamente em dificuldades no controle da micção e na continência fecal.

A enurese pode ser *primária*, quando a criança nunca desenvolveu o controle urinário, ou *secundária*, quando perde o controle após 6 meses de tê-lo conseguido. Segundo a Associação Americana de Psiquiatria, é uma manifestação presente em 10 a 20% das crianças de 5 anos, e em 3 a 4% aos 10 anos.[159] A anamnese da enurese revela frequentemente a importância dos fatores relacionais e afetivos na perturbação da economia psicossomática da criança, como dificuldade em consolidar a maturidade do reflexo da micção ou perda desse reflexo, sono profundo e mais raramente problemas anatômicos.

---

158 L. Kreisler, M. Fain e M. Soulé (1974). *A criança e seu corpo.*

159 American Psychiatric Association (APA) (2014). *Manual diagnóstico e estatístico de transtornos mentais V.*

A encoprese também pode ser classificada como primária, quando a criança nunca alcançou a continência fecal, ou secundária, quando surge após um período de continência, e suas manifestações podem ser predominantemente diurnas ou noturnas. As crianças que apresentam essa disfunção são geralmente ansiosas, imaturas, com baixa tolerância à frustração impulsivas e com dificuldades para lidar com a agressividade. Elas revelam também uma grande dependência da mãe e dificuldade para elaboração de pensamentos.[160]

O megacólon funcional (mais conhecido como constipação) consiste em dificuldades de evacuação e retenção de fezes no intestino, caracterizadas por uma frequência pequena de evacuação, sensação de esvaziamento incompleto, desconforto, movimentos intestinais dolorosos, gritos e manobras para não eliminar as fezes. Quando a retenção é prolongada, o reto passa a conter fezes, progressivamente mais ressecadas e em maior volume, acarretando em dilatação do cólon.

A etiologia, as dinâmicas e as formas de manifestação desses transtornos de eliminação evidenciam os movimentos de organização e desorganização da economia psicossomática, bem como algumas condições de inorganização do desenvolvimento da criança.

- As manifestações primárias tanto da enurese como da encoprese revelam a impossibilidade de organização do controle esfincteriano, uretral ou anal. Tanto a maturação neuromuscular desses esfíncteres como a apropriação do controle dessas partes do corpo da criança podem estar comprometidas em função do ambiente familiar e relacional da criança, caracterizando pontos de inorganização da organização psicossomática.

- As manifestações secundárias, evidenciam a perda do controle dessas funções excretoras, já adquiridas e organizadas anteriormente, evidenciando regressões ou desorganizações.

---

160 D. Costa e Cols. (2005). *Aspectos clínicos e psicológicos da encoprese.*

- Uma terceira forma de expressão do descontrole anal e uretral pode ainda ser observada em algumas crianças, quando, capazes do controle esfincteriano, utilizam a expulsão de fezes ou urina como forma de atacar ou tentar controlar os cuidadores e o ambiente. Essa forma revela um funcionamento mais organizado no qual a criança, em princípio capaz de tal controle, utiliza seu corpo e esses comportamentos como forma de expressão de afetos como a agressividade, por não ser capaz de organizar seus conflitos de forma simbólica, verbal ou pelo jogo.

Asma infantil

A asma é uma doença inflamatória crônica das vias aéreas que resulta na redução ou obstrução no fluxo respiratório. Seus principais sintomas são dispneia, tosse e sibilos, principalmente à noite. A falta de ar é provocada por edema da mucosa brônquica, hiperprodução de muco nas vias aéreas e contração da musculatura lisa das vias aéreas, com conseqüente diminuição de seu diâmetro (broncoespasmo).[161]

Participam da etiologia da asma fatores genéticos, ambientais e emocionais. Nessa patologia, são particularmente notáveis a interação entre fatores relacionais e as oscilações da economia psicossomática na origem do terreno alérgico, no desencadeamento e na recuperação das crises.

Nas crianças asmáticas, observa-se com frequência a ausência da fobia primária e de mecanismos fóbicos de defesa psíquica, indicando uma fixação no primeiro organizador de Spitz, a indiferenciação entre o familiar e o estranho.[162] Essa fixação relacional é correlativa a uma

---

161 III Consenso brasileiro no manejo da asma (2002).
162 R. Spitz (1963). *O primeiro ano de vida.*
Cf. *Os estágios da constituição do objeto e o desenvolvimento individual*, acima, neste capítulo.

fixação às etapas iniciais da organização pulsional, e a uma fixação humoral que sobrecarrega funções fisiológicas, principalmente as da respiração. Do ponto de vista relacional, constata-se também a presença maciça e o superinvestimento da função materna, e a ausência ou fragilidade da função paterna, que impedem o bebê de viver, representar e introjetar ausência da mãe.

Essas dinâmicas podem decorrer de algumas configurações familiares e relacionais. A introdução prematura de uma terceira pessoa na relação mãe/filho pode solicitar da criança funcionamentos dos quais ainda não é capaz. A divisão da guarda entre adultos que disputam o amor e os cuidados da criança, a rivalidade pelo amor do bebê buscando forçá-lo a optar por uma delas pode expô-la prematuramente a situações situação triangulares. A exigência de diferenciação em um momento em que esse recurso ainda não foi constituído pode sobrecarregar o primeiro ponto organizador, dificultando o acesso ao segundo.[163]

Uma outra condição relacional também frequente é a superproteção materna. A mãe não tolera dividir seu bebê com ninguém, ela mesma não possui ou reconhece qualquer outro objeto de amor e prazer além do filho, o pai é excluído dessa relação. Essa relação fusional pode ser acompanhada por fantasias relacionadas às vivências da gravidez, quando a criança se encontrava em seu ventre. O excesso de presença materna, impede ao filho experiência da ausência e da falta, que resultam na impossibilidade para o bebê de se diferenciar-se da mãe, reconhecer a diferença entre ela e outras pessoas e projetar seus sentimentos sobre outras pessoas.

Esses cenários relacionais e a economia psicossomática das crianças que apresentam quadros de asma e de outras alergias na infância podem evoluir na adolescência e na idade adulta para a

---

163 L. Kreisler, M. Fain e M. Soulé (1974). *A criança e seu corpo.*

personalidade alérgica essencial, uma condição de vulnerabilidade à desorganização somática, descrita por Marty e por Fain.[164] Esse funcionamento perpassa diferentes formas de organização da economia psicossomática, tanto bem como mal mentalizadas, e preserva a principal característica do funcionamento infantil, o não estranhamento e a facilidade de contato, mesmo com desconhecidos, a indiferenciação entre pessoas e situações, entre outras.

Sucessão sindrômica

Presentes ao longo de toda a vida, as oscilações entre os movimentos evolutivos e contraevolutivo da economia psicossomática são particularmente marcantes durante a infância. Dependendo do nível de desenvolvimento e da organização psicossomática individual, assim como da natureza de novas experiências vividas pelas crianças, estas podem promover novos recursos organizadores que fazem avançar o desenvolvimento, e, no caso de sintomatologia e manifestações patológicas, reverter ou transformar as formas de expressão dessas manifestações. É possível também que diante de novas experiências, recursos insuficientes da economia psicossomática provoquem a desorganização dessa economia dando origem a sintomas ou doenças antes inexistentes.

Na criança, manifestações normais e patológicas do desenvolvimento, distúrbios funcionais, comportamentais e de expressão simbólica podem oscilar em torno de linhagens de funcionamento.[165] Kreisler denomina as diferentes manifestações ao longo do tempo desses movimentos progressivos e regressivos da economia psicossomática de *sucessão sindrômica*.

---

164 P. Marty e M. Fain (1957). *La relation objectale allergique.*
165 L. Kreisler, M. Fain e M. Soulé (1974). *A criança e seu corpo.*

Essa sucessão pode ocorrer por meio dos eixos organizadores da economia psicossomática (pulsional, simbólico e intersubjetivo) e também entre diferentes níveis evolutivos e funcionais dessa economia. As sucessões que ocorrem pelo *eixo metonímico* correspondem a deslocamentos e trocas de um sintoma por outro dentro de um mesmo nível evolutivo.[166] Por exemplo, a mudança de um funcionamento mericista para um distúrbio como o megacolon funcional corresponde a esse tipo de deslocamento, uma vez que, em ambas, a expressão sintomática permanece no nível somático, sem mudança na qualidade dos recursos de expressão simbólica ou mental.

Quando ocorre pelo *eixo metafórico,* o movimento de organização da economia psicossomática promove mudanças de nível evolutivo, passando de formas de expressão somáticas para formas comportamentais ou mentais. Ainda tomando como exemplo o mericismo, ao se organizar a possibilidade de lidar com o vazio relacional, este funcionamento pode evoluir para formas lúdicas, simbólicas ou verbais de lidar com a agressividade e com a ausência materna.[167]

Como destaca Spitz, as cólicas do primeiro trimestre, os distúrbios de sono e a irritabilidade do bebê diminuem ou desaparecem quando aparece reação do sorriso diante do rosto humano, sinalizador do segundo organizador psíquico.[168] A maior organização objetal evidencia a internalização do paraexcitações materno que começa a organizar as urgências instintivas e pulsionais por meio de recursos mentais e objetais precoces.

---

166 W. Ranña (1997). *Psicossomática e o infantil: uma abordagem através da pulsão e da relação objetal.*
    W. Ranña (1998). *Pediatria e psicanálise.*
167 W. Ranña (1997). *Psicossomática e o infantil: uma abordagem através da pulsão e da relação objetal.*
168 R. Spitz (1963). *O primeiro ano de vida.*

No caso da asma infantil, os distúrbios respiratórios, que ocorrem no contexto das relações fusionais indiferenciadas, diminuem e mesmo desaparecem quando, evoluindo pelo eixo intersubjetivo, organiza-se a angústia diante do estranho, muitas vezes originando sintomatologias fóbicas, de natureza mental e objetal.[169]

Todas essas expressões de perturbações da economia psicossomática da criança evidenciam que o desenvolvimento da dimensão erógena – subvertendo e permitindo a transcendência dos funcionamentos orgânicos automáticos, marcados pela necessidade e ainda pouco pelo desejo – é uma condição fundamental para o estabelecimento do equilíbrio psicossomático. Como vimos, o autoerotismo é um dos primeiros recursos de autonomia disponíveis para a criança lidar com seu desamparo, com o desprazer e com a emergência da necessidade. A organização do circuito autoerótico e a estruturação das dinâmicas psíquicas que o acompanham dependem das dinâmicas das primeiras relações objetais. A perturbação dessas relações compromete o desenvolvimento dos recursos erógenos e representativos do sujeito, produzindo inclusive distorções significativas no curso natural dessas funções. As neonecessidades e os procedimentos autocalmantes são ainda outras manifestações decorrentes dessas distorções, que comprometem os recursos e o desenvolvimento da economia psicossomática.

As neonecessidades e os procedimentos autocalmantes

A *neonecessidade* é uma necessidade inicialmente artificial, antecipada e provocada pelo objeto que pode satisfazê-la, sem que ela tenha surgido naturalmente no sujeito que supostamente precisaria dessa satisfação. Sua manifestação mais simples é aquela em que a mãe

---

169 W. Ranña (1997). *Psicossomática e o infantil: uma abordagem através da pulsão e da relação objetal.*

oferece o seio a seu filho diante do menor indício de desprazer por parte dele, sem considerar se é a fome a causa do desconforto. Ela tenta propiciar a repetição de uma experiência de satisfação, pelo menos aparentemente, mesmo sem haver uma necessidade a ser satisfeita. Trata-se mais de um desejo da mãe de acalmar a qualquer preço seu bebê, do que de realmente satisfazê-lo. A criação da neonecessidade, que passa a carregar consigo a exigência imperativa de satisfação, acentua-se a dependência do sujeito ao objeto supostamente apto a satisfazê-la. Segundo D. Braunschweig e M. Fain,

> *a neonecessidade é uma falsa necessidade na sua essência, pois é organizada de antemão, tendo por missão carregar-se do mesmo caráter imperativo que as necessidades vitais dominadas pelo instinto de conservação. As necessidades vitais implicam a dependência de um objeto real de satisfação . . . a neonecessidade tem por objetivo uma intenção dessexualizante da parte daqueles que a propõem (inicialmente do exterior do sujeito, depois do interior, através das identificações narcísicas secundárias constitutivas do ego), uma dissimulação de seu caráter de "necessidade" artificialmente adquirido sob a aparência de uma promessa erótica. Esse mascaramento é destinado a retirar do narcisismo primário a parte da libido sexual que fornece a energia para a alucinação do desejo, que é fonte de prazer para o sujeito independente de todo objeto real.*[170]

A neonecessidade constitui, na verdade, um *desvio* do circuito pulsional e não um deslocamento, com o esvaziamento da dimensão

---

170 D. Braunschweig e M. Fain (1975). *La nuit, le jour: essai psychanalytique sur le fonctionnement mental*, p. 264.

autoerótica em benefício da autoconservação e, consequentemente, um empobrecimento da dimensão alucinatória e representativa. Ele compreende uma promessa implícita de satisfação posterior que cria uma pseudoautonomia. A oferta permanente do seio ou da chupeta diante de qualquer manifestação de desprazer do bebê subentende que, futuramente, ao primeiro sinal de desconforto, ele também poderá propiciar a si mesmo um objeto de substituição calmante (um pirulito, um cigarro) e prescindir de qualquer passagem ou latência referica a uma representação de uma verdadeira experiência de satisfação. Uma vez criada, a neonecessidade passa a ser reiteradamente solicitada, prestando-se inclusive à negação da experiência da falta e da ameaça de castração.

Apesar de se organizarem de forma diversa, os *procedimentos autocalmantes* também tem por objetivo evitar a qualquer preço a experiência de desprazer. Aparentemente contraditórios, eles tentam propiciar ao próprio sujeito a calma pelo incremento e pela busca incessante da excitação.

Geralmente, o aumento incontrolável da excitação corporal pode resultar em angústia, desorganizações e doenças. Para lidar e proteger-se desse aumento, o *ego* desenvolve diferentes dinâmicas para diminuir o nível da tensão psíquica, sentida como desprazerosa, como os mecanismos de defesa. Assim como estes, os procedimentos autocalmantes são funcionamentos desencadeados pelo *ego* para diminuir a tensão e trazer a calma ao aparelho psíquico, ameaçado em sua integridade pelo excesso de excitações.[171] Eles buscam promover um modo particular de controle da excitação, similar aos procedimentos calmantes da mãe com relação a seu bebê, porém

---

171 C. Smadja (1983). *A propos des procédés autocalmants du moi.*
G. Szwec (1983). *Les procédés autocalmants par la recherche de l'excitation. Les galériens volontaires.*

esvaziados de fantasia e de carga erógena. Eles denotam também a fragilidade da constituição de um paraexcitações autônomo.

Visando a encobrir a tensão dolorosa e o desamparo, os procedimentos autocalmantes buscam, paradoxalmente, alcançar a calma por meio da repetição de funcionamentos excitantes, como comportamentos e atividades motoras ou perceptivas, que podem, inclusive, provocar sofrimento psíquico e automutilações físicas (comportamentos violentos e autodestrutivos em crianças, como as que batem a cabeça antes de dormir). Por um certo tempo, a repetição desses comportamentos consegue propiciar a calma (pela descarga), mas não a satisfação.

Mobilizando frequentemente a motricidade e a percepção, os procedimentos autocalmentes curto-circuitam as vias representativas e de fantasia, utilizando a realidade de forma bruta, fatual, operatória, sem carga simbólica. Eles não propiciam uma realização alucinatória do desejo, mas sim uma realização sensomotora da necessidade. Assim como as neonecessidades, eles também criam um clima de urgência, imperativo, que exige a repetição.

Segundo M. Fain, a repetição de gestos bruscos e violentos, manifestações extremas de tais comportamentos, constituem uma internalização da excitação de apaziguamento presente no embalo calmante da mãe, que, em seguida, é exacerbada pela criança. Os procedimentos autocalmantes são ao mesmo tempo autoexcitantes, indicando uma necessidade constante de realimentar as reservas libidinais do aparelho psíquico para evitar a experiência depressiva do vazio. Cria-se um círculo vicioso em que a necessidade urgente de reduzir o nível de excitação acaba promovendo um funcionamento que incrementa esse nível de excitação.

Desenvolvendo-se em detrimento do autoerotismo e dos recursos representativos, os procedimentos autocalmantes assemelham-se às condutas aditivas e são próximos das neonecessidades. Longe de limitarem-se à infância, essas manifestações são extremamente freqüentes na adolescência e na vida adulta, e muitas vezes, inclusive, culturalmente valorizadas em várias atividades cotidianas. A caminhada, a ginástica aeróbica, a música estridente e ritmada, os esportes de risco, os "rachas" de carros, os jogos eletrônicos e os brinquedos luminosos e estridentes das crianças, bem como os filmes que "fazem sentir a adrenalina" e comportamentos cotidianos habituais como bater portas, dirigir bruscamente no trânsito, colocar-se em situação de risco e o tabagismo são apenas algumas entre muitas ações que frequentemente tem como função propiciar uma descarga automática da tensão, ao mesmo tempo que promovem o incremento da tensão. Pela descarga que propicia, esse circuito acaba sendo vivido como prazeroso em si mesmo. Ele busca variações e objetos substitutos de satisfação, desvinculados da experiência subjetiva do indivíduo e de qualquer fantasia.

Em nossos tempos, diante da extrema dificuldade do sujeito de suportar a ausência e a falta, muitas vezes essas modalidades de comportamento são promovidas e "monetizadas" transformando-se no motor do consumo e da utilização desenfreada das redes sociais, da busca frenética por "cliques" e "seguidores" e por experiências cada vez mais excitantes e extremas, como os esportes de risco, a violência, e algumas práticas sexuais que só encontram na destruição e na morte o limite último de um gozo ou de uma calma impossíveis.

5. Mentalização e somatização, desdobramentos clínicos

Conhecemos a importância da metapsicologia como fundação do edifício clínico-teórico da psicanálise. Na esteira de seus escritos sobre a técnica psicanalítica, e, principalmente, de sua compreensão mais acurada sobre o narcisismo,[1] em seus artigos sobre as pulsões, sobre o inconsciente, sobre o recalcamento, sobre o luto, Freud aprofunda também seu entendimento do funcionamento psíquico e de suas manifestações normais e patológicas. Ele descreve três dimensões implicadas nesses fenômenos: *tópica:* relativa à localização do fenômeno psíquico no inconsciente, pré-consciente e no consciente; *dinâmica:* relativa às forças que determinam a circulação de representações e afetos no aparelho psíquico e *econômica:* relativa às intensidades de energia, de libido investidas ou desinvestidas nesses processos.[2]

Assim como Ferenczi, Alexander e outros psicanalistas, inspirado por essa perspectiva, P. Marty questionou as limitações postuladas por Freud, que indicava o método psicanalítico apenas para o

---

1   Cf. o Capítulo 6, *Mitologias: Narcisismo, pulsões e a economia psicossomática.*
2   S. Freud (1915a). *O instinto e suas vicissitudes, E.S.B.,* XIV, p. 137.

232 MENTALIZAÇÃO E SOMATIZAÇÃO, DESDOBRAMENTOS CLÍNICOS

tratamento das manifestações psiconeuróticas.[3] Marty sugeriu que a compreensão metapsicológica da função evolutiva do aparelho e das dinâmicas psíquicas no contexto mais amplo das relações entre corpo e mente permitiria também o tratamento das manifestações das neuroses atuais e doenças orgânicas.

Segundo P. Marty, a inexistência de manifestações simbólicas, de fantasia, de sonhos, a pobreza discursiva, enfim, inexistência de dinâmicas nas quais estão implicados o recalcamento e os mecanismos de defesa psíquicos, realmente impedem ou dificultam que pessoas com tais características se engajem ou possam se beneficiar de uma terapia psicanalítica clássica. Contudo, essa dificuldade significa apenas que os processos estruturantes do humano, revelados pela psicanálise – pulsões, sexualidade, experiências infantis, relações de objeto, representações, afetos, fixações, regressões etc. –, desenvolveram-se, organizam-se e se manifestam de forma diversa, convidando o analista a uma outra forma de observação, de escuta e de manejo da relação terapêutica. Segundo ele,

> [A teoria que eu elaboro com outros psicanalistas] me parece se situar no espírito da pesquisa freudiana, mesmo que ela não repouse apenas sobre as contribuições da metapsicologia. Por exemplo, eu preciso e amplio a noção freudiana de fixações-regressões, eu abandono o modelo da histeria de conversão na minha concepção das somatizações pelo modelo das desorganizações progressivas.[4]

Ele lembra que o organismo humano se confronta permanentemente com a emergência e o afluxo de excitações e com a necessidade de descarregá-las. Para isso, ele conta essencialmente com três vias: a

---

3 Cf. *Nosografia psicanalítica*, no Capítulo 2.
4 P. Marty (1990a). *Psychosomatique et psychanalyse*, p. 621.

via orgânica, a *ação* e o *pensamento*, que, nessa ordem, representam progressivamente o grau hierárquico da evolução dos recursos do indivíduo para lidar com os estímulos, internos ou externos, aos quais é submetido.

Solicitado por tais estímulos, o organismo buscará responder com seus recursos mais evoluídos. Nesse sentido, a possibilidade de utilizar recursos psíquicos, mesmo quando, em última instância, a resposta necessária implique uma resposta orgânica, é economicamente interessante por ser mais eficiente e poupar recursos do organismo.

Consideremos, por exemplo, uma situação extrema, em que, em uma estrada de duas mãos, o motorista percebe um veículo desgovernado aproximando-se do seu, em sentido contrário. Sua reação instintiva provavelmente será desviar-se do veículo que o ameaça. Ele pode simplesmente jogar seu carro de forma automática, irrefletida, para qualquer direção diferente da do outro veículo, ou, apesar do tempo ínfimo que ele talvez disponha para realizar essa manobra, tentar considerar, na ação de desviar-se, qual a direção que acarretaria os menores danos aos passageiros que viajam consigo, ou aos demais veículos à sua volta. As duas respostas evitam a colisão com o veículo desgovernado, mas a segunda, além de evitar a colisão, pode também diminuir outros danos pessoais ou materiais. Mesmo considerando que, sem dúvida, uma situação como essa exige os melhores reflexos possíveis, é importante reconhecer que a possibilidade de pensar e "escolher" entre diferentes direções possíveis traz algo a mais, evidenciando o ganho e o interesse da mediação do raciocínio, do julgamento, de afetos e de operações mentais para além dos comportamentos automáticos.

Esse exemplo simples ilustra a hipótese de P. Marty sobre a função e a importância do aparelho e das funções mentais do sujeito como organizadores da economia psicossomática. Partindo da observação clínica, ele define a *mentalização* como o conjunto de operações de representação e simbolização por meio das quais o aparelho psíquico busca regular as energias instintivas e pulsionais, libidinais e agressivas. A atividade de fantasia, o sonho e a criatividade são algumas das formas que se prestam a essa função essencial da regulação do equilíbrio psicossomático.[5]

Falhas do desenvolvimento ou experiências de vida desorganizadoras, traumáticas, comprometem as instâncias e os funcionamentos mais evoluídos, organizados e complexos do aparelho psíquico, de forma temporária ou duradoura. Quando da existência de deficiências estruturais ou funcionais das dinâmicas psíquicas, passageiras ou permanentes, a economia psicossomática desorganizada busca se reequilibrar pela utilização de recursos mais rudimentares, da ordem das descargas comportamentais, pela motricidade, ou mesmo de sintomas ou doenças orgânicas.

Como aponta Flávio C. Ferraz, esses processos podem ser melhor compreendidos lembrando a articulação existente entre as *neuroses atuais* e várias manifestações psicossomáticas.[6] Na linhagem de P. Marty, M. Fain, de M´Uzan e outros pioneiros da psicossomática psicanalítica francesa, Claude Smadja, aponta que as neuroses atuais permitem compreender o déficit representativo e o empobrecimento das respostas emocionais dos pacientes ditos "psicossomáticos".[7] A impossibilidade de elaboração mental e a inexistência de recursos e defesas psíquicas eficazes contra a descarga pulsional dão origem à sintomatologia somática:

> *O mau funcionamento da primeira tópica não permi-*
> *te uma solução nuançada à vida pulsional. A falta de*

---

5 P. Marty (1990b). *Psicossomática do adulto.*

6 F. C. Ferraz (1997). *Das neuroses atuais à psicossomática.*

7 C. Smadja (1990). *La notion de mentalisation et l'opposition névroses actuelles/ névroses de défense.*

defesas mentais (recalque, projeção, isolamento etc.)
impede de uma certa forma uma solução para a carga
pulsional, quando a satisfação imediata se torna impos-
sível. Sem ser investida, a energia pulsional retorna para
o corpo, nele provocando estragos somáticos.[8]

De forma semelhante, J. McDougall sugere que pessoas que tendem a reagir a conflitos por intermédio de manifestações somáticas não conversivas podem ser consideradas *antineuróticas*, tendo em vista sua incapacidade de criar esse e outros tipos de mecanismos de defesa neuróticos, assim como podem também ser consideradas como *antipsicóticas*, por se revelarem superadaptadas à realidade, ao invés de romperem com ela diante de dificuldades da existência.[9] São sujeitos constantemente impelidos à ação ao invés da elaboração psíquica, solicitando permanentemente aos objetos do mundo exterior o exercício de funções que deveriam ser asseguradas por objetos internos simbólicos, neles ausentes ou comprometidos.

Segundo J. McDougall, pessoas com esses modos de funcionamento não conseguem estabelecer pela linguagem articulações para suas fantasias arcaicas, que, nessas condições, permanecem profundamente enraizadas no inconsciente e em vivências corporais, sem ter acesso a um pensamento consciente ou pré-consciente. Mantidas no nível pré-simbólico, estas fantasias não encontram expressão nem mesmo nos sonhos. Os elementos promotores da vida de fantasia foram abafados pelo Eu logo no início de seu desenvolvimento, ficando assim o Eu forcluído de suas próprias raízes pulsionais, esvaziado de elementos passíveis de criar alucinações psíquicas.

---

8   C. Dejours e Cols. (1980). *Les questions théoriques en psychosomatique*, p. 7.
9   J. McDougall (1974). *The psychosoma and the psychoanalytic process.*

Funções do pré-consciente e mentalização

O pré-consciente ocupa econômica e dinamicamente um lugar fundamental na regulação do funcionamento psicossomático, e, em particular, dos recursos mentais do sujeito. É nessa instância que se opera primariamente a ligação entre as demandas pulsionais oriundas do inconsciente e as representações, passíveis de acesso ao consciente. Como aponta P. Marty, ele se constitui como um verdadeiro reservatório de representações e de associações entre elas, sendo a instância em que se operam as ligações entre as representações de coisa e as representações de palavra.[10]

As *representações de coisa* são constituídas pelas vivências de ordem sensório-perceptivas e de comportamento experimentadas pelo bebê desde o nascimento. De natureza inconsciente, elas podem ou não estar ligadas a afetos, porém, não se prestam, por elas mesmas, sozinhas a associações de ideias. Por sua vez, as *representações de palavra* surgem da ligação entre as representações de coisa com a linguagem, a partir de sua nomeação por meio da relação ao outro, constituindo a base da comunicação humana e das associações de ideias.[11]

A ligação entre representações de coisa e representações de palavra constituem o pré-consciente. Quanto maiores essas possibilidades de ligação, melhores seus recursos. P. Marty sugere que diferentes camadas e conteúdos pré-conscientes constituem-se progressivamente ao longo do desenvolvimento segundo dois eixos. O *eixo transversal* compreende inscrições de percepções e ligação de representações de uma mesma época do desenvolvimento, que se acumulam em camadas e conteúdos cada vez mais complexos. O *eixo longitudinal* se forma pela ligação entre representações de diferentes épocas do desenvolvimento. As regressões permitem o acesso a representações

---

10 P. Marty (1990b). *A psicossomática do adulto*, p. 25.
11 S. Freud (1915c). *O inconsciente, E.S.B.*, XIV.

de diferentes épocas. A circulação entre esses dois eixos depende da qualidade das representações de palavras.[12]

Nesse processo, constituem-se as principais características do pré-consciente. Sua *espessura* corresponde ao acúmulo de camadas transversais. A *fluidez* do pré-consciente é fruto das possibilidades de associações entre camadas transversais e longitudinais. Fatores constitucionais e experiências desorganizadoras podem marcar o pré-consciente dando origem a dois tipos de lacunas. As *lacunas fundamentais* são fruto de insuficiências quantitativas e qualitativas devidas a deficiências congênitas ou carências desenvolvimento. Por sua vez, em função de conflitos, experiências traumáticas e desorganizadoras, perturbações pontuais de associações e representações podem dar origem às *lacunas secundárias*.

Todos esses elementos modulam a quantidade e a qualidade de representações pré-conscientes de cada sujeito constituindo a qualidade de sua *mentalização*. Segundo P. Marty, a *quantidade* de representações pré-conscientes é fruto da acumulação de sedimentos de representações ao longo do desenvolvimento individual. Sua *qualidade* é determinada pela disponibilidade de sua evocação, pela possibilidade de associação a outras representações, pela permanência de suas representações ao longo do tempo e pela disponibilidade e pelas possibilidades de associação dessas representações.[13]

O afluxo excessivo ou abrupto de excitações provoca movimentos de desorganização momentâneos ou duradouros no aparelho psíquico, podendo romper a ligação entre representações de coisa e representações de palavra, prejudicando tanto a quantidade como a qualidade do funcionamento pré-consciente, e, consequentemente, provocando a perda ou o empobrecimento de componentes simbólicos, afetivos e metafóricos da experiência do sujeito. Fica assim

---

12 P. Marty (1990b). *A psicossomática do adulto*, p. 27.
13 P. Marty (1990b). *A psicossomática do adulto*, p. 28.

comprometida a função de proteção dos recursos representativos contra desorganizações mais primitivas da economia psicossomática, o que pode resultar em descargas pelo comportamento ou ainda em desorganizações somáticas, como veremos ao longo deste capítulo. Como ressalta Pierre Marty, a clínica permite demonstrar "a importância do fator estrutural da má mentalização, isto é, da construção insuficiente do pré-consciente, na pré-gênese das doenças graves".[14]

Eclipse do sofrer

Conhecemos aqueles pacientes que nos procuram completamente alienados de seu sofrimento. Percebemos muitas vezes, ao simples olhar, o quanto eles nos solicitam para manter um engodo que, paradoxalmente, encontra no sintoma, físico ou psíquico, uma descarga, um outro tipo de alívio. Os sintomas orgânicos prestam-se ainda melhor a tal função ao convocar-nos, pelo seu caráter concreto, real e urgente, para uma solução. Verdadeiros desafios narcísicos ao saber do terapeuta (analista, médico, profissional da saúde), muitas vezes eles transformam em armadilha o juramento com o qual ele se comprometeu a aliviar o sofrimento de seu semelhante que busca ajuda.

O pensamento operatório e a depressão essencial[15]

Muitos dos pacientes que vêm consultar-nos apresentam uma sintomatologia somática não conversiva, que nada tem de histérica. Em

---

14 P. Marty (1985). *Essai de classification psychosomatique de quelques malades somatiques graves*, p. 757.

15 As manifestações do pensamento operatório e da depressão essencial são contextualizadas a partir da perspectiva metapsicológica e do narcisismo em *Um olhar para o primitivo*, no Capítulo 6.

alguns deles percebemos, como aponta P. Marty,[16] um empobrecimento de sua capacidade de simbolização das demandas pulsionais e da elaboração dessas demandas por meio da fantasia. Notamos também uma ausência quase absoluta de sonhos, de sintomas e mecanismos neuróticos, de lapsos, de devaneios, ou de atividade criativa, pouco contato com seus desejos, uma utilização empobrecida da linguagem, com uma aderência extrema ao fatual e à realidade material. Aparentemente bem adaptados,[17] às vezes de forma extrema, tais pessoas frequentemente apresentam, no lugar de manifestações psíquicas ou emocionais, expressões corporais, mímicas faciais, manifestações sensomotoras e dores físicas. As relações interpessoais são marcadas pela indiferenciação e por um rebaixamento dos investimentos objetais, inclusive na transferência terapêutica.

Esse conjunto de manifestações, caracterizadas essencialmente pelo excesso de importância ao fatual e ao presente, por comportamentos automáticos e adaptativos, por uma ruptura com o inconsciente e com a sexualidade, por uma alienação da própria história, pela negligência do passado e incapacidade de projeção para o futuro, foi descrito por Pierre Marty sob a denominação de *pensamento operatório*.[18] Em situações de conflito e de sobrecarga

---

16 P. Marty (1990b). *A psicossomática do adulto*, p. 17.

17 M. Sami-Ali destaca essa adaptação extrema ao meio social como uma das características desses pacientes, denominando tais dinâmicas *patologias da adaptação*. Por sua vez, J. McDougall descreve esses pacientes como *desafetados* (*dis-affected*) em virtude de sua hiperadaptação à realidade exterior e de seu comportamento pseudonormal. F. Ferraz (2002) aprofunda a discussão sobre essas manifestações e suas implicações clínicas em *Normopatia: sobreadaptação e pseudonormalidade*.

M. Sami-Ali (1987). *Pensar o somático: imaginário e patologia*.

J. McDougall (1974). *The psychosoma and the psychoanalytic process*.

J. McDougall (1984). *The "dis-affected" patient: reflections on affect pathology*.

18 P. Marty e M. de M'Uzan (1963). *La pensée opératoire*.

de excitações essas dinâmicas propiciam, sobretudo, a descarga da excitação por meio de comportamentos automáticos, e, em alguns casos, o desenvolvimento de sintomatologia somática.

As dinâmicas afetivas observadas em tais pacientes foram descritas por P. Marty sob o nome de *depressão essencial*.[19] Diferentemente da depressão neurótica, do luto ou da melancolia, a depressão essencial não denota nenhum trabalho de elaboração psíquica. Ela apresenta-se como uma *depressão sem objeto*, constituindo a essência mesma da depressão, caracterizada principalmente por um rebaixamento do tônus libidinal e por um desamparo profundo, frequentemente desconhecido do próprio sujeito. Este não apresenta nenhuma queixa, quanto muito uma profunda fadiga e a perda de interesse por tudo que o rodeia.[20]

Inúmeros autores observaram as perturbações do modo de pensamento e da expressão afetiva em pacientes descritos como "psicossomáticos". Em 1972, Sifneos propôs a criação do termo *alexitimia* para descrever as deficiências afetivas e cognitivas observadas nos indivíduos na sua maneira de experimentar e expressar suas emoções, próximas das descritas por P. Marty e seus colegas, apontando também que o fenômeno da alexitimia não pode ser explicado de modo satisfatório pelos mecanismos de defesa neuróticos.[21]

---

19 P. Marty (1968). *La dépression essentielle*.

20 Para melhor discriminar entre as diferentes manifestações dos estados depressivos e compreender suas implicações clínicas é bastante rica a contribuição de D. Delouya (2000) em *Depressão*.

21 P. E. Sifneos (1973). *The prevalence of "alexythymic" characteristics in psychosomatics patients*.
P. E. Sifneos (1974). *A reconsideration of psychodynamic mechanisms in psychosomatic symptom formation in view of recent clinical observations*.
J. C. Nemiah (1978). *Alexitymia and psychosomatic illness*.
J. Nemiah e P. Sifneos (1970). *Affect and fantasy in patients with psychosomatic disorders*.

Porém, o conceito de alexitimia provocou muitas controvérsias. Smith Jr. ressaltou que muitos doentes orgânicos não apresentam sinais de alexitimia, assim como indivíduos com esses sinais não apresentavam perturbações psicossomáticas.[22] Por sua vez, Weiner sugeriu que a alexitimia deve ser apenas considerada um dos fatores de risco que aumentam a suscetibilidade ao adoecer, uma das condições possíveis que, em conjunção com outras variáveis, podem desencadear a doença somática.[23]

Apesar dessas polêmicas, o termo de Sifneos ganhou mais notoriedade que o de Marty, e, principalmente nos Estados Unidos, o conceito de alexitimia passou a ser muito utilizado em vários campos médicos e psicológicos, inspirando um grande número de pesquisas que tentaram relacionar esse modo de funcionamento a uma vasta gama de fenômenos patológicos, somáticos, sociais etc.

O pensamento operatório e a depressão essencial são manifestações notáveis das deficiências de funcionamento das dinâmicas psíquicas que, persistindo, podem evoluir para um quadro de doença somática. A depressão essencial é frequentemente precedida por angústias difusas, angústias arcaicas e automáticas, diferentes das angústias-sinal que alertam para a iminência de um perigo, indicando as deficiências do funcionamento defensivo do *ego*.[24] A vida operatória é uma tentativa de conter e controlar a desorganização e os acessos de angústia primitiva instalando um equilíbrio frágil por meio de atividades utilitárias que visam a garantir as operações mínimas necessárias à sobrevivência do indivíduo. Entretanto, esses

---

22 G. R. Smith Jr. (1983). *Alexithymia in medical patients referred to a consultation/liason service.*

23 H. Weiner (1982). *Contributions of psychoanalysis to psychosomatic medicine.*

24 S. Freud (1926). *Inibições, sintoma e ansiedade, E.S.B.*, XX, p. 95.
R. Volich (2008). *O eu e o outro: esboço de uma semiologia psicossomática da angústia.*
Cf. *Por uma semiologia da angústia*, no Capítulo 7.

dispositivos podem tornar o sujeito vulnerável às afecções somáticas, aos riscos de acidente por atos impulsivos e comportamentos perigosos, em função da incapacidade do *ego* de encontrar vias mentais para conter e organizar o afluxo e o transbordamento de excitações.

As dinâmicas do adoecer

As três vias possíveis de descarga e organização das excitações – orgânica, motora e pensamento – são também os caminhos potenciais do adoecimento. Uma pessoa bem-organizada no plano mental pode desenvolver, a partir de uma situação de conflito, sintomas ou perturbações psíquicas, da ordem das neuroses ou das psicoses. Uma outra pessoa, com uma organização precária de seu aparelho psíquico, pode não possuir os recursos para reagir a uma situação traumática por meio de produções mentais, como sonhos, fantasias, delírios ou mecanismos de defesa psíquicos, condição que convoca, então, a motricidade e/ou processos orgânicos como forma de descarregar ou o equilibrar o excesso de excitação. Podemos então observar a manifestação de descargas pelo comportamento, como as reações psicopáticas, atitudes impulsivas, adicções e transtornos alimentares, ou, ainda, diante da insuficiência dos recursos comportamentais, o aparecimento de perturbações funcionais somáticas e doenças orgânicas bem caracterizadas, como ilustrado a seguir.

Quadro 5.1 Movimentos de organização e de desorganização da economia psicossomática

Células	Tecidos	Órgãos	Coordenação sensomotora	Relações de objeto	Linguagem	Elaboração psíquica
Desorganizações somáticas			Manifestações comportamentais			Manifestações psicopatológicas

É importante considerar que toda perturbação ou doença – mental, somática ou comportamental –, apesar de seu caráter desviante, regressivo, muitas vezes extremo e mortífero, é ainda uma tentativa de estabelecimento de um equilíbrio do organismo, que não consegue enfrentar as tensões, internas ou externas, às quais está submetido por intermédio de recursos mais evoluídos.

A gravidade de um sintoma ou de uma doença é função tanto dos recursos do indivíduo para enfrentar tais tensões como da duração e da intensidade dessas tensões. Naturalmente, o organismo tentará enfrentar essas situações por meio de seus recursos mais evoluídos, mas diante da impossibilidade ou do fracasso desses recursos, a economia psicossomática pode recorrer regressivamente a recursos cada vez mais primitivos até alcançar uma situação de equilíbrio. A manutenção desses equilíbrios regressivos dependerá da duração da tensão ou da capacidade do organismo de reorganizar-se para responder de maneira mais organizada e elaborada a tais situações.

Regressões, desorganizações e somatizações[25]

O excesso de excitações tende a desorganizar os sistemas e dinâmicas funcionais, podendo constituir, no limite, a experiência traumática.[26] É importante lembrar que o caráter *traumático* de uma vivência resulta tanto dos recursos que a pessoa conseguiu desenvolver ao longo da vida para lidar com ela como da intensidade do estímulo e/ou evento ao qual ele está submetido. Segundo P. Marty, o trauma e a desorganização podem essencialmente provocar duas modalidades

---

25 Essas questões são ampliadas em *Instinto, organizações e desorganizações*, no Capítulo 6.

26 Cf. *O trauma e suas vicissitudes* no Capítulo 2.

de funcionamento da economia psicossomática, a *regressão* e a *desorganização progressiva.*[27]

O desenvolvimento individual é marcado por experiências de prazer e de desprazer que, ao longo desse processo, constituem pontos de *fixação libidinal,* que podem interromper ou provocar o desvio do movimento evolutivo de organização.[28] A qualquer momento, o aumento da tensão e as experiências de desprazer com as quais o sujeito se confronta podem promover movimentos de regressão, no sentido contrário do desenvolvimento.

Como ressalta Freud, o movimento regressivo orienta-se segundo as referências constituídas pelos pontos de fixação, buscando encontrar ali uma possibilidade de reorganização e equilíbrio.[29] Nesse sentido, contrariamente a uma leitura pejorativa bastante frequente, cabe destacar o aspecto positivo das fixações como marcas de experiência vividas pelo sujeito ao longo de seu desenvolvimento, cuja presença pode interromper um movimento regressivo e, eventualmente, possibilitar a reorganização da economia psicossomática.

Como vimos, é importante reconhecer a existência de pontos de fixação mais arcaicos, da ordem de comportamentos e do funcionamento orgânico, do que as fixações mentais e libidinais. As funções somáticas, desde a concepção, e talvez mesmo desde as vivências

---

27 P. Marty (1976). *Les mouvements individuels de vie et de mort,* p. 131.

28 P. Marty (1976). *Les mouvements individuels de vie et de mort.*

29 Freud, S. (1916-1917b). Conferências introdutórias sobre a psicanálise II. *E.S.B.,* XVI.

P. Marty (1976). *Les mouvements individuels de vie et de mort.*

D. Gurfinkel (1998) descreve os diferentes modelos de regressão encontrados na obra freudiana e de outros psicanalistas como Balint, Ferenczi e Winnicott, destacando as ampliações propiciadas pelas formulações de Marty sobre esse conceito.

D. Gurfinkel (1997). *Regressão e psicossomática: nas bordas do sonhar.*

intrauterina,[30] podem também ser marcadas (fixadas) por experiências do indivíduo. Toda regressão repousa sempre sobre uma fixação, que pode, por sua vez, apoiar-se sobre regressões e fixações anteriores. O par fixação-regressão pode equivaler ao par vulnerabilidade-defesa, determinando os destinos da economia individual.

> *A incorporação de uma regressão secundária a uma fixação inicial constitui um conhecimento clássico da psicanálise. Em sentido inverso, a presença de uma regressão para constituir uma fixação levanta uma nova hipótese* . . . A noção de uma regressão de certa ordem, repousando sobre uma fixação que, ela própria, repousa sobre uma regressão de uma outra ordem implica em qualquer nível da Evolução a existência de organizações anteriores a esse nível . . . a continuidade entre a ontogênese e a filogênese, assim como a continuidade entre a biologia e as ciências físico-químicas[31]

Segundo P. Marty, quando da desorganização da economia psicossomática, as regressões percorrem no sentido contraevolutivo os caminhos marcados durante o desenvolvimento pelas fixações. Em caso de existência de recursos psíquicos consistentes, a emergência e a intensificação de excitações provocam uma desorganização do nível evolutivo mais evoluído, o do aparelho mental, produzindo uma desorganização mental leve. A regressão pode inicialmente buscar uma reorganização nesse plano, por meio de uma sintomatologia mental, como neuroses e psicoses, preservando o resto da organização psicossomática (inclusive psíquica). Observa-se, então, o surgimento de traços manifestos de depressão anaclítica, de perturbações do

---

30 Cf. *Raízes prénatais da economia psicossomática*, no Capítulo 4.
31 P. Marty (1976). *A psicossomática do adulto,* p. 24, sublinhado por Marty.

funcionamento do pré-consciente e de sintomas de regressão psíquica e libidinal, angústias objetais e outros sintomas da esfera mental. Eventualmente, podem também manifestar-se traços de caráter e de comportamento. As desorganizações somáticas são pouco visíveis, podendo, porém, ocorrer algumas afecções somáticas manifestas.

A precariedade da mentalização e a insuficiência de fixações e de recursos regressivos abrem espaço para a *desorganização progressiva* da economia psicossomática. Diante da impossibilidade de reorganização nos níveis mais evoluídos do desenvolvimento, observa-se a continuação do movimento contraevolutivo, o desaparecimento da hierarquia funcional, a desorganização gradual, inicialmente, do funcionamento psíquico, em seguida das possibilidades de descarga pelo comportamento e, no extremo, do próprio funcionamento orgânico. Percebemos nesse movimento contraevolutivo e desorganizador as marcas da pulsão de morte, descrita por Freud como destrutiva, desintegradora e tendendo ao inorgânico.[32]

Nas desorganizações progressivas, o avanço da desorganização na direção dos níveis mais primitivos do desenvolvimento é acompanhado pela desestruturação da organização libidinal e pela redução da complexidade do funcionamento mental e do potencial organizador da psique. A precariedade do funcionamento do pré-consciente compromete a elaboração mental de excitações, sendo quase inexistentes as manifestações de regressões psíquicas.[33] Ao invés da instância superegoica, mais organizada e evoluída, de natureza edípica, observamos manifestações do *ego*-ideal, mais primitivo, de natureza narcísica, como

---

32 S. Freud (1920). *Além do princípio do prazer.* E.S.B., XVIII.
    Discuto mais amplamente as implicações das relações entre as pulsões de vida e de morte para o equilíbrio psicossomático no Capítulo 7, *Dor, sofrimento e angústia.*
33 O relato clínico de Sofia, apresentado no Capítulo 9, ilustra de forma expressiva os movimentos regressivos e as desorganizações vividas por uma paciente em análise, que inicialmente apresentava uma grande riqueza de recursos mentais.

veremos a seguir. Sendo reduzidas as possibilidades de descarga pelo comportamento, constatamos a emergência de angústias difusas, da depressão essencial e da vida operatória. Esses modos precários de funcionamento preparam o caminho para as desorganizações somáticas notáveis, muitas vezes com a manifestação efetiva de diversas doenças (inclusive doenças de crises) com rapidez de evolução variável, e, no extremo, de doenças graves.

O ego ideal e as desorganizações psicossomáticas[34]

Como vimos, a imagem antecipada da criança pelos pais é uma primeira forma organizadora que pode acolhê-la, tranquilizá-la e integrá-la quando ela vive experiências de desamparo, de fragmentação de terror e de desorganização. Entretanto, essa forma necessária, apaziguadora, é, antes de mais nada, constituída pelo desejo de um outro, o que marca o caráter alienante e ortopédico dessa organização, como aponta Lacan.[35] Nesses primeiros estágios de organização o sujeito e seu *ego* incipiente dependerão inevitavelmente da antecipação, da forma, do reconhecimento e da legitimação pelo outro daquilo que experimenta de si e do mundo.

Freud situa nessas primeiras relações com as figuras parentais a origem de duas importantes instâncias psíquicas o *ego* ideal (*Ich-Ideal*) e ideal do *ego* (*Ideal-Ich*), cujas definições frequentemente são imprecisas e confusas, como apontam Laplanche e Pontalis.[36] Em muitas passagens de sua obra, Freud utilizou os dois termos sem precisar claramente suas diferenças, fato complicado pela deficiência de algumas traduções, inclusive para o português.

---

34 Uma versão ampliada dessas ideias pode ser encontrada em R. M. Volich (2008). *Morrer de amor - os ideais e as desorganizações psicossomáticas.*

35 J. Lacan (1949). *O estádio do espelho com formador da função do Eu.*

36 J. Laplanche e J.-B. Pontalis (1977). *Vocabulário da psicanálise.*

Costuma-se definir o *ego ideal* como a instância oriunda das primeiras experiências de organização narcísica do *ego* por meio das identificações primárias, e o *ideal do ego* como uma evolução dessa instância que, a partir das identificações secundárias, dá origem ao *superego*. O próprio Freud muitas vezes utiliza ideal do *ego* e *superego* como sinônimos, e, até nossos dias, é frequente a confusão em torno desses termos. Essas imprecisões contribuíram para o não reconhecimento da importância clínica da observação e da intuição freudianas sobre o papel distinto de cada uma dessas instâncias, *ego ideal, ideal do ego, superego* na organização não apenas do aparelho psíquico do sujeito, mas também na organização da economia psicossomática e suas perturbações.

Quando, em 1914, Freud formula pela primeira vez a noção de *ego ideal,* ele acentua ao mesmo tempo o caráter primitivo e indiferenciado dessa instância psíquica, relacionando-a às vivências narcísicas da infância e em sua relação com os desejos parentais. Por meio de imagens, palavras, fantasias e mesmo atos, os desejos parentais configuram as primeiras formas do narcisismo primário, uma experiência de onipotência compartilhada entre a fantasia parental e a organização subjetiva emergente da criança.

> *Esse* ego ideal *é agora o alvo do amor de si mesmo* (self--love) *desfrutado na infância pelo ego real. O narcisismo do indivíduo surge deslocado em direção a esse novo* ego ideal, *o qual, como o ego* infantil, *se acha possuído de toda perfeição de valor. Como acontece sempre que a libido está envolvida, mais uma vez aqui o homem se mostra incapaz de abrir mão de uma satisfação de que outrora desfrutou. Ele não está disposto a renunciar à perfeição narcisista de sua infância; e quando, ao crescer, se vê perturbado pelas admoestações de terceiros*

e pelo despertar de seu próprio julgamento crítico, de modo a não mais poder reter aquela perfeição, procura recuperá-la sob a nova forma de um ego ideal. *O que ele projeta diante de si como sendo seu ideal é o substituto do narcisismo perdido de sua infância na qual ele era o seu próprio ideal.*[37]

Em torno dessa noção, Freud vislumbra a existência de uma "instância psíquica especial" que teria por função vigiar o *ego* real e comparando-o ao *ego* ideal ou ideal do *ego*. Essa instância seria também responsável pela consciência normal, pela censura do sonho e por certos delírios paranoicos Em 1917, ele também atribui a ela a responsabilidade pelos "estados patológicos de luto", e, por meio das identificações narcísicas, as "autocensuras dos melancólicos".[38]

O desenvolvimento do *ego* e do sujeito ocorre a partir da possibilidade de superar o narcisismo primário, para orientar-se para outros objetos e para o mundo. Porém, não apenas para a criança, mas também para os pais, essa superação é difícil pois ela pressupõe o reconhecimento da ilusão da perfeição sobre a qual ela se sustenta. É o reconhecimento da castração que, em meio à dor e à decepção, torna possível essa superação. Para que ela se processe, também a mãe e o pai devem reconhecê-la.[39] Nesse momento, rompe-se a relação fusional indiferenciada, instala-se o reconhecimento da falta, o contato com o desamparo que promove, ao mesmo tempo, o desejo de reencontrar a perfeição narcísica e a abertura para alteridade, aquela que permite que a busca pela satisfação possa ser feita para além dos horizontes parentais. Ao se romper a ilusão fusional do narcisismo primário, ao se passar de uma relação dual para uma em

---

37 S. Freud (1914a). *Sobre o narcisismo: Uma Introdução*, E.S.B., XIV, p. 100.
38 S. Freud (1917a). *Luto e Melancolia*, E.S.B., XIV.
39 Cf. *A função paterna e a censura do amante*, no Capítulo 4.

que um terceiro está implicado, o *ego* buscará recuperar o amor do outro por meio de identificações com seus objetos constituindo o *ideal do ego*.

Freud aponta que o *superego* surge na fase de superação do Complexo de Édipo.[40] Como consequência da interdição da realização do desejo incestuoso com os pais, por medo da ameaça de castração, a criança renuncia à satisfação incestuosa e incorpora a seu *ego* um conjunto de proibições e de imperativos morais aos quais ela passa a se submeter. Mais uma vez, por amor e por identificação, ela interioriza a autoridade parental, formando assim o *ideal do ego*, posteriormente denominado *superego*. Essa instância, que se diferencia do *ego*, passa a mediatizar as relações do *ego* com o *Id* e com a realidade, determinando as exigências de uma moral a ser seguida e de ideais a serem atingidos.[41]

É importante lembrar que essa conhecida dimensão da função superegoica coexiste com outra, geralmente pouco considerada. Ao lado das funções de interdição e de moderação do *superego* com relação às pulsões, aos desejos e à realidade, existe também uma outra dimensão mais primitiva e imperativa que, operando em sentido contrário, em detrimento da realidade, da lei e mesmo do desprazer, exorta à realização de todo e qualquer desejo. Como aponta Freud, o *superego* não é apenas um representante da autoridade parental e da realidade, mas também um representante do *Id*.[42] Com o mesmo caráter imperativo que o caracteriza, ele exorta muitas vezes de forma tirânica, não à interdição, mas à realização do desejo.

As transformações do *ego* ideal para se organizar enquanto ideal de ego e se constituir *junto com ele* (é fundamental lembrar) no *superego*, seus enlaces com o narcisismo, com a constituição do

---

40 S. Freud (1923b). *O Ego e o Id*, *E.S.B.*, XIX.
41 S. Freud (1923b). *O Ego e o Id*, *E.S.B.*, XIX.
42 S. Freud (1923b). *O Ego e o Id*, *E.S.B.*, XIX.

sujeito e dos objetos, evidenciam mais uma dimensão da perspectiva evolutiva da economia psicossomática ressaltada por P. Marty.

As dinâmicas características do *ego* ideal e do ideal de *ego* como *duas* dimensões do *superego* revelam diferentes graus de organização da economia psicossomática e, na clínica, são importantes sinalizadores para a compreensão e para o tratamento dos pacientes.

As características narcísicas, onipotentes e indiferenciadas do *ego* ideal e as dificuldades de sua superação para a constituição do ideal do *ego*, mais diferenciado e aberto para a alteridade, constituem uma fragilidade do desenvolvimento que representa uma condição de risco para o equilíbrio da economia psicossomática. De forma semelhante, é notável o parentesco entre as dimensões tirânicas e cruéis do *superego* e a organização primitiva do *ego* ideal, que se manifestam claramente por meio dos sintomas do paciente. As tiranias do *superego* são herdeiras diretas do *ego* ideal, cristalizadas como núcleo narcísico do *superego*.

Como aponta P. Marty,

> *o ego ideal revela uma insuficiência evolutiva parcial do aparelho mental que entrava a organização temporo- -espacial individual, o pré-consciente e o ego, desconside- rando o princípio de realidade. Marcado pela desmedida, ele pode resultar de uma deficiência do desenvolvimento ou ainda aparecer apenas em momentos de desorga- nização progressiva ou de regressões psíquicas. Ele se manifesta como um sentimento de onipotência do sujeito com relação a si mesmo, bem como, eventualmente, com relação ao mundo exterior.*[43]

---

43 P. Marty (1990b). *A psicossomática do adulto*, p. 28-29.

Marcado pelo narcisismo dos pais, o ego ideal não é fruto de interiorizações objetais do aparelho psíquico, encontrando-se em um nível evolutivo primitivo que impossibilita a organização de um *superego* pós-edipiano. Clinicamente, o ego ideal se manifesta como um poderoso traço de caráter e de comportamento.

Em diferentes medidas, o ego ideal continua presente ao longo de toda a vida do sujeito. Ele se manifesta sobretudo como exigências absolutas do sujeito com relação a si mesmo, sem nuances e sem ambivalência, sem negociação, sem possibilidade de adaptação a circunstâncias exteriores, a não ser às de uma realidade ou mesmo de relações interpessoais "operatórias". A dimensão onipotente desses funcionamentos marca o funcionamento da pessoa com dicotomias entre o "tudo", como fantasias e sentimentos de invulnerabilidade, ou o "nada", de impotência absoluta.

Por se tratar de uma organização característica do funcionamento primitivo da economia psicossomática, neste nível, são parcos e frágeis os recursos para lidar com os altos graus de exigência dessa instância.[44] O fracasso em responder a essas exigências é vivido como uma ferida narcísica insuportável que pode provocar desorganizações algumas vezes graves na esfera somática, ou descargas impulsivas pelo comportamento, colocando em risco a própria vida do sujeito. Evidencia-se, assim, o caráter mortífero do *ego* ideal, apontado por Marty, na linhagem de Freud e de Melanie Klein, que também destacaram o papel da pulsão de morte e da destrutividade nas tiranias do *superego*.[45]

---

44 S. Freud (1921). *Psicologia de grupo e análise do ego*, E.S.B., XVIII.

45 S. Freud (1923b). *O ego e o id*, E.S.B., XIX.
    M. Klein (1933). *O desenvolvimento inicial da consciência a criança*.

Um olhar para o envelhecer[46]

Como vimos, os recursos psicossomáticos têm por função regular as excitações e os fluxos instintivos e pulsionais. P. Marty prefere utilizar o termo *instinto* por considerá-lo mais amplo, incluindo a continuidade entre as dimensões biológicas e seus desenvolvimentos funcionais evolutivos.[47] O instinto é uma força determinada pela biologia, que impele todo ser vivo para a ação em busca de objetos fixos e determinados para satisfazê-lo. Como vimos, no humano, parte dessa força pode se diferenciar constituindo a *pulsão* cujos objetos de satisfação podem variar e que é capaz de se expressar e organizar segundo um modo mental.[48] As fontes, tanto da pulsão como do instinto, são sempre *somáticas*.

Segundo P. Marty, os instintos de vida representam o potencial de desenvolvimento e de organização do sujeito e suas manifestações variam segundo os níveis evolutivos por ele alcançados. Ele lembra que os primeiros estágios do desenvolvimento imprimem suas marcas sobre todas as organizações evolutivas posteriores. Essas marcas constituem permanentemente pontos de atração para as organizações mais evoluídas quando de movimentos contraevolutivos.

Os instintos de morte comportam um potencial desorganizador do equilíbrio psicossomático, opondo-se ao movimento evolutivo dos instintos de vida. Quando predominantes, contribuem para os movimentos de desorganização. A relação entre os dois e suas

---

46 Apresento uma versão ampliada dessas ideias em R. M. Volich (2009). *O corpo, entre a organização e o caos - Uma perspectiva psicossomática do envelhecer,* publicada em Da Costa Lopes R. G., Goldfarb D. C. e Da Côrte Pereira B. P. *Psicogerontologia: fundamentos e práticas.* Curitiba, Juruá, 2009.

47 P. Marty e N. Nicolaïdis (1996). *Psychosomatique, pensée vivante,* p. 25.

48 Cf. *A pulsão e o modelo metapsicológico,* no Capítulo 2.

respectivas intensidades dependem da história e das experiências de vida individuais, modificando-se ao longo da vida. Dois fatores contribuem para a predominância dos instintos de morte sobre os de vida: os *traumatismos*, – fatores circunstanciais e irregulares – e o *envelhecimento* – fator temporal, regular. Como descreve Marty,

> *O poder de construção diminui progressivamente no ser humano, pelo menos a partir de uma certa época, segundo uma forma própria a cada indivíduo. As possibilidades de organização dos primeiros períodos da vida – do nascimento ao fim da adolescência – são consideráveis em todos os planos. As formas de organização posteriores, as da idade adulta, tem um ritmo mais lento e uma amplitude mais restrita. Esses fatos representam apenas o caso particular daquilo que permanece um enigma: o empobrecimento progressivo ao longo do tempo do tônus do instinto de vida ligados às unidades biológicas . . . De qualquer forma, a morte se apresenta no conjunto como o resultado do esgotamento natural dos instintos de vida ou do desmoronamento traumático destes.*[49]

A desvitalização e o enfraquecimento dos instintos de vida no processo de envelhecimento são consequências naturais da debilitação das fontes somáticas das pulsões e dos instintos. O desgaste e as debilitações anatômica, fisiológica e funcional são naturalmente correlativos ao enfraquecimento dos instintos de vida e das pulsões, ameaçando o equilíbrio psicossomático.

---

49 P. Marty (1976). *Les mouvements individuels de vie et de mort.*

Essa desvitalização manifesta-se geralmente por meio de limitações progressivas dos campos de interesse e de investimento, bem como pela diminuição da capacidade funcional, frequentemente observadas nas pessoas mais idosas. Além de consequência de restrições físicas características do envelhecimento, essa dinâmica é também uma tentativa de se contrapor aos movimentos de desorganização contraevolutivos, buscando preservar, com menores quantidades de instinto de vida, as organizações e recursos alcançados ao longo da vida para manter o equilíbrio psicossomático.

É importante, porém, considerar que também na velhice, como ao longo de todo o desenvolvimento, as relações com outros humanos continuam sendo uma fonte fundamental de investimento e de organização. Do ponto de vista libidinal, ao longo de toda a vida, o semelhante permanece como uma importante fonte de investimentos e de organização, da mesma forma como observamos na relação do bebê com sua mãe.

Nesse sentido, o envelhecimento e a debilitação natural que o caracterizam fazem com que as relações familiares, pessoais e sociais passem a ter uma função cada vez mais importante de alimentação, de regulação e de organização do funcionamento psicossomático.

Porém, paradoxalmente, observamos, ao contrário, que o envelhecimento é acompanhado, na maior parte das vezes, por um movimento de crescente isolamento do idoso, e de um afastamento de parte de familiares, amigos e colegas, sobretudo nas sociedades ocidentais modernas. Nessa fase da vida, geralmente diminuem os contatos e as trocas sociais e afetivas dos idosos.

Observamos muitas vezes a infantilização dos mais velhos, e, mesmo, uma diminuição desnecessária de sua autonomia. Suas atividades cotidianas vão progressivamente se restringindo, tornando-se muitas vezes automáticas, repetitivas, passivas e cada vez menos criativas.

A imagem do idoso sentado o dia inteiro diante da televisão é uma das mais tristemente representativas desse movimento.

O isolamento e, de certa forma, a exclusão do idoso do convívio social e dos contatos pessoais favorecem o embrutecimento libidinal. A falta de contato social e afetivo promove um conluio nefasto com o movimento natural de desvitalização e de empobrecimento pulsional e instintivo. Dessa forma, cria-se um círculo vicioso no qual a debilitação funcional natural da idade é potencializada pelo desinvestimento e por movimentos desorganizadores, aumentando ainda mais a incidência e a gravidade de doenças somáticas, naturalmente mais frequentes nessa fase da vida.

Em um de seus primeiros trabalhos, em 1952, P. Marty já apontava para as "dificuldades narcísicas do observador diante do fato psicossomático", como um fator essencial que impede o contato com o paciente e a compreensão do que ocorre com ele.[50] Ainda hoje, continuamos a perceber a dificuldade do clínico, de qualquer profissional de saúde para trabalhar com os movimentos de desorganização subjacentes aos processos patológicos, particularmente presentes em doenças graves e em pacientes terminais.[51] Essa mesma dificuldade narcísica dificulta o contato com os sinais corporais do próprio envelhecimento, com aqueles que envelhecem, e, no extremo, com a perspectiva da morte, provocando o afastamento e o evitamento de tais pessoas.

---

50 P. Marty (1952). *Les difficultés narcissiques de l'observateur devant le problème psychosomatique.*

51 Essa condição felizmente tem mudado bastante na última década. Tanto a importância e a valorização do cuidado com pacientes em condições graves ou terminais, como com idosos vem ganhando reconhecimento, melhores condições de trabalho e serviços de qualidade. A atenção crescente a esses grupos diminui o preconceito com relação a eles, retirando-os do ostracismo à qual durante décadas estiveram submetidos.
Cf. W. Jacob (2014). *Fatores determinantes do envelhecimento saudável.*

Apesar da desvitalização natural do envelhecer e da velhice, mesmo em situações extremas como nas doenças terminais, o jogo da vida continua, até o último segundo.

Observando a atitude de alguns pacientes diante da iminência de sua morte, Michel de M'Uzan descreveu o *trabalho do trespasse*, o trabalho de passagem.[52] Nesse processo, os objetos de amor são hiperinvestidos por esses pacientes, revelando fortes manifestações pulsionais. A exacerbação passional pode se expressar por uma expansão libidinal e exaltação da apetência relacional, pela intensificação instintiva e por uma renovação do impulso criador. A necessidade exacerbada daquele que vai morrer de investir as pessoas a sua volta busca recuperar e assimilar uma massa pulsional ainda imperfeitamente integrada. A aproximação da morte desafia e convoca cada um a um último trabalho psíquico: a necessidade de integrar a experiência da morte.[53]

O hiperinvestimento de familiares, amigos e conhecidos e, também, da equipe terapêutica é percebido por essas pessoas e, muitas vezes, as amedronta. Elas buscam então desvencilhar-se ou afastar-se por temerem, inconscientemente, ser capturadas ou "devoradas" por aquele que está se despedindo. Essa reação pode bloquear o trabalho do trespasse, e, inclusive, de certa maneira, a própria possibilidade delas mesmas realizarem posteriormente o trabalho de luto.[54]

De M'Uzan considera provável que o trabalho do trespasse se inicie bem antes da agonia final do sujeito. Nesse caso, é possível considerar que o início precoce do trabalho do trespasse tenha como condição a superação da depressão produzida pela perspectiva da morte.

---

52 M. de M'Uzan (1976). *Le travail du trépas*.
53 Maria Elisa Pessoa Labaki realiza uma bela análise dessa questão no contexto do risco de morte por AIDS em M. E. P. Labaki (2001). *Morte*.
54 M. de M'Uzan (1976). *Le travail du trépas*, p. 161.

Em outro trabalho, esse autor analisa ainda uma fantasia frequente, imaginada por inúmeras pessoas, de diferentes idades, e não apenas por idosos ou pessoas próximas da morte:

> *Um dia, sem que saibamos como ou por que, nos flagramos a pensar: "Se eu estivesse morto..." ... A frase, surgida assim, de repente, rompe por um instante a trama tranquila do cotidiano, mas, quase imediatamente, se vê absorvida. Quando ela desaparece, no máximo nos dizemos "cada coisa que a gente pensa...". Porém, ... uma vez ocorrido, o fenômeno tende a se repetir. A ideia se impõe com força crescente permanecendo por mais tempo na consciência. Buscamos em vão as circunstâncias que precederam a primeira aparição da ideia ... No máximo conseguimos lembrar o momento em que esse estranho pensamento fez sua primeira aparição ... [O] afeto que acompanha tal pensamento se caracteriza sobretudo pela discrição, por uma surpresa ligeiramente divertida, mas sempre livre de uma angústia consciente ... O fenômeno mascara muitas vezes uma angústia profunda cujo desenvolvimento foi inibido.*[55]

Analisando-se essa fantasia, M. e M'Uzan revela as artimanhas e as funções do jogo defensivo nele implicado. Perguntar-nos se estamos mortos quando conservamos intactas as percepções da realidade exterior, a consciência do corpo, a capacidade de questionar a condição vital, seria quase uma forma de expressar um desejo de imortalidade.[56] Mesmo quando surge muito antes

---

55 M. de M'Uzan (1974). *S.j.e.m.*, p. 151.

56 "A morte seria anulada se, estando mortos, pudéssemos interrogar a realidade de nossa própria vida", M. de M'Uzan (1974). *S.j.e.m.*, p. 158.

da velhice, esse pensamento é parte do trabalho imperativo que realizamos *ao longo de toda a vida* para nossa sobrevivência. Ele "brinca" de antecipar a perda, de si mesmo, do outro, experimentando os recursos de cada um de antecipar o trabalho de luto e preparar, na velhice, sua despedida.

Para lidar como os momentos de desorganização e com a perspectiva da finitude da vida, De M´Uzan aponta para a importância de investir a morte, os movimentos de desvitalização e as perdas para transformá-las em pensamento. Experiência extrema de um imperativo que condiciona nossa própria existência. Exigência que condena todos, do nascimento à morte, ao trabalho permanente de investimento, como aponta P. Aulagnier: um "veredito que recai sobre o Eu desde seu surgimento na cena psíquica". Condenados a transformar em pensamento, a atribuir sentido ao próprio espaço corporal, aos objetos de nossos desejos, à realidade com a qual devemos coabitar.[57] Condenados a investir, a si mesmo, o outro, o mundo e, inclusive, a morte como forma de proteção contra o risco de desinvestimento, verdadeira ameaça à nossa existência.

Talvez seja penoso constatar a impossibilidade de aposentadoria para o psíquico. Da emergência à extinção da vida, sem nenhum repouso, o psíquico é permanentemente solicitado como guardião da vida.[58]

Para se contrapor ao exílio e ao isolamento, voluntários ou compulsórios, bem como às exclusões mortíferas de nosso mundo no qual, aparentemente, só podem existir jovens, sarados e belos seres, é necessário conceder cidadania plena à temporalidade, aos ritmos, à memória e aos corpos próprios daqueles que envelhecem. É importante resgatar, compartilhar e investir a biografia de cada

---

57 P. Aulagnier (1982). *Condamné à investir*, p. 241.

58 Essa questão é discutida mais detalhadamente no Capítulo 7, *Dor, sofrimento e angústia.*

um, alimentar e cultivar suas lembranças e sensações com imagens, histórias, e relatos de vida.

É importante, ainda, questionar e refutar a rotina, as atividades automáticas, repetitivas e passivas, infelizmente, as mais frequentemente oferecidas aos idosos em nossa sociedade. Ao contrário, é fundamental provocar sua imaginação, sua criatividade, seu contato e suas trocas com os outros, reconhecer a legitimidade de seus desejos, formas privilegiadas para se contrapor ao movimento contraevolutivo e à desorganização que, inevitavelmente conduzem, muitas vezes de forma precoce, ao caos, à doença e à morte. Sem pensamento. Sem brincadeira. Sem graça.

A investigação psicossomática

Inspirados na anamnese associativa de Félix Deutsch, vários autores como F. Alexander e M. Ziwar buscaram estabelecer, com uma perspectiva diagnóstica e terapêutica, um método de avaliação que, junto com a sintomatologia orgânica, também considerasse as dinâmicas psíquicas, emocionais e a história do paciente.[59] M. Ziwar propôs uma semiologia psicodinâmica a ser levantada junto com a semiologia somática, sem uma preocupação de, necessariamente, estabelecer uma relação de causalidade entre elas.

Em uma perspectiva semelhante, P. Marty desenvolveu um método de investigação cujo objetivo é observar e compreender o funcionamento psicossomático considerando a continuidade econômica entre as manifestações somáticas, comportamentais

---

59 F. Deutsch (1939). *L'interrogatoire psychosomatique*.
   F. Alexander e Cols. (Eds.) (1968). *Psychosomatic specificity. Vol.1, Experimental study and results.*
   M. Ziwar (1949). *Psychanalyse des principaux syndromes psychosomatiques.*

e a vida mental de cada pessoa. Como qualquer anamnese, a investigação psicossomática busca construir uma representação de diferentes dimensões do funcionamento do paciente com vistas a orientar as indicações e os procedimentos terapêuticos, podendo também ser utilizada para fins de pesquisa.[60] Ela busca também refletir, em uma perspectiva *dinâmica*, tanto as oscilações como as características e a história pregressa do desenvolvimento dos recursos do sujeito como suas possibilidades futuras de evolução, evitando fixá-lo em uma descrição pontual, referida a um único momento de sua vida.

Por meio de entrevistas, o investigador inicialmente procura criar as condições para o relato espontâneo do paciente, sem dirigi-lo, encorajando-o se necessário, visando a detectar as manifestações do funcionamento mental em suas dimensões verbais e não verbais. Ele observa as produções discursivas, representativas, oníricas e de fantasia, e também a gestualidade, as mímicas, as atitudes corporais, os modos de expressão, as mudanças de ritmo ao longo da consulta e os relatos a elas associados.

A relação do paciente com o terapeuta que realiza a investigação é um elemento importante, abrindo o caminho para a compreensão da vida relacional (afetiva, familiar, profissional, social) do paciente. A apuração da sintomatologia somática é também efetuada, porém contextualizando sintomas e doenças com a história do sujeito, com outros quadros sintomáticos, inclusive da infância, e, sobretudo, com os acontecimentos de sua vida contemporâneos a tais manifestações.

Após um primeiro período de comunicação espontânea do paciente, o terapeuta complementa a investigação por meio de perguntas dirigidas, considerando como significativas as omissões, contradições, mudanças do ritmo discursivo e da tonalidade emocional do relato

---

60 P. Marty, M. de M'Uzan e C. David (1963). *L'investigation psychosomatique*.

do paciente provocadas por elas, indicadoras de eventuais questões conflitivas ou experiências traumáticas.

Nas entrevistas com o paciente, o terapeuta organiza a interpretação das informações do paciente buscando compreendê-las segundo alguns eixos de referência que, posteriormente, poderão permitir-lhe estabelecer uma *classificação psicossomática*, segundo critérios propostos por P. Marty, como veremos a seguir. Assim, cabe considerar:

1. Organização e dinâmicas mentais do paciente (estrutura fundamental);

2. Modos de funcionamento habituais e excepcionais em sua vida íntima e relacional (particularidades habituais maiores);

3. Condições do adoecimento do paciente e as mudanças de sua vida relacionadas com esse acontecimento (características atuais maiores);

4. Relações da doença atual com sua história de vida, principalmente da infância;

5. Eventuais causas do desenvolvimento da doença atual, ou que poderiam prenunciar um risco patológico.

Essa investigação psicossomática, por meio do contato com a vida interior e relacional do paciente, busca permitir ao terapeuta compreender o funcionamento psicossomático segundo três níveis de organização: *mental, comportamental* e *somático*. Mais especificamente, ele também considera fatores hereditários, a estruturação das relações objetais precoces, o contato e os efeitos de fatores infecciosos ou tóxicos, as qualidades fundamentais habituais e atuais da organização e do funcionamento mental (estrutura e dinâmica), as relações temporais entre as mudanças ocorridas no plano mental e a evolução da doença somática, a natureza de eventuais situações ou acontecimentos traumáticos que provocaram mudanças no funcionamento do sujeito, a relação entre a natureza e o peso dos traumatismos e a organização da personalidade em seu desenvolvimento anterior.[61]

A classificação psicossomática

A partir da investigação psicossomática é possível conceber uma *classificação psicossomática* que integra, em uma perspectiva diagnóstica, prognóstica e terapêutica, informações médicas (somáticas) e mentais, favorecendo a compreensão da experiência do paciente segundo uma perspectiva genética, estrutural, econômica e relacional. Esse quadro de referência permite constituir uma espécie de nosografia que tem como objetivo enriquecer a nosografia médica clássica.[62]A classificação psicossomática busca descrever as estruturas e as dinâmicas psíquicas classicamente consideradas pela psicanálise, analisando também, na história de cada paciente, os momentos de *fixação-regressão do desenvolvimento*, os recursos psíquicos, relacionais e comportamentais, graus de mentalização e mecanismos de defesa e os eventuais momentos de *desorganização dos sistemas* mentais, comportamentais e somáticos. Em um primeiro momento, são avaliados, a partir da investigação, quatro setores da vida do paciente:[63] 1. As estruturas fundamentais; 2. As particularidades habituais maiores. 3. As características atuais maiores. 4. Novas características resultantes de uma eventual psicoterapia.[64]

---

61 P. Marty (1985). *Essai de classification psychosomatique de quelques malades somatiques graves.*

62 P. Marty (1976). *Les mouvements individuels de vie et de mort*, p. 170.
   P. Marty I. P. S. O. (1987). *Grille pour la classification psychosomatique.*

63 P. Marty (1985). Essai de classification psychosomatique de quelques malades somatiques graves, p. 754 e 755.

64 P. Marty - I. P. S. O. (1987). *Grille pour la classification psychosomatique.*

1. As *estruturas fundamentais* descrevem a organização fundamental do sujeito. Elas tentam refletir as linhas de força dinâmicas da personalidade. Por meio dessa dimensão, são avaliados os recursos de mentalização, principalmente os referidos ao funcionamento do pré-consciente, segundo três dimensões: sua espessura (quantidade de representações), a fluidez da circulação entre diferentes camadas de representações e a disponibilidade espontânea de tais representações.[65] Essas qualidades do pré-consciente definem três tipos de mentalização: *boa mentalização, mentalização incerta* e *má mentalização*. São também consideradas nessa categoria as neuroses de comportamento, psicoses e organização alérgica.

2. As *particularidades habituais maiores* são consideradas na perspectiva de toda a história do sujeito. Elas são avaliadas a partir de dados sintomáticos mais ou menos imediatos, de dados interpretativos referentes ao funcionamento mental e habitual do sujeito, e de dados interpretativos da anamnese. Esses elementos dizem respeito, entre outros, a caracterização das angústias (objetais, do *ego*, sinal de alarme, difusas), traços de caráter (histéricos, fóbicos, obsessivos, sadomasoquistas, perversos, homossexualidade), estados depressivos, toxicomanias, tentativas de suicídio, utilização de mecanismos como a sublimação e a negação, funcionamento e*go* ideal/*superego*, características dos recursos regressivos, grau de elaboração de eventuais lutos.

3. As *características atuais maiores* consideram as mesmas categorias utilizadas para as particularidades habituais maiores, destacando, porém, sua manifestação no momento de vida recente e presente do sujeito. Elas são também avaliadas a partir de dados sintomáticos imediatos, de elementos da

---

65 Cf. *A função do pré-consciente* acima neste capítulo.

anamnese recente e da investigação do modo de vida do paciente. A comparação entre as características atuais maiores e as particularidades habituais maiores revela as mudanças de modo de vida e de funcionamento do sujeito, eventualmente relacionadas com a eclosão de uma doença somática.

4. As *novas características resultantes de psicoterapia* buscam detectar alterações ou o desaparecimento das características atuais maiores, a transformação favorável ou desfavorável à organização psicossomática de particularidades habituais maiores e as *aquisições* de novos modos de funcionamento eventualmente decorrentes, ou pelo menos concomitantes, de um processo psicoterapêutico, caso tenha ocorrido.

A partir dessas referências, baseado nos diferentes níveis de organização da economia psicossomática e nos respectivos graus de mentalização, P. Marty propõe uma nosografia que permite compreender a prevalência, os riscos e as oscilações de manifestações somáticas, comportamentais ou psíquicas em uma certa pessoa. Nesse modelo, destacam-se seis categorias: no âmbito das boas mentalizações, as *neuroses mentais* e as *neuroses bem mentalizadas*; no das más mentalizações, as *neuroses de comportamento* e as *neuroses mal mentalizadas*; e no campo das mentalizações incertas, *as neuroses de mentalização incerta* e as *neuroses de caráter*.

Nosografia psicossomática e as formas do adoecer

É importante perceber o alcance e a importância das ampliações teóricas e clínicas promovidas por P. Marty para compreender e tratar os pacientes com recursos psicossomáticos mais primitivos e precários. Ao descrever a "continuidade de concepção existente entre as neuroses atuais de Freud e as neuroses mal mentalizadas . . ., assim como entre as neuroses de defesa e as neuroses bem mentalizadas",

266 MENTALIZAÇÃO E SOMATIZAÇÃO, DESDOBRAMENTOS CLÍNICOS

como aponta Claude Smadja,[66] P. Marty e seus colegas do Instituto de Psicossomática de Paris permitiram a superação da dicotomia clínica e teórica que, por décadas, impediam tanto a compreensão como o tratamento psicanalítico dos pacientes que apresentavam sintomas e doenças somáticas não conversivas.

Porém, devemos reconhecer que a nomenclatura escolhida por P. Marty para classificar os diferentes graus de organização da economia psicossomática se presta a confusão e exige uma atenção especial daqueles que se aproximam pela primeira vez dessas concepções.

Ao utilizar o termo "neurose" para nomear todas as categorias encontradas ao longo do espectro da organização psicossomática, inclusive as mais desorganizadas e mal mentalizadas (e, portanto, muito distintas das neuroses clássicas da psicopatologia), P. Marty deixa uma grande margem para mal-entendidos. As características das neuroses de comportamento, por exemplo, nada têm em comum com as das neuroses mentais, sendo, inclusive, diametralmente opostas a elas na perspectiva evolucionista da economia psicossomática. Parafraseando e ampliando uma clássica formulação freudiana, poderíamos dizer que as *neuroses de comportamento são o negativo das neuroses mentais*, de forma distinta e ainda mais radical que as perversões.[67]

---

66 C. Smadja (1990). *La notion de mentalisation et l'opposition névroses actuelles/ névroses de défense*, p. 787.

67 Em *Três ensaios sobre a teoria da sexualidade*, S. Freud (1905) afirma que a neurose é o negativo da perversão, no sentido que o neurótico encobre pelo recalque a sexualidade e os desejos que o perverso manifesta claramente. Aqui, a comparação entre as neuroses de caráter e as neuroses mentais é feita em um registro mais amplo em que, não apenas o recalcamento, mais muitas outras dinâmicas mais estruturadas da organização psíquica e da neurose (narcisismo, angústias mecanismos de defesa, fantasias, e outros que veremos a seguir) inexistem ou são muito precários.
S. Freud (1905). *Três ensaios sobre a teoria da sexualidade*, E.S.B., VII.

Considerando-se a importância de atentar para esse risco, lembramos que as principais categorias dessa nosografia tomam como referência características e dinâmicas determinantes do grau de mentalização de cada pessoa que, como vimos, pode variar do mais desorganizado, característico das *más mentalizações*, ao mais organizado, próprio às *boas mentalizações*, passando por organizações instáveis que oscilam entre diferentes níveis de mentalização, como encontrado nas *mentalizações incertas*. O quadro a seguir ilustra de forma esquemática a distribuição dessas categorias segundo o grau de organização da economia psicossomática. É importante destacar que a linearidade dessa representação tem apenas um objetivo didático, sendo a realidade clínica bem mais complexa.

Quadro 5.2 Qualidade da mentalização e níveis de organização da economia psicossomática

Células	Tecidos	Órgãos	Coordenação sensomotora	Relações de objeto	Linguagem	Elaboração psíquica

Desorganizações somáticas	Manifestações comportamentais	Manifestações psicopatológicas

Más mentalizações		**Boas mentalizações**
Neuroses mal mentalizadas	N. de mentalização incerta	Neuroses bem mentalizadas
Neuroses de comportamento	Neuroses de caráter	Neuroses mentais

Se, por um lado, como descrito acima, P. Marty aponta para a existência de uma *estrutura fundamental* que deixaria pouca margem para grandes mudanças nas principais modalidades de mentalização de uma pessoa, por outro, sabemos que a economia psicossomática pode apresentar grandes oscilações ao longo do tempo, em função de vivências pontuais ou mais duradouras de cada um. Em decorrência de uma experiência traumática, a economia psicossomática de uma pessoa bem mentalizada pode se desorganizar acarretando momentos de má mentalização, de forma temporária ou mais prolongada,[68] enquanto uma outra, mal mentalizada, pode se organizar a graças a um processo terapêutico ou experiências de vida organizadoras que lhe propiciem o desenvolvimento ou o resgate de bons recursos de mentalização, mais ou menos consistentes, anteriormente inexistentes ou perdidos em virtude de experiências desorganizadoras.

Cabe, portanto, considerar a nosografia psicossomática (e, por sinal, qualquer nosografia e diagnóstico) como uma representação pontual dos recursos, das dinâmicas e das manifestações presentes na pessoa no instante ou período em que a encontramos, sempre lembrando, porém, da natureza viva e fluida desse quadro, que pode se modificar em função de experiências que ela possa vir a ter em outro momento, espontaneamente ou por meio de um processo terapêutico.

Assim, os parâmetros da investigação psicossomática são úteis para compreendermos os modos de funcionamento da economia psicossomática de uma certa pessoa e para acompanharmos suas oscilações. A partir deles, é possível observar mais particularmente algumas dimensões da mentalização: características do discurso, organização das representações, manifestações comportamentais, expressão dos afetos, relação e características da atividade onírica, organização das vivências e relações objetais, eventual presença de vida operatória ou depressão essencial, características da transferência, possível existência de sintomatologia orgânica.

Neuroses mentais e neuroses bem mentalizadas

As *neuroses mentais* e as *neuroses bem mentalizadas* se manifestam no contexto das boas mentalizações. Elas surgem, portanto, quando da existência de bons recursos psíquicos (tópicos, dinâmicos e

---

68 Cf. o caso de Sofia, discutido no Capítulo 9, *A clínica das desorganizações*.

econômicos), expressando-se por meio de sintomatologia mental e, eventualmente, manifestações psicopatológicas. As neuroses mentais correspondem às psiconeuroses descritas pela nosografia psicanalítica e tem como particularidade a presença predominante de mecanismos de defesa neuróticos clássicos (deslocamento, conversão, projeção etc.), menos notáveis nas neuroses bem mentalizadas.

Ambas se manifestam como efeito passageiro ou crônico de uma desorganização leve da economia psicossomática, geralmente não progressiva, decorrente de uma experiência perturbadora, aguda ou cumulativa, que provoca a perturbação de recursos mentais, mobilizando processos regressivos psíquicos, fixações mentais e psicossexuais.

Nas neuroses mentais e bem mentalizadas o discurso é cativante, rico, elaborado e vitalizado. Ele é permeado por afetos, marcado pela diversidade, fluência e pela permanência de associações de ideias. Os raciocínios são complexos, capazes de tolerar, incorporar e elaborar os conflitos vividos pelas pessoas. Estas se mostram implicadas em seus relatos, marcados pela riqueza metafórica e simbólica. Em alguns momentos, é possível a ocorrência de descargas motoras e comportamentais pontuais e passageiras, mas, geralmente, a gestualidade encontra-se a serviço das palavras.

As dinâmicas representativas denotam a boa organização do pré-consciente, com espessura, fluidez e permanência consistentes, sustentando a riqueza quantitativa e qualitativa de representações. Transcendendo a dimensão sensório motora, as representações de palavra traduzem as representações de coisa, expressando também a riqueza representativa da realidade e a capacidade metafórica de descrevê-la. Observamos, além disso, a qualidade e a diversidade das funções oníricas e da fantasia, permeadas pelos mecanismos clássicos do sonho como a projeção, condensação, deslocamento e outros.

As dinâmicas afetivas revelam o envolvimento da pessoa com acontecimentos e experiências de sua vida. Quando existentes, as angústias apresentam caráter objetal, representando sinal de alarme. De forma semelhante, os episódios depressivos, quando presentes, tem caráter predominantemente objetal.

As vivências objetais revelam relações pessoais significativas e riqueza quantitativa e qualitativa de objetos internos e externos. É possível observar uma boa organização das vivências edípicas, mesmo quando fontes de conflito. A pessoa é sensível a perdas e separações, conseguindo realizar o trabalho do luto, quando necessário.

Esses aspectos naturalmente se manifestam no vínculo transferencial do paciente com o terapeuta, presente, discriminado e intenso. Por sua vez, a sensação contratransferencial do terapeuta é viva, mobilizadora, carregada de afetos, reflexo da reciprocidade de investimento na relação terapêutica.

Apesar de poderem ocorrer de forma pontual, os momentos de funcionamento operatório são raros. As manifestações das neuroses mentais e bem mentalizadas permitem às pessoas levarem uma vida organizada, voltada para a busca da satisfação e do prazer, apesar da ambivalência, das inibições e mesmo de tristezas, que também podem existir. Diante do confronto inevitável com a realidade, que muitas vezes impede tais satisfações, é possível para elas manter o contato com a frustração, com as emoções e com os conflitos decorrentes de tais impossibilidades, mesmo que, em situações extremas, a negação e a ruptura com a realidade sejam inevitáveis.

Nessas circunstâncias, os recursos da boa mentalização geralmente circunscrevem e limitam os movimentos regressivos, defensivos e contraevolutivos. Consequentemente, as expressões (a sintomatologia) são predominantemente marcadas por dinâmicas mentais, porém com possibilidade eventual de descargas comportamentais leves e mesmo de desorganizações somáticas tênues e eventuais, mais facilmente reversíveis.

Neuroses de comportamento e neuroses mal mentalizadas

As *neuroses de comportamento* e as *neuroses mal mentalizadas* surgem no contexto das más mentalizações, manifestando-se em decorrência da precariedade dos recursos da economia psicossomática. Elas se definem pela quase inexistência de expressões psicopatológicas, pela possibilidade de sintomatologia comportamental e pela predominância de desorganizações somáticas, crônicas ou agudas, muitas vezes grave.

Como alerta P. Marty, ambas compartilham de um grande número de características comuns e se situam em níveis bastante primitivos de funcionamento, o que torna o diagnóstico diferencial entre elas "por vezes, difícil de ser estabelecido em uma primeira consulta".[69]

Esses dois modos de funcionamento resultam de desorganizações profundas da economia psicossomática, progressivas ou não, crônicas e, eventualmente, passageiras, ou ainda de grande precariedade, falhas ou insuficiências do desenvolvimento do sujeito. Eles revelam a fragilidade das instâncias mediadoras do *id*, como o *ego* e o *superego*, a carência de fixações mentais e de regressões psíquicas, e a proeminência de fixações orgânicas e de descargas motoras e comportamentais.

As neuroses de comportamento se distinguem particularmente pela insuficiência original (falhas do desenvolvimento) do pré--consciente, intimamente derivada dos comportamentos vazios na infância, bem como de perturbações persistentes das primeiras relações objetais, manifestas pelas neonecessidades e pelos comportamentos autocalmantes.[70] Em virtude dessas precariedades, o grau

---

69 P. Marty (1998). *Mentalização e psicossomática*, p. 30.
70 Cf. *Perturbações das relações objetais e suas repercussões* e *As neonecessidades e os comportamentos autocalmantes* no Capítulo 4.

de desorganização dessas manifestações é maior e mais profundo que o das neuroses mal mentalizadas.

Contrariamente à riqueza do discurso das boas mentalizações, nas neuroses de comportamento e nas mal-mentalizadas o discurso é descritivo, fastidioso, plano, fragmentado e desvitalizado. Praticamente inexistem ou são limitadas as associações de ideias, os são raciocínios simplistas e sem manifestação de conflitos. O sujeito parece muito pouco implicado com seu relato, desafetado e pobre, metafórica e simbolicamente. As expressões motoras, comportamentais e gestuais são frequentes, porém com pouca vinculação com com as palavras, geralmente surgindo no lugar delas.

A ausência ou a pobreza quantitativa e qualitativa de representações são fruto da insuficiência ou da desorganização grave do pré-consciente. As representações verbais são limitadas e superficiais, presentes, mas reduzidas à função de representação de coisas e, quase, a uma dimensão sensório motora. O pensamento é concreto, impregnado e limitado pela realidade, sem capacidade de transcendê-la. As funções oníricas, a fantasia e a criatividade são ausentes ou precárias, quanto muito sendo apenas possível observar, algumas vezes, sonhos operatórios ou crus, que reproduzem literalmente a realidade ou as descargas pulsionais sem qualquer elaboração onírica (deslocamento, condensação etc.).

No plano afetivo, a pessoa se mostra distanciada dos acontecimentos de sua vida, manifestando com frequência angústias difusas e expressões primitivas de desamparo e de sentimentos de vazio. Quando presentes, as depressões são sem objeto, sem expressão psíquica, essenciais, como vimos acima.

Observamos também a pobreza quantitativa e qualitativa do mundo e das relações objetais, caracterizados principalmente por vivências fusionais e primitivas e pela precariedade ou inexistência da organização edipiana. As relações pessoais são muitas vezes utilitárias e indiscriminadas, com indiferença a perdas e separações, sem recursos para a realização do trabalho do luto, quando necessário.

Essas dinâmicas se reproduzem no vínculo transferencial, difícil de ser estabelecido e mantido, além de geralmente impessoal, indiscriminado e operatório. Nesse contexto, as vivências contratransferenciais do terapeuta são marcadas pelo fastio, pelo desinvestimento, pela sonolência e por diferentes sensações corporais (ao invés de fantasias e devaneios), indícios das vivências e comunicações primitivas e desorganizadas do paciente.[71]

As neuroses de comportamento e mal mentalizadas revelam uma organização subjetiva fortemente influenciada pela presença e pela tirania do *ego*-ideal, pela vida operatória e por funcionamentos adaptativos. Essas dinâmicas buscam ainda propiciar à pessoa uma certa organização e "eficiência" para lidar com a vida e com a realidade, porém às custas do esvaziamento emocional da experiência e da negligência da dimensão de prazer e de satisfação nas atividades cotidianas, geralmente automáticas.

Em função da precariedade dessas formas de organização da economia psicossomática, as manifestações comportamentais e somáticas são predominantes, com maior risco de gravidade e irreversibilidade.

Neuroses de mentalização incerta e neuroses de caráter

As *neuroses de mentalização incerta* apresentam uma oscilação temporal entre a boa e a má mentalização. Segundo P. Marty, a incerteza quanto à mentalização pode ser atribuída tanto a variações quantitativas e qualitativas dos recursos representativos observados diretamente na consulta, quanto à interpretação pelo terapeuta de

---

71 As dificuldades transferenciais e contratransferenciais dessa clínica são mais amplamente discutidas em *Função estruturante, função materna*, no Capítulo 9.

tais variações em momentos anteriores da vida do paciente. Elas se caracterizam pela irregularidade do funcionamento mental, apresentando algumas vezes, em uma mesma pessoa, grandes contrastes entre momentos de boa e de má mentalização. Segundo ele, essas manifestações são as mais frequentemente encontradas na população.[72]

Assim como as neuroses de mentalização incerta, as *neuroses de caráter* também se caracterizam pela irregularidade do funcionamento mental. Elas se distinguem pela presença de traços de caráter, indicando uma certa consistência em sua organização. Diferentemente dos sintomas neuróticos, fruto de formações de compromisso em torno de conflitos e vividos como estranhos à pessoa (*ego* distônicos), os traços de caráter parecem incorporados ao funcionamento global habitual do paciente (*ego* sintônicos) manifestando-se por meio de atitudes e comportamentos.[73]

Enquanto o sintoma é vivido pela pessoa com estranhamento e incômodo, como um comportamento ou sentimento dos quais gostaria de se desvencilhar, o traço de caráter é sentido com naturalidade como parte dela mesma, como se sempre tivesse existido e com o qual ela convive sem grandes preocupações ou desconforto. Apesar da aparente normalidade das neuroses de caráter, são visíveis as perturbações e a perda de recursos mentais adquiridos, o que leva

---

72 P. Marty (1998). *Mentalização e psicossomática*, p. 31.

73 A noção de caráter, inicialmente proposta por Freud, destaca particularmente modos de funcionamento da organização sexual que não se constituem propriamente como sintomas, mas parecem integrados à organização egoica (caráter oral, anal, fálico etc.). Wilhelm Reich ampliou esse conceito ao desenvolver um estudo profundo das formações de caráter, demonstrando as relações anatômicas e funcionais do caráter com os sistemas motor, muscular, vegetativo e outros, e, especialmente, suas manifestações por meio das couraças corporais do caráter. S. Freud (1908). *Caráter e erotismo anal*. E.S.B., V. W. Reich (1933). *Análisis del carácter.*

P. Marty a alertar para o caráter enganoso dessas manifestações, pois elas comportam um risco significativo de desencadeamento de uma desorganização somática grave.

As oscilações da mentalização nesses dois modos de funcionamento, naturalmente, se manifestam em todas as dimensões da vivência do sujeito. O discurso, as expressões afetivas, as modalidades de relações de objeto, enfim toda gama de recursos da economia psicossomática pode apresentar variações e instabilidades, de duração variável, em seus modos de organização, ora se aproximando dos processos encontrados nas neuroses bem mentalizadas, ora daqueles observados nas neuroses mal mentalizadas.

Assim, em alguns momentos a pessoa pode apresentar um discurso rico e envolvente, permeado por expressões afetivas claras e variadas, com grande implicação com situações e outras pessoas referidas no relato, e em outros um discurso esvaziado, pobre, entediante, afetivamente monótono e rarefeito de personagens, colado à realidade e sem transcendência de situações imediatas. Em certas ocasiões, as angústias podem apresentar um caráter objetal, enquanto, em outras, se manifestarem de forma difusa. Também as depressões podem ser ora anaclíticas e objetais, ora essenciais.

De forma semelhante, as irregularidades das funções pré--conscientes e das dinâmicas psíquicas provocam oscilações entre representações quantitativa e qualitativamente ricas e pobres e a indisponibilidade mais ou menos durável de certas representações, em função de repressão ou evitamento, menos organizadas que o recalcamento. Essas mesmas variações são observadas nas funções oníricas e da fantasia. Alguns mecanismos de defesa neuróticos, fixações (mentais e psicossexuais) e regressões psíquicas (globais e parciais) podem igualmente se manifestar de forma instável e fugidia.

Nos momentos de desorganização e de perda de funções mentais, é frequente a intensificação de dinâmicas marcadas pelo *ego* ideal, o aumento das descargas pelo comportamento, acompanhadas ou não de funcionamentos operatórios e adaptativos. Ao mesmo tempo, observa-se o empobrecimento das relações pessoais, da vida objetal e do contato com os objetos internos, bem como um aumento da dificuldade de lidar com perdas e separações. Esses movimentos manifestam-se também na oscilação da qualidade e da consistência dos vínculos transferenciais e contratransferenciais. Todos esses processos, que lembram características das neuroses de comportamento e mal mentalizadas, distinguem-se destas. Quando presentes nas neuroses de mentalização incerta e de caráter, pela maior facilidade e rapidez em serem revertidos e se reorganizarem em dinâmicas bem mentalizadas.

Mentalização, adoecimento e riscos somáticos

A partir de todos esses modos de funcionamento, que refletem diferentes qualidades dos recursos da economia psicossomática, P. Marty descreve duas formas principais de progressão do adoecimento, as doenças "de crises", e as doenças evolutivas.[74]

As *doenças "de crises"* resultam de movimentos regressivos, manifestando-se predominantemente em pessoas que, geralmente, apresentam uma boa mentalização, temporariamente perturbada pela experiência de algum evento interno e/ou externo, por exemplo um momento depressivo em decorrência de uma lembrança ou de uma vivência de frustração, perda, separação, entre outras. As doenças "de crises" costumam ser funcionalmente localizadas, de natureza reversível e, normalmente, não colocam em risco a vida do sujeito. Elas podem, inclusive, ter uma função reorganizadora, e, em geral, não comportam maiores riscos para a vida da pessoa. Fazem parte

---

74 P. Marty (1998). *Mentalização e psicossomática*, p. 44 e 45.

desse grupo a asma, o eczema, as úlceras, as raquialgias e as cefaleias.

Paralelamente ao tratamento médico, a psicoterapia pode contribuir para organizar e propiciar maior consistência aos recursos mentais estancando ou diminuindo as tendências regressivas e desorganizadoras da economia psicossomática e, como consequência, a intensidade e a frequência das crises.

As *doenças evolutivas*, mais graves, frequentemente resultam de processos mais intensos de desorganização progressiva, geralmente observados nas neuroses de comportamento, nas neuroses mal mentalizadas e, em menor grau, nas neuroses de mentalização incerta e de caráter. Elas podem ser primeiramente sinalizadas pela repetição ou pelo agravamento de doenças "de crises", que adquirem um caráter evolutivo e crônico. Com tempo de latência e de progressão variável, essas doenças são mais dificilmente reversíveis e podem colocar em risco a integridade de órgãos e sistemas, bem como a própria vida da pessoa. As doenças cardiovasculares, as autoimunes e vários tipos de câncer muitas vezes resultam de processos característicos deste segundo grupo.

Naturalmente, as doenças evolutivas demandam em geral intervenções médicas mais agressivas (cirurgias, quimioterapias, radioterapias e outras). O trabalho psicoterapêutico tem um caráter adjuvante a esses procedimentos, buscando, inicialmente, paraexcitar e conter os movimentos de desorganização progressiva e, paulatinamente, reorganizar e restabelecer melhores recursos para reorganizar e reequilibrar a economia psicossomática, se possível de ordem mental, ou, pelo menos, pela via do comportamento.[75] A instauração o quanto antes de uma psicoterapia como parte das estratégias terapêuticas, é frequentemente benéfica para o paciente, podendo inclusive facilitar e contribuir para a elaboração pelo paciente das repercussões das

---

75 Cf. Capítulo 10, *Nomear, subverter, organizar.*

intervenções e procedimentos, às vezes, mais agressivos, mutilantes ou que comprometem as condições de vida dos pacientes.[76]

Apesar da complexidade de suas concepções teóricas e de implicações clínicas, a aceitação e a difusão crescentes das hipóteses dos psicanalistas-psicossomaticistas do I.P.S.O. de Paris conduziram a algumas leituras simplistas que passaram a sistematicamente considerar *toda* doença orgânica como resultante de uma falha do funcionamento psíquico, ou, ao contrário, que toda perturbação da atividade fantasmática seria uma condição inexorável de desencadeamento de uma patologia somática.

Entretanto, o próprio P. Marty alerta contra essas simplificações, particularmente frequentes entre alguns psicanalistas.[77] Ele ressalta que existe "uma grande variabilidade de funcionamentos psíquicos nos pacientes somáticos", inclusive de formas intermediárias entre as regressões psicossomáticas e as desorganizações progressivas. Um mesmo paciente pode oscilar entre momentos de manifestações principalmente neuróticas, e outros de predominância somática.

> *não é raro encontrar doenças somáticas em sujeitos que normalmente apresentam características neuróticas mentais, superestruturas ricas, uma inteligência viva e brilhante. Constata-se assim que, finalmente, sob o peso de circunstâncias interiores e exteriores, cada um de nós pode encontrar-se doente no plano somático, mesmo antes do envelhecimento (que coloca outros problemas econômicos).*[78]

---

76 R. M. Volich (1998). *Câncer de mama, entrelinhas, entranhas. Perspectivas psicanalíticas.*

77 P. Marty (1990b). *Psychosomatique et psychanalyse*, p. 619.

78 P. Marty (1990b). *Psychosomatique et psychanalyse*, p. 619.

De forma semelhante, Rosine Debray também salienta que "ninguém, por melhor que seja sua mentalização, está protegido de um movimento de desorganização somática".[79] Esse fato é notável em bebês e crianças, mas é também verdadeiro para os adultos e evidente nos idosos. Ela aponta que algumas pessoas parecem ter uma maior predisposição a manifestações somáticas do que outras, da mesma forma que existem famílias nas quais a expressão somática parece ser privilegiada. Para compreender os processos de adoecimento, e o adoecimento somático em particular, é importante reconhecer a existência de uma *conjunção explosiva*, que desencadeia esses processos. Essa conjunção se caracteriza pela complexidade de elementos multifatoriais atuando de forma aproximadamente simultânea, entre os quais ela destaca:

> – *um movimento de desorganização interna do tipo de uma depressão essencial ou queda do tônus vital;*
>
> – *uma potencialidade somática que pode tomar a forma de uma fragilidade somática . . . e uma eventual predisposição particular a uma doença;*
>
> – *uma falha frequentemente transitória nos contrainvestimentos externos, principalmente de parte de objetos investidos de forma privilegiada pelo sujeito.*[80]

Essa conjunção explosiva pode ocorrer a qualquer momento da vida de uma pessoa. Seu caráter multifatorial e sua complexidade desaconselham as tentativas de explicação lineares simplistas. Nesse contexto, R. Debray lembra a pertinência para o ser humano das formulações do biólogo Henri Atlan, que define os organismos vivos como "sistemas complexos auto-organizados abertos para o ambiente",

---

79 R. Debray (2002). *Psychopathologie et somatisation*, p. 27.
80 R. Debray (2002). *Psychopathologie et somatisation*, p. 28

e da descrição que ele faz da vida como marcada pela "existência de crises menores que precisam ser continuamente recuperadas".[81]

A complexidade dos movimentos de organização, desorganização e busca de equilíbrio da economia psicossomática, contingente às vivências de cada pessoa, pode ser observada de forma privilegiada na clínica por meio de suas expressões transferenciais e contratransferências.

Repercussões da economia psicossomática no campo transferencial[82]

Determinado por sua história e por seus modos de funcionamento, o paciente deposita, reatualiza e vive na relação e no processo terapêutico experiências permanentemente moduladas por sua economia psicossomática. Na transferência, ele reproduz seus modos de pensar, sentir e agir, seus padrões de relacionamento com outras pessoas e com o mundo, suas formas de viver seu corpo, seus sintomas e sua própria doença.

Independentemente das diferenças entre enquadres terapêuticos (médicos, psicoterapêuticos e de outros profissionais da saúde), a transferência reflete de forma inexorável os matizes da economia psicossomática do paciente, dos mais bem organizados, no registro neurótico (neuroses bem mentalizadas), aos mais primitivos e desorganizados (neuroses mal mentalizadas e neuroses

---

81 *Apud* R. Debray (2002), p. 29.
82 Essas ideias são mais amplamente desenvolvidas em R. M. Volich (2015). O campo transferencial como recurso terapêutico: uma perspectiva psicossomática psicanalítica, publicado em *Desafios atuais das práticas em hospitais e nas instituições de saúde*, coletânea organizada por Michele Kamers, Heloísa Marcon e Maria Lívia Tourinho Moretto.

de comportamento), desorganizações progressivas, descargas de comportamentos e somatizações.[83] Por meio das manifestações transferenciais e de suas próprias vivências contratransferenciais, o terapeuta pode identificar os modos de funcionamento do paciente, a qualidade de seus recursos, defesas e manifestações sintomáticas e, a partir da compreensão desses elementos, apropriar as formas de promover o vínculo, a comunicação e as intervenções terapêuticas.[84]

Nos quadros das boas organizações da economia psicossomática, como nas neuroses (histeria, neurose obsessiva, fobias) e psicoses, a transferência é viva, clara e intensa, bem constituída no campo representativo por meio de manifestações verbais, oníricas e fantasmáticas explícitas, referidas a um rico universo relacional, real e imaginário, mesmo que desconexo, como nas crises psicóticas. Essas manifestações são permeadas por claras expressões afetivas de prazer, angústia, raiva, erotização e toda a gama de vivencias emocionais mobilizadas pela relação terapêutica e nela evocadas. O terapeuta se sente investido, instigado, convocado pelo paciente, claramente implicado e mobilizado pela relação com ele. De forma semelhante, no contexto institucional, a relação com cada profissional da equipe terapêutica é diferenciada, com características diferentes no contato com cada um.

Essa *transferência bem organizada*, apresenta as características das clássicas *neuroses de transferência,* descritas por Freud, nas quais o paciente repete e substitui no contexto da relação terapêutica sua própria neurose, que pode assim ser observada, trabalhada e transformada.[85] Porém, é importante destacar que também a

---

83 P. Marty (1998). *Mentalização e psicossomática.*
   Cf. *Nosografia psicossomática e as formas do adoecer*, acima, neste capítulo.
84 Essas questões são aprofundadas no Capítulo 8, *A função terapêutica* e no Capítulo 9, *A clínica das desorganizações.*
85 "Contanto que o paciente apresente complacência bastante para respeitar as condições necessárias da análise, alcançamos normalmente sucesso em forne-

transferência dos pacientes psicóticos pode ser considerada bem organizada, apesar da predominância do caráter narcísico de suas relações. Isso porque, como descreve H. Rosenfeld, na *transferência psicótica*, apesar do discurso muitas vezes caótico e delirante, das manifestações alucinatórias e da desorganização mental do paciente,[86] do ponto de vista da economia psicossomática, a desorganização se manifesta primordialmente no plano mental e afetivo, com pouco comprometimento e poucas manifestações de descargas de comportamento ou somatizações.

Nas neuroses de comportamento e neuroses mal mentalizadas, caracterizadas por uma menor sintomatologia mental, uma maior precariedade de recursos representativos e uma grande frequência de manifestações mais graves, como somatizações e descargas de comportamento expressivas, a relação terapêutica reflete, naturalmente, o caráter primitivo desses modos de funcionamento.

A *transferência mal organizada* desses pacientes é precária, pobre, primitiva e desvitalizada. Quase imperceptível pelo terapeuta,

---

cer a todos os sintomas da moléstia um novo significado transferencial e em substituir sua neurose comum por uma 'neurose de transferência', da qual pode ser curado pelo trabalho terapêutico".

S. Freud (1914b). *Recordar, repetir e elaborar*, E.S.B., XII.

86 Analisando as particularidades da transferência psicótica, Rosenfeld afirma: "a) o paciente esquizofrênico agudo é capaz de estabelecer transferência positiva e negativa; b) é possível interpretar tais manifestações transferenciais . . . e . . . às vezes, se pode claramente observar a resposta do paciente às interpretações . . . o paciente esquizofrênico . . . apresenta uma forma especial de relacionamento de objeto . . . tão logo se aproxima de um objeto *qualquer*, com amor ou com ódio, ele parece confundir-se com esse objeto, e isso se deve não só à identificação por introjeção, mas a impulsos e fantasias de, com o todo ou com suas partes, penetrar dentro do objeto de maneira a controlá-lo. Melanie Klein aventou o termo 'identificação projetiva' para semelhantes processos".

H. Rosenfeld (1952). *As manifestações transferenciais e a análise da transferência de um paciente esquizofrênico catatônico em fase aguda*, p. 123-124, sublinhado pelo autor.

a relação é rarefeita, porosa, com notável dificuldade para o estabelecimento e manutenção do vínculo terapêutico. O discurso do paciente é desubjetivado, pouco implicado, predominantemente fatual, descritivo, fastidioso, plano, fragmentado, simplista, sem conflitos, esvaziado de sonhos e de fantasia. A expressão emocional é "desafetada",[87] rasa, as referências a experiências prazer ou desprazer dissociadas de seus componentes afetivos, as angústias, quando presentes, difusas e primitivas. No lugar de palavras e afetos, surgem, frequentemente, manifestações gestuais, motoras, perceptivas e sensoriais, muitas vezes sem intento expressivo. O relato e o universo relacional do paciente são pobres de figuras e objetos internos significativos, sendo estes pouco diferenciados, identificados sobretudo em sua dimensão funcional e utilitária ("o pai", "a mãe", "a esposa", "o chefe", "o médico"), com grande dificuldade para descrever seus sentimentos com relação a eles. Como descreve Marty,

> O investigador [terapeuta] não se encontra embarcado num sistema; ele também não é rejeitado, nem mesmo mantido afastado pelos mecanismos habituais das neuroses mentais e das psicoses. O sujeito apresenta seu caso quase como se se tratasse de uma outra pessoa e o psicanalista tira a conclusão de que ele não entra nem mesmo no mundo, ainda que frio, do seu interlocutor, que ele não é mais que um médico, no sentido mais banal, o mais profissional do termo; apesar da posição toda de flexibilidade da investigação.[88]

Nesses funcionamentos primitivos, o terapeuta é pouco investido, convocado ou implicado pelo paciente. Nos processos

---

87 J. McDougall (1984). The "dis-affected" patient: reflections on affect pathology.
88 P. Marty (1968). La depression essentielle, p. 595.

psicoterapêuticos, em especial, a demanda de tratamento é frágil, quase inexistente, a queixa centrada primordialmente em sintomas concretos apresentados como em uma consulta médica. O paciente não compreende a "utilidade" da psicoterapia, o que resulta em uma baixa aderência e no abandono freqüente desses processos. Em tais condições, na contratransferência, o terapeuta é com frequência tomado pelo fastio, cansaço e pelo sono, muitas vezes acompanhados de sensações em seu próprio corpo, em ressonância com vivências que, no paciente, não são passíveis de serem representadas.[89]

No contexto institucional, esses funcionamentos se manifestam por relações indiferenciadas com os diversos membros da equipe terapêutica. O paciente se relaciona com todos indiscriminadamente, da mesma forma, com os mesmos relatos e a mesma expressão afetiva. Essas dinâmicas, características da relação transferencial nas desorganizações psicossomáticas, foram denominadas por Marty de *relação branca*:

> *[o paciente] expõe suas perturbações como fatos isolados, não tendo, aparentemente, nenhum alcance relacional . . . o investigador [terapeuta] representa para ele (sujeito) uma única função, alguém a quem ele remete seus sintomas e de quem só espera a cura, sem que haja nenhum envolvimento afetivo de um lado ou de outro. Apesar do paciente responder às suas perguntas, o investigador [terapeuta] permanece insatisfeito, pois este contato não é bem um contato e ele se sente diante de algo que chamaríamos . . . "uma relação branca". Evidentemente, esta "relação branca" é a que o paciente*

---

89 Cf. o caso de Sofia, no Capítulo 9, *A clínica das desorganizações*, e o caso de Jean em R. M. Volich (2002). *Hipocondria, impasses da alma, desafios do corpo*.

usa constantemente, para não dizer exclusivamente, ao longo de toda sua existência.[90]

Ao longo do tratamento, em função de suas vivências e também do próprio processo terapêutico, o paciente pode oscilar entre diferentes modos de organização de sua economia psicossomática, com as consequentes repercussões e manifestações transferenciais dessas oscilações. Em função disso, o campo transferencial se revela como um terreno privilegiado para identificar, acompanhar e elaborar essas oscilações de forma a modular os enquadres de intervenção e otimizar o manejo terapêutico, individual e institucional.

A elaboração do trabalho com o campo transferencial

Os diferentes matizes da transferência, dos mais organizados aos mais desorganizados, permitem ao clínico avaliar as características da economia psicossomática do paciente, a consistência de seus recursos representativos, sua capacidade passada e presente para lidar com conflitos e vivências potencialmente traumáticas e a existência de eventuais riscos de desorganização comportamentais e somáticas.

Para médicos e equipes de saúde, esses elementos permitem o entendimento de muitos dos efeitos deletérios dos funcionamentos primitivos das desorganizações psicossomáticas sobre o tratamento como a resistência a seguir as prescrições terapêuticas, os efeitos iatrogênicos e inesperados, as recidivas sintomáticas e o abandono, entre outros, muitas vezes incompreensíveis esses profissionais. Para além dos sintomas, exames e terapêuticas clássicas (medicamentosas e cirúrgicas, por exemplo), o manejo do campo relacional nas consultas e no acompanhamento do paciente, pelo

---

90 P. Marty e De M'Uzan (1963). *La pensée opératoire*, p 346.

próprio médico ou por outros profissionais da equipe, oferecem uma dimensão complementar no diagnóstico e na avaliação da evolução clínica do paciente que potencializam de forma significativa todas essas estratégias.

No trabalho psicoterapêutico, em particular, a atenção aos movimentos da economia psicossomática implícitos às vivências transferências e contratransferências permite identificar a capacidade do paciente para suportar condições do enquadre terapêutico. Alguns podem se beneficiar das condições mais regressivas de enquadres psicanalíticos clássicos (utilização do divã, tempos de silêncio do terapeuta e interpretações mais profundas), enquanto para outros pacientes é necessário manejar o enquadre e a relação por meio de posturas mais ativas do terapeuta (posição face a face, intervenções mais específicas, mediações) de maneira a estancar movimentos de desorganização, investindo e mobilizando os parcos recursos representativos e libidinais do paciente, oferecendo-lhe construções e palavras continentes e organizadoras de suas vivências primitivas.[91]

Nos serviços de saúde e no trabalho institucional, o campo transferencial ampliado pelo contato com diferentes profissionais da equipe terapêutica pode permitir a criação, a utilização e a adequação de enquadres terapêuticos específicos, individuais e grupais, com a utilização de técnicas e recursos mediadores como o psicodrama, o relaxamento, atividades lúdicas e artísticas, e vários outros, adjuvantes dos recursos terapêuticos clássicos. Com cada terapeuta, e na instituição como um todo, um dos principais objetivos é a criação de enquadres e vínculos significativos que correspondam à função materna,[92] contribuindo, dessa forma, para a contenção e

---

91 Cf. *Dos recursos do paciente ao enquadre na clínica das desorganizações*, no Capítulo 9.

92 P. Marty (1990b). *A psicossomática do adulto*.
Cf. *O terapeuta e a função materna*, no Capítulo 8.

reorganização das desorganizações psicossomáticas e promovendo, por meio de um trabalho de figuração, de criação e sustentação de um espaço onírico e lúdico, a utilização de recursos mais evoluídos, representativos, para evitar descargas automáticas pelo comportamento ou pela somatização grave.

Por uma outra compreensão do sofrer

A compreensão das oscilações da economia psicossomática e suas repercussões sobre a saúde e o adoecer, bem como sobre os processos terapêuticos, revelam, portanto, que o desenvolvimento humano, tanto quanto a doença, obedecem a uma relação dialética contínua entre psique, soma e o meio no qual ele vive, buscando constantemente alcançar um equilíbrio frequentemente ameaçado. A tentativa de privilegiar uma dessas dimensões para compreender tais experiências é estranha tanto à natureza como à própria experiência do sujeito.

Assim, a tentação de estabelecer uma causalidade unívoca, emocional, orgânica ou exógena para a compreensão da dinâmica do adoecer é frequentemente frustrada pela realidade clínica, que evidencia a complexidade desses fenômenos. De forma semelhante, perde sentido buscar distinguir entre distúrbio funcional e lesional como critério exclusivo para discriminar entre sintomas conversivos, distúrbios orgânicos "verdadeiros" e as doenças ditas "psicossomáticas". Assim como fatores emocionais e fisiológicos interagem permanentemente nas dinâmicas funcionais e etiológicas, essas mesmas dinâmicas podem desencadear inicialmente um sintoma funcional que posteriormente evolui para uma verdadeira lesão de órgão ou perturbação sistêmica.

Da mesma forma, as teorias agressológicas, que imputam a um fator externo, seja ele um vírus, uma bactéria, um fungo, um "evento de vida", ou ao estresse a etiologia de uma patologia, precisam ser relativizadas. Como vimos com relação aos traumatismos,[93] também os efeitos de "agressões" dessas ordens dependem dos recursos da economia psicossomática de cada pessoa para enfrentá-las. Uma pessoa cuja economia psicossomática é bem-estruturada, o que, naturalmente, também inclui suas defesas imunológicas, com recursos suficientes para elaborar e escoar quantidades eventualmente excessivas de excitação, pode suportar altos níveis de tensão, de solicitação de seus recursos fisiológicos e acontecimentos intensos reagindo com perturbações de menor intensidade e de duração limitada, com um melhor prognóstico de reversão. Uma outra pessoa, cuja economia psicossomática é mais frágil, pode desorganizar-se e adoecer, algumas vezes com surpreendente virulência e rapidez, diante de acontecimentos ou vivências pessoais, relacionais ou somáticas aparentemente insignificantes.

Qualquer sintoma, mental, comportamental ou somático, é, antes de tudo, uma manifestação do sofrimento do sujeito, uma demanda também remetida às marcas de seu desamparo mais fundamental e consequentemente, dirigida para o outro humano, em busca de acolhimento, contenção e alívio. Além disso, independentemente de sua etiologia ou de sua forma, o sintoma e a doença são igualmente perturbadores do equilíbrio da economia psicossomática, por representarem, eles mesmos, ameaças à integridade do indivíduo, podendo, assim, promover ou alimentar o torvelinho regressivo, e mesmo intensificar um movimento de desorganização.

Percebemos também quão problemático é sustentar a existência de limites rígidos entre o normal e o patológico, uma vez que ambos se mesclam com vista a manter ou alcançar, a cada momento, o equilíbrio psicossomático e a assegurar a vida do indivíduo. Toda reação "normal" apresenta também componentes desviantes ou

---

93 Cf. *O trauma e suas vicissitudes*, no Capítulo 2 e *As dinâmicas do adoecer*, acima, neste capítulo.

desorganizados, assim como toda patologia é também composta de um mínimo de organização, para que a sobrevivência do sujeito ainda seja possível.

Essas perspectivas revelam a importância das inter-relações e da transversalidade entre fatores e campos de conhecimento, como a biologia, a fisiologia, a anatomia, a genética, a medicina, a psicologia, a sociologia, a educação e a antropologia, para citar apenas alguns, geralmente considerados heterogêneos e alheios uns aos outros por uma visão especializada da ciência.

Na busca pela compreensão da natureza do ser humano e de seu sofrimento, e por formas de acolhê-los e tratá-los, essa revelação é, sem dúvida, uma oportunidade de abertura para o conhecimento e um convite para uma verdadeira comunhão entre pesquisadores e clínicos de diferentes campos de saber.

6. Mitologias: narcisismo, pulsões e a economia psicossomática[1]

Se Freud buscou na arqueologia a inspiração para representar suas concepções do sonho e do aparelho psíquico, foi na mitologia que ele encontrou imagens para personificar algumas das mais profundas paixões humanas. Édipo, Narciso, Prometeu, Gradiva, Eros, Thanatos celebrizaram e deram forma a alguns dos principais conceitos da psicanálise, revelando ao mesmo tempo a força organizadora e transcendente do mito. Ao se dedicar à compreensão e ao tratamento dos fenômenos anímicos, às manifestações do inconsciente, da sexualidade e do desejo, ao entrar em contato com os aspectos mais profundos do amor e da violência, Freud construiu suas hipóteses,

---

1 Essas reflexões foram inicialmente apresentadas na *I Jornada de Psicossomática Psicanalítica da Sociedade Brasileira de Psicanálise SP* (31/10/2014) com o título *Aquém do narcisismo: as desorganizações psicossomáticas e seus desafios clínicos.* Neste capítulo, elas são articuladas pela perspectiva metapsicológica desenvolvida no trabalho *Mitologias: perspectivas clínicas dos movimentos de integração e desintegração* apresentado no *V Simpósio de Psicossomática Psicanalítica* (2013) e publicado no *Jornal de Psicanálise*, 2013, 46(85), 141-157 e em *Psicossoma V - Integração, desintegração e limites* (2014). Agradeço aos editores do Jornal de Psicanálise da SBP-SP e da editora Artesã por autorizarem a utilização do material que compõe este capítulo.

suas teorias, seus conceitos terminando por encontrar na teoria pulsional os elementos míticos que lhe permitiram organizar o entendimento e a escuta dos aspectos mais irracionais e essenciais do humano.

Em 1933, ele afirma com ênfase:

> *a teoria das pulsões é, por assim dizer, nossa mitologia. As pulsões são entidades míticas, magníficas em sua imprecisão. Em nosso trabalho, não podemos desprezá-las, nem por um só momento, de vez que nunca estamos seguros de as estarmos vendo claramente.*[2]

O narcisismo e seus destinos

Em 18 de março de 1914, Freud escrevia a Abraham: "Dei à luz ao 'Narcisismo' com dificuldade. Ele traz em si as marcas das deformações que ele sofreu em função disso".[3] É curioso e significativo que, uma vez inspirado na lenda de Narciso, célebre por sua beleza e perfeição, Freud tenha destacado na imagem de nascimento de seu rebento as dificuldades de seu parto e suas deformidades. Esse desabafo evoca em Laplanche imagens ainda mais sombrias: "um monstrengo", "imperfeito", "inicialmente abandonado",[4] que traduziriam a grande insatisfação de Freud com o recém-nascido.

Inspirado por algumas de suas intuições clínicas sobre as perversões, a homossexualidade e a psicoses, examinado à luz do estudo da doença orgânica, da hipocondria e da vida erótica dos sexos *Sobre o*

---

2 S. Freud (1933). *Novas conferências Introdutórias sobre Psicanálise. XXXII: ansiedade e vida pulsional*, E.S.B., XII, p. 98.

3 S. Freud (18/3/1914). K. Abraham *Correspondance 1907-1926*, p. 171.

4 J. Laplanche (1970). *Vie et mort en psychanalyse*, p. 106.

narcisismo: uma introdução questionava também inúmeros aspectos dos primeiros tempos da teoria freudiana: a primeira tópica do aparelho psíquico, a teoria da sexualidade e o autoerotismo, as relações entre as pulsões de autoconservação e as pulsões sexuais, as origens e a constituição do ego, e ainda as relações entre os investimentos libidinais no ego e em seus objetos, entre outros.[5]

Buscando responder aos altos anseios de Freud (narcísicos, certamente) para superar os desafios representados por algumas manifestações clínicas para a técnica psicanalítica, utilizado por ele como panfleto conceitual e político em seu embate (inevitavelmente narcísico, claro) com Jung e Adler, o artigo talvez estivesse, mesmo, fadado à sua decepção.

Porém, com o passar dos anos, Freud pôde reconciliar-se com seu rebento. Aos poucos, o conceito de narcisismo foi revelando todo seu potencial como articulador de vetores clínicos e conceituais da psicanálise. Ele promoveu uma nova perspectiva para compreender as relações entre as pulsões e as origens e funções do aparelho psíquico, e também a função do objeto, do outro humano, como elemento fundamental no desencadeamento e sustentação desses processos. Não por acaso, em pouco tempo, logo depois do narcisismo Freud formulou sua metapsicologia (1915a), justamente definida pelas dimensões tópica, econômica e dinâmica, ampliou suas hipóteses sobre o inconsciente (1915b) e sobre o recalcamento (1915c), aprofundou suas concepções a respeito da psicose e da melancolia (1917a), e preparou o terreno para novas concepções sobre os sonhos (1917b), a organização pulsional (1920), o aparelho psíquico, principalmente inspirando uma nova concepção do ego e o conceito de superego (1923), novas leituras do masoquismo (1924) e da angústia (1926).

---

5 S. Freud (1914a). *Sobre o narcisismo: uma introdução*, E.S.B., XIV.

Foi também o conceito de narcisismo que evidenciou a articulação e as relações originárias entre as experiências corporais primitivas, a passagem das vivências biológicas para as erógenas, a constituição do aparelho psíquico, todas mediadas pelo outro humano, concepções também ampliadas na teoria pulsional e na formulação da segunda tópica. O narcisismo revelou-se como uma experiência integradora das vivências somáticas nos momentos inaugurais e fragmentários do ego originário, inicialmente corporal.[6] De forma semelhante, foi descoberta a função organizadora da experiência narcísica tanto na passagem da fonte somática e instintual das pulsões que, atravessando e investindo o ego, pode dirigir-se para os objetos, como quando do desinvestimento objetal e do retorno da libido para o próprio ego.

Já em 1909, na reunião da Sociedade Psicanalítica de Viena de 10 de novembro, Freud descrevera a função intermediadora e necessária do narcisismo na passagem do autoerotismo para o amor objetal, mencionando pela primeira vez esse conceito em uma nota de rodapé acrescentada naquele ano aos *Três ensaios sobre a teoria da sexualidade*.[7] A partir de então, como diria Laplanche, o narcisismo passou a "fazer trabalhar" a teoria freudiana remodelando as primeiras concepções sobre o aparelho e o funcionamento psíquico, especialmente sobre o ego. Em 1910, em *Os distúrbios psicogênicos da visão,* as intuições freudianas sobre o narcisismo sugerem a possibilidade de que "pulsões do ego" participariam do recalcamento e das funções de autoconservação.[8] No mesmo ano e no ano seguinte, é o narcisismo que ilumina a leitura das perversões e da homossexualidade no artigo sobre Leonardo,[9] participa das hipóteses sobre a

---

6 S. Freud (1923b). *O ego e o id*, E.S.B., XIX

7 S. Freud (1905). *Três ensaios sobre a teoria da sexualidade*, E.S.B., VII.

8 S. Freud (1910a). *A concepção psicanalítica da perturbação psicogênica da visão*, E.S.B., XI.

9 S. Freud (1910b). *Leonardo da Vinci e uma lembrança de sua infância*, E.S.B., XI.

paranoia e os delírios de Schreber,[10] aparecendo ainda na discussão sobre os dois princípios do funcionamento mental,[11] na descrição, nas origens do aparelho psíquico, de um estado originário no qual o organismo formaria uma unidade fechada com relação a seu meio.

Em 1912 e 1913, em *Totem e tabu*,[12] é a reflexão sobre a psicologia da criança e dos povos primitivos que evoca a onipotência do pensamento, o pensamento mágico e a megalomania, sinais de um hiperinvestimento do ego em detrimento da realidade, completando o cenário para a gestação e o "parto difícil" do artigo de 1914.

O DNA do narcisismo é também facilmente reconhecível nas principais concepções dos sucessores de Freud. No processo de constituição do objeto total da posição depressiva, resultante da integração alcançada por meio das relações objetais primitivas, descrito por M. Klein;[13] na brilhante construção de Lacan do estádio do espelho, que promove a passagem do estado de fragmentação do *infans* para a integração do eu propiciada pelo olhar do outro;[14] no movimento da não integração para a integração, que constitui o self da criança, segundo Winnicott,[15] para citar apenas alguns dos mais conhecidos.

É curioso que toda a exuberância de descobertas e desdobramentos relacionados ao conceito de narcisismo, mesmo antes da publicação do artigo de 1914, não tenham sido suficientes para evitar a decepção inicial de Freud com sua criação. Como, então, entender essa decepção?

---

10 S. Freud (1911b). *Notas psicanalíticas sobre um relato autobiográfico de um caso de paranoia, E.S.B.*, XII.

11 S. Freud (1911a). *Formulações sobre os dois princípios do funcionamento mental, E.S.B.*, XII.

12 S. Freud (1913a). *Totem e Tabu, E.S.B.*, XIII.

13 M. Klein (1935). *Uma contribuição à psicogênese dos estados maníaco-depressivos.*

14 J. Lacan (1949). *O estádio do espelho com formador da função do Eu.*

15 D. W. Winnicott (1949). *A mente e sua relação com o psique-soma.*

Resistências e ambivalências

Lembremos que em torno dos anos 1912, Freud também buscava sistematizar os princípios da técnica psicanalítica. Ao discutir a dinâmica da transferência, ele deixava claro ser ela o principal motor de uma análise.[16] A capacidade do paciente de tomar o analista como objeto de seus afetos, de amor ou de ódio, de investi-lo, bem como a possibilidade do analista de trabalhar o material do paciente a partir dessa transferência passaram a ser reconhecidas como condições fundamentais do trabalho psicanalítico.

A condição narcísica, dificultando ou impedindo o investimento de qualquer objeto pelo paciente, e do analista em particular, seriam uma fonte de resistência, no limite, um obstáculo que inviabilizaria esse processo. Nessas condições, ficava evidente que todo um grupo de pacientes denominados por Freud de parafrênicos (com demência precoce, descrita por Kraepelin, esquizofrenicos, descritos por Bleuler e aqueles que passaram a ser descritos como psicóticos), seriam "inacessíveis à influência da psicanálise e não poderiam ser curados por [seus] esforços".[17] Uma velha ferida ("narcísica") voltava a latejar. Assim como as neuroses atuais (neurastenia e neurose de angústia principalmente) haviam se revelado, nos primeiros tempos da psicanálise, refratárias ao método psicanalítico por não apresentarem derivados representativos, simbólicos e infantis a serem trabalhados no processo associativo,[18] também as neuroses narcísicas, acima descritas, desafiavam o tratamento psicanalítico, inviabilizando a transferência e tornado-o inócuo.

---

16 S. Freud (1912a). *A dinâmica da transferência*, E.S.B., XII.

17 S. Freud (1914a). *Sobre o narcisismo: uma introdução*, E.S.B., XIV.

18 S. Freud (1895a). *Sobre os fundamentos para destacar da neurastenia uma síndrome específica intitulada de "neurose de angústia"*, E.S.B., III.
Cf. *Nosografia psicanalítica* , no Capítulo 2 e *Desafios da clínica*, no Capítulo 9.

Freud tinha ainda outros motivos para incomodar-se com sua cria. O narcisismo evidenciava não apenas que o investimento libidinal inaugural do ego nos primórdios da vida psíquica era determinante para a constituição de um sujeito, mas, também, que esse momento revelava a existência de um outro território, anterior à ação psíquica inaugural do narcisismo e mesmo ao autoerotismo: as terras das vivências primitivas, do não representável, do orgânico, para os quais os instrumentos de orientação psicanalíticos da época não pareciam adequados.

Em outro trabalho,[19] e em seguida, discuto mais detalhadamente os efeitos perturbadores dos encontros de Freud com o primitivo e desorganizado da natureza humana. Apesar de suas origens como neurologista e de seu conhecimento da biologia, ele sempre se mostrou ambivalente e pouco confortável com essas questões. Tendo sido frequentemente convocado a encontrá-las na clínica, e apesar das inúmeras imagens, construções e hipóteses biológicas às quais recorria em suas teorizações, Freud nunca se sentiu satisfeito com elas. Em *Além do princípio de prazer*, discutindo as evidências biológicas que arrolara a respeito da pulsão de morte, ele afirma:

> *deve-se deixar completamente claro que a* incerteza de nossa especulação *foi muito aumentada pela necessidade de pedir empréstimos à ciência da biologia. A biologia é, verdadeiramente, uma terra de possibilidades ilimitadas. Podemos esperar que ela nos forneça as informações mais surpreendentes, e não podemos imaginar que respostas nos dará, dentro de poucas dezenas de anos, às questões*

---

19 R. M. Volich (2022). *Corações inquietos. Freud, Fliess e as neuroses atuais.*

que lhe formulamos. Poderão ser de um tipo que ponha por terra toda a nossa estrutura artificial de hipóteses.[20]

No próprio artigo sobre o narcisismo, ele inicialmente afirma: "tento em geral manter a psicologia isenta de tudo que lhe seja diferente em natureza, inclusive das linhas biológicas de pensamento".[21] Porém, ao formular a hipótese da separação entre as pulsões de auto conservação e as pulsões sexuais, ele reconhece que é sobre a biologia que repousa "seu principal apoio", acrescentando, porém, sua disposição para abandonar essa perspectiva "se o trabalho psicanalítico vier a produzir alguma outra hipótese mais útil" o que, até então, "não havia acontecido".[22]

A ambivalência de Freud fica ainda mais evidente quando, na sequência do mesmo parágrafo, ele afirma:

> *Visto não podermos esperar que outra ciência nos apresente as conclusões finais sobre a teoria das pulsões, é muito mais objetivo tentar ver que luz pode ser lançada sobre esse problema básico da biologia por uma síntese dos fenômenos* psicológicos . . . *adotamos [a hipótese] de uma antítese entre as pulsões do ego e as pulsões sexuais (hipótese à qual fomos forçosamente conduzidos pela análise das neuroses de transferência), [precisamos] verificar se ela se mostra destituída de contradições e se é profícua, e se pode ser aplicada também a outras perturbações, como a esquizofrenia.*[23]

---

20 S. Freud (1920). *Além do princípio do prazer*, E.S.B., XVIII, p. 81, sublinhado por mim.
21 S. Freud (1914a). *Sobre o narcisismo: uma introdução*, E.S.B., XIV, p. 86.
22 S. Freud (1914a). *Sobre o narcisismo: uma introdução*, E.S.B., XIV, p. 86.
23 S. Freud (1914a). *Sobre o narcisismo: uma introdução*, E.S.B., XIV, p. 86-87.

Apesar de seu desconforto, Freud tinha consciência que a ciência que construía apresentava dificuldades clínicas e conceituais para lidar com os primórdios da vida mental e, principalmente, com os fenômenos anteriores a suas origens. Em *Dois princípios do funcionamento mental*, ele afirma claramente que seu ponto de partida são os "processos mentais inconscientes" revelados pela psicanálise . . . *mais antigos, primários*, resíduos de uma fase de desenvolvimento em que eram o único tipo de processo mental.[24] Porém, no artigo sobre o narcisismo, ele reconhece, implicitamente, a existência de processos anteriores à própria formação do inconsciente, do funcionamento psíquico, do ego. Estes não seriam inatos, mas sim frutos de experiências que promovem (ou não) a sua constituição. Segundo Freud,

> *estamos destinados a supor que uma unidade comparável ao ego não pode existir no indivíduo desde o começo; o ego tem de ser desenvolvido. As pulsões autoeróticas, contudo, ali se encontram desde o início, sendo, portanto, necessário que algo seja adicionado ao autoerotismo – uma nova ação psíquica – a fim de provocar o narcisismo.*[25]

Mais adiante, no texto, o olhar de Freud se dirige para um tempo ainda anterior, reconhecendo que o "início" ao qual se referia nessa passagem dizia respeito à origem da experiência psíquica, egóica, libidinal, mas que era necessário também reconhecer que o próprio autoerotismo, dependia e derivava, antes de mais nada das funções orgânicas e vitais sobre as quais se apoiava, mas também dos objetos que propiciavam as satisfações e os cuidados dos primeiros tempos de vida:

---

24 S. Freud (1911a). *Formulações sobre os dois princípios do funcionamento mental*, E.S.B., XII, p. 278.

25 S. Freud (1914a). *Sobre o narcisismo: uma introdução, E.S.B.*, XIV, p. 84.

> *As primeiras satisfações sexuais autoeróticas são expe-*
> *rimentadas em relação com funções vitais que servem à*
> *finalidade de autopreservação. As pulsões sexuais estão,*
> *de início, ligadas à satisfação das pulsões do ego; somente*
> *depois é que eles se tornam independentes destas.*[26]

Não foi essa a primeira, nem a última vez em que Freud, preocupado em desenvolver sua teoria a partir das revelações da psicanálise sobre a sexualidade humana, o inconsciente e o aparelho mental se via convocado ao encontro das manifestações mais primitivas do humano. Ao longo de toda a sua obra, na maioria de seus trabalhos, são visíveis as marcas desses encontros inevitáveis. Em diferentes trabalhos, ele esboçou importantes hipóteses para situar os processos corporais, a fisiologia, a biologia e os primeiros estágios do desenvolvimento humanos (do indivíduo, mas também da espécie) no contexto das descobertas psicanalíticas sobre o funcionamento psíquico, como no *Projeto para uma psicologia científica,*[27] nos escritos metapsicológicos, nas teorias das pulsões e da angústia, entre outros.

A transcendência pulsional

Como Zeus, Apolo, Perseu, Afrodite, como as Ninfas e os Titãs convidados a organizar o Universo dos antigos gregos, as pulsões foram convocadas por Freud para tentar esclarecer esses e outros enigmas revelados pela psicanálise, como a natureza do inconsciente e das representações, as dinâmicas psíquicas, a origem do recalcamento, e, muito particularmente, o grande enigma que o assombrava, desde seus primeiros trabalhos sobre a histeria: o do "misterioso" salto do

---

26 S. Freud (1914a). *Sobre o narcisismo: uma introdução, E.S.B.,* XIV, p. 94.
27 S. Freud (1895b). *Projeto de uma psicologia científica, E.S.B.,* I.

psíquico para o somático, o elo perdido entre essas duas dimensões da experiência humana.

Em 1915, entre a hesitação e o alívio, ele enuncia sua famosa definição:

> *Se agora nos dedicarmos a considerar a vida mental de um ponto de vista biológico, uma "pulsão" nos aparecerá como sendo um conceito situado na fronteira entre o mental e o somático, como o representante psíquico dos estímulos que se originam dentro do organismo e alcançam a mente, como uma medida da exigência feita à mente no sentido de trabalhar em consequência de sua ligação com o corpo.*[28]

Desde o início de *Os instintos e suas vicissitudes*, é clara a intenção de Freud de erigir, cartesianamente, a pulsão como o "conceito básico, claro e bem definido" da ciência psicanalítica. A partir desse pilar, ele desenvolve toda sua metapsicologia, que, como sabemos, provocou a reformulação de grande parte dos conceitos que definira até então: uma teoria específica sobre o recalcamento, um artigo sobre o inconsciente, uma nova perspectiva para a teoria dos sonhos (*metapsicológica*, claro), uma ampliação da psicopatologia psicanalítica por meio do estudo sobre o luto e a melancolia, bem como uma leitura, também metapsicológica, das neuroses de transferência, entre muitos outros.

Foi também a mitologia pulsional que permitiu a Freud retomar o espinhoso problema das indicações para a técnica psicanalítica, como vimos, sempre preconizada por ele como adequada para o tratamento das psiconeuroses e impossível de ser utilizada no

---

28 S. Freud (1915a). *Instintos e suas vicissitudes*, E.S.B., XIV, p. 127.

tratamento das neuroses atuais, por estas não apresentarem derivados psíquicos a serem elaborados pela associação livre, mas, predominantemente, descargas somáticas de excitação desvinculadas de lembranças, de fantasias e de sonhos.[29] Com o respaldo da teoria pulsional, Freud se permitiu aproximar-se das manifestações das neuroses traumáticas, da destrutividade, das reações terapêuticas negativas, da compulsão à repetição, dos enigmas do masoquismo e mesmo dos sonhos traumáticos que, em princípio, pareciam contradizer um outro mito originário da psicanálise, de que os sonhos, como os deuses do Olimpo travestidos em humanos para levar a cabo seus desígnios, seriam, eles também, realizações disfarçadas de desejos inconscientes.[30]

Por esse caminho também evoluiu a própria mitologia pulsional. Das entranhas das primeiras pulsões de autoconservação e sexuais emergiram as segundas entidades pulsionais, personificando as forças de Vida e de Morte. Em 1920, em *Além do princípio do prazer*, ao tentar articular hipóteses sobre essas forças que colocavam em evidência muitos dos paradoxos encontrados pela psicanálise, Freud, que dedicara sua vida ao estudo das funções mais abstratas do psiquismo, foi imperativamente convocado ao encontro do mais primitivo e desorganizado da natureza humana e de todos os seres vivos.

Nesse contexto, ele se viu subitamente confrontado a algumas de suas primeiras experiências e hipóteses como neurologista, a seu flerte com a biologia e também a alguns de seus antigos fantasmas, mestres e ídolos, como Brucke, Breuer,[31] Darwin e John Jackson, que, de forma explícita ou insinuada, se revelam ao longo daquele

---

29 S. Freud (1894a). *Sobre os critérios para destacar da neurastenia uma síndrome intitulada "neurose de angústia"*, E.S.B., III.

30 S. Freud (1919). *Introdução ao estudo das neuroses de guerra*, E.S.B., XVII.
   S. Freud (1920). *Além do princípio do prazer*, E.S.B., XVIII.
   S. Freud (1924). *O problema econômico do masoquismo*, E.S.B., XIX.

31 R. M. Volich (2022). *Corações inquietos. Freud, Fliess e as neuroses atuais.*

artigo. Freud constrói, assim, sua teoria sobre a nova dualidade pulsional, descrevendo o embate entre as forças de Eros que tendem ao progresso, à organização e à manutenção de unidades cada vez maiores do ser vivo, e Thanatos, pulsão conservadora, destrutiva e desorganizadora, que promove a redução das tensões, o desligamento dos investimentos e tende a reconduzir o ser vivo ao estado inorgânico.[32] A combinação entre ambas, em diferentes proporções, seria, segundo ele, inerente a toda forma de vida. A intricação pulsional, em particular, constituiria a principal dinâmica do desenvolvimento humano e, especialmente, do aparelho psíquico.

Para sustentar essa nova construção, em *Além do princípio de prazer*, ele evoca um grande número de exemplos da biologia, da evolução e desenvolvimento dos seres vivos, pluri e unicelulares, peixes nos momentos de migração e desova, exemplos da embriologia, da fisiologia, da anatomia cerebral e do sistema nervoso. Três anos depois, Freud situa *O Ego e o Id* como um desenvolvimento das ideias antes expostas, porém pautado pela clínica e sem novos empréstimos à biologia, o que o recentraria, segundo ele, na perspectiva da psicanálise.[33] É dessa perspectiva que ele consagra o modelo das duas classes de pulsões.

---

32 S. Freud (1920). *Além do princípio do prazer*, E.S.B., XVIII.
   S. Freud (1923b). *O ego e o id*, E.S.B., XIX.

33 "Com base em considerações teóricas, apoiadas pela biologia, apresentamos a hipótese de uma pulsão de morte, cuja tarefa é conduzir a vida orgânica de volta ao estado inanimado; por outro lado, imaginamos que Eros, por ocasionar uma combinação de consequências cada vez mais amplas das partículas em que a substância viva se acha dispersa, visa a complicar a vida e, ao mesmo tempo, naturalmente, a preservá-la . . . O surgimento da vida seria, então, a causa da continuação da vida e também, ao mesmo tempo, do esforço no sentido da morte. E a própria vida seria um conflito e uma conciliação entre essas duas tendências. O problema da origem da vida permaneceria cosmológico, e o problema do objetivo e propósito da vida seria respondido dualisticamente. Segundo este ponto de vista, um processo fisiológico especial (de anabolismo ou catabolismo) estaria associado a cada uma das duas classes de pulsões; ambos

Ao longo de toda sua demonstração, Freud apresenta com grande riqueza de exemplos e detalhes os efeitos organizadores e desorganizadores das pulsões de Vida e de Morte, os processos de diferenciação e hierarquização de diferentes seres e espécies, de integração e desintegração promovidos pela dualidade pulsional, revelando claramente nessas concepções a forte influência da teoria da evolução de Charles Darwin,[34] mas também das ideias de John H. Jackson sobre o funcionamento hierárquico do sistema nervoso.[35]

Apesar do vigor e da elegância de seus argumentos, em diversas passagens de *Além do princípio do prazer*, Freud se mostra ambivalente com relação a suas hipóteses. Quase que se desculpando, ele afirma:

---

os tipos de pulsão estariam ativos em toda partícula de substância viva, ainda que em proporções desiguais, de maneira que determinada substância poderia ser o principal representante de Eros".
S. Freud (1923b). O ego e o id, *E.S.B.*, XIX, p. 53-54.

34 Com sua obra *A origem das espécies*, Charles Darwin (1809-1882) revolucionou a biologia, ao formular a hipótese de que todos os seres vivos evoluíram a partir de um tronco comum, diferenciando-se e sobrevivendo graças ao processo da seleção natural. Apesar de todas as resistências que tais teorias provocavam no século XIX, Freud sempre foi bastante explícito quanto a sua admiração por Darwin: "as teorias de Darwin, que eram então de interesse atual, atraíram-me fortemente, pois ofereciam esperanças de extraordinário progresso em nossa compreensão do mundo" (S. Freud, 1925, p. 19). Em muitas de suas outras obras, Freud dá mostras dessa admiração, tendo, por exemplo, se inspirado nas concepções desse autor para formular suas próprias hipóteses sobre o papel das emoções nos "Estudos sobre a Histeria" (1895), bem como a teoria da horda primitiva em "Totem e Tabu" (1913a), *E.S.B.*, XIII.

35 De sua formação como neurologista, Freud guardou uma forte influência de John Hughlings Jackson (1835-1911) explicitada no artigo sobre a "Afasia" (1891) e também no *Projeto para uma Psicologia Científica* (1895b). Mesmo após seu afastamento da neurologia, o princípio de diferenciação funcional progressiva de instâncias, dinâmicas e funções permaneceu onipresente na teoria freudiana.

deve-se deixar completamente claro que a incerteza de nossa especulação foi muito aumentada pela necessidade de pedir empréstimos à ciência da biologia. A biologia é, verdadeiramente, uma terra de possibilidades ilimitadas. Podemos esperar que ela nos forneça as informações mais surpreendentes, e não podemos imaginar que respostas nos dará, dentro de poucas dezenas de anos, às questões que lhe formulamos. Poderão ser de um tipo que ponha por terra toda a nossa estrutura artificial de hipóteses. Se assim for, poder-se-á perguntar por que nos embrenhamos numa linha de pensamento como a presente e, em particular, por que decidi torná-la pública. Bem, não posso negar que algumas das analogias, correlações e vinculações que ela contém pareceram-me merecer consideração.[36]

Assim, a despeito de ter demonstrado a intimidade e a continuidade entre as formas e funções mais primitivas da vida e aquelas mais evoluídas e organizadas, mesmo depois de *Além do princípio de prazer*, o olhar de Freud continuou a privilegiar, em suas obras, os níveis e processos mais evoluídos da mente humana, as representações pulsionais, a segunda tópica do aparelho psíquico e a segunda teoria da angústia, a negação, o fetichismo, as questões da técnica psicanalítica, da cultura,[37] interessando-se bem menos pelas manifestações das dinâmicas mais primitivas, entre as quais as da destrutividade e das pulsões de morte.[38]

---

36 S. Freud (1920). *Além do princípio do prazer, E.S.B.*, XVIII, p. 81-82.
37 S. Freud (1930). *Mal-estar na civilização, E.S.B.*, XXI.
S. Freud (1939). *Moisés e o monoteísmo, E.S.B.*, XXIII.
38 Uma exceção nessa série é o artigo *O problema econômico do masoquismo*, no qual a segunda teoria das pulsões e a função particularmente desorganizadora da pulsão de morte voltam a se revelar com toda sua força, com novos desdobramentos sobre a questão dos destinos da destrutividade.
S. Freud (1924). *O problema econômico do masoquismo, E.S.B.*, XIX

Mesmo após ter dotado a psicanálise de um aparelho conceitual poderoso, capaz de ampliar a teoria e a clínica psicanalíticas para a compreensão das dimensões mais desorganizadas, primitivas e originárias do humano, Freud não se mostrou suficientemente interessado em voltar mais atentamente seu olhar para as forças que, impelidas por Thanatos, se dirigem para as profundezas tenebrosas do reino de Hades, o mundo dos mortos, do invisível e do inominável.[39]

Por muitos anos assombrado pelo temor de sua própria morte,[40] Freud talvez tenha encontrado em sua mitologia pessoal um limite para sua curiosidade e sua capacidade de observação.

Um olhar para o primitivo

Em 1952, Pierre Marty publica seu célebre artigo "As dificuldades narcísicas do observador diante do problema psicossomático". Nele, destaca três fatores que se constituem como verdadeiras resistências

---

39 Hades, rei dos mortos, terceiro filho de Cronos e Rea, era considerado um deus implacável e incansável, pois não permitia aos mortos deixar o inferno. Ninguém podia escapar a seu reino, uma vez ali tendo adentrado. Era esse o destino inexorável de todos os homens: retornar para o reino de Hades. Hades simplesmente reclamava de volta aquilo que dera. Segundo algumas leituras, o nome de Hades significa "o invisível".

40 O medo de morrer precocemente acompanhou Freud durante a maior parte de sua vida, tendo determinado muitas de suas atitudes perante seus discípulos, como Jung e Ferenczi, suas preocupações com os destinos de suas ideias e do movimento psicanalítico. Como lembra P. Gay, "certos números despertavam-lhe certa ansiedade. Ele abrigou durante anos a crença obcecante de que estava destinado a morrer aos 51 anos, e depois aos 61 ou 62; sentia-se perseguido por essas proféticas cifras, lembretes de sua mortalidade". P. Gay (1991). *Freud, uma vida para nosso tempo*, p. 69 e também p. 219, 342 e 386. Analiso o papel dessa preocupação nas relações com Breuer e com Fliess e sua influência nas primeiras hipóteses freudianas. R. M. Volich (2022). *Corações inquietos: Freud, Fliess e as neuroses atuais*.

narcísicas ao contato, à compreensão e à clínica dos fenômenos ditos "psicossomáticos": "1. A importância fundamental da função visual do que acreditamos ser a abordagem da realidade; 2. A crença exclusiva em um objeto espacialmente definido; 3. As dificuldades associadas à ideia da fragmentação do corpo e à possibilidade de desaparecimento de sua imagem".[41] Esses obstáculos se manifestam de forma significativa especialmente no contato com os pacientes que apresentam manifestações primitivas de funcionamento, uma vez que, segundo Marty: "1. A psicossomática trata de funções invisíveis, não esquematizáveis; 2. Ela não possui um objeto espacialmente definido; 3. Ela amplia a noção de regressão partindo das funções mentais até a doença somática, isto é, passando pela afetação do corpo até o seu desaparecimento".[42]

Essas dificuldades repercutem na atitude, no vocabulário, na capacidade de observação, de elaboração teórica e na clínica, médica, psicanalítica ou de qualquer outra abordagem terapêutica. Ao revelá-las, Marty explicitava uma das principais fontes de mal-estar e de impasses encontrados no contato com pacientes que apresentam funcionamentos marcados por dinâmicas mais primitivas, aquém da linguagem e da representação. Ele desvendava também um dos principais motivos para a até então preconizada impossibilidade da utilização da técnica psicanalítica clássica com as neuroses atuais e traumáticas e, em certa medida, também narcísicas. Enveredando pelas sendas já há muitos anos sugeridas por S. Ferenczi,[43] P. Marty indicava, ainda de forma tímida nesse artigo inicial, a necessidade de mudanças significativas no enquadre e nas formas de intervenção

---

41 P. Marty (1952). *Les difficultés narcissiques de l'observateur devant le problème psychosomatique*, p. 345.
42 P. Marty (1952). *Les difficultés narcissiques de l'observateur devant le problème psychosomatique*. p. 345.
43 S. Ferenczi (1926). *As neuroses de órgão e seu tratamento*.
   S. Ferenczi (1928). *A elasticidade da técnica psicanalítica*.

do analista/psicoterapeuta para trabalhar com esses pacientes que vivem uma economia pulsional desestruturada e errática, muitas vezes inacessível ao trabalho representativo da associação livre.

Marty e seus colegas, Michel De M'Uzan, Michel Fain, entre outros, pioneiros da psicossomática psicanalítica francesa, compreenderam o alcance da teoria pulsional freudiana para viabilizar a compreensão e o trabalho terapêutico com os pacientes com funcionamentos mais desorganizados, com manifestações próximas àquelas encontradas nas neuroses atuais, inicialmente descritos por meio dos conceitos de *pensamento operatório* e *depressão essencial*.[44]

Como vimos, o pensamento operatório se caracteriza pelo pouco contato da pessoa com seus desejos, pela ausência quase absoluta de sonhos, de sintomas e mecanismos neuróticos, de lapsos, de devaneios, ou de atividade criativa, pela utilização empobrecida da linguagem, com uma aderência e adaptação extremas ao fatual e à realidade material. Essas manifestações são fruto do empobrecimento da capacidade de simbolização das demandas pulsionais e da elaboração dessas demandas por meio da fantasia. As relações pessoais são caracterizadas pela indiferenciação, por um rebaixamento dos investimentos objetais, inclusive na transferência terapêutica. No lugar de manifestações psíquicas ou emocionais, aparecem expressões corporais, mímicas faciais, manifestações sensomotoras e dores físicas.[45]

Por sua vez, a depressão essencial se revelava como uma *depressão sem objeto*, constituindo "a própria essência da depressão", marcada principalmente por um rebaixamento do tônus libidinal e por um desamparo profundo, desconhecido do próprio sujeito. Diferentemente da depressão neurótica ou do luto, ela não denota nenhum trabalho de elaboração. A pessoa não apresenta nenhuma

---

44 Cf. *O pensamento operatório e a depressão essencial,* no Capítulo 5.

45 P. Marty e M. De M'uzan (1963). *La pensée opératoire.*

queixa, quanto muito uma profunda fadiga e a perda de interesse por tudo que a rodeia.[46]

Ao descrever esses dois conceitos originais da psicossomática psicanalítica, Marty aponta para alguns elementos fundamentais, verdadeiras chaves para compreender a natureza primitiva de tais manifestações.

> *O pensamento operatório estabelece seu contato com o inconsciente a um nível de pouca elaboração, como* aquém das primeiras elaborações integradoras da vida pulsional . . . *parece desconsiderar ou levar a um* curto--circuito toda a atividade fantasmática elaborativa, para articular-se com as formas iniciais de pulsões, as quais podem retornar inesperadamente ou dar lugar a somatizações *ou ainda se manter sob aparências rudimentares numa predominância da tensão atividade passividade tão comum aos pacientes psicossomáticos.*[47]

Enquanto isso, a depressão essencial é caracterizada pelo:

> *apagamento, em toda a escala, da dinâmica mental, de funções capitais . . . a identificação, a introjeção, a projeção, o deslocamento, a condensação, as associações de ideias e, mais além, o apagamento comprovado das vidas oníricas e fantasmáticas . . . [ela se apresenta] como* um desaparecimento da libido, tanto narcísica quanto objetal, e isso sem outra compensação econômica, a não ser a fragmentação funcional.[48]

---

46 P. Marty (1968). *La dépression essentielle*, p. 595.
47 P. Marty e M. De M'uzan (1963). *La pensée opératoire*, p. 345, sublinhado por mim.
48 P. Marty (1968). *La dépression essentielle*, p. 596, sublinhado por mim.

Mais adiante, Marty conclui:

> *Creio que estes dois termos: desaparecimento da libido, de um lado, e a fragmentação funcional, de outro, constituem a própria definição do instinto de morte, sobre o qual nós chegamos . . . a depressão essencial constitui, assim, uma das manifestações clínicas principais da precedência do instinto de morte.*[49]

Ao examinar essas expressões primitivas da economia psicossomática, Marty aponta ainda para dimensões semelhantes, primitivas e indiferenciadas, do *ego ideal*, descrito por Freud em suas revelações sobre o narcisismo.[50] São os desejos parentais que configuram as primeiras formas do narcisismo primário, em uma experiência de onipotência compartilhada entre a fantasia dos pais e a organização subjetiva emergente da criança. O desenvolvimento do ego e do sujeito ocorre a partir da possibilidade de superar o narcisismo primário, para orientar-se para outros objetos e para o mundo.

Marty aponta que a manutenção ou o retorno às características narcísicas, onipotentes e indiferenciadas do ego ideal e as dificuldades de sua superação para a constituição do ideal do ego, mais diferenciado e aberto para a alteridade constituem uma fragilidade do desenvolvimento que representa uma condição de risco para a economia psicossomática. Segundo ele,

> *[o ego ideal revela uma insuficiência evolutiva parcial do aparelho mental que entrava a] organização temporo-espacial individual, o pré-consciente e o ego,*

---

49 P. Marty (1968). *La dépression essentielle*, p. 596.
50 S. Freud (1914a). *Sobre o narcisismo: uma introdução*, E.S.B., XIV.
Cf. *O ego ideal e as desorganizações psicossomáticas*, no Capítulo 5.

desconsiderando o princípio de realidade. Marcado pela desmedida, ele pode resultar seja de uma deficiência do desenvolvimento ou aparecer apenas em momentos de desorganização progressiva ou de regressões psíquicas. Ele se manifesta como um sentimento de onipotência do sujeito com relação a si mesmo, bem como, eventualmente, com relação ao mundo exterior.[51]

Por se tratar de uma organização primitiva da economia psicossomática, são parcos os recursos para lidar com os níveis de exigência do ego ideal.[52] O fracasso em responder a essas exigências é vivido pela pessoa como uma ferida narcísica insuportável que pode provocar desorganizações algumas vezes graves na esfera somática, ou descargas impulsivas pelo comportamento colocando em risco a própria vida do sujeito, o que leva Marty a descrevê-lo como "eminentemente mortífero".

O pensamento operatório, a depressão essencial e as manifestações do ego ideal sinalizam as condições nas quais nos encontramos no obscuro território das desorganizações e inorganizações psicossomáticas, caótico, desorganizado, aquém da função integradora das representações, aquém do narcisismo e mesmo do autoerotismo, aquém da angústia e, inclusive, aquém da pulsão. No limite da vida.

Por meio das manifestações do pensamento operatório, da depressão essencial e do caráter mortífero do ego ideal, Marty embarcava na mitologia freudiana, porém, dispondo-se a também olhar para outra direção. Se Freud mostrou-se constrangido ao considerar as evidências biológicas mais primitivas para ilustrar e representar as relações entre as pulsões de Vida e de Morte, Marty mergulhou na

---

51 P. Marty (1990b). *A psicossomática do adulto*, p. 28-29.
52 S. Freud (1921). *Psicologia de grupo e análise do ego, E.S.B.*, XVIIII.

312   MITOLOGIAS: NARCISISMO, PULSÕES E A ECONOMIA PSICOSSOMÁTICA

biologia para tentar descrever e tratar os movimentos de organização e de desorganização da economia psicossomática.

Instintos, organizações e desorganizações

Em 1976, Marty publica *Os movimentos individuais de vida e de morte. Estudo de economia psicossomática*. Ele o inaugura com uma discussão sobre a noção de função, lembrando que a biologia estuda a escala progressiva das organizações que estruturam o modo de vida dos organismos vivos.[53] Para destacar a natureza desse movimento, ele opta deliberadamente por descrevê-lo a partir de uma perspectiva mais ampla do que a das pulsões, desde o nível dos próprios Instintos, de Vida e de Morte, marcando a continuidade do desenvolvimento do ser vivo desde suas manifestações mais primárias.[54]

Como vimos, na esteira da influência de Darwin e de Jackson sobre Freud, a partir dessa "perspectiva evolucionista", P. Marty lembra que a evolução das espécies e dos indivíduos é marcada por tendências de integração e de desintegração, pela busca do desenvolvimento de funções cada vez mais complexas e diferenciadas, muitas vezes acompanhadas por movimentos em direção contrária, que comprometem e provocam a perda de sua complexidade e diferenciação.[55]

No desenvolvimento humano, a partir da concepção, da reprodução e da divisão celulares, formam-se as estruturas e funções mais essenciais que, ao longo das diferentes fases da vida, podem progressivamente organizar-se e se desenvolver até alcançar níveis

---

53 P. Marty (1976). *Les mouvements individuels de vie et de mort*.
54 P. Marty & N. Nicolaïdis. (1996). *Psychosomatique, pensée vivante*.
55 P. Marty. (1980). *L'ordre psychosomatique. Les mouvements individuels de vie et de mort 2. Désorganisations et régressions*.
   Cf. *Evolução, integração e desintegração*, no Capítulo 4.

evolutivos com dinâmicas cada vez mais complexas. Principalmente na infância, é a função de gerência materna que propicia e em grande parte determina o alcance possível desse desenvolvimento e sua consistência.[56] A organização, a diferenciação e a hierarquização estrutural e funcional engendram progressivamente a organização sensomotora, dos afetos, das funções representativas, a diferenciação objetal, das instâncias e dinâmicas psíquicas, entre outras.[57]

Assim, economia psicossomática é atravessada por tendências à formação de estruturas, dinâmicas e funções das mais simples para as mais complexas, das menos organizadas para as mais organizadas, da anarquia para a hierarquização. Solicitada por estímulos internos e externos, ela busca o equilíbrio por meio de seus recursos mais organizados, de natureza mental, quando presentes.[58] As vias orgânicas, motoras e de pensamento representam nessa ordem uma hierarquia progressiva de recursos que podem ser utilizados com tal finalidade. Porém, quando da ausência ou insuficiência de recursos mais organizados, para lidar com a intensidade dos estímulos a que está submetida, a economia psicossomática pode reagir de forma anacrônica, primitiva, menos elaborada do que seria ou já foi capaz, desencadeando movimentos no sentido contraevolutivo, provocando descargas motoras e de comportamento e, no polo extremo, desorganizações somáticas. O adoecimento, orgânico ou psíquico, assim como as descargas comportamentais são alguns dos recursos para a regulação do equilíbrio psicossomático, e de suas relações com o meio e com os outros humanos.

P. Marty aponta que as dinâmicas evolutivas e contraevolutivas do desenvolvimento são moduladas pelas interações entre os Instintos de Vida e de Morte, que participam de todos os estágios do

---

56 Cf. *O cuidar, o ambiente e a função materna*, no Capítulo 4.
57 P. Marty (1990b). *A psicossomática do adulto*.
58 P. Marty (1976). *Les mouvements individuels de vie et de mort*, p. 116.

desenvolvimento humano, desde as experiências intrauterinas e da infância à velhice, passando pela adolescência e pela fase adulta.[59] Essas relações são marcadas tanto por fatores regulares do desenvolvimento (anatômicos, fisiológicos, funcionais) como irregulares e imprevistos como os traumatismos e condições "reanimantes".

No início da vida e nos primeiros tempos do desenvolvimento, em geral prevalecem as forças organizadoras dos Instintos de Vida. Nesse período, o Instinto de Morte geralmente provoca desorganizações passageiras, interrompidas pelo poder reorganizador dos Instintos de Vida. Os embates entre essas forças forjam um sistema de defesa individual e idiossincrático constituído pelas fixações funcionais e pelas dinâmicas de regressão.

Na sequência do desenvolvimento, infantil, adolescente, adulto, podem se manifestar, cada vez mais, os aspectos mais desorganizadores e destrutivos dos Instintos de Morte.[60] A intensidade e a extensão dessas manifestações dependerão da consistência dos recursos da economia psicossomática, constituídos pelas interações entre os dois grupos de Instintos, pelas primeiras marcas da hereditariedade, pelas fixações orgânicas da primeira infância, prosseguindo pelos sistemas sensomotores e comportamentais de fixações e de regressões, de funções e conteúdos mentais, representativos e afetivos.

A cada momento do desenvolvimento, e em cada um desses níveis, os Instintos de Vida buscarão mobilizar os melhores recursos para se contrapor a eventuais forças desorganizadoras mobilizadas pelos Instintos de Morte.

---

59 P. Marty (1980). *L'ordre psychosomatique. Les mouvements individuels de vie et de mort 2. Désorganisations e régressions.*

60 Uma descrição mais detalhada da desvitalização, da diminuição dos Instintos de Vida e dos efeitos desorganizadores dos Instintos de Morte na fase adulta e, particularmente, no envelhecer é feita em *Um olhar para o envelhecer*, no Capítulo 5.

Ampliando as concepções freudianas sobre a neurose traumática,[61] Marty afirma que as perturbações da economia psicossomática são provocadas por *traumatismos*, que se caracterizam

> *pelo impacto afetivo sobre um indivíduo de uma situa-*
> *ção mais ou menos prolongada ou de um acontecimento*
> *exterior que contraria seja a organização na ponta*
> *evolutiva (durante o período de crescimento), seja a*
> *organização mais evoluída no momento do trauma-*
> *tismo. A falência de uma dessas organizações equivale*
> *a sua desorganização. Nesse momento, os Instintos de*
> *Vida cedem seu lugar aos Instintos de Morte por um*
> *tempo mais ou menos prolongado.*[62]

Segundo Marty, a noção de traumatismo é inseparável da noção de organização funcional e da noção de conflito. O traumatismo é um fenômeno de natureza afetiva que atinge, em primeiro lugar, a organização psicossomática em seus estágios mais avançados, po-dendo retrocessivamente provocar perturbações nos níveis anteriores de organização, originando a *desorganização progressiva*.

Como vimos, em um primeiro momento, os traumatismos desorganizam os sistemas funcionais que mantinham o equilíbrio de um certo estágio evolutivo, desafiando os Instintos de Vida que, abalados, podem ser sobrepujados pelos Instintos de Morte. Nes-sas condições, as desorganizações psicossomáticas se orientam no sentido contraevolutivo e se manifestam pelo desaparecimento das hierarquias e associações funcionais, pela perda da complexidade de funcionamentos, que, muitas vezes, cedem seu lugar à confusão,

---

61 S. Freud, S. (1919). *Introdução à psicanálise das neuroses de guerra*, E.S.B., XVII.
62 P. Marty (1976). *Les mouvements individuels de vie et de mort*, p. 101-102.

à anarquia e ao apagamento do tônus vital e afetivo.[63] A depressão essencial é um dos principais indicadores desse movimento.

> *Nos adultos, a desorganização progressiva geralmente começa com uma fase de depressão essencial, o que aponta para a ausência do tônus dos Instintos de Vida, seguida de uma desorganização do aparelho mental, testemunhado pelo pensamento operatório. O movimento continua com a desorganização dos sistemas de caráter e de comportamento revelando a redução ou perda de expressões instintivas correspondentes: é a vida operatória. Finalmente ocorrem as desorganizações somáticas cada vez mais arcaicas no plano evolutivo, e mais fundamentais no plano vital. O processo pode, então, prosseguir até a destruição dos equilíbrios biológicos primários da vida individual. É então terminado o tempo do ser lançado no espaço.*[64]

Os sistemas fixação-regressão se apresentam como anteparos contra o movimento desestruturante das desorganizações progressivas. Ao convocar pelo movimento contraevolutivo organizações funcionais de momentos anteriores do desenvolvimento, as regressões se constituem, em um primeiro momento, como uma barreira contra a desorganização progressiva, buscando interrompê-la. As regressões se organizam em torno de organizações que foram anteriormente objeto de fixações.[65]

Ao se opor ao movimento desorganizador, as regressões, sejam elas de natureza psíquica ou somática, revelam serem animadas pela

---

63 Cf. *Regressões, desorganizações e somatizações*, no Capítulo 5.
64 P. Marty (1976). *Les mouvements individuels de vie et de mort*, p. 133.
65 P. Marty (1976). *Les mouvements individuels de vie et de mort*.

capacidade reorganizadora dos Instintos de Vida. Assim, é importante reconhecer o valor positivo das regressões que se constituem, ao mesmo tempo, como dinâmicas reorganizadoras.

Talvez, essas colocações possam parecer surpreendentes para nossas formas corriqueiras de pensamento. Estamos acostumados a atribuir um valor negativo às regressões, como se elas fossem exclusivamente marcadas pela perda funcional e pelo retrocesso a estados e tempos anteriores do desenvolvimento. Para compreender melhor o caráter positivo e reorganizador nela implicados, podemos compará-la aos processos do luto, no qual, a vivência da perda (de uma pessoa, de uma relação amorosa, de um trabalho) provoca um retraimento narcísico necessário à reorganização libidinal do sujeito. É natural e compreensível que em função de uma perda a pessoa entristeça, perca o interesse pelo mundo e pelas pessoas a sua volta, volte-se para si mesma com vistas a reorganizar seus investimentos objetais, internos e externos, para poder voltar a investir e se interessar pelo mundo exterior. O trabalho de luto é uma das situações paradigmáticas nas quais podemos reconhecer o valor reorganizador dos processos regressivos.

Esse mesmo exemplo pode também ajudar-nos a compreender as consequências do fracasso das funções reorganizadoras da regressão e do luto. Da mesma forma que a impossibilidade de realizar o trabalho do luto pode dar lugar ao luto patológico e à melancolia, a incapacidade das regressões em reorganizar a economia psicossomática do sujeito dá livre curso às desorganizações progressivas, promovidas pelos Instintos de Morte que determinam o movimento no sentido contraevolutivo sem serem interrompidas, até o surgimento das desorganizações somáticas.

Outras mitologias

As teorias de Marty e dos autores do Instituto de Psicossomática de Paris, como Michel Fain, Michel de M'Uzan, Léon Kreisler, a nova geração de Claude Smadja, Marilia Aisenstein, Gérard Sczwec e vários outros, se situam em continuidade de uma grande linhagem psicanalítica representada, desde Ferenczi, por Melanie Klein, René Spitz, Donald Winnicott, André Green, Pierre Fédida, Otto Kerneberg, entre muitos que, ampliando a compreensão da metapsicologia psicanalítica, desenvolveram uma vertente teórico-clínica que oferece possibilidades de tratamento não apenas para pacientes que apresentam uma sintomatologia orgânica, mas também psicóticos, *borderlines*, adictos e com transtornos de caráter, ou seja, pessoas que vivem os efeitos da precariedade de suas vivências infantis e de seu desenvolvimento, do esgarçamento de seu tecido psíquico e de suas fragilidades narcísicas, da pobreza de seu mundo objetal e de representações.

Dessa perspectiva, esses autores evidenciam, de diferentes maneiras, a existência de hierarquias funcionais e modos de organização de complexidade variada, implicando expressões mentais, somáticas e comportamentais em cada pessoa. Se, desde Freud, a técnica psicanalítica desenvolveu recursos importantes para lidar com as manifestações mentais dessa complexidade, suas expressões somáticas e comportamentais sempre desafiaram e ainda desafiam a clínica e os enquadres clássicos da psicanálise e da psicoterapia por meio de expressões transferenciais e contratransferenciais primitivas e desorganizadas. Essas expressões também se constituem frequentemente como dificuldades para os processos terapêuticos médicos e institucionais.[66]

Com esse mesmo olhar, alguns autores, mais próximos, também buscam articular hipóteses e referências clínicas para lidar com os funcionamentos mais primitivos e desorganizados da economia psicossomática. Wagner Ranña, por exemplo, propõe a leitura

---

66 Cf. *Desafios da clínica*, no Capítulo 9.

transferencial a partir de três eixos, pulsional, simbólico e intersubjetivo,[67] para que seja possível o contato, a escuta e o manejo de tais funcionamentos. Segundo ele:

> *Se o eixo pulsional está na passagem do somático para o psíquico e o simbólico está no intrapsíquico, o intersubjetivo está na borda que dá para fora, para o mal denominado ambiente. Para o humano o ambiente é o que vem do outro. O instinto responde a uma imago, um estímulo, a sua resposta é sempre a mesma. Já o humano responde a um apelo e deseja o que o outro deseje nele. Assim o sujeito fica tensionado pela falta, efeito da marca libidinal que o encontro com o outro lhe causa. A intersubjetividade vai dar conta do fato de que um sujeito exerce uma força constitutiva sobre o outro e todos os elementos do encontro são modificados.[68]*

Maria Helena Fernandes identifica essa clínica, em que prevalecem manifestações primitivas, como a *clínica do transbordamento*, sugerindo o paradigma da hipocondria "capaz de transitar *entre a neurose e a psicose, entre o normal e o patológico, entre a psique e o soma, entre a conversão e a somatização*", como uma importante referência para pensar e lidar com tais manifestações, marcadas pela emergência do corpo na clínica contemporânea.[69] Ela evidencia ainda a função atual dos transtornos alimentares, sustentando que "a preocupação com a alimentação tem se convertido no fetiche

---

67 Cf. *A economia psicossomática na infância*, no Capítulo 4.
68 W. Ranña (2003). *A criança e o adolescente: seu corpo, sua história e os eixos da constituição subjetiva*, p. 52.
69 M. H. Fernandes (2003b). *As formas corporais do sofrimento: a imagem da hipocondria na clínica psicanalítica contemporânea*, p. 110.

privilegiado do controle do corpo na modernidade. É o corpo feti-chizado que parece servir de estandarte ao projeto higienizador e totalitário de controle da existência humana pós-moderna".[70]

Enquanto isso, Decio Gurfinkel destaca duas outras dimensões da clínica dos estados mais primitivos sugerindo a consideração de uma *fenomenologia do dormir*, que permite observar a conti-nuidade entre o *adormecer*, o *dormir*, o *sonhar* e o *despertar* como diferentes modos de acesso à experiência da *psicossomatologia da vida cotidiana*.[71] Ele propõe ainda a referência ao que denomina *a clínica do agir*, para iluminar a compreensão da série de formações sintomáticas que, partindo do sonho e indo até a somatização, atravessa o sonho traumático, a angústia, as formações de caráter, a compulsão à repetição, o *acting out*, a ação pura e a somatização.[72]

Por sua vez, Flávio C. Ferraz contribui à abordagem clínica do primitivo revelando a existência, entre psicose e perversão, de uma hierarquia funcional e genética de defesas entre a recusa e a rejeição, em que o estado psicótico seria ontogeneticamente mais regredido do que o estado perverso, tanto no plano do estabelecimento da objetalidade como da objetividade.[73]Anteriormente, ele já havia destacado a importância ética e clínica de delinear a especificidade da clínica da *normopatia*, manifestação cada vez mais frequente em nossos tempos, em que o desconhecimento e a alienação do sujeito de si mesmo, mascarados pela aparente normalidade, adaptação e adequação desafetada à realidade, diferem claramente da alienação neurótica, marcada pelo recalcamento.[74]

---

70 M. H. Fernandes (2006). *Transtornos alimentares*, p. 279.
71 D. Gurfinkel (2003). *Sono e sonho: dupla face do psicossoma*.
72 D. Gurfinkel (2001). *Psicanálise, regressão e psicossomática: nas bordas do sonhar*.
  D. Gurfinkel (2008). *A clínica do agir*.
73 F. C. Ferraz (2011). *As montagens perversas como defesa contra a psicose*.
74 F. C. Ferraz, (2002). *Normopatia: sobreadaptação e pseudonormalidade*.

Como descrevo em outros capítulos, é grande o interesse de considerar, na clínica, as manifestações de diferentes hierarquias funcionais, dinâmicas e transferenciais da angústia que se constituem como uma verdadeira semiologia da economia psicossomática,[75] e também os efeitos nefastos e destrutivos dos ideais primitivos que contribuem à desorganização psicossomática.[76] Esses processos permitem identificar os movimentos de integração e desintegração da economia psicossomática e suas repercussões na transferência e na contratransferência, cuja percepção permite modular as intervenções, interpretações e manejos no processo terapêutico.[77]

Todos esses autores, e muitos que o limite de espaço deste trabalho me impedem de mencionar, ajudam-nos a lidar com a complexidade dessa clínica, que denomino *clínica das desorganizações psicossomáticas*.[78] Uma clínica que revela a continuidade funcional e hierárquica entre os modos de organização mais primitivos do funcionamento psicossomático e as manifestações neuróticas, tanto do ponto de vista do desenvolvimento humano como no da manifestação patológica, apesar das diferenças de suas formas de expressão. Dessa perspectiva, compreendemos que as manifestações ou as queixas centradas no corpo e as descargas pelos comportamentos são apenas algumas das modalidades possíveis de expressão do sofrimento humano. Por sua vez, apesar da predominância da expressão psíquica, os sintomas e quadros psicopatológicos constituem uma outra vertente para a manifestação desse sofrimento.

Mesmo considerando os mecanismos fisiológicos, psiconeuroimunológicos e mesmo hereditários eventualmente implicados

---

75 Cf. *Da semiologia à clínica*, no Capítulo 7.
76 Cf. *O ego ideal e as desorganizações psicossomáticas*, no Capítulo 5.
77 Cf. *Repercussões da economia psicossomática no campo transferencial*, no Capítulo 5, e também R. M. Volich (2016b). *O campo transferencial como recurso terapêutico: uma perspectiva psicossomática psicanalítica*.
78 Cf. o Capítulo 9, *A clínica das desorganizações*.

nesses processos, é fundamental compreender a perspectiva inter-subjetiva e histórica segundo a qual desenvolvem-se e organizam-se essas dinâmicas em suas relações com as funções psíquicas e com a regulação do funcionamento vital. A preponderância de uma ou outra dessas formas de expressão é fruto da história de cada um, da organização de sua subjetividade no contexto de uma interação permanente entre fatores constitucionais, condições do ambiente e suas experiências de vida, modeladas pelo tecido relacional estabelecido, desde o nascimento, com as demais pessoas de seu convívio.

Diante de toda essa complexidade, ao final desse percurso, cabe explicitar nossa gratidão aos colegas, a nossos mestres e psicanalistas que compartilharam conosco suas cosmogonias e mitologias, nas quais nos inserimos. São a essas mitologias coletivas, heranças de nossas próprias histórias e transferências, que recorremos para ordenar o caos de nosso Universo e daqueles de quem tentamos cuidar, nem sempre com sucesso, infelizmente.

Porém, cabe também lembrar a importância, para cada analista, para cada clínico, para cada terapeuta, da construção de sua própria mitologia. Para poder aproximar-se ainda mais de suas próprias dores e daquelas de seu semelhante. Para acercar-se do temível, do irrepresentável, do invisível Hades, que, todos nós, de uma forma ou de outra, em algum momento, seremos convidados a visitar...

7. Dor, sofrimento e angústia[1]

Em "A destruição de um coração", Stefan Zweig descreve, com a sensibilidade e a poesia que lhe são próprias, como as intensas dores biliares que, em plena madrugada, acordaram o velho Salomonsohn, rapidamente se misturaram ao terror, à vertigem e à vergonha ao vislumbrar sua filha de dezenove anos saindo furtivamente do quarto de um estranho, naquelas horas tardias.[2]

No conto, somos imediatamente tragados pelo torvelinho iniciado naquele instante na vida do personagem que, esquecendo sua dor, tremendo e sentindo o suor invadir todos os seus poros, foi tomado pelo impulso de invadir o quarto da filha desavergonhada e socá-la com seus próprios punhos. Observamos aflitos o velho

---

1 Este capítulo articula algumas hipóteses desenvolvidas em dois trabalhos anteriores:
R. M. Volich (1999). De uma dor que não pode ser duas. In M. T. Berlinck (Org.). *Dor*, p. 35-60.
R. M. Volich (2003). O eu e o outro: esboço de uma semiologia psicossomática da angústia. In R. M. Volich, F. C. Ferraz & W. Ranña (Orgs.). *Psicossoma III: interfaces da psicossomática*, p. 309-323.
2 S. Zweig (1927). *Destruction d'un cœur*.

homem, transtornado e cambaleante, rapidamente constatar sua impossibilidade de levar adiante aquele impulso pelo estado em que se encontrava. Com grande dificuldade, quanto muito, ele conseguiu arrastar-se até a porta de seu próprio quarto onde despencou atordoado em sua cama, como um animal que acabara de ser golpeado.

Somos incapazes de abandoná-lo e, capturados pela intensidade de seu sofrimento, acompanhamos os desdobramentos daquela cena. Constatamos impotentes como aquela visão do corredor apossou-se de todo seu ser, marcando como ferro em brasa sua existência, produzindo nele sensações nunca experimentadas e conduzindo-o pelo caminho de sua própria destruição. Desde aquela visão, cada minuto de sua vida passou a ser povoado pela revolta, pelo ódio, pela vontade de vingança, e sobretudo pela incompreensão daquilo que descobrira. Emoções que brotavam em ondas gigantescas, embotando seus pensamentos, suas ações, impedindo inclusive que ele as comunicasse a sua esposa, a sua filha, a quem quer que fosse. Completamente tomado pela violência e pela desorganização, Salomonsohn mergulhou na mais infernal das solidões.

Temos que resistir à tentação de acompanhá-lo a cada passo de seu martírio: presenciar impotente, no dia seguinte, o divertimento de sua filha e de sua esposa em companhia de um grupo de hóspedes entre os quais, segundo suas suspeitas, deveria encontrar-se aquele que maculara sua filha; suportar o passeio junto ao lago e à cidade, no qual só conseguia pensar em sua vergonha e em sua vingança; participamos de sua conversa desconexa com sua esposa, ofendida com sua proposta incompreensível de que partissem naquele mesmo dia; contemplamos sua decisão de voltar sozinho para sua casa, seu enclausuramento progressivo, sua recusa de conversar ou mesmo aparecer na rua, ou no trabalho; constatamos a apatia crescente pelo que acontecia no mundo, em sua própria casa, em seus negócios e a batalha infernal que passou a travar, desde aquela noite, com seus pensamentos e com a própria vontade de permanecer vivo.

Resistimos, mas sabemos que é essa batalha que nos interessa. É ela que nos revela, com toda a violência, a intensidade do sofrimento do velho homem, e muitas das facetas de sua dor. Em meio ao turbilhão de suas experiências, percebemos como misturam-se em Salomonsohn o sofrimento de seus problemas biliares, seu terror e as dores, em alguns momentos muitíssimo mais intensas, causadas pela "descoberta" das aventuras de sua filha.

Entre dor e sofrimento...

Seguramente, não seríamos os primeiros a reconhecer a primazia da intuição do poeta para apreender a natureza e a experiência humanas. É grande a vontade de simplesmente deixar-se conduzir pela magia de S. Zweig para aprofundar nosso conhecimento sobre a dor e o sofrimento, constatando em seu relato, mas também em nossas próprias experiências, a total impossibilidade de distinguir, como tentam alguns, dor e sofrimento, dor física e dor moral.

Encontramos frequentemente na linguagem cotidiana, no discurso científico e no léxico uma diferenciação entre *dor física*, "impressão desagradável ou penosa proveniente de lesão contusão, ou estado anômalo do organismo ou de uma parte dele", e *dor* ou *sofrimento moral* ou *psíquico*, assimilados a mágoa, pesar, aflição, dó, compaixão.[3] Essa distinção apresenta algumas variações em outras línguas, como no francês, no inglês, no castelhano e no alemão,[4] mas todas revelam em seu sentido latente a dificuldade de apreensão e caracterização da natureza e do sentido da dor. Diferentes definições revelam como traços comuns da dor a *natureza sensorial*, a *qualidade desprazerosa* e o *caráter subjetivo*, bem como a tentativa de situar a

---

3 A. Buarque de Holanda Ferreira (1999), *Novo dicionário da língua portuguesa*.
4 Douleur, souffrance (fr.), ache, pain/suffering (in.), dolor/sufrimiento (es.), Schmerz/Leidend (al.).

marca distintiva entre sua experiência física ou moral na *existência ou não de uma lesão* real do organismo.[5] Como veremos, algumas vezes hesitante, Freud também esforçou-se, desde os primórdios da psicanálise, em estabelecer a especificidade da experiência dolorosa, tentando distingui-la da angústia e do luto.[6]

A medicina tenta lidar com as incógnitas e com as dificuldades em compreender de forma mais precisa a experiência dolorosa utilizando o sufixo *algia*, derivado do grego, para caracterizar ou circunscrever a localização da dor. Lombalgia, mialgia, nevralgia, artralgia são alguns dos termos que procuram descrever dores localizadas, no caso, nas costas, músculos, nervos, concentrando a atenção terapêutica, de forma local ou sistêmica, para as partes do corpo onde a dor se manifesta.

Na anamnese, a pergunta "onde dói?" orienta o raciocínio clínico para uma região do corpo do doente que muitas vezes, para a decepção do médico, nada ou pouco tem a apresentar que justifique o sofrimento do qual aquele se queixa. Frequentemente, a dor do paciente é uma experiência desconcertante para o médico. Isso porque muitas vezes lhe é difícil formular as questões apropriadas para *compreender* (apreender junto) *do que, afinal, sofre o paciente.*

Se perguntasse, por exemplo, "o que dói?" já haveria uma pequena abertura para a revelação pelo paciente de sofrimentos de outra natureza, para além do pressuposto que, na consulta médica, o que conta são as dores do corpo real. Caso iniciasse a consulta simplesmente perguntando "o que lhe acontece?", o médico aumentaria a

---

5 Reconhecida como uma experiência genuinamente subjetiva e pessoal, desde o ano 2000, a Sociedade Americana de Dor propôs considerar a dor como *quinto sinal vital* para a avaliação clínica do paciente, ao lado da temperatura, do pulso, da respiração e da pressão arterial.

6 S. Freud (1895b). *Projeto de uma psicologia científica, E.S.B.,* I.
   S. Freud (1926). *Inibições, sintoma e ansiedade, E.S.B.,* XX.

possibilidade de apreensão da natureza da dor da qual o paciente se queixa, tornando-a mais compreensível para ambos. Se lembrarmos de Salomonsohn, reconhecemos com facilidade que, depois de sua visão na penumbra daquele corredor, ele passou a sofrer muito mais pela vergonha e pelo significado daquele encontro de sua filha com um estranho, do que das dores biliares que o assolavam.

A clínica sistematicamente revela que, do ponto de vista individual, a tentativa de distinguir dor e sofrimento, dor física e dor moral é difícil, se não impossível, por não corresponder à experiência do sujeito que sofre, dessa forma, empobrecendo a compreensão dessa experiência. Toda dor, mesmo aquela oriunda de uma lesão real, remete o indivíduo a suas experiências mais primitivas de desamparo, da mesma maneira que, independentemente da existência de uma lesão, todo sofrimento psíquico (como a angústia e a depressão, por exemplo) é também acompanhado por sensações corporais, difusas ou localizadas.

Nessas condições, é importante tentar compreender a *natureza* e a *função* das dinâmicas relacionadas à dor e ao sofrimento na vida do indivíduo, desde o ponto de vista de seu desenvolvimento, considerando seus aspectos metapsicológicos e psicossomáticos, bem como as condições de representabilidade dessa experiência para a própria pessoa e para aqueles que o cercam.

O sofrimento entre dois

Já na vida intrauterina é possível detectar sinais e reações do feto que, por analogia com o comportamento e com a fisiologia do bebê, sugerem que mesmo antes de nascer o ser humano "sofre". Por sinal, é exatamente esse termo, *sofrimento*, que a medicina utiliza para descrever a possibilidade de que uma anomalia da gravidez ou do metabolismo materno (doença, intoxicação, ultrapassagem excessiva da data de termo) possa estar prejudicando o feto e, futuramente, o bebê. Apesar da barreira placentária, o feto é influenciado pelos mesmos hormônios e componentes metabólicos que participam da experiência emocional da mãe.[7]

Entretanto, lembremos que esse feto é também marcado por um outro tipo de experiência. Como vimos, desde a sua concepção e mesmo antes dela, o filho em gestação já existe na fantasia e no desejo de seus pais. Prazer e desprazer forjam as representações paternas e maternas do filho que está por vir. Essas representações são fruto das histórias de satisfações e de frustrações de cada um deles e que, geralmente, idealizam e concebem um filho imaginário que nunca sofra e que sempre se satisfaça. Essa existência antecipada, sonhada, planejada prepara para aquele ser em gestação um contrato que, quase sempre, ele não estará em condições de cumprir.

Por sua vez, nas profundezas do ventre materno, o feto segue seu desenvolvimento, quase automático. Ele cumpre o planejamento inscrito em seus genes, que determina principalmente suas características morfológicas, seus potenciais de desenvolvimento e eventuais predisposições patológicas. Ignorando o que lhe espera, o feto traz de sua experiência intrauterina as marcas do equilíbrio, da quietude, da satisfação permanente de suas necessidades metabólicas.

O momento do encontro é violento para ambos.[8] Para além de contrações e contorções, de uma mistura indescritível de líquidos, cores, luzes, ruídos e sensações, o primeiro olhar (que nem sempre existe...), de um e de outro, traz inevitavelmente, junto com a mais

---

7   Field e Cols. (2003). *Pregnancy anxiety and comorbid depression and anger: effects on the fetus and neonate.*
    V. Glover e Cols. (2002). *Effects of antenatal stress and anxiety: Implications for development and psychiatry.*
    Cf. *Vivências maternas durante a gestação e desenvolvimento fetal*, no Capítulo 4.
8   P. Aulagnier (1982). *Condamné à investir.*

extrema emoção – nem sempre de prazer –, a experiência da mais profunda decepção. Não, aquele bebê não é, e talvez nunca será, aquele ser tão imaginado e tão esperado, constata a mãe. Não, aquela nova "morada" nunca poderá acolhê-lo, provê-lo e satisfazê-lo como o útero que ele acabou de deixar, percebe o bebê.

Momento fugaz, instante de verdade insuportável, da constatação de que ambos, mãe e filho, mesmo desejando ardentemente a satisfação e a vida, são também capazes da mais extrema frustração e destruição. Experiência cuja representação é quase impossível, para um tanto como para outro, tal a violência e a ameaça que ele encerra.

Porém, é em meio a essa vivência que mãe e bebê tornam-se *realidade* um para o outro. Realidade que, ao surgir, vem inevitavelmente marcada pelos selos da decepção, da ameaça e da violência, reveladoras da dependência do bebê, mas também do adulto, da existência de um outro. Realidade que se origina, portanto, sob o signo do amor e do ódio, da ambivalência e da dor.

É esse o cenário em que se forja para o bebê a experiência do sofrimento, e no qual se reatualiza para a mãe essa mesma experiência. Lembrando o episódio bíblico, em que Eva transgride a ordem divina e é condenada ao imperativo da concepção dolorosa, conhecemos a clássica tradução para essa punição: "Multiplicarei o teu sofrer e tua concepção: com dor darás à luz, filhos" (Gênesis, 3:16). Porém, na versão original dessa passagem, Deus declara: *"be etzev teldi banim".* Por certo, a palavra *etzev* em hebraico designa a *dor*, mas ela também significa tristeza, aflição, fadiga e luto.

Principalmente durante nascimento e nos primeiros momentos que se seguem, praticamente toda vivência materna é compartilhada pelo bebê. A experiência inaugural desse encontro fica inevitavelmente marcada, pelo prazer e pelo desejo de vida, sem dúvida, mas também pela decepção, pela perda, pela depressão, componentes de muitas das sensações presentes e futuras vividas por esses dois seres.

Além das sensações corporais turbulentas, violentas, inéditas que caracterizam a passagem do interior do corpo materno para fora dele, o recém-nascido também é confrontado à dependência de um outro ser para que sua existência possa ser preservada, à vivência do *desamparo*.[9] Como aponta Freud, essa experiência se constitui como paradigma das *situações de perigo*, que podem se originar tanto de uma fonte externa, do mundo, como de uma interna, da vivência pulsional.[10] O desamparo, vivência ao mesmo tempo psíquica e somática, é também a fonte essencial da *angústia*: "A angústia se revela como produto do desamparo psíquico do bebê, que é . . . uma variante de seu desamparo biológico".[11]

Apesar da reconhecida importância dessas experiências do bebê, determinantes dos rumos de seu desenvolvimento, frequentemente se negligencia o fato que o desamparo, em sua condição de extrema dependência do outro, representa também a "descoberta" – pelo bebê – que este outro pode também desejar sua destruição e sua morte sendo, além disso, capaz de realizá-la.

Paradoxos e destinos do sofrimento

As características desse encontro inaugural reatualizam-se a cada instante em que o sujeito é confrontado à necessidade ou ao desejo de contato com seu semelhante. Piera Aulagnier aponta para o

---

9 Cf *Origens e funções da fantasia* no Capítulo 4.

10 "Qual é o núcleo, a significação da situação de perigo? Manifestamente a avaliação de nossa força comparada à grandeza desse perigo, o reconhecimento de nosso desamparo face ao mesmo, desamparo material, no caso de perigo real, desamparo psíquico no caso de perigo da pulsão".
    S. Freud (1926fr). *Inhibition, symptôme et angoisse*, O.C.P, XVII p. 280, traduzido por mim.

11 S. Freud (1926fr). *Inhibition, symptôme et angoisse*, O.C.P, XVII, p. 253, traduzido por mim.

paradoxo fundamental dessa situação: todo objeto fonte de prazer e de vida pode também tornar-se para o Eu[12] um objeto fonte de sofrimento e de destruição, e quanto mais um objeto é necessário ao prazer, mais intenso é seu poder potencial de sofrimento.[13]

A partir dos princípios de prazer e de realidade revelados por S. Freud,[14] P. Aulagnier sustenta, em suas investigações sobre a vida de representação,[15] que, em princípio, o Eu deseja que toda ação ou pensamento resultem apenas em experiências e representações fonte de prazer. Porém, esse Eu deve curvar-se à *realidade* que lhe impõe, como imperativo de sobrevivência, a necessidade de preservação de seus investimentos.

Para permanecer vivo, o Eu é *condenado* a preservar uma relação de investimento com seu próprio corpo, com o Eu de outros (cujo desejo se revela sempre autônomo e às vezes antinômico ao seu próprio) e com esta realidade que nunca será totalmente conforme à representação que o Eu deseja ter dela. Além disso, esse corpo, esse outro e essa realidade, por ele investidos, serão também, periódica e inevitavelmente, fontes de sofrimento, o que incita um movimento de desinvestimento, um desejo de fuga.[16]

---

12 Instância depositária da história libidinal do sujeito cuja finalidade é "forjar uma imagem da realidade do mundo ... e da existência do qual ele é informado que seja coerente com sua própria estrutura" (p. 28 e 29).

P. Aulagnier busca através desse conceito específico chamar a atenção para uma dimensão e para modalidades de funcionamento psíquico para os quais os termos *ego* e Sujeito lhe parecem insuficientes.

P. Aulagnier (1975). *A violência da interpretação.*

13 P. Aulagnier (1982). *Condamné à investir*, p. 241, traduzido por mim.

14 S. Freud (1911a). *Formulações sobre os dois princípios do funcionamento mental, E.S.B.*, XII.

15 P. Aulagnier considera a atividade de representação como "o equivalente psíquico do trabalho de metabolização próprio à atividade orgânica".

P. Aulagnier (1975). *A violência da interpretação,* p. 27.

16 P. Aulagnier (1982). *Condamné à investir*, p. 240.

Segundo P. Aulagnier, na tentativa de opor-se a este movimento de desinvestimento que ameaça um suporte de amor e de vida, o Eu recorre, de forma análoga ao mecanismo de paraexcitações, ao *paradesinvestimento*:

> *cada vez que uma experiência de sofrimento coloca em perigo seus investimentos privilegiados, o Eu pensará sua própria experiência (eprouvé) de forma a operar uma ligação entre um sofrimento, cuja presença e os efeitos ele não pode negar, e uma causa que possa, quanto a ela, permanecer suporte de investimento.[17]*

Percebemos nesses processos os efeitos da batalha titânica entre as pulsões de vida e de morte.[18]

Esse movimento contínuo de investimento e desinvestimento do qual o Eu é tanto objeto como sujeito caracteriza a emergência no indivíduo das experiências de prazer e de desprazer. Mas esse movimento oferece-nos também uma perspectiva privilegiada para a compreensão da dimensão econômica do sofrimento e da experiência dolorosa em particular.

Segundo Freud, a dor corresponde a uma experiência de desprazer, cuja dinâmica, próxima da do trauma, é marcada por uma efração e pela emergência de quantidades de excitação não ligadas. Ele afirma:

> *Da dor conhecemos muito poucas coisas. A única certeza é dada pelo fato que a dor . . . aparece quando um estímulo atacando a periferia perfura os dispositivos*

---

17 P. Aulagnier (1982). *Condamné à investir*, p. 240.
18 Cf. *O corpo entre as pulsões de vida e de morte* no Capítulo 2.

do paraexcitações e age desde então como um estímulo
pulsional contínuo contra o qual as ações musculares,
geralmente eficientes para subtrair ao estímulo o local
estimulado, permanecem impotentes.[19]

Portanto, é importante compreender os movimentos pulsionais implicados nessas experiências, e, principalmente, quais os seus destinos, investigando as relações entre a experiência dolorosa e esses momentos de passagem de uma situação de investimento para a de satisfação do impulso de desinvestimento.

Poderíamos, então, compreender a dor, o sofrimento e a angústia como diferentes sinalizadores dos momentos em que a economia psicossomática se engaja ou persiste em movimentos de desinvestimento e examinar as possibilidades de representação ou descarga desses processos pelo aparelho psíquico, pelos comportamentos ou pelas manifestações somáticas.

Percebemos, assim, que esses fenômenos – dor, sofrimento e angústia – guardam uma íntima relação com momentos decisivos nos quais o Eu está prestes a operar, ou já operou, o desinvestimento do corpo ou parte dele, de um outro sujeito ou ainda da realidade dos quais ele depende para existir. Mas seria essa hipótese compatível com a posição freudiana?

Dor por excesso ou dor por falta?

Desde seus primeiros trabalhos, e ao longo de toda sua obra, Freud interessou-se pela especificidade das relações existentes entre dor,

---

19 S. Freud (1926fr). *Inhibition, symptôme et angoisse, O.C.P, XVII*, p. 285, traduzido por mim.

desprazer e angústia.[20] Suas conceitualizações mais detalhadas sobre essas questões são desenvolvidas no *anexo C* de *Inibição, sintoma e angústia*. Prevenindo o leitor de suas poucas esperanças de conseguir seu objetivo, ali, ele tenta compreender e discriminar os desdobramentos das experiências de perda e de separação de objeto, que podem resultar em angústia, luto, ou dor.[21]

Destacando a natureza traumática da experiência da perda, Freud caracteriza a dor como "a verdadeira reação à perda de objeto" enquanto a angústia seria uma reação *à ameaça* de que esta perda se produza.[22] Segundo ele, a experiência do nascimento se constitui como uma referência biológica para a constituição da angústia. Ao nascer, os órgãos respiratórios, o coração e o sistema vascular do bebê são particularmente solicitados, assim como na vivência da angústia as enervações desses órgãos têm um papel preponderante.[23]

Ele acrescenta que "não pode ser desprovido de sentido que a linguagem tenha criado o conceito de dor interna, psíquica, assimilando completamente as sensações de perda de objeto à dor corporal", ressaltando que *o paradigma da experiência dolorosa é a dor corporal*, enquanto a dor *psíquica* corresponderia a uma *apropriação metafórica* dessa experiência.[24]

---

20 A questão da dor é um elemento central das reflexões de Freud no *Projeto de uma psicologia científica* onde ele tenta examinar os destinos das quantidades de energia Q no sistema psi, sua relação com as tendências do sistema ao rebaixamento das quantidades de excitação, e a relação entre dor e desprazer. S. Freud (1895b). *Projeto de uma psicologia científica*, E.S.B, I.

21 S. Freud (1926fr). *Inhibition, symptôme et angoisse*, O.C.P, XVII, p. 283, traduzido por mim.

22 S. Freud (1926fr). *Inhibition, symptôme et angoisse*, O.C.P, XVII, sublinhado por mim.

23 S. Freud (1926fr). *Inhibition, symptôme et angoisse*, O.C.P, XVII, p. 248-249, traduzido por mim.

24 S. Freud (1926fr). *Inhibition, symptôme et angoisse*, O.C.P, XVII, traduzido por mim.

Apesar da insistência de Freud na dimensão "metafórica" da dor psíquica, penso ser importante considerar uma precondição para essa vivência: a "apropriação metafórica" da dor corporal só é possível a partir da *possibilidade de investimento e de representação* de experiência sensível, o que depende dos recursos de cada um, nem sempre presentes, para fazê-lo. Além disso, devemos considerar que, uma vez incorporadas à experiência do sujeito, dor psíquica e dor corporal são indissociáveis, como bem indicam, entre outras evidências, as dificuldades encontradas pela maior parte dos pesquisadores que tentam construir escalas quantitativas para avaliação da intensidade da dor.[25]

O papel da vivência corporal da dor como paradigma da dor psíquica é ressaltado mais uma vez por Freud ao descrever a dimensão econômica dessas experiências. Desde *Introdução ao narcisismo,* ele sempre apontou para o investimento narcísico resultante de uma lesão corporal ou de uma experiência de perda.[26]

Também em 1926 ele destaca o papel das relações entre *investimento narcísico* e *objetal* para compreender a experiência da dor. A dor corporal seria assim resultante de um investimento narcísico elevado na localização corporal dolorosa, "um investimento que

---

25 Entre os muitos instrumentos de avaliação e mensuração da dor podemos mencionar as escalas Unidimensionais (Escala verbal numérica (EVN) e Escala numérica visual (ENV)), as Multidimensionais (Breve Inventário de Dor de McGill) e os Específicos (Questionário de Dor Neuropática 4 (DN4)), entre outros.
L. V. Pereira & F. A. E. F. Sousa (1998). *Mensuração e avaliação da dor pós-operatória: uma breve revisão.*

26 "Todos sabemos e consideramos natural que o indivíduo tomado por uma dor ou por um mal-estar orgânico deixa de interessar-se pelo mundo exterior . . . Uma observação mais detalhada nos mostra que também retira de seus objetos eróticos seu interesse libidinal, cessando assim de amar enquanto sofre . . . o indivíduo retrai para o *ego* suas cargas de libido para dirigi-las para a cura" S. Freud (1914a). *Sobre o narcisismo: uma introdução, E.S.B.,* XIV, p. 89.

336 DOR, SOFRIMENTO E ANGÚSTIA

aumenta ininterruptamente agindo sobre o *ego* esvaziando-o".[27]
A distinção e a passagem da dor corporal para a dor psíquica ocorreriam em função da existência ou não de uma possibilidade de investimento predominante de uma parte do corpo em uma representação de objeto (que pode inclusive ser uma representação de uma parte do próprio corpo do sujeito):

> *O intenso investimento do desejo de objeto (perdido) cuja ausência experimentamos, investimento constantemente crescente por seu caráter insaciável, cria as mesmas condições econômicas que o investimento doloroso no local ferido do corpo e torna possível abstrair o condicionamento periférico da dor corporal! A passagem da dor do corpo para a dor psíquica corresponde à mudança de investimento narcísico em investimento de objeto. A representação de objeto altamente investida pela necessidade tem a função do lugar do corpo investido pelo aumento de estímulos.*[28]

Assim, nesse momento da elaboração freudiana, dor, angústia e luto são compreendidos como resultantes de diferentes destinos de experiências de níveis elevados de excitação e de investimento – no corpo, na expectativa de perda de objeto, na representação do objeto perdido – que, diante da impossibilidade de encontrar outras vias de descarga ou organização, produzem a sensação do desprazer.

---

27 S. Freud (1926fr). *Inhibition, symptôme et angoisse, O.C.P, XVII*, p. 285, traduzido por mim

28 S. Freud. (1926fr). *Inhibition, symptôme et angoisse, O.C.P, XVII*, p. 286, sublinhado por mim.

Dor e angústia nos limites do pulsional

Inibição, sintoma e angústia é fruto de uma ambição freudiana. Nesse texto, Freud efetua uma mudança significativa em sua concepção anterior sobre a angústia, que a considerava como resultante de uma transformação automática do acúmulo de excitações e da energia de investimento da moção pulsional recalcada. Transformando essa concepção, ele passa a ressaltar a função do *ego* como responsável pelo investimento ou desinvestimento de uma percepção ou representação ameaçadora, perigosa ou desprazerosa e, como tal, sede da angústia. Justificando essa mudança de posição, Freud argumenta que sua primeira teoria apresentava uma "descrição fenomenológica" da angústia, enquanto sua nova concepção era oriunda de uma "apresentação metapsicológica".[29] Assim, acrescenta ele, é "a angústia que produz o recalcamento, e não o recalcamento que produz a angústia",[30] o que revela a função da angústia como um *sinal* que alerta as instâncias psíquicas, *ego* e *superego*, da iminência de um perigo, exterior ou interior, ameaçador ou fonte de desprazer para o sujeito.

Por mais que nessa segunda leitura o *ego* tenha se tornado uma figura central na dinâmica da angústia, não podemos esquecer que a pulsão é uma dimensão constitutiva dessa experiência. É a exigência de satisfação e de trabalho, que a pulsão impõe ao sujeito, que desencadeia no *ego* a necessidade de intermediar com os demais protagonistas desta experiência – o *id*, o *superego* e a realidade – os desfechos possíveis para tais exigências, entre os quais se encontra a angústia.[31]

---

29 S. Freud. (1926fr). *Inhibition, symptôme et angoisse, O.C.P, XVII,* p. 211.
30 S. Freud. (1926fr). *Inhibition, symptôme et angoisse, O.C.P, XVII,* p. 226, traduzido por mim.
31 S. Freud (1915a). *O instinto e suas vicissitudes. E.S.B.,* XIV.
S. Freud (1926). *Inibições, sintoma e ansiedade. E.S.B.,* XX.

Além disso, é importante também constatar que essa nova concepção metapsicológica da angústia, e consequentemente da dor, não considera suficientemente as consequências clínicas e teóricas das reflexões sobre a agressividade e seus destinos, e sobre o par pulsional pulsão de vida e pulsão de morte (Eros e Tanatos), introduzidas pelo próprio Freud, a partir de 1920. A pulsão de destruição e a questão da intricação ou fusão entre pulsão de destruição e libido são apenas rapidamente consideradas no Capítulo VII do trabalho de 1926, no contexto da discussão sobre a fobia, a neurose obsessiva e suas relações com a angústia de castração, sem aprofundar a análise de seus desdobramentos. Contudo, a segunda teoria pulsional tem consequências bem mais amplas do que essas sobre a teoria da angústia e em particular sobre a concepção metapsicológica do fenômeno da dor.

Em *Além do princípio do prazer,* Freud reformula significativamente a dimensão econômica da metapsicologia. Compreendidos nos primeiros textos freudianos como resultado do acúmulo ou da diminuição das quantidades de excitação no aparelho psíquico, desprazer e prazer revelam-se, nesse artigo, como experiências bem mais complexas.[32] O jogo infantil do carretel, que simula o desaparecimento da mãe, os sonhos traumáticos e a compulsão à repetição contradizem o princípio antes enunciado, de que o objetivo da vida psíquica seria a obtenção de prazer, e também o *princípio de constância,* que manifestar-se-ia por meio de uma tendência do aparelho psíquico a manter a quantidade de excitações no nível mais baixo possível, ou pelo menos, em um nível constante. O *princípio de prazer* deixa de ser o único mestre regulador do funcionamento psíquico para curvar-se ao *princípio de realidade,* sob a pressão das pulsões de autoconservação, o que supõe, com

---

32 S. Freud (1920). *Além do princípio do prazer*, E.S.B., XVIII.

vistas à sobrevivência, a necessidade de que o indivíduo possa tolerar uma certa dose de desprazer.

A partir desses processos, no âmbito pulsional, Freud deriva do par pulsões de autoconservação - pulsões sexuais uma nova dimensão: ele reconhece no primeiro grupo de pulsões, do *ego*, uma tendência conservadora, regressiva e desintegradora, que buscaria a restauração de um estado anterior, não dotado de vida, características da pulsão de morte; por sua vez, as pulsões sexuais também reproduziriam estados primitivos do ser vivo, mas por meio de sua tendência à fusão (primitivamente celular), à ligação, à integração e à formação de funções mais complexas tenderiam à manutenção e à reprodução da vida, caracterizando a pulsão de vida.[33]

Colocando em xeque a primazia do princípio do prazer e revelando a existência de processos que ocorrem independentemente deste princípio, essas concepções convidam a novas leituras de algumas manifestações humanas – como o sadismo, a paixão, a anorexia, a doença somática, e as depressões, entre muitas outras – nas quais os componentes amorosos, agressivos, de preservação e de destruição encontram-se imbricados, sem que possamos distingui-los claramente.

Em suas novas formulações sobre as dualidades pulsionais, Freud efetua ainda uma outra reviravolta significativa, ao sustentar que são

> *as pulsões de vida que surgem internamente como pertur-*
> *badoras da constância do aparelho psíquico, produzindo*

---

33 "Quando postulamos a tese da libido narcísica e ampliado o conceito de libido às células individuais vimos a pulsão sexual transformar-se em Eros, que busca levar uma à outra e manter a coesão das partes da substância viva, e aquilo que normalmente denominamos pulsões sexuais é a parte deste Eros voltada para o objeto. A especulação coloca que esse Eros é presente desde o início da vida e que como 'pulsão de vida' ele entre em oposição com a pulsão de morte que aparece a partir do fato que o inorgânico ganhou vida". S. Freud (1920). *Além do princípio do prazer*, *E.S.B.*, XVIII, nota p. 82.

tensões cujo alívio é sentido como prazer, ao passo que
as pulsões de morte parecem efetuar seu trabalho dis-
cretamente. Temos assim a impressão que o princípio do
prazer está a serviço das pulsões de morte.[34]

O sofrimento entre as pulsões de vida e de morte

Uma verdadeira revolução é operada por Freud, em 1924. Ao refletir
sobre o masoquismo,[35] ele se vê mais uma vez obrigado não apenas
a questionar a função do princípio de prazer na vida psíquica, mas
principalmente reconhecer a necessidade de mudança de um dos
pilares da dimensão econômica da psicanálise:

> *se o princípio de prazer domina a vida anímica de forma*
> *que evitamento do desprazer e obtenção de prazer sejam*
> *objetivos imediatos, então o masoquismo é incompreen-*
> *sível. Se dor e desprazer podem ser, não advertências,*
> *mas alvos em si, o princípio de prazer está paralisado, e*
> *o guardião da vida psíquica . . . narcotizado.*[36]

É importante considerar o alcance desse desafio. Questionar a
função do princípio de prazer no funcionamento psíquico implica
necessariamente em correr o risco de repensar a relação do ser
humano à dor e ao sofrimento, e, mais do que isso, reconhecer
que também o sofrimento pode ter uma função na preservação
da vida. Assim, Freud convida-nos a pensar a possibilidade do
princípio do prazer constituir-se como *"guardião da vida, e não
apenas da vida psíquica"*, o que implica reconhecer as relações desse

---

34 S. Freud (1920). *Além do princípio do prazer*, E.S.B., XVIII, p. 84-85.
35 S. Freud (1924b). *O problema econômico do masoquismo*, E.S.B., XIX.
36 S. Freud (1924b). *O problema econômico do masoquismo*, E.S.B., XIX, p. 201.

princípio com as pulsões de vida e de morte e com as dinâmicas libidinais e de destruição.

Incorporando o conceito de Barbara Low de *princípio de Nirvana*, Freud o descreve como a tendência a reduzir a excitação no aparelho psíquico a zero, ou aos níveis mais baixos possíveis. Para ele, o princípio do Nirvana, a serviço da pulsão de morte, é um funcionamento primário que no ser humano *sofre uma modificação* e se transforma em princípio do prazer. Essa modificação é provocada pela pulsão de vida *"que obtém,* ao lado da pulsão de morte, *o direito de participar à regulação dos processos vitais".* Percebemos assim que a dinâmica entre esses grupos pulsionais – vida e morte, amor e ódio – é marcada não apenas pela oposição, mas sobretudo pela *intricação pulsional*, pela possibilidade de investimentos recíprocos que determinam uma mudança nas próprias características dessas pulsões e em seus destinos.

Nesse contexto, é interessante considerar que talvez Freud não ignorasse que, em sânscrito e no pensamento oriental budista, o Nirvana é descrito como um estado de *extinção da dor* que corresponde à libertação do ciclo das reencarnações. Assim, cabem duas considerações a partir da escolha freudiana do conceito de Nirvana e de sua associação à pulsão de morte: 1. essas posições revelariam a intuição de Freud de que, de certa forma, a analgesia poderia ser um dos sinais da ação da pulsão de morte e 2. por outro lado, o investimento da sensação dolorosa pela pulsão de vida, e o contato com essa experiência de sofrimento seria uma contingência necessária do processo vital.

O sofrimento a serviço da vida

Dito de outra forma, é importante reconhecer que com vistas à preservação da vida as pulsões de vida e de morte encontram-se mescladas. As tendências libidinais ficam assim marcadas pelas forças desagregadoras e destrutivas da pulsão de morte, e, reciprocamente, a destrutividade é impregnada pelas forças libidinais de ligação e integração características da pulsão de vida. Segundo Freud, o masoquismo erógeno primário seria um vestígio do momento em que se realiza essa liga, essencial para vida, entre Eros e Tanatos.[37] Como aponta Benno Rosenberg, a possibilidade e as características dessa ligação dependem da qualidade da presença e da função materna,[38] que também determina a possibilidade de transformação do princípio de Nirvana em princípio de prazer, e inaugura a primeira estrutura do *ego* arcaico, organizado em torno do *núcleo masoquista erógeno primário*.[39]

Esse núcleo é constituído pela parte da pulsão de morte que, por não ter sido projetada para o exterior, permanece no organismo e é investida pela pulsão sexual. É esse núcleo masoquista primário que torna suportável a vivência do desamparo, as primeiras experiências de desprazer e de sofrimento. A possibilidade de libidinização dessas vivências é condição essencial para a formação das organizações e funções psíquicas primitivas, para o desenvolvimento da coexcitação sexual e da experiência de continuidade e unificação da fragmentação do próprio sujeito e entre o ele e seus semelhantes. Nessas condições, o masoquismo, investimento erógeno da experiência dolorosa, constitui-se como *promotor e guardião da vida*.

Dessa forma, o masoquismo erógeno primário passa a ser considerado por Freud como o meio por excelência, talvez o único, para impedir, por meio da ação de Eros, a satisfação da pulsão de morte, para evitar a destruição do próprio sujeito, e, podemos acrescentar, na perspectiva da economia psicossomática, para amenizar ou estancar a desorganização progressiva.

---

37 S. Freud (1920). *Além do princípio do prazer, E.S.B.*, XVIII.
38 Cf. *O cuidar, o ambiente e a função materna,* no Capítulo 4.
39 B. Rosenberg (1991). *Masochisme mortifère et masochisme gardien de la vie.*

No entanto, o equilíbrio entre essas duas pulsões é algumas vezes frágil. Ele pode também ser revertido, o que leva B. Rosenberg a afirmar:

> *se o masoquismo pode impedir a satisfação de uma pulsão (de morte), é suficiente que ele se aplique a uma outra pulsão, à pulsão de vida, à libido, ou à pulsão de autoconservação para que ele paradoxalmente ele se transforme de masoquismo guardião da vida em masoquismo mortífero.*[40]

As consequências desse movimento podem ser observadas em algumas anorexias mentais ou nas mutilações graves, e até mortais, de alguns psicóticos. O que é profundamente ameaçador no masoquismo é que *como sinal de advertência* (desprazer), ele pode provocar a renúncia (impedir) à satisfação de necessidades vitais, colocando em perigo a vida.

O caráter mortífero do masoquismo é consequência das perturbações da intricação pulsional. A inexistência de condições para o investimento primário da destrutividade pela libido, em função, como vimos, da perturbação das relações primitivas mãe – bebê, por exemplo, pode impossibilitar a constituição originária de um núcleo masoquista primário. Em outros casos, uma vivência traumática, desorganizadora da economia psicossomática, pode provocar o desinvestimento de uma ligação previamente estabelecida entre os dois grupos pulsionais.

Segundo B. Rosenberg, a consequência da desintricação pulsional é o desinvestimento do polo libidinal e objetal da pulsão de vida em benefício do polo autoconservador. A perda do interesse pelos objetos

---

40 B. Rosenberg (1991). *Masochisme mortifère et masochisme gardien de la vie*, p. 72.

e pelo mundo objetal inviabiliza a vida psíquica, e esse desinvestimento representa uma verdadeira ameaça vital. Não que se esgotem os esforços desesperados no sentido da autoconservação, mas pelo fato desses esforços encontrarem-se completamente desvinculados de qualquer dimensão erógena e pelo abandono do mundo objetal. A economia do sujeito passa a funcionar "em circuito fechado", voltado primordialmente para a busca e o acúmulo de excitações, em detrimento de um prazer de descarga enquanto satisfação objetal.

Michel De M'Uzan descreve as manifestações preocupantes de tais dinâmicas em pessoas que ele denomina *escravos da quantidade*.[41] Como descrevemos acima, os *procedimentos autocalmantes* pela busca repetitiva da excitação – atividades motoras ou perceptivas utilizadas pelo *ego* para contrainvestir uma realidade traumática – também resultam de falhas da intricação pulsional que podem ser assimiladas às manifestações mortíferas do masoquismo.[42]

Assim, segundo B. Rosenberg,

> *o paradoxo do masoquismo mortífero reside no fato que a preocupação excessiva com a auto conservação ameaça a vida psíquica ... [Isso porque] a vida só pode conservar--se a longo prazo pela expansão da vida, expansão esta que faz parte da natureza da pulsão de vida, mas que ocorre no polo libidinal-objetal desta pulsão.*[43]

André Green sustenta uma leitura semelhante. Ressaltando a importância *função objetalizante* e de ligação das pulsões de vida,

---

41 M. De M'Uzan (1984). *Les esclaves de la quantité*.

42 G. Szwec (1993). *Les procédés autocalmants par la recherche de l'excitation*.
   C. Smadja (1993). *A propos des procédés autocalmants du moi*.
   Cf. *As neonecessidades e os procedimentos autocalmantes* no Capítulo 4.

43 B. Rosenberg (1991). *Masochisme mortifère, masochisme gardien de la vie*, p. 30.

em oposição à *função desobjetalizante* e de desligamento da pulsão de morte, ele descreve os efeitos da não ligação ou do desligamento da destrutividade. Essas dinâmicas podem manifestar-se nas formas graves de depressão que levam ao suicídio, na melancolia, no autismo infantil, na anorexia mental, nas psicoses que revelam a desintegração do *ego*, nas neuroses graves, nas estruturas narcísicas e nos casos limites. Observamos frequentemente nesses quadros a existência de um luto impossível de ser elaborado, de afetos relacionados à desintricação pulsional como angústias catastróficas ou impensáveis, sentimentos de futilidade, desvitalização ou morte psíquica, sensações abismais e de buracos sem fim.[44]

Da pulsão à constituição da angústia

A segunda teoria pulsional permite uma ampliação importante para a compreensão de sutilezas e nuances das manifestações mais desorganizadas do sofrimento, que, como nos mostra a clínica, muitas vezes se encontram aquém da representação. A possibilidade de identificar diferentes matizes e dinâmicas da dor e da angústia é um orientador significativo dos processos diagnósticos e terapêuticos para lidar com essas manifestações.

Assim como constatamos com relação à dor, na natureza pulsional da angústia estão implicadas dimensões psíquicas e somáticas, já apontadas por Freud[45] e como cada um de nós pode experimentar por si mesmo. Diferentes configurações e manifestações da angústia dependem, portanto, das dinâmicas pulsionais de intricação e desintricação, de fusão e de defusão, das pulsões de vida e de morte,

---

44 A. Green (1986). *Pulsion de mort, narcissisme négatif, fonction désobjectalisante.*
45 "A pulsão é um conceito limite entre o psíquico e o somático". S. Freud (1915a). *O instinto e suas vicissitudes*, E.S.B., XIV.

346   DOR, SOFRIMENTO E ANGÚSTIA

da libido e da destrutividade do sujeito.[46] Nesse sentido, a angústia pode se constituir como um sinalizador importante da qualidade da economia psicossomática, das possibilidades de ligação da pulsão de vida ou do movimento de desintrincação pulsional e de desorganização promovido pela pulsão de morte.

Cabe considerar que, por sua essência pulsional, a angústia, assim como a pulsão, não é uma experiência inata, mas sim que pode, ou não, vir a se constituir, de forma específica, a partir e segundo as singularidades da história do sujeito.

As vivências do nascimento, as primeiras experiências e o desamparo do bebê são, como vimos, paradigmáticas para a constituição da angústia, porém não se configuram, de imediato, como angústia propriamente dita. Assim como a pulsão que, para se constituir, precisa transcender a dimensão biológica do instinto afim de alcançar novas formas de inscrição, organização e diferentes destinos no psiquismo, também a angústia representa uma transcendência da excitação e da desorganização somáticas, vividas nos primeiros tempos da existência para um estado mais organizado no qual está implicada uma parcela, por menor que seja, do psiquismo do sujeito.

No início da vida, ou mesmo mais tarde, como em momentos de profunda desorganização do sujeito, subsequentes a experiências traumáticas, existem estados primitivos nos quais perturbações econômicas e, inclusive, fisiológicas, não se configuram, não podem ser caracterizados e não são vividos como angústia propriamente dita.

Assim como observamos com relação a diferentes funções e organizações da economia psicossomática, o processo de constituição e a organização da angústia, segundo diferentes graus de complexidade, também depende da qualidade da presença do outro humano, da história individual, e dos destinos de suas

___

46 S. Freud (1920). *Além do princípio do prazer. E.S.B.*, XVIII.

vivências de prazer e desprazer. Compreendemos, então, a natureza sincrônica das vivências de angústia e a formação da pulsão, do núcleo psíquico do que poderá vir a se constituir como o *ego* e da representação dos objetos.

Diferentes matizes da angústia dependem desses processos que determinam as características da instância egoica e do mundo objetal, das circunstâncias e do grau de desenvolvimento dos recursos do *ego* para lidar com as demandas pulsionais, com as demais instâncias psíquicas, com a realidade e, em particular, com os objetos de satisfação da pulsão. É na dialética entre o sujeito e o outro, entre a pulsão e seus objetos de satisfação ou de frustração que se constituem as diferentes formas de angústia.

Desde suas primeiras formulações, Freud apontava para função da angústia como um recurso antitraumático do aparelho psíquico, para tentar evitar o transbordamento do excesso de excitações.[47] Por mais que implique uma dimensão de desprazer, dependendo de suas características, ela pode mobilizar o aparelho psíquico para tentar evitar ou eliminar a fonte do desprazer. Os mecanismos de defesa do *ego*, por exemplo, são alguns dos recursos para efetuar tais operações.

Contudo, como todo recurso antitraumático, a angústia, em seus diferentes matizes, implica toda a gama de possibilidades do funcionamento psicossomático. Assim, as características da angústia dependem das mesmas dinâmicas segundo as quais o sujeito reage a experiências e conflitos de sua existência, que oscilam entre modos de reação mentais, comportamentais e somáticos, nessa ordem, dos mais aos menos evoluídos, dos mais requintados e consistentes aos mais frágeis e primitivos.[48]

---

47 S. Freud (1895b). *Projeto de uma psicologia científica, E.S.B.*, I.
48 Cf. Capítulo 5, *Mentalização e somatização, desdobramentos clínicos.*
   P. Marty (1990b). *A psicossomática do adulto.*

348   DOR, SOFRIMENTO E ANGÚSTIA

Como vimos, o outro humano tem um papel essencial na proteção e no cuidado inicial do bebê e para a promoção, o desenvolvimento e a organização de seus recursos.[49] Assim, é também em torno das características das relações com o objeto que se organiza inicialmente a experiência da angústia, podendo esse objeto igualmente se prestar como suporte dessa experiência. Como nos mostra Spitz, a constituição da angústia diante do estranho marca o momento de diferenciação entre o sujeito e o objeto, e o próprio nascimento do sujeito, enquanto tal.[50] A qualquer momento da vida, mas principalmente nos primeiros tempos do desenvolvimento, a existência de um objeto que se constitua como suporte consistente e organizador da excitação e da angústia é um fator importante para a formação dos recursos antitraumáticos protetores contra a desorganização psicossomática.

A partir do reconhecimento da diversidade de matizes e de níveis de organização da angústia, percebemos o interesse em estabelecer uma *semiologia psicossomática da angústia*, que nos permita compreender a multiplicação de adjetivos a ela frequentemente associados: angústia neurótica, psicótica, angústia catastrófica, depressiva, angústia sem nome e muitas outras.

Essa semiologia deve considerar os diferentes momentos do desenvolvimento e processos implicados nas manifestações de angústia: existência ou inexistência de sinais manifestos de angústia, a qualidade desses sinais, as manifestações fisiológicas e corporais, as características da dinâmica psíquica do sujeito, seus modos de funcionamento, sua maneira de lidar com conflitos, as vias de descarga da excitação, mas também suas dinâmicas objetais e narcísicas.

---

49 Cf. *O cuidar, o ambiente e a função materna* e *A estruturação das relações objetais*, no Capítulo 4.

50 R. Spitz (1963). *O primeiro ano de vida.*
   Cf. *Os estágios da constituição do objeto e o desenvolvimento individual* no Capítulo 4.

O paradigma das angústias infantis

Lembremos a descrição de M. Fain das três modalidades de adormecimento de bebês – o bebê que adormece sozinho, o bebê que só adormece chupando o dedo e a criança que se agita, berra, chupa freneticamente o dedo e não consegue adormecer, a não ser nos braços da mãe –, que revelam três modos de equilíbrio econômico entre as atividades motora, representativa e autoerótica.[51]

Cada uma dessas dinâmicas do adormecimento resulta de diferentes formas de exercício da função materna no cuidado da criança. As mães que *permitem a satisfação* autônoma de seu bebê e o consequente desenvolvimento da experiência alucinatória, da fantasia e de recursos regressivos propiciam também ao bebê adormecer sozinho e desenvolver a atividade do sonho. Aquelas descritas como *calmantes* não conseguem exercer de forma satisfatória seu papel de paraexcitações, oferecendo-se como únicas guardiãs do sono da criança, buscando, elas mesmas, permanentemente acalmá-lo. Dessa maneira elas dificultam a experiência de satisfação e o desenvolvimento de um paraexcitações autônomo pelo bebê, o que contribui para a insônia e para a agitação ao tentar adormecer sozinho. Quando a mãe, ou aquele que exerce essa função, consegue renunciar a sua atitude calmante, propiciando para a criança experiências de satisfação, observa-se a regularização do ciclo sono-sonho.

---

51 Cf. *Perturbações por excessos, a insônia precoce* no Capítulo 4.
Vimos que esses três modos de autoerotismo resultam de diferenças qualitativas do equilíbrio motricidade-representação, correspondente às diferentes distribuições da libido narcísica e objetal. O primeiro é próximo da representação, uma representação que reforça o sono por uma descarga alucinatória da excitação. O segundo indica a necessidade de uma excitação real bem mais longa, e o terceiro parece lançar-se em um ciclo infernal de descarga sem fim, em detrimento da atividade onírica e representativa.

350   DOR, SOFRIMENTO E ANGÚSTIA

Esses modos de relação mãe-bebê determinam também outras organizações e funções da economia psicossomática e, em particular, da angústia. L. Kreisler destaca que diferentes formas de manifestação da angústia sinalizam o grau de integração da economia psicossomática em suas relações com o desenvolvimento infantil e com diversas perturbações e patologias da criança.[52]

Assim, por exemplo, a *atonia depressiva* da criança, frequente no bebê, mas encontrada também em adolescentes, caracteriza-se, segundo ele, pela "inibição, pela inércia, pela indiferença, pela ausência de angústia, sem desamparo ou mesmo tristeza";[53] Observa-se nessas crianças a monotonia de comportamentos do *vazio depressivo*, indícios de uma inorganização ou desorganização psicossomática maior. As separações são um fator importante no desencadeamento e manutenção das depressões do bebê, que podem também ocorrer no contato com uma mãe fisicamente presente, mas moralmente ausente ou deprimida, como descrito por A. Green.[54]

As *cólicas* e *dores abdominais* são duas das expressões mais frequentes da angústia no bebê e na criança. A manifestação mais conhecida desse quadro são as dores de barriga ligadas à fobia escolar, segundo Kreisler, mal nomeada. Segundo ele, não se trata de um medo de ir à escola, mas do *medo e da impossibilidade de separar-se da mãe* ou *de evoluir para a situação edípica*, ou seja, constituir e representar a rivalidade edipiana e a angústia de castração.

No *sonambulismo*, observamos atividades motoras automáticas durante o sono. A grande dificuldade em acordar um sonâmbulo denota a insensibilidade e a indiferença deste, durante o sono, à realidade exterior, e principalmente às pessoas próximas. A amnésia é característica desse funcionamento, e chama a atenção a ausência

---

52 L. Kreisler (1992). *A nova criança da desordem psicossomática.*
53 L. Kreisler (1992). *A nova criança da desordem psicossomática*, p. 41.
54 A. Green (1980). *A mãe morta.*

de terror, de medo ou mesmo de inquietação, o que distingue o sonambulismo do terror noturno.

L. Kreisler ressalta que, na verdade, o sonambulismo não é um sonho agido, mas um "*sonho fracassado*".[55] A tentativa de preservar o sono não ocorre, como habitualmente, pela regressão psíquica, mas pela descarga motora. Trata-se de uma perturbação de expressão preponderantemente comportamental, caracterizada por uma vida fantasmática pobre, ou de difícil expressão, por uma precariedade do contato verbal, meramente descritivo, pela ausência de sonhos. Essa carência fantasmática e onírica parece ser compensada pela hiperatividade motora noturna. Ao realizar testes como o TAT, Rorschach e CAT, essas crianças revelam um importante bloqueio afetivo diante de situações potencialmente geradoras de angústia e para a fuga de situações constrangedoras ou angustiantes.

O *terror noturno*, por sua vez, manifesta-se predominantemente por ocasião das vivências edípicas. Um intenso ataque de angústia surpreende a criança durante o sono, mergulhando-a em estado de grande terror, sem que ela possa reconhecer as pessoas à sua volta, nem se lembrar da crise de angústia pela qual passou. Trata-se de uma angústia indizível, que se manifesta por meio de gritos e gesticulações. A criança parece defender-se de algum perigo, algumas vezes com os olhos arregalados, fixos, como se enxergasse um espaço alucinado. A conduta motora de terror é acompanhada de fenômenos neurovegetativos, transpiração, taquicardia, taquipneia e inconsciência da realidade exterior.[56]

O terror noturno difere do pesadelo. No *pesadelo*, a criança pode ser acordada por solicitação de uma outra pessoa. Ao acordar, consegue reconhecer tanto a pessoa como o próprio estado de pesadelo.

---

55 L. Kreisler (1992). *A nova criança da desordem psicossomática*, p. 139.
56 L. Kreisler (1992). *A nova criança da desordem psicossomática*, p. 142.

O pesadelo é um sonho no pleno sentido da palavra, marcado pelo afeto de angústia plenamente caracterizado.

No contexto da *sucessão sindrômica*[57] – quando, ao longo do tempo, o sujeito apresenta uma série de sintomas decorrentes dos movimentos progressivos e regressivos de sua organização psíquica –, Wagner Ranña aponta para o bom prognóstico dos quadros alérgicos, caracterizados pela ausência da angústia diante do estranho, no momento em que os pacientes passam a apresentar manifestações fóbicas.[58]

Esse rápido panorama de algumas manifestações da economia psicossomática na infância permite-nos reconhecer que aos diferentes graus de organização da economia psicossomática – psíquica, relacional, motora e somática –, subjacentes a tais manifestações, correspondem diferentes modalidades de expressão da angústia.

Podemos observar que nas formas mais primitivas, como na atonia depressiva da criança, a precariedade do vínculo objetal corresponde a uma indiferença e à não manifestação de qualquer traço de angústia. A meu ver, essa ausência de angústia não é fruto de um mecanismo eficiente para evacuá-la ou eludi-la, mas, sim, simplesmente, *da não constituição dessa angústia* em função da precariedade da organização da economia psicossomática, em particular, das dos recursos psíquicos e representativos do sujeito, bem como de suas relações de objeto.

Por sua vez, as cólicas, o sonambulismo, o terror noturno e os pesadelos infantis são manifestações nas quais a progressiva organização dos recursos psíquicos e, consequentemente, uma crescente organização do *ego* e o enriquecimento das relações objetais

---

57 Cf. *Sucessão sindrômica*, no Capítulo 4.

58 W. Ranña (1998). *Pediatria e psicanálise*.
  W. Ranña (1997). *Psicossomática e o infantil: uma abordagem através da pulsão e da relação objetal.*

vão gradativamente permitindo melhor configurar e delinear mais nitidamente as manifestações de angústia.

É interessante, por exemplo, a comparação entre o sonambu- lismo e o terror noturno, de um lado, e os pesadelos e os sonhos de angústia, de outro. Nos dois primeiros, a descarga motora e o ataque de angústia durante o sono são refratários à presença ou mesmo à intervenção de um objeto exterior, revelando a intensidade de sua dimensão narcísica e a fragilidade vincular. Ao mesmo tempo, a amnésia denota uma ruptura quase completa entre a experiência do sono e a de vigília.

Por sua vez, no pesadelo e no sonho de angústia, o vínculo com o objeto e com a vigília pode ser prontamente restabelecido a partir da intervenção de um objeto exterior, denotando a maior fluidez entre a dimensão narcísica e objetal dessa experiência e a maior continuidade entre a vivência onírica angustiante e a experiência desperta.

Por uma semiologia da angústia

Compreendemos a função dos movimentos evolutivos e contrae- volutivos da economia psicossomática e suas perturbações.[59] Entre esses movimentos, para entender as dinâmicas da *depressão essencial,* P. Marty destaca o papel de diferentes manifestações de depressão, mas também de angústia. Segundo ele, "a depressão psicossomática, [várias vezes chamada] depressão sem objeto, [seria] melhor chamada de depressão essencial, pois ela constitui a essência da depressão, a saber, o rebaixamento do tônus libidinal sem contrapartida eco- nômica qualquer".[60]

---

59 Cf. o Capítulo 5, *Mentalização e somatização, desdobramentos clínicos.*
   P. Marty (1990b). *A psicossomática do adulto*, p. 23.
60 P. Marty (1968). *La dépression essentielle.*

P. Marty aponta que a depressão essencial é *precedida por an-gústias difusas, arcaicas e automáticas,* que poderiam também ser qualificadas de essenciais no sentido que traduzem o desamparo profundo do indivíduo provocado pelo afluxo de movimentos ins-tintivos não controlados porque não elaboráveis. Frente ao excesso de excitações, revela-se a precariedade do *ego* e de suas defesas, a insuficiência de seus recursos e sua desorganização. Nessas circuns-tâncias, ele não é capaz de constituir angústias-sinal que poderiam alertar para a iminência de perigos e para a necessidade de mobilizar recursos psíquicos para enfrentá-los.

É por essa razão que ele descreve a depressão essencial como uma *"crise sem ruído",* que desencadeia a vida operatória.[61] Observa-se o apagamento em toda a escala da dinâmica mental, o empobreci-mento do discurso e das manifestações de afeto, o desaparecimento dos mecanismos de defesa neuróticos e da libido tanto narcísica como objetal, sem qualquer outra compensação econômica a não ser a fragmentação funcional. Essas características indicam o nível de funcionamento primitivo e desorganizado no qual a depressão essencial opera, revelando "uma das principais manifestações da precedência do instinto de morte". Segundo P. Marty, apesar de me-nos espetacular do que as manifestações da depressão melancólica, a depressão essencial pode evoluir de forma mais determinada e irreversível para a doença grave e mesmo para a morte.

A exemplo do que observamos com relação às angústias in-fantis, podemos encontrar em todas as etapas do desenvolvimento humano uma variada gama de expressões de angústia, cada uma correspondendo a diferentes graus de organização da economia psicossomática. Constatamos, então, que nos níveis mais evoluídos do desenvolvimento, caracterizados pelas boas mentalizações, pela

---

61 P. Marty (1968). *La dépression essentielle.*
   Cf. *Pensamento operatório e depressão essencial* no Capítulo 5.

organização genital e por dinâmicas edipianas, as angústias apresentam um caráter objetal, cumprindo também sua função de "sinal" para o desencadeamento de mecanismos de defesa e de outros recursos psíquicos de proteção.

Nos níveis mais primitivos, menos evoluídos, em que são precários ou inexistentes os recursos psíquicos organizadores e defensivos das boas mentalizações, são mais frequentes a depressão essencial, a vida operatória e a desorganização progressiva, e, no contexto desses funcionamentos primitivos e da desvitalização psicossomática, predominam as angústias difusas, automáticas, de expressão sobretudo somática, como vimos, já descritas por Freud em seu artigo sobre as neuroses de angústia.[62]

Como sabemos, as angústias difusas surgem nos quadros de más mentalizações e correspondem a experiências de desamparo, mecanismos de urgência de um *ego* precário tentando limitar efeitos da desorganização psíquica e somática. É sempre importante lembrar que esses processos, mesmo que precários, podem ainda ser tentativas de reorganização da economia psicossomática visando a interrupção da desorganização progressiva e a preservação da vida.

A clínica revela que vivências de crise, conflitos, crônicos ou agudos, e traumas, perturbadores do funcionamento mental e da continuidade dos investimentos psíquicos perturbam também a organização e a manifestação da angústia enquanto sinal de uma ameaça, não só de desprazer, mas também de uma desorganização pulsional, psicossomática, progressiva grave. Nessas condições, observamos em muitos pacientes, antes ou durante a manifestação de doenças somáticas de diferentes graus de gravidade, a diminuição ou mesmo o desaparecimento de formas

---

62 Freud (1895a). *Sobre os fundamentos para destacar da neurastenia uma síndrome específica intitulada de "neurose de angústia"*, E.S.B., III.
Cf. *Nosografia psicanalítica*, no Capítulo 2.

de angústia mais elaboradas (objetais). Durante o diagnóstico ou no tratamento, esse fato clínico nos alerta para a importância de considerar a inexistência ou o desaparecimento de angústias como sinalizadores de processos nos quais a precariedade das condições pulsionais, egoicas, representativas e objetais limitam ou tornam a função antitraumática da angústia inoperante.

Nas vivências traumáticas e nas desorganizações progressivas, é em torno do outro, do objeto e de seus investimentos que pode existir a possibilidade de estancar os processos de desorganização. A angústia, enquanto sinal, não é apenas um sinal de desprazer ou da iminência de um perigo vivido ou imaginado.[63] O sinal de angústia, mesmo em suas modalidades mais difusas, é sobretudo um *sinal de desinvestimento*. Desinvestimento do outro e mesmo de desinvestimento do próprio *ego* enquanto recurso psíquico, enquanto organizador narcísico do funcionamento psicossomático. É um sinal de esgarçamento do tecido psíquico que, algumas vezes, não pode mais ser remendado.

Como vimos, P. Marty destaca as diferenças evolutivas, dinâmicas e econômicas entre doenças orgânicas "de crise" e as doenças evolutivas.[64] Nos quadros de boa mentalização e nas doenças de crise, que, geralmente se manifestam em pessoas com melhores recursos da economia psicossomática, o que pode contribuir para a interrupção e a reversão do movimento contraevolutivo desorganizador, as angústias encontram-se geralmente associadas a representações mentais. São angústias objetais, como aquelas presentes nas fobias e nas neuroses obsessivas, fruto da boa qualidade das dinâmicas regressivas e de mecanismos como o deslocamento, que sinalizam a

---

63 S. Freud (1926). *Inibições, sintoma e ansiedade, E.S.B.*, XX.
64 Cf. *Mentalização, adoecimento e riscos somáticos,* no Capítulo 5.
   P. Marty (1998). *Mentalização e psicossomática.*

existência e a atividade de recursos para a reorganização do paciente e de eventual reversibilidade da doença.

Nas neuroses de comportamento e nas neuroses mal mentalizadas podemos observar uma grande oscilação entre diferentes tipos de angústia, dependendo da intensidade da desorganização progressiva. Nos momentos iniciais dessa desorganização, observamos a presença oscilante de manifestações de angústia, algumas vezes inclusive objetais, que podem desaparecer repentinamente, ou ainda manifestar-se de forma brusca, violenta e inesperada (próximas ou semelhantes a estados de pânico) sem associação a representações psíquicas ou a objetos. Essa oscilação é muitas vezes aleatória, e independe de qualquer evento exterior. Nos estágios mais avançados da desorganização progressiva, associados ou não à existência de doenças evolutivas, as angústias adquirem cada vez mais um caráter difuso e automático, próximo da sideração e dos estados de desamparo, apontando para a iminência ou presença de uma depressão essencial. Cabe então reconhecer que as angústias difusas ou o desaparecimento de qualquer manifestação de angústia são, por excelência, sinalizadores dos níveis mais graves e desorganizados de funcionamento da economia psicossomática.

Da semiologia à clínica

Percebemos então o interesse clínico da construção de uma semiologia da angústia, mas também de outras manifestações do sofrimento, como a que esboçamos acima. Como aponta Claude Smadja,

> *a identificação da qualidade da angústia em um paciente que apresenta uma afecção somática regressiva, assim como a avaliação do caráter da angústia ao longo dos movimentos de reorganização espontânea ou sob o efeito*

de um tratamento psicoterapêutico são de importância capital na prática psicossomática.[65]

A mudança da qualidade da angústia e também de diferentes matizes da dor e de outras expressões de desprazer acompanham as alterações provocadas pela desorganização progressiva e, muitas vezes, as oscilações do curso evolutivo ou da melhora de uma doença.

> *A observação das crises interruptivas do funcionamento mental e as retomadas da continuidade dos investimentos psíquicos com as correspondentes transformações qualitativas do afeto de angústia são dois dos melhores indicadores para a avaliação do estado de funcionamento psicossomático de um paciente em um certo momento, e, em particular, durante o processo psicoterapêutico.*[66]

De forma mais ampla, o terapeuta, assim como todo aquele que cuida, ocupa um lugar privilegiado para a observação das dinâmicas de investimento e de desinvestimento do paciente, e, consequentemente, das oscilações da qualidade da angústia e dos diferentes matizes de sofrimento e da dor, apresentados pelo paciente. O profissional de saúde, o psicanalista e o médico ocupam, como objetos transferenciais, um lugar de investimento singular para o paciente, para o qual naturalmente se orienta sua demanda. Pela natureza de sua função, eles são inevitavelmente convocados a essa posição de objeto potencialmente estruturante e organizador dos destinos do desprazer, da dor e da angústia, da mesma forma como a mãe que busca, no exercício da função materna, assegurar

---

65 C. Smadja (1997). *Angoisse et psychosomatique*, p. 100, traduzido por mim
66 C. Smadja (1997). *Angoisse et psychosomatique*, p. 102.

o contrainvestimento da excitação traumática de seu bebê, para garantir a sobrevivência e promover o desenvolvimento dele.[67]

Reconhecendo esse lugar, o que implica, inclusive, colocar-se na desconfortável posição de objeto e, às vezes, de suposta fonte de sofrimento para seu paciente, o terapeuta pode, por meio de seu investimento, contrapor-se aos movimentos desorganizadores e traumáticos para tentar sustentar o tecido psíquico prestes a se esgarçar, ou buscar reconstituir aquele que foi rompido.

Dor sinal e trabalho da dor

É chegado o momento de uma pequena reparação. Se, tentando desvendar alguns mistérios do sofrimento humano, enveredamos pelas sendas obscuras do mundo pulsional não é absolutamente por negligenciar a complexidade dos mecanismos bioquímicos e neurofisiológicos relacionados ao sofrimento, à angústia e à dor. Estes são cada vez mais conhecidos e, principalmente no tratamento das manifestações dolorosas, os recursos terapêuticos utilizados – medicamentosos, fisioterapêuticos, cirúrgicos e muitos outros –, cada vez mais desenvolvidos. Apesar disso, com frequência, evidenciam-se as dificuldades das equipes terapêuticas para a compreensão da etiologia, do desenvolvimento e do tratamento da dor crônica. A complexidade de tais situações revela-se principalmente nas dores que se manifestam de forma persistente mesmo diante da ausência de uma estimulação dos receptores específicos da dor ou de lesões, ou ainda no fenômeno do membro-fantasma, uma parte amputada do corpo que continua a produzir sensações dolorosas apesar da inexistência de qualquer inervação desta parte perdida.

---

67 Essas questões são aprofundadas no Capítulo 8, *A função terapêutica*, a seguir.

360   DOR, SOFRIMENTO E ANGÚSTIA

Nosso convite à aventura pela metapsicologia e pelas fases mais precoces do desenvolvimento humano busca, justamente, aprofundar a compreensão da dimensão subjetiva e emocional que participa da experiência da dor, não apenas crônica, mas também aguda e lesional, como reconhecem inclusive médicos e pesquisadores desse campo.

Em sua definição oficial, a Associação Internacional para o Estudo da Dor descreve a dor como "uma experiência sensorial *e emocional* desagradável associada a uma lesão tissular existente ou potencial, ou descrita em termos que significam tal lesão". Essa dimensão emocional deveria ser considerada em sua forma mais ampla, incluindo também, sobretudo, as dinâmicas inconscientes, frequentemente implicadas em tais emoções. Infelizmente, na clínica e na pesquisa das manifestações dolorosas observamos geralmente uma atenção privilegiada ao polo sensorial da dor, em detrimento do emocional.

A clínica nos mostra os riscos e as consequências nefastas de alguns tratamentos que negligenciam as dimensões psicoafetivas, biográficas e relacionais da dor. Essa negligência leva frequentemente a uma verdadeira escalada de analgésicos, anti-inflamatórios, derivados de morfina, procedimentos cirúrgicos e de estimulação nervosa que muitas vezes tem como resultado final uma mutilação do corpo ou uma existência alienada, quando não uma evolução clínica grave, "incompreensível" diante da inexistência de qualquer "evidência" anterior que pudesse prenunciá-la.

É quando me lembro de uma jovem mulher, para nós, Isabelle. Com cerca de trinta e seis anos, em plena atividade, ela recebeu o diagnóstico de um câncer de mama. Pouco tempo depois da mastectomia, começou a sentir dores nas costelas. Uma investigação médica minuciosa nada descobriu que pudesse justificar a dor da qual se queixava. Para aliviá-la, submeteram-na a radioterapia com vistas a eliminar um eventual foco tumoral rebelde. As dores desapareceram, mas, cerca de um ano depois, foi diagnosticado um câncer de pulmão, sem relação com o câncer de mama anterior. Durante cerca de três anos o tumor pulmonar permaneceu controlado e estacionário. Ao longo desse tempo, ela viveu períodos intermitentes de dores intensas e indeterminadas, sem relação com o tumor, tratadas com analgésicos.

Naqueles períodos, em diferentes momentos Isabelle foi acompanhada em psicoterapia de abordagem corporal. Em uma das sessões, com muita raiva, ela lembrou-se das fortes dores nas costas que sua mãe havia tido em certo período de sua adolescência. Dores muito intensas, que impediam que parentes ou amigos frequentassem sua casa, marcando essa época com sentimentos e lembranças de uma grande solidão.

Sua própria dor tornou-se insuportável, e os tratamentos para aliviá-la revelaram-se, um a um, ineficazes. Isabelle decidiu, então, consultar um grupo clínico especializado no tratamento da dor, que recomendou a ressecção cirúrgica do nervo correspondente à região dolorosa. Ela resolveu realizar a cirurgia e pediu a sua terapeuta que fosse vê-la no hospital. Poucos dias depois da operação, ela relatou, muito surpresa, o desaparecimento completo de suas dores, segundo ela, *"como se tivessem sido arrancadas com a mão"*. Ao mesmo tempo, porém, queixou-se de sua dificuldade para respirar, acrescentado: *"sempre morri de medo de não respirar"*. Em poucos dias, seu estado agravou-se de forma rápida e inesperada. Além das dificuldades respiratórias, surgiram perturbações de vários órgãos, refratárias a todas as tentativas médicas de diagnóstico e de tratamento. Cerca de dez dias depois da cirurgia, Isabelle falecia, segundo os médicos de maneira "incompreensível", por falência múltipla de órgãos.[68]

---

68 Agradeço generosidade de Ana Maria Soares (Naná) que acompanhou "Isabelle" e autorizou a comunicação desse relato, cuja brevidade certamente não esconde as complexidades do caso.

Nesse contexto, não pretendo realizar uma análise mais profunda das repercussões das duas manifestações cancerosas e de suas representações para Isabelle, ou mesmo uma investigação mais minuciosa do contexto fantasmático, individual e familiar, que, a meu ver, contribuíram para o surgimento e manutenção de suas dores insuportáveis. Gostaria de concentrar nossa reflexão sobre a evolução "surpreendente" e dramática de seu estado, a partir do efeito, não menos surpreendente para ela, da cirurgia que levou ao alívio instantâneo de suas dores.

Podemos considerar que, talvez, com o desaparecimento repentino de sua dor rompeu-se um fio significativo que a ligava, por meio de sua história identificatória, às dores insuportáveis e impressionantes de sua mãe, que, entre outras experiências, marcaram a adolescência de Isabelle com imagens de uma casa deserta e silenciosa. Por estranho que possa parecer, deveríamos compreender, que, apesar do sofrimento que provocavam, tais dores, tão intensas, tão prolongadas, tão rebeldes a diagnósticos e tratamentos tinham, provavelmente, para ela a função de mantê-la ligada à vida, a sua filiação, a sua história.

Diante da impossibilidade de uso de outros recursos para elaborar e manifestar as marcas de sua existência, suas vivências e as repercussões de suas doenças, as dores, apesar de insuportáveis, surgiam talvez como um recurso extremo de alerta, para ela mesma e para aqueles que a cercavam, da violência de uma batalha interior que necessitava de reforços para que a vitória da vida fosse possível. A impossibilidade de considerar essa dimensão do sofrimento de Isabelle, de deixar soando, mesmo que em surdina, os clarins daquela batalha para que se soubesse que ela ainda ocorria, com chances de ser vencida, a opção de atacar apenas os componentes somáticos daquela dor pela eliminação das redes nervosas por meio das quais ela se manifestava acabaram por conduzir a dor, e também Isabelle, ao silêncio, abandonando-a, solitária, ao seu desamparo e às suas forças autodestrutivas.

* * *

Temo que esse longo caminho que percorremos tenha suscitado mais questões do que trazido respostas àquelas que já existiam. Mesmo que tenhamos compreendido o caráter indissociável das dimensões psíquicas e corporais da dor, do sofrimento e da angústia, percebemos a dificuldade e as resistências que esta leitura pode suscitar nos meios médicos e científicos. No âmbito da psicanálise, descobrimos que a clareza da distinção entre dor, angústia e luto esboçada por Freud em 1926 é muitas vezes tênue e oscilante, e que muito ainda temos que compreender sobre a perda e o desamparo, referências para essas três manifestações.

Do ponto de vista clínico, ganhamos muito ao reconhecer que a existência de diferentes matizes dessas manifestações corresponde a diferentes modos de organização da economia psicossomática e que a observação atenta às oscilações desses matizes ao longo do processo terapêutico é um fator de orientação importante para esse processo, principalmente com os pacientes mais fragilizados, com recursos psíquicos mais precários.

Penso também que é fundamental que consideremos dor, sofrimento e angústia como fenômenos relacionais, em que um outro ser, mesmo que imaginário, geralmente está implicado:

- que possamos reconhecer que esses fenômenos necessariamente mobilizam nas pessoas próximas ao sujeito seus próprios núcleos de sofrimento;
- que dor e angústia, mais do que sintomas desprazerosos a serem eliminados, são demandas a serem compreendidas, sinais de alerta da pulsão de vida para os riscos de desinvestimento e de destruição em curso pela ação da pulsão de morte;

- que possamos ainda compreender que o silenciamento intempestivo e sem elaboração da angústia e, particularmente, da dor pode facilitar e mesmo promover o desligamento dessas duas pulsões, favorecendo o curso independente e silencioso da pulsão de morte, impedindo a elaboração do desamparo e dos núcleos mais primitivos da existência do sujeito, a atividade de representação e a vinculação objetal.

Essas considerações repercutem, naturalmente, no contexto terapêutico. Na relação com o terapeuta – médico, psicanalista, psicoterapeuta ou outro – reatualizam-se as dinâmicas implicadas na experiência dolorosa. O outro que cuida é aquele para quem está dirigida a demanda de alívio para sofrimento do paciente, mas esse mesmo paciente atribui, inconscientemente, ao terapeuta parte da responsabilidade pela dor que este sente, o que alimenta os núcleos de agressividade e de perseguição dessa relação. Ao mesmo tempo, o sofrimento do paciente mobiliza no terapeuta seus próprios núcleos primitivos de desamparo e de sofrimento, podendo promover sua identificação com a vivência do paciente e com seus efeitos.

Portanto, é necessário que aprofundemos nossa compreensão dos efeitos transferenciais e contratransferenciais do sofrimento na relação terapêutica. O sofrimento, em geral, a dor e a angústia em particular, mobilizam vivências que muitas vezes se encontram aquém do discurso e das possibilidades de representação, que se manifestam pela via sensorial e no corpo. Ao mesmo tempo, os componentes destrutivos implicados nessas vivências podem também constituir um ataque às capacidades de representação e de elaboração do terapeuta, perturbando sua capacidade de observação e de escuta, e o exercício de sua função.

Na relação psicanalítica e psicoterapeutica, em particular, isso implica uma abertura e uma atenção específica para dimensões pouco consideradas no enquadre clássico, como a experiência sensorial, a gestualidade, os ritmos do paciente bem como para as próprias experiências corporais do analista.[69] Na clínica médica formula-se uma exigência de um mínimo de escuta e de elaboração para o desamparo e a demanda psíquicas implícitas na queixa dolorosa.

Finalmente, deveríamos refletir, sobretudo, sobre os modos de relação contemporâneos ao sofrimento e ao prazer. Sabemos o que representa, para aquele que as vive, o alívio das dores extremas. Porém, ao reverenciar fascinados a corrida desenfreada e sem critério por analgésicos, ansiolíticos e antidepressivos cada vez mais potentes, ao erguer em ideal a abolição a qualquer preço do sofrimento, ao promover a ideia de um prazer sempre possível e ilimitado, corremos o risco de nos tornamos meros observadores, impotentes e alienados, de catástrofes que não podem mais ser evitadas por terem sido caladas as vozes que poderiam anunciá-las.

---

69 Cf. *A continência do enquadre face às desorganizações* no Capítulo 9.

8. A função terapêutica[1]

"Mas eu não sou médico, Virginie..."

Virginie gelou. Aprumou-se. Olhou-me perplexa. Olhou para a pasta aberta em seu colo. Volumosa. Cuidadosamente arrumada, classificada segundo cada tipo de exame, respeitando a mais perfeita cronologia.

Virginie insistiu. Que eu desse apenas uma *olhadinha rápida*, *sem compromisso*, para que eu pudesse entender o motivo de nosso encontro. Um encontro cujo sentido ela mesma não compreendia, mas ao qual comparecia principalmente por deferência aos insistentes pedidos de seu médico oncologista.

Afinal, de que adiantava falar? Remoer e repetir mais uma vez todos os detalhes daquela "história tão conhecida"? Descrever cada etapa do desagradável percurso que percorrera desde a descoberta do nódulo, seis meses antes, em sua mama esquerda? A mamografia?

---

1 Algumas ideias deste capítulo foram apresentadas de forma abreviada no artigo "Ser outro. Ampliando a compreensão da relação terapêutica", publicado na *Revista da Associação Brasileira de Medicina Psicossomática*, 3, 1999, p. 89-94.

Os marcadores tumorais? A mastectomia? A quimioterapia? Enfim, para que me contar coisas que eu deveria conhecer de cor por "já ter encontrado", segundo acreditava, "centenas de pacientes como ela"?

Não, realmente, aquela nossa consulta não fazia sentido. Desde a descoberta de seu nódulo, em uma visita de rotina ao seu ginecologista, Virginie cumprira respeitosamente tudo aquilo que lhe fora indicado por seus médicos. Confiara em todos, "sem exceção", acreditando que faziam o melhor por ela. Nunca fora tomada pela mínima dúvida, nunca colocara em questão uma proposta terapêutica, nunca imaginara que sua história poderia ter sido diferente do que fora. Sua doença "era parte de seu destino". Diziam, mesmo, que talvez fosse genética. Os médicos "explicaram-lhe tudo o que iria acontecer", e "tudo que predisseram, ocorreu".

Virginie tinha certeza. Se havia uma história para ser contada, ela estava ali, naquela pasta. Que eu me decidisse: "queria ou não conhecê-la?".

Foi esse nosso primeiro encontro, há doze anos. Poderia ter sido o único.

Desde aquela frase, tentando indicar-lhe a minha função naquela consulta, eu não pronunciara mais nenhuma palavra. Apenas ouvira. Sua surpresa. Seus argumentos. Suas reticências... Inesperadamente, estendi a mão para segurar a pasta que Virginie me apresentava. Naquele momento, não sabia por que o fazia. Afinal, era verdade o que eu lhe dissera. Não tinha formação para opinar sobre seu prontuário médico. Estava ali para oferecer-lhe a possibilidade de conversar, elaborar os efeitos do diagnóstico e dos tratamentos de um câncer de mama que, segundo seu médico, foram por ela vividos de maneira *preocupantemente normal*.

Só mais tarde compreendi o sentido de meu gesto. Ao pegar a pasta, coloquei-a sobre uma pequena mesa entre minha poltrona e o divã, sugerindo a Virginie que sentasse no divã, ao meu lado, tendo entre nós sua pasta. Passamos a folheá-la juntos. Em silêncio. Hemogramas. Laudos anatomopatológicos. Mamografias. Cintilografias. Relatórios cirúrgicos. Papéis coloridos, marcados por diversas caligrafias, certificados por diferentes carimbos que, como vistos, reconstruíam a geografia de seu tratamento. A cada página, sentia que a crispação dos primeiros momentos cedia, a respiração acalmava-se.

Depois de examinarmos a última folha, ainda em silêncio, Virginie suspirou. Perguntei-lhe se gostaria que marcássemos uma nova entrevista. Ela aquiesceu. Tinha apenas um pedido: que pudesse trazer a pasta novamente. Concordei.

Na semana seguinte, e durante dois meses, o ritual repetiu-se. A pasta sobre a mesa, Virginie de um lado, eu de outro, folheávamos juntos seu conteúdo. Lentamente, pequenos comentários foram acrescentando detalhes a cada exame, a cada consulta. Um fora realizado às vésperas de seu aniversário; outro acontecera logo após suas férias na Córsega; no dia daquela consulta chovia a cântaros, e fora impossível encontrar um táxi.

Novas páginas vieram juntar-se àquelas que trouxera inicialmente. Relatavam o transcurso de uma série de sessões de quimioterapia, análises clínicas de controle, outras consultas. Porém, elas já chegavam acompanhadas de fragmentos de experiência, de fantasias sobre o efeito das drogas, de sensações como a temperatura e o cheiro da sala de quimioterapia.

Virginie arrumava periodicamente sua pasta. Reorganizava as folhas que algumas vezes se misturavam depois de nossas sessões, incluía novos elementos. Depois de algum tempo, passou também a trazer recortes de jornais e revistas sobre câncer de mama, que selecionara desde a descoberta de sua doença. Artigos *sérios*, com enfoque médico, *naturalmente*. Comentava-os. Convidava-me a fazer o mesmo. Eu aceitava. Por meio dessas "conversas", Virginie passou a falar das mulheres que conhecera durante sua internação, com quem conversara nas salas de espera dos consultórios, durante as sessões de quimioterapia: seus medos, suas reações diante da cirurgia e do tratamento, os efeitos destes sobre seus corpos, sobre sua vida íntima, familiar, social. Surgiram personagens – marido, filhos, pai, mãe, irmã, colegas de trabalho – que, inicialmente, nunca haviam sido mencionados, como se eles nunca pudessem ter sido incluídos na vivência de sua doença e de seu tratamento, que apenas implicavam ela e seus médicos.

Um dia, entre duas folhas de exames, uma fotografia. Virginie assustou-se. "Ele não deveria estar aqui", exclamou, perturbada. "Ele nada tem a ver com essa história", insistia, inconformada. Deveras, há muito Claude não fazia parte de sua vida. Um amor apaixonado, uma vivência intensa, uma profunda decepção. A separação. A dor insuportável que nada acalmara, nem as viagens aos mais exóticos países, nem o intenso investimento em sua profissão. Um ano inteiro de luta contra aquela ferida que insistira em não cicatrizar. Mas tudo isso ocorrera há mais de quinze anos. Seu casamento, seus filhos e as atividades cotidianas tinham contribuído para que sua história com Claude nunca mais surgisse em sua vida, em sua memória. Ela nunca mais vivera experiências tão intensas, dizia ela aliviada. Por isso, não compreendia como aquela foto *infiltrara-se* em sua pasta, sempre tão organizada...

Nunca, em nossas sessões, Virginie se mostrara tão mobilizada. Comentei simplesmente que, depois de ter compartilhado comigo tantas páginas de sua história, escritas por outros, talvez ela pressentisse que fosse possível começar a falar daquelas que ela mesma escrevera e que nunca revelara a ninguém, talvez, nem a ela mesma. Na sessão seguinte, Virginie veio sem a pasta. Sentou-se na poltrona, em frente a mim, e perguntou: *podemos começar?*

Desafios

Dizer o incomunicável. Compreender o incompreensível. Tais são os desafios que irmanam paciente e terapeuta. Dor compartilhada, frequentemente recusada, negada, que remete cada um deles a seu desamparo mais fundamental. Tarefas extenuantes que, para ambos, podem fazer sentir seus efeitos ao final de cada consulta, ao final do dia. Fadiga algumas vezes temperada, para um, pelo alívio, temporário ou duradouro de um sintoma, de uma doença; para outro, pela satisfação da compreensão, da descoberta, pelo prazer do trabalho bem feito. Pérolas raras?

É importante que consideremos o terapeuta na acepção mais essencial dessa expressão. Em grego, *therapéuö* significa "eu cuido".[2] Na Grécia Antiga, o *thérapeutér* era antes de tudo aquele que se colocava *junto* àquele que sofre, que *compartilhava* a experiência da doença do paciente com vista a poder compreendê-la, para, só então, a partir dessa posição com relação ao doente, mobilizar seus conhecimentos e sua *arte de cuidar*, sem saber se poderiam realmente curar.

Nesse sentido, ao referirmo-nos à *função terapêutica*, pouco importa, inicialmente, a especialidade daquele que a exerce. O terapeuta pode ser um médico, um psicólogo, um fisioterapeuta, uma assistente social, uma enfermeira, até mesmo (por que não?) um vizinho, ou seja, todo aquele a quem, em um certo momento, é dirigido um insidioso pedido de ajuda com relação a um sofrimento que busca um outro que possa compartilhá-lo, e que se disponha a acolher esse pedido. Um sofrimento que o próprio sujeito desconhece, mas que encontra no sintoma, na queixa, sua forma de expressão mais requintada, quase sempre, a única possível naquele instante de sua vida.

---

2 J. Corominas (1997), *Breve diccionario etimológico de la lengua castellana.*

372   A FUNÇÃO TERAPÊUTICA

O conhecimento, a técnica e a experiência acumulada ao longo dos séculos na tentativa de compreensão e de tratamento das diferentes formas de manifestação do sofrimento humano são sem dúvida essenciais para aliviar tais manifestações. Mas esses elementos pressupõem, antes de tudo, uma capacidade de entrar em contato (de "sentir com" como descreve Ferenczi[3]) com a experiência mais essencial do indivíduo que apresenta sua queixa, o órgão lesado, o desequilíbrio revelado pelos exames clínicos.

Assim compreendida, percebemos que, em seu íntimo, a função terapêutica resgata uma experiência primordial que nos constitui, que todos compartilhamos. Aquela que marca nossas origens, sem a qual nossa existência e nosso desenvolvimento não teriam sido possíveis. A experiência de nosso desamparo primitivo que, para ser superado, necessitou o exercício, pelo outro, da função materna.

Diante do paciente, principalmente daqueles cujos recursos representativos limitam sua capacidade de perceber e comunicar seu sofrimento, que podem apenas reconhecer a realidade concreta da lesão corporal ou da dor, diante deles, como perceber, tornar acessível, o sofrimento que não encontra outros meios para se expressar? Como lhe propiciar os recursos que permitiriam pensar, elaborar esse sofrimento, favorecendo talvez, dessa forma, a preservação ou o resgate da integridade de seu organismo ameaçado de regressões e de desorganizações muitas vezes graves e irreversíveis?

Paradoxos da clínica, tentativas de superação

Apesar de todos os progressos, teóricos e tecnológicos, a clínica confronta permanentemente o terapeuta com os limites de sua compreensão e de seus recursos. Fazem parte de nosso cotidiano

---

3   S. Ferenczi (1928). *A elasticidade da técnica psicanalítica.*

novas manifestações patológicas e variações daquelas já conhecidas, sintomas e dores refratários a tratamentos antes considerados eficazes, o aumento da incidência de doenças ligadas ao modo de vida corrente em nossa civilização. Observamos também o incremento dos impasses terapêuticos e dos efeitos iatrogênicos de diversos tratamentos. Esses elementos convidam à reflexão sobre os postulados sobre os quais são construídas tanto a compreensão das doenças como as estratégias para tratá-las. O que falta?

O adoecer desencadeia experiências de dor, de ferimentos, de mutilações, físicas sem dúvida, algumas vezes de degeneração e de morte. Ele suscita também a angústia, os medos, a depressão, as perdas relacionadas com essas experiências. Esses afetos são vividos não apenas pelo paciente, mas são também mobilizados no terapeuta, na equipe terapêutica e na família. Eles constituem a dimensão *transferencial – contratransferencial* da relação terapêutica, em torno da qual circulam as emoções mobilizadas por esse encontro.

A clínica e a transferência

Como vimos, assim como o desenvolvimento humano, o adoecer é uma experiência também determinada pelo contexto relacional. Independentemente de sua vontade, no encontro com o paciente, todo terapeuta passa a fazer parte do universo de relações desse paciente. O terapeuta constitui-se para ele como um objeto psíquico, mobilizando impulsos amorosos e agressivos. Ele é vivido como alguém passível de responder a seu sofrimento, como alguém a quem ele pode dirigir seus desejos. Os destinos do ato terapêutico são determinados por essa transferência e pelas reações que ela mobiliza no terapeuta.

A psicanálise explicitou e descreveu como na relação analítica atualizam-se sensações, afetos, fantasias, representações e desejos

374   A FUNÇÃO TERAPÊUTICA

inconscientes do paciente, que são dirigidos ao analista, denominando esse fenômeno *transferência*.[4] Frequentemente, essas manifestações são fruto de repetições de outras relações anteriores, vividas ou fantasiadas por ele. A *contratransferência* corresponde a experiências de mesma natureza vividas pelo analista no encontro com seu paciente. Essas dimensões constituem o eixo em torno do qual se desenvolve o processo psicanalítico, porém elas não são exclusivas desse processo, manifestando-se em qualquer relação humana. Elas são intensificadas pelos elementos implicados em toda relação terapêutica.

A compreensão da queixa do paciente, da anamnese e do exame clínico é influenciada por reações inconscientes, pensamentos e sentimentos mobilizados no terapeuta por seu paciente. São essas também as fontes das resistências do terapeuta para reconhecê-las. No processo psicanalítico, a resposta emocional do analista ao encontro com seu paciente – seu relato, seu aspecto, sua história, seus sintomas – é uma via privilegiada de acesso ao inconsciente do paciente. Segundo P. Fédida, a contratransferência pode ser considerada do ponto de vista econômico como um paraexcitações, mantendo a atenção do terapeuta em um nível estável, representando também um instrumento de percepção do qual é exigida uma fina mobilidade adaptativa. Mesmo sob suas formas desprazerosas, ela pode cumprir uma função importante na relação terapêutica. Assim, Fédida aponta, por exemplo, que a angústia contratransferencial não é apenas uma "resposta" ao que se passa com o paciente, mas principalmente "um momento crítico de atenção, . . . um instante analítico de constituição da interpretação".[5] Certamente podemos

---

4   S. Freud (1912a). *A dinâmica da transferência, E.S.B.*, XII, p. 133.
5   P. Fédida (1992). *L'angoisse dans le contre-transfert ou l'inquiétante étrangeté du transfert*, p. 171 e 174.
     Nessa mesma perspectiva, é importante também considerar o que denomino paradigma hipocondríaco da clínica. As sensações corporais vividas pelo terapeuta

ampliar essa observação para outros afetos e sensações contratransferenciais vividos pelo analista e por outros terapeutas.

Essas reações são muitas vezes negligenciadas, inclusive no contexto psicoterapêutico, mas principalmente no contexto médico. Porém, em ambos os casos, tais reações são informações importantes que podem auxiliar o terapeuta a compreender o sofrimento do paciente e a melhorar as condições e os resultados do tratamento.

A ética, o sintoma e a experiência do terapeuta

Assim, sobretudo na prática médica, a exigência de rigor conceitual e metodológico, de objetividade, de sistematização, de respeito a protocolos terapêuticos confirmados em vastos estudos clínicos precisa ser ampliada de forma a considerar a subjetividade e as reações inconscientes dos participantes da cena terapêutica. Essa ampliação é até mesmo uma *exigência ética* em razão da especificidade do sofrimento do paciente, que muitas vezes persiste apesar do desaparecimento do quadro sintomático, e da inclusão inevitável do terapeuta no *pathos* do paciente, que o torna, em parte, responsável por aquilo que este último experimenta.[6]

Freud revelou que o sintoma possui também uma outra dimensão além daquela normalmente considerada na prática médica. Ele não é apenas um corpo estranho a ser erradicado, mas, antes

---

são um elemento essencial do contexto relacional que permite a compreensão da dinâmica do paciente e forja a interpretação.
Cf. R. M. Volich (2002). *Hipocondria, impasses da alma, desafios do corpo*, p. 251.

6   Pierre Fedida retoma o termo *pathos* do poeta Ésquilo (da Trilogia da Orestéia, Agamémnon), cuja expressão *Pathei-mathos* designa a paixão, o vivido, aquilo que pode se tornar experiência. Segundo Fédida, "psicopatologia literalmente quer dizer: um sofrimento que porta em si mesmo a possibilidade de um ensinamento interno". P. Fédida (1988). *A clínica psicanalítica: Estudos*. p. 29.

de mais nada, o mensageiro de um apelo a ser compreendido. Por intermédio dele pode ser resgatada a história do indivíduo, propiciando a reorganização dos modos de funcionamento de sua economia psicossomática, condição para a transformação do sujeito e de seu sofrimento.

Dessa forma, toda iniciativa de eliminação pura e simples da sintomatologia, das intercorrências, das reações do paciente à consulta e ao tratamento, ou seja, toda tentativa de assepsia da relação terapêutica, descartando as manifestações subjetivas do paciente relacionadas ou vividas durante o processo terapêutico, empobrece e distorce a experiência de seus protagonistas. A impossibilidade de contato com essas dimensões humanas do ato terapêutico é uma das principais fontes da experiência melancólica do terapeuta, da resistência dos pacientes ao tratamento, dos impasses e dos erros terapêuticos. A experiência clínica demonstra que o contato com a experiência individual de cada protagonista da relação terapêutica é o principal catalisador e pode potencializar os processos de cura.

Essa perspectiva esbarra, porém, em inúmeros obstáculos. Já nos primórdios de sua teoria, P. Marty alertava para as resistências narcísicas inconscientes mobilizadas pela doença orgânica, tanto nos médicos como nos psicanalistas, que dificultam a compreensão dos aspectos subjacentes à queixa do paciente e a seu tratamento.[7] Ele assinalava que a abordagem médica clássica revela uma grande dificuldade para considerar o processo da doença como uma dinâmica integrada, na qual participam simultaneamente fatores biológicos, afetivos e sociais. Por sua vez, os psicanalistas têm dificuldades em compreender que os sintomas e a doença orgânica não conversiva

---

7 P. Marty (1952). *Les difficultés narcisiques de l'observateur devant le problème psychosomatique.*
   A discussão dessa questão é aprofundada em *Um olhar para o primitivo*, no Capítulo 6.

exige uma abordagem diferente daquela normalmente utilizada no tratamento das dinâmicas neuróticas.

Ao mesmo tempo, a urgência da sintomatologia orgânica e a mobilização narcísica que ela suscita no paciente promovem suas resistências aos tratamentos não médicos, mesmo quando necessários e sabidamente benéficos. Percebemos assim a dificuldade do trabalho com aqueles que, capturados pela premência do sintoma corporal, não apresentam, em um primeiro momento, quase nenhuma demanda para o contato e a elaboração do sofrimento psíquico. Por meio dessa brecha, infiltra-se o saber médico que, mediante diagnósticos e procedimentos, se apropria da sintomatologia somática, inserin-do-a em uma ordem de causalidade plena de realidade e de sentido, afastando ainda mais o paciente do contato com a essência de sua dor.[8] Estabelece-se assim um verdadeiro conluio entre o paciente, o médico e, inclusive, outros profissionais da equipe de saúde que passam a buscar na técnica e na ciência o domínio e o controle de um sofrimento impossível de ser controlado por esses meios.

Na instituição de saúde ou na clínica particular, frequentemente deparamo-nos com pacientes que, como Virginie, encaminhados por seus médicos, não sabem exatamente o que vêm fazer ali conosco. Poucos são aqueles que, diante da manifestação de um sintoma orgânico, consideram que poderiam beneficiar-se de um acompa-nhamento psicoterapêutico durante seu tratamento, ou que tomam por si mesmos a iniciativa de fazê-lo.

No entanto, diante de qualquer profissional de saúde, o paciente apresenta, incrustado em seu sintoma, seu desamparo. A doença revela, ao mesmo tempo que alimenta, a fragilização de toda a sua economia psicossomática. Somos então muitas vezes colocados diante da dificuldade de ter de lidar com processos primitivos e

---

8 R. M. Volich (1997). *A técnica por um fio...: reflexões sobre a terapêutica psicos-somática*, p. 96.

378   A FUNÇÃO TERAPÊUTICA

desorganizados de funcionamento, sem poder contar necessariamente com a convicção, o engajamento e a disposição do paciente
para que possamos fazê-lo juntos.

Perspectivas psicoterapêuticas

Na clínica, o terapeuta é sistematicamente remetido, junto com seu
paciente, à experiência do encontro do desamparo com a competência materna. O terapeuta, no sentido pleno desse termo, pode
ser o *outro* que, como a mãe com o bebê, assume imaginariamente
por um certo período funções que este ainda não é capaz de assumir
por si mesmo. Ele pode proteger o paciente diante de situações e
estímulos que ele não é capaz de suportar/elaborar em um certo
momento da vida. Médico, psicoterapeuta ou qualquer outro profissional de saúde, ele é convocado ao exercício da *função materna*,
que, como vimos,[9] tem como paradigma aquela exigida da mãe pela
fragilidade dos recursos próprios do bebê. Por meio dessa função,
para além do tratamento necessário do quadro clínico, o terapeuta
pode reconhecer o pedido latente de seu paciente e propicia-lhe o
desenvolvimento de competências específicas, e de recursos que
visam a possibilitar seu desenvolvimento autônomo até níveis mais
evoluídos e harmônicos de funcionamento.

As dificuldades do encontro

Não são poucas, portanto, as dificuldades do trabalho psicoterapêutico com pacientes que apresentam uma sintomatologia somática
não conversiva ou uma carência de recursos psíquicos. Nesses casos,
raramente o psicoterapeuta é o primeiro profissional consultado

---

9   Cf. *O cuidar, o ambiente e a função materna*, no Capítulo 4.

pelo paciente. Quando chega até ele, muitas vezes o faz por ter sido encaminhado por um outro profissional, geralmente o médico, sem compreender o sentido dessa indicação. Frequentemente, o paciente manifesta, logo no primeiro encontro, tal incompreensão, algumas vezes sentindo como uma desvalorização o fato de precisar de "uma ajuda psicológica", ou ainda que a indicação do médico significaria que sua doença fosse "da cabeça". Como mostrou de maneira extrema Virginie, o relato inicial do paciente muitas vezes forja-se segundo o molde de uma consulta médica, centrado na sintomatologia corporal, na cronologia da doença, em exames clínicos e tratamentos. No contexto hospitalar, essas características são ainda mais acentuadas. Muitas vezes, ao esgotar-se o repertório sintomatológico, depois de silêncios, algumas vezes constrangedores, após colocar em questão os benefícios que a psicoterapia poderia trazer-lhe, o paciente interrompe, ou simplesmente abandona, o processo, depois de algumas sessões.

Experiências como essas, frustrantes tanto para o paciente como para o psicoterapeuta, reacendem, em ambos, as marcas do abandono. Pouco se considera o significado de tais manifestações. Na verdade, para o paciente, é justamente sob o signo dessa vivência de abandono que se anuncia o encontro com o psicoterapeuta. O encaminhamento do paciente pelo médico para o psicoterapeuta, infelizmente menos frequente do que o necessário, é muitas vezes pertinente, feito a partir da percepção do médico de que esse paciente poderia beneficiar-se de uma atenção especial a alguma dificuldade particular de sua vida, ou mesmo de algum sinal psicopatológico mais notável. Dentro de uma visão de especialidades, o paciente é encaminhado pelo médico para o especialista em saúde mental.

Porém, frequentemente para o paciente, essa iniciativa, feita geralmente em seu interesse, é vivida de forma bastante diversa. Como vimos, ao consultar o médico, o paciente deposita nele não apenas a esperança de sua cura, mas, sobretudo, a expectativa de que ele possa compreender inclusive aquilo que ele mesmo, paciente, não é capaz de manifestar. Ele busca o alívio de sua doença, sem dúvida, mas também de outros sofrimentos nela embutidos ou a ela agregados. O médico é o depositário privilegiado do pedido de alívio do sofrimento do paciente, manifestado por meio da transferência. O encaminhamento do paciente para o psicoterapeuta (mas na verdade para qualquer outro profissional) é vivido de forma inconsciente pelo paciente como uma recusa do pedido de que o médico seja capaz de aliviá-lo não apenas do sofrimento manifesto em sua queixa, mas de todo o seu sofrer. Um pedido naturalmente impossível de ser satisfeito, o que não impede o paciente de desejá-lo.

É sob o signo dessa decepção que acontece a maior parte dos encaminhamentos médicos. As justificativas lógicas e pertinentes dos benefícios e da necessidade da intervenção de um profissional especializado são, do ponto de vista da experiência profunda do paciente, pouco eficientes. O encontro com o psicoterapeuta ocorre assim em meio a essa vivência em que o psicoterapeuta passa a ser tributário da transferência do paciente com o médico, de uma demanda que permanece intensamente vinculada a ele, apesar de insatisfeita (ou justamente por isso).

É importante ressaltar que, por suas opções pessoais ou pelas características de seu trabalho, o médico pode não ter condições ou desejo de empreender com seus pacientes um processo psicoterapêutico. Entretanto, a possibilidade de reconhecer e valorizar, no âmbito da própria consulta médica, o apelo do paciente para o alívio desse outro sofrimento, além do somático, permite a este sentir-se mais acolhido e compreendido, adquirindo o encaminhamento médico um outro significado. Essa atitude favorece a dissolução de parte da transferência depositada no médico, podendo ela orientar-se, assim, para o estabelecimento de relações mais satisfatórias com outros profissionais.

O terapeuta e a função materna[10]

A psicoterapia com pacientes com sintomatologia somática não conversiva exige, portanto, um cuidado particular na maneira de recebê-los e na forma de acolher e trabalhar suas demandas e comunicações. É necessário, sobretudo, considerar a fragilidade representada pela intensidade de seu desamparo, reforçado muitas vezes pelo sofrimento físico da doença, e a precariedade de seus recursos para lidar com eles. Segundo P. Marty, o trabalho psicoterapêutico deve encaminhar-se da "função materna à psicanálise".[11] "No exercício de sua função materna, cujo sucesso depende de sua atitude a uma identificação renovada com o paciente (da qualidade de sua empatia)", os meios dos quais dispõe o terapeuta, verbais e não verbais na posição face a face, "são suscetíveis de assegurar as primeiras bases de uma proximidade bilateral identificatória". Dessa posição pode-se esperar uma reanimação libidinal,[12] uma melhora das qualidades do pré-consciente e, portanto, um melhor tratamento psíquico da excitação.

Assim como P. Marty, P. Fédida aponta que "a relação mãe-criança forma um modelo imaginário privilegiado para uma clínica psicoterapêutica dos casos considerados 'difíceis'".[13] Ele sublinha que, contrariamente às ideias preconcebidas,

> *uma psicoterapia é sempre uma psicanálise complicada... A complicação da psicoterapia se deve ao fato que, em alguns casos, a instauração da cura psicanalítica é, do*

---

10 Amplio essas ideias articulando o cuidar, a função terapêutica e a função educativa em R. M. Volich (2004/2022) *O cuidar e o sonhar: Por uma outra visão da ação terapêutica e do ato educativo.*

11 P. Marty (1990b). *A psicossomática do adulto*, p. 59.

12 D. Braunschweig (1993). *Implications techniques de la théorie psychosomatique.*

13 P. Fédida (1992). *Sur le rapport mère/enfant dans le contre-transfert*, p. 145.

382   A FUNÇÃO TERAPÊUTICA

*ponto de vista da clínica psicopatológica, completamente
impossível, mas ao mesmo tempo uma situação psicanalítica é teórica e tecnicamente exigida.* Os pacientes
*ditos psicossomáticos se enquadrariam nesta categoria,
ao mesmo nível que os psicóticos, ou os que apresentam
comportamentos psicopáticos.*[14]

Mesmo que as indicações e os enquadres clássicos da psicanálise
não sejam adequados ao tratamento desses pacientes, a referência
psicanalítica, o regime teórico-clínico do analista, sua relação com
a teoria, com sua análise, com sua formação, constituem balizas
importantes para compreender o paciente e evitar que a elasticidade
necessária à clínica de tais pacientes "não seja simplesmente uma
questão de acomodações liberais, ou de intuição empírica subje-
tivista". Essa concepção da clínica transcende inclusive a prática
psicoterapêutica para constituir-se como paradigma de qualquer
relação terapêutica.

Trabalho terapêutico, trabalho do sonho

Por sua vez, Denise Braunschweig ressalta a importância da continência do terapeuta que visa, sobretudo, a promover as funções
psíquicas mais essenciais: "reanimar, reestruturar e enriquecer o
pré-consciente . . . reforçar, e até mesmo às vezes instaurar um recalcamento insuficiente ou que não aconteceu", proteger "os conteúdos
inconscientes rarefeitos", proteger e promover os mínimos indícios de
simbolização, e mesmo oferecer ao paciente representações psíquicas

---

14 P. Fédida (1992). *Rêve, visage et parole: le rêve et l'imagination de l'interprétation*,
p. 131, traduzido por mim.

das quais ele não é capaz.[15] A insuficiência dos recursos mentais do paciente contraindica um método que não enriqueça, primeiramente, a reserva simbólica.

No âmbito da transferência, praticamente inexiste tolerância à regressão, em particular à regressão formal, que permitiria a expressão simbolizada da sexualidade infantil. Intervenções dessa ordem podem provocar uma ruptura efetiva da relação restauradora com o objeto real do terapeuta, ou um afrouxamento da ligação relacional estabelecida, ou ainda uma agravação da sintomatologia somática.

O objetivo inicial da psicoterapia é, antes de tudo, criar condições para a consolidação das dinâmicas psíquicas.

Somente o recalque, fornecendo ao inconsciente um material para ser trabalhado pelos processos primários de pensamento (deslocamento, condensação), é apto a fornecer símbolos (pela metáfora e pela metonímia). O aparelho mental poderá utilizar tais símbolos no tratamento da excitação especialmente por meio de seus restos que, disfarçados de maneira conveniente, poderão transpor a barreira do pré-consciente e enriquecer este sistema. O valor econômico do sonho depende desse funcionamento.[16]

Uma vez em curso, o processo psicoterapêutico exige do terapeuta uma atenção particular para as oscilações inevitáveis do funcionamento psíquico, em particular para a qualidade dos conteúdos representativos do paciente. Segundo D. Braunschweig, no acompanhamento desses pacientes, "o terapeuta deve ser capaz de estabelecer a distinção entre um 'falso' e um 'verdadeiro' trabalho psíquico". O falso trabalho psíquico pode desencadear uma sobrecarga do espírito. Esses pacientes, aprisionados pela compulsão de

---

15 D. Braunschweig (1993). *Implications techniques de la théorie en psychosomatique*, p. 23 e 26, traduzido por mim.

16 D. Braunschweig (1993). *Implications techniques de la théorie en psychosomatique*, p. 26.

produzir, são frequentemente ameaçados de depressão essencial. O verdadeiro trabalho psíquico conduz a uma sublimação bem-sucedida, enquanto o falso conduz a uma sublimação fracassada. O sucesso da sublimação depende da evolução das características do pré-consciente (espessura, fluidez e disponibilidade). Essa evolução propicia o enriquecimento das reservas representativas e a maior permeabilidade das barreiras do pré-consciente tanto na direção do recalcado inconsciente como na do sistema percepção-consciência, condições que favorecem a sublimação das pulsões sexuais.

Um sinal clínico importante de uma evolução favorável da psicoterapia é a modificação da natureza das angústias: inicialmente difusas, elas devem transformar-se em fobias cada vez mais eletivas, depois reduzir-se em angústias-sinal de alarme, mostrando a capacidade do *ego* de enfrentar uma emergência pulsional.[17]

O déficit representativo dos pacientes que apresentam perturbações da mentalização determina, como vimos, uma atividade sensomotora e perceptiva intensificada que se manifesta no contexto da consulta. Eles demonstram uma sensibilidade particular aos elementos da realidade e, em particular, à presença (ou ausência) real do terapeuta. Essa fragilidade do paciente exige do psicoterapeuta uma identificação particular, narcísica, empática, que se manifesta por um tratamento respeitoso das defesas do *ego* do paciente, caracterizadas por uma falta de flexibilidade. Contrariamente ao que se observa na neurose, a interpretação destas defesas não permite a elaboração de um conflito *superego-ego*/pulsão erótica recalcada, mas fere o paciente atingindo sua autoestima, regida por um *ego*-ideal rigoroso.

Considerando-se a fragilização do paciente, o terapeuta é convocado a um trabalho minimalista que lida com níveis bastante primitivos de comunicação. Nesse sentido, diante do discurso muitas

---

17 Cf. *Por uma semiologia da angústia,* no Capítulo 7.

vezes empobrecido, rarefeito, estereotipado, é necessário resgatar os mínimos indícios sensoriais, dos gestos, do olhar, do toque por meio dos quais é possível estabelecer com o paciente uma relação que promova o desenvolvimento de recursos mais evoluídos de comunicação e de reação diante dos conflitos vitais, cotidianos e da própria doença. Nesse sentido, é também importante valorizar, por mínimas que sejam, as manifestações oníricas, simbólicas e imaginárias do paciente, inclusive encorajando-o a buscar promovê-las, por meio de anotações de seus primeiros pensamentos ao acordar, de um diário, de uma atividade artística, enfim, atividades que possam mobilizar e incrementar seus recursos representativos.

Para tanto, é necessário ao terapeuta um exercício permanente de liberdade que lhe permita entrar em contato com as sensações, fantasias e emoções contratransferenciais mobilizadas em si pelo paciente e compreendê-las como informações valiosas a respeito daquilo que ocorre com o paciente naquela consulta.

D. W. Winnicott descreve a importância do *espaço intermediário* entre a subjetividade e a objetividade no processo de constituição do objeto e da realidade. Essa *área de ilusão* e de compromisso supõe a superposição daquilo que a criança concebe e do que a mãe traz para a relação, que deixa em suspenso a distinção da realidade e da fantasia. O *espaço transicional* constituir-se-á como *um lugar de repouso precioso para o indivíduo*. Mesmo que Winnicott faça referência a esse espaço no contexto do brincar e da criação artística, a existência desse espaço é também fundamental quando da vivência de experiências desintegradoras de sofrimento.[18]

Assim, no processo terapêutico, na consulta e no tratamento, não apenas psicoterapêuticos, é essencial reservar, junto com o enquadre, com procedimentos específicos, ou ainda junto com os protocolos

18 M. Davies e D. Wallbridge (1992). *Winnicott: Introduction à son œuvre*, p. 180.
   D. W. Winnicott (1951). *Objetos transicionais e fenômenos transicionais*.

terapêuticos, um espaço de ilusão, de sonho, em que um encontro de outra ordem possa acontecer.

Inspirações

Durante três anos acompanhei Virginie em psicoterapia semanal no Serviço de Oncologia Clínica do Hospital Saint Louis, em Paris. Uma psicoterapia que poderia nunca ter ocorrido, caso eu tivesse insistido em explicar-lhe, em nosso primeiro encontro, a natureza do trabalho psicoterapêutico, denunciando sua insistência em colocar--me na mesma posição de todos os seus médicos ao apresentar-me sua pasta de exames.

Devo a Virginie esse aprendizado. A técnica e o enquadre do trabalho terapêutico devem estar *antes de tudo* a serviço da possibilidade de elaboração do sofrimento do paciente – sejam quais forem seus recursos para manifestá-lo –, e não apenas da proteção das condições de trabalho do terapeuta.

Para que Virginie pudesse encontrar-me, era imprescindível que eu "fosse médico", mesmo que a indicação de seu oncologista, meu crachá e o nome do serviço de psicologia na porta do consultório mostrassem claramente que eu não o era. Minha primeira reação a seu pedido – de que eu examinasse sua pasta médica – tentando lembrar-lhe que não era aquela minha competência, por mais que verdadeira, colocava-a diante de uma experiência insuportável. Minha frase a ameaçara conclamando-a a abandonar o último reduto no qual ainda podia sentir-se protegida, uma vez cercada de tantas ameaças oriundas de sua doença e de seu tratamento, e decepcionada com pedido que, sem saber, dirigira a seu médico sem poder ser atendida.

Ao aceitar a pasta que Virginie me estendia, ao convidá-la para que a examinássemos juntos, não tive, realmente, a menor noção do porquê o fazia. Inicialmente, senti-me inclusive desconfortável por aceitar aquele convite, sem dar-me conta de que o que me soara como uma provocação – a afirmação de que a única história para ser contada estava na pasta, que eu deveria decidir-me se queria conhecê-la ou não – continha uma profunda verdade, como viemos a descobrir.

Durante os momentos em que folheamos juntos aquela pasta, muitas vezes em silêncio, gradativamente foi constituindo-se entre nós um espaço em que outras experiências foram sendo possíveis, pelo reconhecimento implícito que era ali, naquelas folhas de exames e relatórios, que Virginie depositara sua vida. Era dali que, sem poder dizê-lo, ela pretendia resgatá-la.

Virginie "usou-me como médico", assim como, segundo Winnicott, o bebê necessita "utilizar" o objeto materno para efetuar a passagem da experiência de onipotência e de não integração para a constituição da realidade e do objeto exterior diferenciado.[19]

Virginie imaginava-me capaz de entender tudo aquilo que ela não compreendia. Percebeu, talvez, que eu não entendia. Nada disse. Pressentiu, talvez, que eu não exigia dela que entendesse. Que aceitava sua necessidade daquele ritual, esperando que minha atitude pudesse propiciar, que, para ela, um sentido surgisse. Um sentido de presença e de transição.

Na repetição dos gestos e do ritual elaborou-se uma possibilidade de existência em que, para além da história de sua doença, a história de um outro sofrimento pode ser resgatada. Por um lapso, pelo susto, pela revolta. Não mais pela repetição ou pelo véu da indiferença. *Seu* lapso.

---

19 D. Winnicott (1968). O uso de um objeto e relacionamento através de identificações, p. 125.

Aceitar ser o que eu não era, reconhecer a impossibilidade de Virginie desvelar-se sem as máscaras e os disfarces que permitiam a ela encontrar-me. Estreitos desfiladeiros que lhe possibilitaram o acesso a suas dores insuportáveis, a suas memórias e experiências impossíveis.

Desfiladeiros silenciosos, sombrios, muitas vezes, única passagem, para cada um de nós compreender o sofrimento que aponta a necessidade de ser outro, para o outro... ser.

9. A clínica das desorganizações[1]

"todo artista tem de ir aonde o povo está".

Milton Nascimento[2]

Voávamos em céu de brigadeiro...

Há dois anos em análise, três vezes por semana, Sofia sempre parecera à vontade, e, mesmo, entusiasmada com as viagens que empreendia por seu mundo interior. Não lhe era difícil iniciar as sessões, transitava bem de um assunto para outro, sonhava com frequência, acolhia minhas interpretações, encantava-se com suas descobertas.

Sofria também, é verdade. Sobressaltos, medos, tristezas... Surpresas que o inesperado de um lapso lhe preparara, ou que as vicissitudes da vida a obrigavam a enxergar. Corajosa, ela as

---

1 Apresentei inicialmente estas ideias no artigo *A clínica dos farrapos - Por uma clínica psicanalítica das desorganizações*, publicado em 2005 (*Percurso*, n. 34), a partir de discussões com colegas da Universidade Luterana do Brasil (ULBRA), do Instituto da Mama do Rio Grande do Sul e do Círculo Psicanalítico de Pernambuco realizadas em 2003. Agradeço a eles pela inspiração.

2 Fernando Brant e Milton Nascimento (1981). *Nos bailes da vida*.

enfrentava, com as compreensíveis resistências que buscam, antes de tudo, proteger-nos da dor. Nesses momentos, ela guardava um certo silêncio, respirava fundo, e, pouco depois, reemergia, com os olhos marejados, mangas arregaçadas, prestes a voltar ao trabalho. Novas lembranças, expectativas. Novos mergulhos.

Durante dois anos, percorremos juntos as aventuras que vivera ao longo de seus trinta e dois anos. Sofia viajava... O carro mal estacionado à porta do consultório a conduzia facilmente a sua admiração, quando criança, pela maneira segura de seu pai dirigir. Ouvindo os gritos das crianças brincando na casa vizinha, sem cerimônia, ela se convidava, junto com seu irmão e sua irmã mais novos, para participar de suas brincadeiras. Em um dia particularmente tumultuado em que ficara sem comer, a fome sentida durante a sessão foi naturalmente saciada pelas lembranças de sua avó e de sua mãe, que sempre se esmeraram em mimá-la com as mais suculentas guloseimas. Até eu sentia água na boca...

Com efeito, não me era difícil acompanhar Sofia em seus devaneios, em suas lembranças, em suas associações. Ela as produzia como se eu não estivesse ali, porém seus relatos eram tão vivos, tão intensamente investidos, que era impossível não ser cativado por eles. Escutar Sofia era uma experiência esperada, que despertava em mim lembranças, sabores, cheiros, calafrios. Sessões intensas, em que o cansaço, de um e de outro, geralmente era reflexo de uma marcha que, apesar dos percalços, sempre avançara. Olhar para trás era uma experiência gratificante, ao constatar as distâncias em pouco tempo percorridas.

Naquele outono, porém, subitamente, o tempo virou. Deitada no divã, rapidamente, ela se transformara...

Aos poucos, as palavras foram se tornando difíceis, rarefeitas. Os silêncios, cada vez mais longos. As lembranças, cada vez mais escassas. As imagens, esmaecidas. Os sabores, insossos. Minha atenção, fugidia.

Suas feições, antes leves, tornaram-se sóbrias. Seus gestos, carregados. Seu olhar, perdido. Comecei a sentir saudades de Sofia. Compreendia a causa de tal transformação. Com casamento marcado, Sofia vivia a ruptura amorosa de uma relação de oito anos. Surpreendia-me, porém, a violência dos efeitos que ela provocava.

Em três semanas, Sofia emudeceu. Suas faltas e atrasos à sessão aumentaram. Parecia indiferente às dificuldades de estacionar o carro e, mesmo, a uma mudança que eu realizara na sala de consultas. As crianças do vizinho passaram a brincar sozinhas, seus risos e gritos eram os únicos sons que ecoavam na sala. Sugeri que se juntasse a elas, que me acompanhasse, convidando-a para caminharmos, já que, naquele momento, ela não podia me convidar. Porém, meus comentários, minhas interpretações e, mesmo, minha pessoa pareciam não ter o menor interesse para ela.

Deitada no divã, de tempos em tempos, ela balbuciava seu sofrimento. Sua fala, antes juvenil, fluida, fácil, arrastava-se então em tons monocórdios, num ritmo entrecortado, como correntes em um castelo mal-assombrado. Cada vez mais, a sombra da angústia parecia abraçar seu corpo, que, contorcido, parecia querer tomar a palavra. Era-lhe difícil distinguir entre a constrição daquele abraço e tantas dores que passaram a animar seu corpo. Uma dor mais intensa, porém, fez com que consultasse um médico, que diagnosticou uma úlcera estomacal em estado avançado. Nunca antes Sofia tivera um problema mais grave de saúde.

Nesse momento, sugeri a Sofia que reduzíssemos o número de sessões e que ela experimentasse sentar-se na poltrona. No início, ambos estranhamos a posição. Apesar da intensidade do processo que havíamos vivido até então, era como se nos encontrássemos pela primeira vez. Depois de algumas sessões, em silêncio ainda, ela me olhava com atenção, até mesmo com uma certa curiosidade. Ela me estranhava, me reconhecia. Seu rosto parecia flutuar ao sabor desse movimento, contorcendo-se, distendendo-se. Depois de um certo tempo, murmurou: "*Por que?*" Sem pensar, respondi: "*Para te ver melhor...*" Uma enorme gargalhada de Sofia acompanhou a lembrança de uma história infantil. Voltamos a sonhar....

Lentamente, suas falas voltaram a se articular. Ela ainda me olhava, entre estranha e reconhecida. Pôde falar aos poucos de sua dor, do sonho depositado no casamento desfeito, do terror pelo rompimento de uma relação da qual nunca duvidara. Falou também de outro pavor, insuportável, vivido no divã durante as semanas que se seguiram a seu rompimento amoroso. Aterrorizada, sentira-se, cada vez mais solitária, incapaz de compartilhar comigo e mesmo de descrever seu terror. Sentira, desesperada, que também perdia a mim, paralisada, sem poder me ouvir ou reconhecer minha presença.

Algumas semanas depois, estranhando-me cada vez menos, sempre me olhando, ocorreu-lhe pela primeira vez a lembrança de uma cena infantil. Uma vez, aos quatro anos, sobressaltada e confusa, acordou no meio da noite ouvindo uma violenta discussão entre seu pai e sua mãe. Ambos gritavam e, pelo barulho, objetos pareciam ser derrubados ou atirados ao chão. Sofia sentiu muito medo, não sabia se deveria se levantar da cama, ou esconder-se embaixo dela. Sem perceber, fez xixi no pijama, e ao pavor acrescentou-se a vergonha. Paralisada, não conseguiu dormir o resto da noite, sentindo-se suja, desconfortável e com frio por causa da roupa molhada.

No dia seguinte, com muito medo, contou para sua mãe o que vivera e perguntou-lhe o que havia ocorrido. Sua mãe, com os olhos tristes e vermelhos, tentou tranquilizá-la dizendo que nada acontecera, que provavelmente ela tivera um pesadelo. Sofia sabia que não fora um sonho, porém, calou-se. Durante algum tempo, foi em sonhos que aquela cena se repetiu em sua vida.

Com o tempo, sumiram aqueles sonhos e as lembranças daquela noite. Com o tempo, intensificaram-se alguns costumes de sua vida. A espera ansiosa no final da tarde pela chegada de seu pai, a impossibilidade de adormecer sem as histórias contadas por sua mãe até quase a adolescência, a necessidade que tanto ela quanto seu pai a beijassem para que ela pudesse dormir.

Apagaram-se, aparentemente, os traços daquela noite terrível. Sofia não se lembrava de nenhuma outra discussão entre seus pais e sempre considerou que eles fossem felizes juntos. Foi uma adolescente romântica, namorou, mas não encontrou naquela época nenhum rapaz que correspondesse ao homem de seus sonhos, por quem verdadeiramente se apaixonasse: um homem tranquilo, acolhedor, que compartilhasse os mesmos gostos que ela, com quem nunca discutisse... Talvez por isso, pouco sofreu com as separações: sempre ficara triste, mas consolava-se pensando que fora melhor assim, pois, desta forma, poderia continuar procurando por seu grande amor.

Foi quando, ao final da faculdade, conheceu Eduardo. Tranquilo, dedicado, divertido, carinhoso, ele parecia desfilar diante dela todos os atributos com os quais sempre sonhara. Seguro e confiável, sobretudo, ele a acolheu como ela sempre quis ser acolhida. Sua busca parecia ter terminado. Eram felizes, seriam felizes. Viviam em harmonia, completavam-se, sonhavam os mesmos sonhos. Nada mais natural do que formalizar seu desejo de viver para sempre com aquele homem em quem sempre confiara.

Eduardo não tinha a mesma história que Sofia. Nem as mesmas certezas. Apesar de amá-la, duvidava. Apesar de acolher, também rejeitava. Apesar de sonhar, também temia pelo que sentia. Um dia o temor foi mais forte. Não lhe foi mais possível continuar sonhando com Sofia.

Para Sofia, voltar a sonhar sozinha foi um pesadelo. A angústia pelo sonho desfeito tornou-se cada vez mais intensa, insuportável, terror, clausura. Tudo perdia o sentido, e nada mais parecia valer a pena, nada mais parecia merecer ser compartilhado. Com ninguém. Nem comigo.

Desafios da clínica

Todo psicanalista, todo psicoterapeuta, já se viu confrontado com limites, impasses ou mesmo com os efeitos iatrogênicos no tratamento de alguns pacientes. Nesses momentos, muitas vezes neles observamos a interrupção do discurso, dificuldades na associação livre, o surgimento de silêncios, de vazios, de angústias indizíveis, de momentos melancólicos, de atuações. Essas manifestações, mais ou menos duradouras, podem chegar, no extremo, a desorganizações mais profundas de seu funcionamento, a episódios psicóticos, a depressões graves, a somatizações agudas ou crônicas.

S. Freud sempre insistiu na especificidade do dispositivo clínico psicanalítico. Essencialmente, ele preconizava esse tratamento para as psiconeuroses, enquanto para as manifestações das neuroses atuais e para os pacientes com doenças orgânicas a indicação desse dispositivo seria inadequada.[3]

Como vimos, ele sustentava que os sintomas psiconeuróticos – obsessivos, fóbicos ou histéricos – são fruto do conflito entre uma representação que busca uma manifestação consciente e o recalcamento que impede que ela atinja este fim.[4] A ação terapêutica permite a retradução dessa formação de compromisso em seus termos originários. O afeto e a energia investidos e bloqueados no sintoma podem então ser reintegrados ao fluxo associativo, permitindo à representação recalcada aceder à consciência, superando a amnésia patogênica.[5]

Por sua vez, as neuroses atuais obedecem a uma outra dinâmica, distinta do recalcamento. A neurose de angústia, a neurastenia e a

---

3 S. Freud (1904). *O método psicanalítico de Freud*, E.S.B., VII.
   S. Freud (1913b). *Sobre o início do tratamento*, E.S.B., XII.

4 Cf. *Nosografia psicanalítica*, no Capítulo 2.

5 S. Freud (1894). As neuropsiconeuroses de defesa, *E.S.B.*, III.

hipocondria não apresentam formações de compromisso, formações substitutivas, conversões histéricas, nem sentido simbólico para os sintomas. Elas manifestam descargas comportamentais ou somáticas resultantes da impossibilidade ou da incapacidade de elaboração mental da excitação.[6] Por esses motivos, elas não seriam passíveis de serem tratadas pelo método psicanalítico. Muitas das manifestações atuais da subjetividade humana como os estados *borderline*, as toxicomanias, os transtornos alimentares, os sintomas considerados "psicossomáticos", os comportamentos impulsivos e destrutivos organizam-se em grande medida em torno dessas dinâmicas.

É verdade que os critérios clássicos para a indicação de uma análise, definidos por Freud, podem ainda ser utilizados no momento inicial de um processo psicanalítico. Porém, o que fazer quando, mesmo a partir de uma indicação inicial adequada, desaparecem as condições que justificaram essa indicação analítica, em função de dinâmicas mobilizadas pelo tratamento ou por acontecimentos da vida do paciente? Para essas pessoas, e mesmo aquelas para as quais desde o início percebemos não ser recomendável um tratamento psicanalítico, podemos ainda nos perguntar se a psicanálise nada teria a oferecer para aliviar seu sofrimento, cujas formas de manifestação não lhes foi dada escolher.

Sándor Ferenczi foi um dos primeiros a questionar as posições freudianas sobre essas questões. Ele sugeriu que as bases do dispositivo psicanalítico, bem como suas referências teóricas, seriam ainda pertinentes no tratamento das manifestações das neuroses atuais e, inclusive, para lidar com expressões e com algumas das causas das doenças orgânicas dos pacientes. Para tanto, ele sustentava a necessidade de uma outra postura do analista e de modificações no dispositivo clínico.[7]

---

6   S. Freud (1895a). *Sobre os fundamentos para destacar da neurastenia uma síndrome específica intitulada de "neurose de angústia"*, E.S.B., III.

7   S. Ferenczi (1926). *As neuroses de órgão e seu tratamento.*

A partir de Ferenczi, muitos outros psicanalistas investigaram a possibilidade da utilização dos recursos da psicanálise na clínica dos pacientes não psiconeuróticos, como psicóticos, *borderlines*, adictos, somatizantes etc. O enriquecimento da teoria e da clínica psicanalíticas permitiu melhor compreender as fragilidades desses pacientes, a precariedade de suas vivências infantis e de seu desenvolvimento, o esgarçamento do tecido psíquico, as fragilidades narcísicas, a pobreza de seu mundo objetal e de representações.

S. Ferenczi, M. Ballint, M. Klein, R. Spitz, D. Winnicott e W. Bion destacaram-se entre aqueles que, compreendendo o potencial da metapsicologia para o tratamento daquelas manifestações, tentaram superar as limitações do enquadre psicanalítico clássico para responder às necessidades clínicas dos pacientes que apresentam tais características.

O reconhecimento da importância das relações precoces com a mãe para o desenvolvimento da criança, a melhor compreensão das fragilidades dessas primeiras relações, a constatação das limitações do trabalho associativo verbal, com a consequente exacerbação das manifestações comportamentais, da atividade motora, sensorial e somática determinaram várias das mudanças observadas no dispositivo terapêutico desde os anos 1950. O desenvolvimento da ludoterapia, da arteterapia, das terapias conjuntas mãe-bebê, das terapias familiares, de grupo e corporais, do psicodrama e do relaxamento psicanalíticos são frutos diretos desses progressos.

Transformou-se também a posição do analista. A contratransferência ganhou importância crescente como recurso para a apreensão e compreensão dos níveis mais primitivos de funcionamento. Continência, maternagem, reasseguramento, *holding* e a função do analista como *ego*-auxiliar do paciente deixaram de ser infrações graves à regra de abstinência do analista para se transformarem em condições necessárias à instalação e, muitas vezes, à própria sobrevivência de processos terapêuticos de pacientes narcísica e psiquicamente mais fragilizados.

A psicoterapia, considerada como uma "arte menor", olhada com desprezo e desconfiança pelo *establishment* psicanalítico durante quase todo o século XX, ganhou seus títulos de nobreza tornando-se tema obrigatório em muitos encontros das sociedades psicanalíticas, de todas as orientações, em todo o mundo. Subitamente, as posições de Winnicott, já defendidas desde 1947, de que a dimensão psico-terapêutica seria uma dimensão importante do próprio trabalho psicanalítico, foi reabilitada, ganhando notoriedade. Como vimos, coube a Pierre Fédida romper veementemente com o desdém com que a psicoterapia sempre foi tratada no meio psicanalítico para revelar, na verdade, sua complexidade e o caráter inevitável de seu uso nos casos considerados "difíceis".[8]

Cabe, portanto, delinear e aprofundar os traços do que sugiro denominar *clínica das desorganizações psicossomáticas* e construir instrumentos que permitam o exercício dessa clínica mais complexa, para lidar com a precariedade dos quadros de alguns pacientes, e com as características do trabalho terapêutico em meio institucional.[9]

Do enquadre clássico à necessidade de sua transformação

Consideremos brevemente os pré-requisitos, as condições e as impli-cações do dispositivo clínico psicanalítico – o chamado "enquadre" –

---

8   "Uma psicoterapia é sempre uma psicanálise complicada".
    P. Fédida (1992). *Rêve, visage et parole. Le rêve et l'imagination de l'interprétation*, p. 131.
    Ver citação completa em *O terapeuta e a função materna* no Capítulo 8.
9   Dessa mesma perspectiva e com o mesmo intuito, mais recentemente, Diana Tabacof sugeriu caracterizar as particularidades dessa clínica como *clínica da excitação*.
    Cf. D. Tabacof (2021). *Clínica da excitação. Psicossomática e traumatismo*.

a fim de compreendermos seus limites e a necessidade de sua transformação para o tratamento dos pacientes que apresentam grandes fragilidades em sua organização psíquica ou que vivem momentos de desorganização de sua economia psicossomática.

São conhecidas as principais características do *setting* psicanalítico clássico. Consultas individuais com frequência semanal variável (cada vez menor, como observamos ao longo dos anos), sessões com tempo fixo ou variável, duração indeterminada do tratamento, diferentes modos de pagamento de honorários. Geralmente, o paciente deita-se no divã, ficando o analista fora de seu campo visual. São importantes a não familiaridade com o analista, bem como sua neutralidade. O paciente comunica suas associações livres ("tudo o que lhe vem à cabeça") ao analista que, por meio da atenção flutuante, é mobilizado por imagens, associações e sensações que se constituem como a matéria-prima para as interpretações do material apresentado pelo paciente. A verbalização é a via principal de comunicação entre ambos.[10]

Sabemos que mesmo o mais estrito respeito de todas as preconizações técnicas com relação ao enquadre não garante e nem é prova da existência de um processo analítico. O processo psicanalítico pressupõe, sobretudo, que um *verdadeiro encontro* ocorra entre o paciente e o psicanalista, que um investimento recíproco seja possível, que ambos possam apostar nas possibilidades de transformação, de um e de outro. A partir desse movimento, no contexto da transferência, as condições do enquadre *e da relação* podem propiciar a emergência dos conteúdos recalcados do paciente, a atualização e a transformação das fixações do passado, a elaboração

---

10 S. Freud (1912b). *Recomendações aos médicos que exercem a psicanálise*, E.S.B., XII, p. 149-163
  S. Freud (1913b). *Sobre o início do tratamento*, E.S.B., XII, p. 164-192.
  R. H. Etchegoyen (1989). *Fundamentos da técnica psicanalítica*.

e a consolidação dessa transformação graças ao trabalho de rememoração e de representação, a liberação de novas capacidades de investimento, a interrupção e o alívio do peso das compulsões à repetição. A análise promove os recursos do sujeito permitindo que ele possa experimentar e ampliar os prazeres autoeróticos e objetais, tolerar a frustração, desenvolver e ampliar as melhores possibilidades de simbolização e de representação.[11]

Como ressalta A. Green, o aparelho psíquico é o espaço no qual a representação pode advir.[12] A ampliação das condições para o desenvolvimento das funções representativas é um referente primeiro do trabalho psicanalítico. É esse um paradigma fundamental, útil, inclusive no tratamento dos casos considerados "difíceis", nos quais a atividade representativa encontra-se bastante comprometida. O processo terapêutico pode então ser essencialmente caracterizado como um *trabalho de figurabilidade*, de promoção da organização psíquica por meio da criação de representações.

Como lembra Philippe Jeammet, algumas vezes as interpretações da resistência do paciente e da transferência negativa mostram-se repetidamente inócuas, em função da ausência, mesmo que temporária, de uma base a partir da qual algo possa ser transformado. Nesses casos, as modificações do enquadre podem ser uma alternativa importante para superar o impasse no trabalho terapêutico e reinstaurá-lo.

Observar, compreender e poder manejar a relação do paciente com diferentes elementos do enquadre é uma parte essencial do processo psicanalítico, um importante instrumento da transferência e da interpretação.[13] A regressão e a capacidade de tolerar

---

11 P. Jeammet (1998). *Le perçu, l'agi e la représentation dans le processus psychanalytique.*

12 A. Green (1995). *La causalité psychique. Entre nature et culture.*

13 J. Bleger (1977). *Simbiose e ambiguidade.*

a frustração são dinâmicas centrais desse processo, mobilizadas pelo dispositivo psicanalítico.

Regressões necessárias, regressões iatrogênicas

Deitado no divã, o paciente é convidado a retirar seu interesse do ambiente, a abstrair a percepção dos objetos e a renunciar às gratificações imediatas, dinâmicas que propiciam o investimento dos processos alucinatórios, processos prototípicos das representações. A capacidade de suportar frustrações, a não satisfação de desejos e de distinguir entre a realidade e a fantasia são condições que determinam o curso de tais dinâmicas. Essas, por sua vez, só podem organizar-se a partir da existência de um núcleo masoquista erógeno primário guardião da vida suficientemente constituído.[14] A posição no divã permite ao paciente subtrair sua pessoa ao olhar do outro-analista. Ele pode assim renunciar a colocar esse outro-analista como foco objetal primordial ou único para seu discurso, para suas fantasias, para seu desejo.[15] Essas condições buscam favorecer tanto a associação livre do paciente como a atenção flutuante do analista, a *rêverie*[16] em que se gestam as interpretações e as transformações buscadas no processo psicanalítico.

---

14 B. Rosenberg (1991). *Masochisme mortifère, masochisme gardien de la vie.*
Cf. *O sofrimento a serviço da vida*, no Capítulo 7.

15 M. Aisenstein (1998). *On est prié de ne pas tourner le dos.*

16 Herdeira das primeiras formas de comunicação entre a mãe e seu bebê, a *rêverie* é uma atividade intersubjetiva entre o paciente e o analista. Meltzer descreve sua dimensão pré-consciente, uma resposta do analista diante da escuta do sonho do paciente, um ressonhar o sonho para alcançar uma melhor compreensão. Por sua vez, A. Ferro destaca a função da *rêverie* para receber, metabolizar e transformar as comunicações verbais e não verbais que chegam do paciente em imagens, intuições que se traduzem em pictogramas emocionais.
D. Meltzer, D. (1984). *Dream-life: a re-examination of the psycho-analytical theory and technique.*

Pessoas que vivem, de forma crônica ou passageira, momentos de desorganização da economia psicossomática, principalmente a de natureza progressiva, não possuem, nesses momentos, os recursos necessários para o trabalho mobilizado pelo dispositivo psicanalítico. Como vimos, em razão de perturbações na organização de seu mundo objetal, elas apresentam grandes dificuldades no estabelecimento de vínculos significativos com seus semelhantes e em muitos momentos não dispõem de uma economia psíquica minimamente estruturada que suporte os movimentos de investimento e desinvestimento, narcísico e objetal, necessários ao trabalho da transferência.[17]

Como apontam P. Marty e outros autores,[18] as dificuldades de relação interpessoal apresentadas por essas pessoas são também reflexo da precariedade de estruturação e de organização dos sistemas tópicos (inconsciente, pré-consciente, consciente, *id, ego, superego*). Como consequência, observamos a fragilidade da instauração do princípio de realidade, que dificulta a constituição dos movimentos regressivos e da tolerância à frustração, pilares do trabalho analítico. Nelas, são frágeis também os recursos para lidar com as exigências instintivas e pulsionais e, principalmente, para promover a intricação necessária entre as pulsões de vida e de morte com vistas à preservação de funções e da própria vida do sujeito.

A fragilidade dessas dinâmicas manifesta-se também por meio da rarefação da vida representativa, fantasmática e onírica que inviabiliza o trabalho livre associativo. A escassez da matéria-prima representativa é acompanhada por uma desvitalização da dimensão

---

A. Ferro (2008). *"Tecnica e criatividade": o trabalho analítico.*

17 Cf. *Regressões, desorganizações e somatizações* no Capítulo 4, e também:

P. Marty (1990b). *A Psicossomática do Adulto.*

P. Marty (1998). *Mentalização e psicossomática.*

18 P. Marty (1990b). *A Psicossomática do Adulto.*

M. Aisenstein (1998). *On est prié de ne pas tourner le dos.*

C. Smadja (2017). *Le travail de somatisation.*

402 A CLÍNICA DAS DESORGANIZAÇÕES

afetiva do discurso e da relação terapêutica, como observamos nos funcionamentos operatórios e nas depressões essenciais.[19] O analista se depara, assim, com a carência do principal combustível que pode fazer avançar o processo psicanalítico. São esses elementos que, desde Freud, justificam as restrições de indicação de análise para pessoas com esses modos de funcionamento.

A contraindicação da psicanálise para tais pacientes não se deve unicamente à dificuldade ou à impossibilidade de se beneficiarem do processo terapêutico devido à precariedade de sua mentalização, de seus recursos psíquicos e representativos. Mais do que isso, as condições de trabalho no enquadre psicanalítico clássico e as dinâmicas que ele mobiliza podem, inclusive, ser *nocivas* para esses pacientes. Para uma pessoa com recursos psíquicos relativamente bem organizados, as exigências de investimentos libidinais, a transferência, a regressão e as condições de frustração implícitas ao processo analítico são vias privilegiadas para colocar em movimento e promover o acesso ao recalcado, a superação de inibições e de fixações e o enriquecimento de sua vida psíquica e libidinal. Para uma pessoa fragilizada, ao contrário, tais condições podem acentuar movimentos de desorganização, tornando ainda maior o esgarçamento de um tecido vital já bastante comprometido.

Assim, as condições regressivas do dispositivo analítico podem intensificar movimentos contraevolutivos, da ordem da desintricação pulsional, sem que as regressões encontrem patamares de estabilização previamente constituídos por fixações estruturantes, podendo converter-se em desorganizações progressivas graves e até mortais. Lembremos que a desorganização progressiva é fruto da precariedade do desenvolvimento ou de experiências traumáticas vividas pelo sujeito. Carregando as marcas da pulsão de morte, ela provoca o desaparecimento da hierarquia funcional das instâncias

---

19 Cf. *O pensamento operatório e a depressão essencial*, no Capítulo 5.

e dinâmicas psicossomáticas.[20] Esse movimento contraevolutivo provoca inicialmente a perturbação do funcionamento psíquico, podendo gradualmente desencadear a intensificação de descargas automáticas e impulsivas pelo comportamento e, no extremo, atingir a desorganização de funções orgânicas e algumas vezes a morte.[21]

A continência do enquadre face às desorganizações

A transformação vivida por Sofia novamente nos convoca.

Disponível, motivada, investida, desde o início ela se mostrou extremamente envolvida no processo psicanalítico. Sua demanda de análise era clara, suas entrevistas iniciais não despertaram em mim nenhuma questão que pudesse contraindicar o prosseguimento de nossos encontros, do ponto de vista da transferência ou mesmo da adequação do enquadre.

Durante dois anos seu processo avançou a grandes passos. Suas associações fluíam com facilidade, navegava bastante à vontade em seu mundo interior, acolhia e digeria bem minhas intervenções, mesmo aquelas que lhe eram mais dolorosas. As dificuldades e as resistências que encontramos nesse tempo nunca chegaram a ameaçar a continuidade de seu processo, tendo sido muitas vezes, ao contrário, um forte mobilizador de novas descobertas.

---

20 P. Marty (1976). *Les mouvements individuels de vie et de mort.*
P. Marty (1990b). *A psicossomática do adulto.*
É importante lembrar o valor positivo das dinâmicas de fixação e de regressão, que se prestam também como movimentos de reorganização da economia psicossomática.
Cf. *Instintos, organizações e desorganizações,* no Capítulo 6.
21 M. Aisenstein (1998). *On est prié de ne pas tourner le dos.*

A ruptura de sua relação amorosa foi insuportável. Inesperada, ela fez explodir com uma violência surpreendente uma espécie de cisto que, até então, durante todo o tempo da análise, e, provavelmente, durante toda sua vida, permanecera intacto, guardando vivas as marcas daquela briga noturna entre seus pais, da grave negação de sua percepção da discussão por sua mãe e todas as vivências perturbadoras que elas provocaram.[22] Dupla ruptura, de uma paixão extremamente idealizada e do "quisto psíquico", cujos efeitos foram devastadores. Em poucas semanas, Sofia, antes viva e próxima, transformou-se em um distante e estranho espectro. Apesar de meus esforços para chamá-la de volta, a olhos vistos, volatilizavam-se as imagens de seu discurso, rarefaziam-se suas palavras, congelara-se o ar à nossa volta.

As mudanças de seu discurso e de sua expressão, a intensificação de suas sensações, de suas queixas corporais, de suas dores foram indicando, num crescendo, a degradação de sua economia psicossomática. A inocuidade de minhas intervenções e a distância progressiva que se instalava entre nós apontaram para a necessidade urgente de intervenções de outra ordem. A manifestação abrupta da úlcera estomacal desencadeou, *em mim*, o sinal de alarme que determinou minha decisão de convidá-la a trabalharmos frente a frente e a diminuir a frequência de nossos encontros cuja proximidade, no meu entender, ela não tinha, naquele momento, condições de tolerar.

Como sabemos, a mudança no enquadre é arriscada no tratamento de casos graves. Com Sofia, surtiu efeito. Era diferente, dizia ela, ficar em silêncio no divã, e silenciar podendo olhar-me.

---

22 O fenômeno da *cripta,* descrito por Nicolas Abraham e Maria Torok, e a formulação de Ferenczi da essência traumática do *desmentido* de uma percepção da criança por um adulto contribuem significativamente para a compreensão dessa vivência desorganizadora de Sofia.

N. Abraham e M. Torok (1995). *A casaca e o núcleo.*

S. Ferenczi (1933). *Confusão de língua entre os adultos e a criança.*

As lembranças de tudo que vivera na análise antes da ruptura com Eduardo pareciam cenas longínquas, de um passado remoto. Ela lembrava do entusiasmo que tinha pela análise, lembrava que gostava de mim, mas nada daquilo estava presente naquele momento. Sabia que eu não era um estranho, mas sentia que precisava me conhecer.

No jogo de esconde-esconde, sabíamos onde nos encontrar, mas era importante que nos procurássemos, como se não o soubéssemos. Foi em meio à brincadeira do estranhar-*me* e reconhecer-*se* que, num momento de estranhamento ela me perguntou "*Por que?*". Naquele instante, ainda hesitante quanto aos efeitos do enquadre modificado, eu pensava na curiosa experiência que vivíamos, observando-nos, um frente ao outro, quando respondi "*Para te ver melhor...*".

Sofia já estava longe, quando, com sua gargalhada sinalizou-me que poderíamos prosseguir, novamente, nossa jornada interrompida. Ela não mais precisaria carregar, solitária, as marcas daquela terrível história infantil, a sua própria e, provavelmente, muitas outras que assombram o universo da infância. Lentamente, voltaram as palavras, os sonhos, as lembranças e, em meio a um choro profundo, ela pode recordar e compreender as marcas e os significados daquela cena noturna que durante toda sua vida ela precisara calar.

Da complexidade da clínica das desorganizações

Até o rompimento com Eduardo, nada indicava no funcionamento de Sofia algo que pudesse sugerir um núcleo mais profundamente desorganizado ou uma propensão à "somatização". Não apresentava em sua história nenhuma tendência particular para adoecer, nunca sofrera de nenhum episódio patológico mais grave. Apresentava, segundo os critérios de P. Marty, uma excelente mentalização, uma vida representativa rica, permanentemente colorida por afetos, sonhava, associava, enfim, vivia com prazer, e também, algumas vezes, com angústias objetais bem definidas.[23] Antes da desorganização, da intensificação de suas dores e do diagnóstico de sua úlcera, desencadeados pelo episódio da separação, de forma alguma ela seria caracterizada, segundo a maior parte dos autores, como uma "paciente psicossomática".

A experiência vivida por Sofia não é, de forma alguma excepcional. A irrupção de regressões e desorganizações, das mais diversas intensidades, com manifestação de sintomatologia orgânica ou não, ao longo de processos psicanalíticos é bem mais frequente do que se costuma reconhecer e considerar. A falta de familiaridade do analista com essas dinâmicas, que escapam ao repertório clássico das neuroses e mesmo das psicoses, muitas vezes, o leva a compreendê-las dentro da perspectiva da histeria e da conversão. Frequentemente, essa leitura surte pouco efeito tanto na continência do que é vivido pelo paciente como na transformação de sua dinâmica. Poucas vezes o analista considera que o enquadre terapêutico possa ser um fator que poderia estar acentuando a fragilidade do paciente ou que, se modificado, poderia atenuá-la.

Diante da gravidade da sintomatologia somática, muitas vezes, o psicanalista ou o psicoterapeuta, acabam por encaminhar seus pacientes a médicos e outros especialistas. É evidente a importância do diagnóstico e do tratamento médico de uma sintomatologia orgânica mais grave ou persistente apresentada por um paciente durante a análise. Porém, é também importante que essa sintomatologia, e as dinâmicas a ela subjacentes, possam encontrar continência no processo psicanalítico ou psicoterapêutico para serem, depois de estancado o movimento de desorganização progressiva, compreendidas e transformadas em manifestações menos ameaçadoras à saúde do sujeito e passíveis de reorganizar seus recursos.

---

23 P. Marty (1998). *Mentalização e psicossomática.*
    Cf. *Nosografia psicossomática e as formas do adoecer*, no Capítulo 5.

Por outro lado, no meio médico, o cuidado do paciente raramente considera os movimentos de desorganização da economia psicossomática, a importância da dimensão relacional do encontro terapêutico para lidar com tais movimentos e a possibilidade de potencializar os recursos terapêuticos da medicina por meio de enquadres específicos para lidar com essas dinâmicas. Constata-se, assim, o crescente mal estar do terapeuta – psicanalista, psicoterapeuta, médico e outros profissionais da saúde – não apenas diante dos pacientes que apresentam manifestações somáticas não conversivas, mas também de vários outros que desafiam, sabotam e fazem fracassar seus recursos terapêuticos, como nos quadros hipocondríacos.[24]

A inadequação, os riscos e, mesmo, a nocividade do dispositivo psicanalítico clássico para o tratamento desses pacientes evidenciam a necessidade de transformar o enquadre terapêutico de forma a adequá-lo aos recursos e necessidades dos pacientes mais fragilizados, do ponto de vista da economia psicossomática. A referência psicanalítica, porém, continua sendo importante. Lembrando a observação de P. Fédida,

em alguns casos a instauração da cura psicanalítica é, do ponto de vista da clínica psicopatológica completamente impossível, mas ao mesmo tempo uma situação psicanalítica é teórica e tecnicamente exigida. Os pacientes ditos psicossomáticos se enquadrariam nesta categoria, ao mesmo nível que os psicóticos, ou os que apresentam comportamentos psicopáticos.[25]

---

24 R. M. Volich (2002). *Hipocondria. Impasses da alma, desafios do corpo.*

25 P. Fédida (1992). *L'angoisse dans le contre-transfert ou l'inquiétante étrangeté du transfert*, p. 131.
   Fédida evoca essa mesma questão como paradigma da clínica psicoterapêutica dos casos considerados "difíceis". Cf. *Trabalho terapêutico, trabalho do sonho*, no Capítulo 8.

Da mesma forma, na medicina e, em particular, nos serviços de saúde é importante que o trabalho institucional crie condições para o acolhimento e o tratamento das desorganizações da economia psicossomática por meio de enquadres terapêuticos específicos e adequados que permitam conter e interromper os movimentos desorganizadores que ameaçam o paciente e que inclusive, muitas vezes, prejudicam o curso dos tratamentos clínicos, quimioterápicos e cirúrgicos clássicos. Nesse caso, não se trata de preconizar o tratamento psicanalítico indiscriminado em meio hospitalar ou em outras instituições de saúde. Porém, como sugere J. Bleger, é importante que um *pensamento psicanalítico* possa ser promovido no meio médico de forma a ampliar a compreensão do paciente, incluindo os fatores psicodinâmicos no diagnóstico e na terapêutica, criando enquadres individuais e coletivos para lidar com eles.[26]

Das condições necessárias à clínica das desorganizações

Em seu tempo, entre as condições ideais para a realização de uma análise, Freud preconizava que o paciente evitasse realizar "grandes mudanças" em sua vida (casar, mudar de trabalho, de cidade etc.).[27] Ao mesmo tempo que buscavam evitar que o paciente deslocasse ou atuasse na realidade desejos que deveriam ser elaborados na análise, tais recomendações eram também um prolongamento da organização do dispositivo clínico, com vistas

---

26 J. Bleger (1984). *Psico-higiene e psicologia institucional*, p. 125.
Discuto mais amplamente essas questões em:
R. M. Volich (1999c). *O psicanalista em busca de sua alma. Reflexões sobre a "especialidade" do analista.*
R. M. Volich (2001). *Os dilemas da formação do médico. Os tutores na residência de Clínica Médica da FMUSP.*
27 S. Freud (1912b). *Recomendações aos médicos que exercem a psicanálise, E.S.B.*, XII.

a promover o movimento regressivo necessário à investigação do inconsciente, ao espaço onírico da sessão, à instalação do processo transferencial/contratransferencial.

Muito já se discutiu a respeito das perturbações cada vez mais graves na constituição da subjetividade em nossos tempos.[28] Nas condições de vida atuais, inclusive com o aumento significativo da duração de uma análise, é impossível sustentar de forma indiscriminada tais recomendações. Ao contrário, vivemos tempos marcados pela alienação crescente do sujeito de seu desejo, pela intensificação de suas respostas cada vez mais automáticas às exigências externas e pela urgência de satisfação, em geral imediata, exigida pelo sujeito e reforçada pela ideologia vigente. Em meio às turbulências da vida social e econômica, à fragmentação dos laços sociais e pessoais, hoje, mais do que nunca, o processo psicanalítico seria provavelmente inviável se só pudesse ocorrer nas condições ideais preconizadas por Freud.

Poucas vezes o processo terapêutico transcorre em meio a um ambiente protegido, tranquilo, sem turbulências. Cada vez mais, terapeuta e paciente são obrigados a navegar em meio a violentas tempestades, contra as quais, frequentemente, nem mesmo o estrito respeito ao enquadre consegue criar condições mínimas de proteção e de paraexcitação, necessárias para que o trabalho associativo e a elaboração sejam possíveis.

Sabemos das dificuldades e, quase sempre, da impossibilidade de instauração de um processo terapêutico sem que haja uma demanda do paciente. Para muitas pessoas, procurar uma análise

---

28 J. Birman (2001). *Mal-estar na atualidade: a psicanálise e as novas formas de subjetivação.*
J. Freire-Costa (2004). *O vestígio e a aura.*
S. L. Alonso, A. C. Gurfinkel e D. Breyton (Orgs.) (2002). *Figuras clínicas do feminino no mal-estar contemporâneo.*

ou uma psicoterapia surge como mais um item do amplo leque de promessas mirabolantes de bem-estar e de cura que a sociedade moderna faz vislumbrar a seus membros. Para além de sua queixa do momento, alguns pacientes não se sentem implicados em um processo psicoterapêutico com vistas a melhor conhecer seu mundo interior. Muitos, inclusive, vêm simplesmente solicitar, como numa sala de emergências, o alívio mais rápido possível para sua dor e seu sintoma. Poucos entre esses conseguem, passada a emergência, constituir uma demanda de análise.

Nas instituições de saúde, nos consultórios e mesmo na clínica psicanalítica, cada vez mais somos confrontados a pacientes com frágeis ou nenhuma demanda. Demandas instáveis e inexistentes por serem tênues e incipientes as vias que lhes permitiriam aceder a seu desejo, rarefeitos os laços de sua relação a seu semelhante, condição na qual um desejo pode constituir-se e, eventualmente, buscar ser satisfeito. Apenas muito precariamente alguns conseguem alcançar a experiência de desejar e ser desejado.

Muitas vezes, esses pacientes até chegam encaminhados por profissionais sensíveis ao benefício possível de um processo psicoterapêutico. Porém, muitos deles não conseguem compreender o sentido desse encaminhamento. Eles o aceitam por submissão à "prescrição" de seu médico, com frequência reproduzindo na psicoterapia as condições da consulta médica, em função da transferência ainda depositada naquele médico, a quem sua primeira demanda de alívio foi dirigida, e que o paciente sente como decepcionada.[29]

A clínica das desorganizações psicossomáticas se situa no âmago e em perfeita continuidade com a clínica psicanalítica. Nessa perspectiva, é possível, vislumbrando a constituição e o desenvolvimento humanos, reconhecer as condições do sujeito

---

29 Cf. *As dificuldades do encontro*, no Capítulo 8.

para avançar ou retroceder na utilização de seus recursos mais ou menos evoluídos, sendo mais ou menos capaz de transcender as organizações inicialmente determinadas pela ordem anatômica ou fisiológica. A dinâmica pulsional é o melhor exemplo desse modo de funcionamento. Como vimos, da necessidade fisiológica de alimentar-se para manter-se vivo emerge a possibilidade do prazer erógeno independente dessa necessidade diversificando também os objetos de satisfação. Do desamparo constitucional surge a possibilidade de vincular-se de forma autônoma a outro humano. No sentido contraevolutivo, a desorganização da economia psíquica pode degenerar na desorganização da ordem corporal, fisiológica e mesmo anatômica.[30]

A clínica das desorganizações busca permitir ao paciente encontrar seus melhores modos de funcionamento com relação aos recursos que lhe são imediatamente disponíveis. O horizonte terapêutico visa a promover a evolução e o enriquecimento desses recursos e, em especial, dos recursos psíquicos e representativos, por meio de um trabalho de figuração, de criação e sustentação do espaço onírico e lúdico. Esses movimentos correspondem àqueles observados por D. W. Winnicott, ao descrever a instauração do espaço potencial e a constituição dos objetos transicionais,[31] pertinentes para a compreensão dos fundamentos dessa clínica.

Para viabilizar o trabalho terapêutico com os pacientes mais fragilizados, o clínico encontra-se diante da difícil e angustiante necessidade de inicialmente trabalhar num regime de urgência. Ele é convocado para lidar com funcionamentos mais primitivos do paciente que podem, inclusive, colocar em risco a integridade física e mesmo a existência desse paciente.

---

30 Cf. *O corpo, entre o biológico e o erógeno*, no Capítulo 4.
31 D. W. Winnicott (1971). *O brincar: uma exposição teórica.*

Dos recursos do paciente ao enquadre na clínica das desorganizações

A precariedade desses funcionamentos e os riscos que eles comportam para o paciente acarretam a necessidade de mudanças no dispositivo psicoterapêutico. O enquadre e a postura do psicanalista, do psicoterapeuta e, inclusive, do médico – se possível – precisam ser modulados em sintonia com as oscilações evolutivas e contraevolutivas dos modos de funcionamento psicossomático. Como sugere A. Green, o manejo do enquadre e da escuta terapêutica visam a facilitar a promoção das funções de representação.[32]

Inicialmente, o contato com o paciente busca a criação de um espaço de confiança no qual algumas apostas possam se estabelecer. Uma aposta tanto na possibilidade de o paciente depositar ali, naquele espaço, o que lhe é insuportável conter dentro de si, como na capacidade do terapeuta de tolerar aquilo que o paciente não tem condições de suportar. Uma aposta de que, por meio dessa relação, seja possível para o paciente nomear o que para ele era inominável. Aposta-se também na virtualidade de um desenvolvimento possível, por meio do qual o paciente possa adquirir melhores recursos para lidar com seu sofrimento, seu desamparo, seu abandono, que permita a ele constituir, formular e tentar realizar desejos e demandas.

Muitas vezes, no inverno dos primeiros encontros, e por um bom tempo, tênues sinais, percepções e sensações brutas (ruídos, luzes, frio, calor), comportamentos, manifestações e doenças orgânicas são os únicos elementos possíveis de serem apresentados pelo paciente. O espaço terapêutico constitui-se assim, desde o início, como um lugar onde as experiências mais primitivas, mais banais e mais concretas podem ser depositadas, na esperança de que, em

---

32 A. Green (1982). *La double limite.*

algum momento, no contexto da relação com o terapeuta, elas possam germinar, florescer, frutificar e adquirir sentido por meio do trabalho de figuração.

Função estruturante, função materna

Como vimos, a relação terapêutica configura-se como um sucedâneo da função materna.[33] Nos primeiros tempos do desenvolvimento infantil, cabe aos pais criar as condições para a emergência e para a aquisição das competências da criança. A partir da vivência do desamparo, da precariedade de seus recursos e da incapacidade de sobreviver por si mesmo, inicialmente, o bebê precisa contar com os recursos parentais para, asseguradas suas necessidades vitais e afetivas básicas, adquirir e desenvolver de forma gradativa e cada vez mais autônoma seus próprios recursos.

Como aponta P. Marty, a clínica dos pacientes com funcionamentos mais primitivos e fragilizados tem esse mesmo paradigma.[34] Inspirado pela função materna, o terapeuta busca promover os melhores recursos do paciente para, por meio da relação terapêutica, criar condições para que o paciente possa dispor de recursos representativos cada vez mais ricos e evoluídos, de forma a estancar o movimento contraevolutivo, diminuindo o risco patológico e vital representado pelas desorganizações da economia psicossomática.

Com vistas a isso, para estabelecer a relação com o paciente e promover a continência do que é vivido pelo paciente na sessão, o terapeuta recorre aos elementos mais essenciais de comunicação entre eles. A partir da posição face a face, o olhar, os gestos, as expressões faciais e os recursos verbais e não verbais são colocados

---

33 Cf. *O terapeuta e a função materna* no Capítulo 8.
34 P. Marty (1990b). *A psicossomática do adulto*, p. 59.

414   A CLÍNICA DAS DESORGANIZAÇÕES

a serviço da reanimação libidinal do paciente e do desenvolvimento das instâncias tópicas do psiquismo (em especial do pré-consciente), buscando propiciar um melhor tratamento psíquico da excitação.

A desvitalização de muitos desses pacientes, a fragilidade de suas estruturas narcísicas e de suas experiências libidinais exigem um intenso investimento do terapeuta para que o tratamento seja possível. Nos momentos em que predominam os movimentos desorganizadores, o processo terapêutico pode ter como função propiciar ao paciente um verdadeiro movimento de *sedução estruturante*, com vistas à instauração e à organização das estruturas e dinâmicas psíquicas e libidinais mais primárias. Uma sedução primitiva e necessária – a exemplo daquela descrita por J. Laplanche – que apresenta à criança os primeiros *significantes enigmáticos,* estruturantes e organizadores do desenvolvimento do sujeito, de sua vontade de saber, de suas dinâmicas narcísicas e objetais e de suas relações com o mundo.[35]

A função materna e o *holding* do terapeuta propiciam ao paciente a experiência de se sentir investido, promovendo dessa forma o estabelecimento progressivo de sua própria capacidade de investir. Na medida em que o espaço terapêutico se consolide como um ambiente de continência, e que o terapeuta se constitua como uma pessoa significativa para o paciente, podem estruturar-se no paciente as experiências de ausência e de presença, dialética na qual se forjam as capacidades de alucinação, de fantasia, de sonho e de representação. Por meio dessas experiências, estruturam-se também as primeiras organizações erógenas, os suportes narcísicos, e se consolidam os recursos de ligação entre as pulsões de vida e de morte, os núcleos masoquistas erógenos primários, que permitem suportar o sofrimento provocado por ausências e perdas, aumentando também a

_____

35 J. Laplanche (1988). *Teoria da sedução generalizada e outros ensaios.*

tolerância à frustração. Ao mesmo tempo, tornam-se mais densas e organizadas as instâncias e dinâmicas psíquicas, bem como mais fluidas as dinâmicas e a circulação entre elas.[36]

Para os pacientes que apresentam modos de funcionamento mais frágeis e fragmentados, para aqueles que vivem momentos de desorganização, as intervenções do terapeuta funcionam como balizadores, como andaimes a partir dos quais uma estrutura mais consistente pode vir a se constituir. A precariedade das comunicações do paciente e a inexistência de um terreno mais firme, onde uma interpretação mais incisiva possa se ancorar, desaconselham as interpretações mais profundas, de natureza pulsional, regressivas e de forte potencial conflitivo, pelo risco de intensificarem o movimento desorganizador. Interpretações desse tipo ameaçam, inclusive, provocar o desmoronamento daqueles frágeis andaimes.

Diante de sua rarefação representativa e fantasmática, o trabalho com esses pacientes convoca necessariamente o terapeuta a uma observação mais atenta e à inclusão, em suas intervenções, não apenas dos conteúdos verbais, de manifestações motoras, perceptivas e sensoriais do paciente, mas também de elementos de sua realidade e de seu cotidiano.[37] Como lembra P. Jeammet, esse modo de funcionamento se inspira no próprio desenvolvimento do sujeito,

---

36 B. Rosenberg (1991). *Masochisme mortifère, masochisme gardien de la vie.*
L. Kreisler (1992). *A nova criança da desordem psicossomática.*
Essas questões são mais amplamente desenvolvidas no Capítulo 10, *Nomear, subverter, organizar,* a seguir.

37 Marília Aisenstein aponta para a importância de mobilizar os pacientes com esses modos de funcionamento a partir do que ela denomina a "arte da conversação", a capacidade do terapeuta de interessar-se mesmo pelos aspectos mais triviais do relato do paciente, de forma a propiciar a ele a experiência de sentir-se investido e capaz de mobilizar o interesse de um interlocutor. Esse manejo pode promover os primórdios de reorganização da economia libidinal do paciente.
M. Aisenstein, (1999). *Interpréter aujourd'hui.*

416   A CLÍNICA DAS DESORGANIZAÇÕES

quando o trabalho representativo e o pensamento apóiam-se sobre as primeiras experiências sensoriais, perceptivas e motoras da criança.[38]

Piera Aulagnier também insiste na importância de considerar essas dimensões primitivas quando aponta que as funções corporais são a matéria prima das representações psíquicas, acrescentando que a atividade de representação é o equivalente psíquico do trabalho de metabolização, próprio à atividade orgânica.[39] A função materna é uma *função interpretativa* que pode propiciar à criança a transformação de suas experiências corporais, sensoriais e perceptivas em representações, fantasias, sonhos e símbolos. É a partir da qualidade das experiências de proximidade e de afastamento do corpo materno que essas funções e os recursos da criança poderão desenvolver-se, de forma mais ou menos satisfatória. São essas também as condições necessárias para a continência, organização e transformação das vivências mais primitivas dos pacientes nos momentos de desorganização de sua economia psicossomática.

O olhar, corpo a corpo à distância

No espaço da sessão, as experiências de proximidade e de afastamento são vividas por meio da relação transferencial, mas também determinadas pelas condições reais do encontro entre o terapeuta e o paciente, no divã ou na poltrona. A possibilidade de prescindir do contato visual, ou, ao contrário, a necessidade de sustentá-lo depende dos modos de funcionamento do paciente.

A indicação do divã ou do dispositivo face a face resulta da avaliação das condições da organização pulsional e dos recursos

---

38 P. Jeammet (1998). *Le perçu, l'agi e la représentation dans le processus psychanalytique.*
39 P. Aulagnier (1975). *A Violência da interpretação.*

tópicos e representativos do paciente. Inúmeros autores apontam que o encontro face a face é particularmente indicado aos pacientes *borderline* e aos que apresentam doenças somáticas constituídas no contexto de um movimento de desorganização.[40] Ainda inspirados pelo paradigma do desenvolvimento infantil, eles apontam que a posição face a face constitui-se, na relação entre o terapeuta e o paciente, como um *corpo a corpo à distância*, necessário a este último para lidar com seus núcleos e experiências mais primitivas.

Essa posição facilita a constituição do espaço de continência e de apoio na sessão, permitindo moderar e melhor manejar frustrações e regressões potencialmente desorganizadoras. O contato visual facilita o exercício da função materna e a constituição da relação especular que funda e organiza o narcisismo do sujeito.[41]

A proximidade propiciada pelo olhar oferece um melhor manejo das experiências de proximidade e distância, de presença e de ausência que moldam a diferenciação com relação ao objeto e a emergência da experiência alucinatória, fantasmática e representativa. Confrontando a percepção de si mesmo com o olhar do outro modifica-se a relação do sujeito consigo mesmo, de forma propícia ao movimento de subjetivação e à simbolização de suas trocas com o outro. Fica assim facilitada também a organização dos movimentos mais primitivos da identificação primária, das projeções e identificações projetivas.[42]

A posição face a face é também um recurso que pode promover a "sedução necessária" ao tratamento desses casos. Descrevendo

---

40 M. Aisenstein (1998). *On est prié de ne pas tourner le dos.*
   Green A. (1995). *La causalité psychique. Entre nature et culture.*
   P. Marty (1990b). *A psicossomática do adulto*, p. 58.
41 J. Lacan (1949). *O estádio do espelho com formador da função do Eu.*
42 B. Brusset (1998). *Relation de compréhension psychologique et écoute métapsychologique.*

418   A CLÍNICA DAS DESORGANIZAÇÕES

o processo terapêutico de dois casos descritos como "difíceis", M. Aisenstein comenta,

> Diante da cena primitiva, ver e escutar encontram-se em um mesmo gradiente. Para algumas estruturas psíquicas, o ruído dessa cena não pode se transformar em figurações continentes e, ao invés de produzir excitações fecundas que enriquecem o aparelho psíquico, promovem a desorganização. Propícia à regressão, a posição do divã implica que a sedução da transferência seja aquela da ausência e do cenário imaginário. A privação visual é fundamental nesse processo e não deve provocar nem sideração nem uma excitação invasiva. A adoção do face a face parece mais relacionada a um outro fantasma originário: aquele da sedução da criança pelo adulto ... Pode parecer ousado, e mesmo arriscado, falar de uma sedução dos pacientes, porém o investimento deve ser provocado e toda identificação necessita de investimento.[43]

Os pacientes fragilizados em seus recursos da economia psicossomática exigem do profissional uma implicação e um investimento maiores no processo terapêutico. Uma exigência que alcança o próprio corpo do terapeuta, que funciona em ressonância com aquilo que, no paciente, não é passível de ser falado, verbalizado.[44]

A contratransferência é um meio privilegiado para a apreensão das dinâmicas pulsionais que se encontram aquém da representação.

---

43 M. Aisenstein (1998). On est prié de ne pas tourner le dos, p. 25. Tradução minha.

44 I. Fontes (1999). *Psicanálise do sensível: a dimensão corporal da transferência.* M. H. Fernandes (2003). *Corpo.* R. M. Volich (2002). *Hipocondria. Impasses da alma, desafios do corpo*, p. 243.

Ela pode ser considerada, do ponto de vista econômico, como um paraexcitações que permite manter a atenção em um nível estável, mas também de representar um instrumento de percepção do qual é exigida uma fina mobilidade adaptativa. Como sugere P. Fédida, a "contratransferência é um lugar de ressonância e de verbalização de tudo aquilo que se experimenta no tratamento".[45] Destacando que a dimensão corporal dessa experiência é particularmente proeminente, ele acrescenta que a experiência hipocondríaca se constitui como um verdadeiro paradigma da clínica, inclusive médica, dos pacientes com sintomatologia somática.[46]

A intensa implicação exigida do terapeuta no trabalho com os pacientes mais desorganizados em sua economia psicossomática é muitas vezes questionada e, mesmo, criticada por aqueles que se aferram, a todo custo, ao princípio de neutralidade terapêutica, aos dogmas de escolas. Essa implicação é, porém, inevitável, não apenas para tornar minimamente eficaz a clínica desses pacientes, mas inclusive, antes disso, para viabilizá-la.

Entretanto, é importante considerar que acolher não significa assumir a vida ou o desejo do outro. Compreender não significa ser condescendente. Compartilhar não implica em realizar concretamente aquilo que os limites do paciente impedem que ele mesmo realize. Tolerar a espera do momento em que seja possível para o paciente receber e elaborar interpretações mais profundas, simbólicas, transferências e das resistências é, sobretudo, respeito, e não omissão. A regra da abstinência do analista, preconizada por Freud, continua a ter função em sua essência, mesmo que uma implicação maior do terapeuta seja necessária para esses casos.

A referência à função materna, ao acolhimento e ao envolvimento que ela implica são fundamentais. Porém, é importante

---

45 P. Fédida (1992). *L'angoisse dans le contre-transfert ou l'inquiétante étrangeté du transfert*, p. 171.

46 P. Fédida (2002). *O hipocondríaco médico*.

também considerar que o enquadre terapêutico, mesmo – ou principalmente – em meio institucional, exige a privacidade, condição de continência para os excessos aos quais geralmente o paciente encontra-se submetido. Se o paciente não possui recursos próprios para lidar com situações nocivas do ambiente ou de pessoas de seu meio, o terapeuta inicialmente acredita e busca promover a capacidade do paciente de criar ele mesmo, por meio do processo terapêutico, seus recursos de proteção, evitando, tanto quanto possível, intervenções diretivas ou diretas sobre o ambiente. Porém, algumas vezes, em situações extremas, quando apesar dos progressos do trabalho terapêutico o paciente ainda não é capaz de fazê-lo por si mesmo, pode ser necessário que o terapeuta realize tais intervenções sobre esse ambiente, sobre a família ou outras pessoas, como forma de preservar a integridade do paciente ou mesmo para evitar um risco maior de desorganização ou uma ameaça a sua vida. Em alguns casos, essa decisão é ainda mais delicada, pois de intervenções desse tipo pode depender o próprio prosseguimento do trabalho terapêutico.

É compreensível a polêmica existente em torno dessas últimas considerações ou mesmo, de forma geral, sobre a adequação do referencial psicanalítico para a compreensão e o tratamento dos pacientes com características acima descritas. Porém, diante desses últimos, a clínica das desorganizações nos lança claramente um desafio: aceitarmos e nos conformarmos de forma indiscriminada com as preconizações técnicas pautadas pelos egos ideais institucionais - ou nos arriscarmos ao desconforto de nos vermos envolvidos no corpo a corpo, perigoso, mas necessário, que viabiliza a aproximação do sofrimento do paciente para promover a estruturação do sujeito, principalmente daqueles mais fragilizados.

A gargalhada de Sofia ainda ecoa em meus ouvidos.

Quando eu ainda me preocupava com a pertinência técnica da mudança que promovera no enquadre terapêutico, ela, naquele momento já bem mais à frente do que eu, lembrava-me de seu prazer recuperado, de sua gratidão por libertá-la de seu silêncio, convidando-me, novamente, a brincar.

10. Nomear, subverter, organizar[1]

Naquele dia, ao nos cumprimentarmos, Marlene aproximou-se em silêncio, substituindo por um beijo o habitual aperto de mãos.

Caminhou até o divã e, enquanto deitava, murmurou: "*É maligno...*"

Nem mais uma palavra. Intrigado com seu silêncio, passei a sentir sua angústia. Depois de um bom tempo, olhando para ela, comecei a perceber que passara a falar uma outra língua. Aparentemente imóvel, seu peito arfava, suas mãos se contorciam, seus olhos piscavam aceleradamente. Percebi, ainda, os tremores de seus lábios e os movimentos imperceptíveis de sua boca, como que articulando frases curtas, sem voz.

Diante de uma fala que me buscava sem poder me incluir, minha aflição crescia.

---

1 As ideias deste capítulo ampliam as do anterior, *A clínica das desorganizações*. Originalmente publicadas na *Revista Brasileira de Psicanálise*, 50(2), 2016, p. 47-64, foram adaptadas para esta edição. Agradeço os editores da *Revista* por autorizarem a utilização do material que compõe este capítulo.

Eu compreendia o motivo de sua sideração. Algumas semanas antes, um sangramento urinário alertara para a necessidade de uma investigação ginecológica. Chegou a considerar que poderia ser algo mais grave, porém rapidamente descartou essa possibilidade. Há alguns meses, em suas sessões, vinha descobrindo, em longínquas paragens, fragmentos nunca percebidos de seu desejo de ser mãe. De início desviara seu olhar, refugara, estranhara, porém, por fim, passou a interessar-se por conhecê-los e, mesmo que hesitante, a investi-los. Aos trinta e oito anos, acreditava ainda que poderia engravidar e vinha se preparando para conhecer-se vivendo as experiências nunca imaginadas de sua maternidade. O diagnóstico de malignidade de um tumor uterino e uma possível histerectomia significaram bruscamente para ela a impossibilidade daquele incipiente desejo.

Naquela sessão, Marlene se transfigurara. Em sua vida, sempre *"otimista, forte e empreendedora"*, *"nunca se furtara a enfrentar desafios e dificuldades"*. Investia aquela primeira análise que realizava. Cativada pelas descobertas que ela lhe propiciava, enfrentava com coragem os momentos de sofrimento e mesmo as lembranças mais difíceis não pareciam intimidá-la.

Em muitos desses momentos, convocara explicitamente minha presença, minhas impressões, pedindo que *"não a deixasse só"*: solicitava-me, interagindo tanto com minhas interpretações como com minha reserva. Sabendo-me ali, com ela, mesmo quando sentia que a decepcionava, continuava a associar.

Naquele dia, era diferente. Era outro seu silêncio. Nenhuma palavra. Inércia. Relutei e, depois de um certo tempo, decidi, eu, convocá-la, convidando-a explicitamente a dividir comigo o que sentia, o que pensava. Em vão.

Do divã, Marlene apresentava apenas o imobilismo de seu corpo, a aflição de suas mãos, a apreensão de sua respiração, o choro contido de seus olhos, as palavras balbuciadas sem voz e sem força para chegarem a quem quer que fosse. Um sofrimento intenso que não encontrava, naquele momento, outra forma de se manifestar. Senti-me, eu, sozinho. Imaginei ser a solidão parte do que a aterrorizava. Compreendendo sua dificuldade em me responder, em me alcançar, decidi simplesmente descrever o que observava em seu corpo. Esperava sinalizar minha presença, por meio de algumas palavras às quais, quem sabe, ela pudesse se agarrar para sair de seu imobilismo e comigo retomar a elaboração de sua dor.

Sem interpretar ou me referir aos afetos que me sugeriam, apenas relatei em voz alta os movimentos de suas mãos, de sua respiração, de seus olhos, de sua boca. Como se tocasse e percorresse com minhas palavras cada um deles, convidando-a a me acompanhar. Ainda em silêncio, brotaram nela as primeiras lágrimas, interrompeu-se a agitação de suas mãos. Depois de alguns instantes, chorando, murmurou: "*Eu não consigo...*"

Esperei um pouco antes de lhe dizer: "*Há muitas maneiras de ser mãe, Marlene...*"

Ainda balbuciando, com a voz ainda frágil, ela revelou que passara a sonhar com a gravidez "*mais do que pudera reconhecer nas sessões*"; que poucas vezes na vida não conseguira superar os obstáculos que encontrara a seus projetos; que acostumada a brigar pelo que desejava e a alcançar seus objetivos, nunca imaginou "*que pudesse ser traída por seu próprio corpo*", muito menos naquele sonho descoberto e tão investido recentemente.

Retomamos, juntos novamente, esse caminho...

A clínica do recalcamento

Um fio consistente perpassa a obra freudiana determinando as bases da técnica psicanalítica. Desde seus primeiros artigos sobre o tratamento da histeria pela hipnose, passando pela associação livre e pela análise da transferência, até seus últimos textos sobre as construções em análise, esse fio alinhava a clínica psicanalítica em torno do trabalho sobre o recalcamento, mecanismos de defesa e dinâmicas psíquicas.

Em diferentes momentos, Freud sustenta que o objetivo de todas essas técnicas sempre permaneceu o mesmo: "preencher lacunas na memória" e "superar resistências devidas ao recalcamento".[2] Até seus últimos trabalhos, Freud permaneceu fiel a esse princípio, insistindo que a análise "visa a induzir o paciente a abandonar o recalcamento (... no sentido mais amplo) próprio a seu primitivo desenvolvimento e a substituí-lo por reações de um tipo que corresponda a uma condição psiquicamente madura".[3]

A análise de lembranças, sonhos, lapsos, devaneios, fantasias, representações, fragmentos de memória, revelados na sessão por meio da associação livre, acompanhados por diferentes expressões afetivas, permite a superação do recalcamento e das resistências, a emergência dos conteúdos inconscientes, o restabelecimento de "conexões emocionais", a transformação e a superação dos conflitos e sintomas neuróticos.

Naturalmente, Freud também reconhecia os silêncios, as expressões e atitudes corporais, os sintomas e doenças orgânicas, as atuações dos pacientes, porém, na análise, esses elementos só podiam ser considerados na medida em fossem objeto de associações, relacionados a lembranças e elaborações.

Como vimos, desde os anos 1890, essa condição passou a ser um critério diferencial para a indicação do tratamento psicanalítico.[4]

---

2 S. Freud, (1914b). *Recordar, repetir e elaborar*, E.S.B., XII, p. 193.

3 S. Freud, (1937). *Construções em análise*, E.S.B., XXIII, p. 291.

4 Cf. *Nosografia psicanalítica*, no Capítulo 2, e *Desafios da clínica*, no Capítulo 9.

Por um lado, as psiconeuroses (histeria, neurose obsessiva, fobia e psicose), marcadas pelo recalcamento, por conflitos e mecanismos de defesa psíquicos, por relações entre afetos e representações, por formações de compromisso, e por experiências infantis, seriam suscetíveis e responderiam bem ao processo psicanalítico.[5]

Por outro lado, a neurastenia, a neurose de angústia, a hipocondria e as neuroses traumáticas (descritas em 1917), reunidas em torno da categoria de neuroses atuais, não implicavam o recalcamento, a dimensão representativa e a mediação de processos psíquicos.[6] Nelas, a fonte dos sintomas não estaria relacionada a experiências infantis, mas a perturbações da vida sexual e dos afetos vividos no presente dos pacientes. Tais perturbações, "sem nenhuma derivação psíquica" seriam descarregadas por meio de diferentes funções corporais, como as cardiovasculares, respiratórias, digestórias e outras. Nesse grupo, "o afeto não se origina numa representação recalcada, revelando-se não adicionalmente redutível pela análise psicológica, nem equacionável pela psicoterapia".[7]

O corpo revelado

Durante muitas décadas, esses critérios pautaram as indicações de análise dos pacientes de várias gerações de psicanalistas. Porém, apesar de preconizar seu método apenas para o tratamento das manifestações neuróticas, organizadas em torno do recalcamento, das

---

5   S. Freud (1894). *As neuropsiconeuroses de defesa*, E.S.B., III.
    S. Freud (1916-1917b). Conferência XXIV - O estado neurótico comum. In *Conferências introdutórias sobre a psicanálise II*.

6   S. Freud (1916-1917b). Conferência XXIV - O estado neurótico comum. In: *Conferências introdutórias sobre a psicanálise II*.

7   S. Freud (1895a). *Sobre os fundamentos para destacar da neurastenia uma síndrome específica intitulada de "neurose de angústia"*, E.S.B., III, p. 99.

defesas e dinâmicas psíquicas, Freud sempre considerou as relações imanentes entre o psíquico e o somático. Apesar das restrições ao tratamento psicanalítico das neuroses atuais e doenças orgânicas, em 1923 ele afirmava: "Para além de seus efeitos de cura, [a psicanálise] pode recompensar os médicos através de uma compreensão insuspeitada sobre as relações entre o psíquico e o somático".[8]

Era natural que Freud reconhecesse que a existência do psiquismo tem como condição um substrato orgânico, anatômico e fisiológico. Toda a sua obra é marcada pela consideração dessas dimensões, reconhecendo no aparelho psíquico uma importante função de mediação de experiências, processos e estímulos provenientes tanto do organismo como do mundo externo.

Médico e interessado inicialmente pela neurologia, Freud muito cedo reconheceu os limites das concepções estritamente organicistas para a compreensão clínica. Desde seu estudo sobre as afasias[9] até seus trabalhos sobre a histeria, ele já criticava as leituras exclusivamente mecânicas e neurológicas desses distúrbios, ressaltando que a conversão histérica era independente da anatomia, fruto do conflito entre "grupos psíquicos separados" e da impossibilidade de integrar a concepção de órgão ou da função pelas associações do ego consciente.[10]

O corpo se revela na teoria freudiana, ora como fonte de experiências que podem ou não ser percebidas, representadas e elaboradas por instâncias e funções psíquicas, ora como destino possível para a expressão e descarga de excitações, afetos e libido, palco de vivências de prazer e desprazer, de gozo, de angústia e de sofrimento, articuladas ou não com as dinâmicas psíquicas.

---

8 S. Freud, (1923a). *Dois verbetes de enciclopédia*, E.S.B., XVIII, p. 234.

9 S. Freud, (1891). *Sobre a concepção das afasias: um estudo crítico.*

10 J. Breuer e S. Freud (1893- 1895). *Comunicação Preliminar. Estudos sobre a histeria. E.S.B.*, II.

No sonho, o corpo pode surgir como fonte, conteúdo e protagonista de imagens e experiências, porém, o próprio sonho se coloca
a serviço de necessidades de repouso do organismo, preservando
o sono, integrando percepções, sensações e excitações oriundas do
organismo e também do mundo externo.[11] Mais do que isso, o sonho
pode também se prestar a uma função de representação "diagnóstica" e "hipocondríaca", por meio da qual são apreendidas funções
e sensações corporais geralmente imperceptíveis à consciência.[12]

Freud revela o corpo como a cena da qual surgem e se articulam
a sexualidade, a libido, a formação do psiquismo, o desenvolvimento do sujeito, seu encontro com o outro humano e com o
mundo. Ao mesmo tempo fonte e objeto da pulsão, tanto os órgãos
como todo o corpo e sua superfície se constituem como zonas erógenas, passíveis de excitação, de prazer e desprazer.[13] A intensidade
do investimento erógeno em um órgão pode, inclusive, modificar a
função anatômica ou fisiológica desse órgão[14] e igualmente a própria
organização e funcionamento das instâncias psíquicas, do narcisismo
e das relações objetais.[15]

As relações íntimas e originárias entre o corpo e o psiquismo
são particularmente evidenciadas na metapsicologia, na segunda
tópica e nos modelos pulsionais.

Freud concebe a pulsão como "um conceito-limite entre o psíquico e o somático", uma manifestação que surge do corpo, que se
constitui também como um "representante psíquico das excitações

---

11 S. Freud (1900). *A interpretação dos sonhos*, E.S.B., IV e V.
12 S. Freud (1917b). *Suplemento metapsicológico à teoria dos sonhos*, E.S.B., XIV.
13 S. Freud (1905). *Três ensaios sobre a teoria da sexualidade*, E.S.B., VII.
   S. Freud (1915a). *O instinto e suas vicissitudes*, E.S.B., XIV.
14 S. Freud (1910a). *A concepção psicanalítica da perturbação psicogênica da visão*,
   E.S.B., XI.
15 S. Freud (1914). *Sobre o narcisismo: Uma introdução*, E.S.B., XIV.

e estímulos oriundos do interior [desse] corpo".[16] Dessa forma, ele aponta para as raízes somáticas do psiquismo, mas também para a condição essencial do psiquismo como recurso de acesso, representação, organização e transformação da experiência corporal.

São igualmente enraizadas nas vivências corporais as forças que promovem a vida e o desenvolvimento, como as pulsões de autoconservação, as pulsões sexuais e as pulsão de vida, bem como as que a elas se opõem, como a destrutividade e a pulsão de morte, "marcadas pelo biológico" e "tendendo ao anorgânico".[17] Ele compreende o ego "antes de mais nada [como] um ego corporal",[18] "um ser de superfície", formado a partir de percepções e sensações vividas na superfície do corpo, voltadas tanto para seu exterior como para o interior, mas também como "projeção de uma superfície", uma representação mental desse corpo. A partir de processos somáticos predominantemente ligados ao id, instintos e pulsões caóticos e primitivos, o ego se constitui em uma instância psíquica mais organizada, parte consciente, voltada para a realidade, e parte inconsciente, associada ao corpo e ao recalcado.

Dilemas

Chama a atenção o contraste entre as restrições preconizadas por Freud para o tratamento psicanalítico de uma ampla gama de manifestações corporais e a riqueza das hipóteses freudianas sobre o corpo desenvolvidas justamente a partir dessa técnica.

Pautados pela perspectiva do recalcamento, os sintomas, os afetos, a libido, o prazer, o desprazer, o gozo, a angústia, vividos

---

16 S. Freud (1915a). *O instinto e suas vicissitudes*, E.S.B., XIV, p. 127.
17 S. Freud (1920). *Além do princípio do prazer*, E.S.B., XVIII, p. 55.
18 S. Freud (1923). *O ego e o id*, E.S.B., XIX, p. 39.

no corpo, só podem ser analisados a partir da associação livre, do discurso, de fantasias, dos sonhos, de formações substitutas dos conflitos inconscientes e por meio da transferência. O trabalho com a sintomatologia orgânica, sensações e percepções corporais teria como condição sua mediação pela linguagem e alguma forma de inscrição psíquica dessas experiências. A impossibilidade dessa mediação, a descarga corporal direta, sem elaboração mental, da excitação, como nas neuroses atuais, inviabilizaria o tratamento psicanalítico.

O próprio Freud se confrontou com esse paradoxo, aceitando os limites de seu método clínico:

> a psicanálise é injustamente acusada de apresentar teorias puramente psicológicas para problemas patológicos . . . [Porém] os psicanalistas nunca se esquecem de que o psíquico se baseia no orgânico, conquanto seu trabalho só os possa conduzir até essa base e não além.[19]

Muitas gerações de psicanalistas conviveram com esse dilema: por um lado, a necessidade de balizar sua clínica pelo campo das psiconeuroses, da psicopatologia e das manifestações representativas; por outro, dispor de um aparato conceitual poderoso para a compreensão de inúmeras manifestações mais primitivas, aquém da representação e do recalcamento, experimentadas no corpo, em descargas comportamentais vazias de representação, também presentes nas análises de seus pacientes, sem poder utilizar plenamente essa compreensão no contexto do enquadre psicanalítico clássico.

Como vimos, alguns se dispuseram a enfrentar tais questões, repensando o enquadre, a transferência e a contratransferência para

---

19 S. Freud (1910a). *A concepção psicanalítica da perturbação psicogênica da visão*, E.S.B., XII, p. 202, sublinhado por mim.

432   NOMEAR, SUBVERTER, ORGANIZAR

viabilizar a clínica psicanalítica das neuroses atuais, das doenças orgânicas e outras manifestações mais primitivas da economia psicossomática,[20] também encontradas com frequência em análises "clássicas", com pacientes neuróticos e bem organizados psiquicamente, em momentos críticos, como nos mostra Marlene.

Ferenczi insistiu na relevância e na possibilidade de utilizar as hipóteses psicanalíticas sobre as relações entre corpo e psique no tratamento de manifestações orgânicas não neuróticas. Ele defendia a necessidade de uma mudança na postura e na escuta do analista, bem como no dispositivo clínico, para lidar com traumatismos e dimensões mais primitivas, pré-verbais e corporais, do funcionamento desses pacientes.[21] Como vimos, muitos outros psicanalistas[22] enveredaram por esses caminhos, ampliando a metapsicologia e os recursos clínicos da psicanálise para o tratamento das manifestações primitivas e não representativas da linhagem das neuroses atuais, das doenças orgânicas, dos problemas apresentados por pacientes borderlines, adictos, com transtornos de caráter e alimentares, e vários outros quadros.

Essa ampliação clínica revelou a continuidade funcional entre manifestações mais desorganizadas da economia psicossomática e os quadros clássicos da psicopatologia psicanalítica, do ponto de vista do desenvolvimento humano, da consistência da integração entre vivências corporais e o tecido psíquico, e da manifestação patológica.

Ela também promoveu um olhar mais acurado dos psicanalistas para o desenvolvimento infantil, as vivências iniciais do bebê, as primeiras relações objetais e seus desdobramentos na organização psicossomática.

---

20 Cf. *Desafios da clínica*, no Capítulo 9.
21 S. Ferenczi, (1926). *As neuroses de órgão e seu tratamento*.
   S. Ferenczi, S. (1928). *A elasticidade da técnica psicanalítica*.
22 F. Alexander, Ballint, W. Reich, M. Klein, D. W. Winnicott, R. Spitz, P. Marty, L. Kreisler, C. Dejours, J. McDougall, P. Fédida, A. Green e M. Aisenstein.

Revelações do primitivo

Como destaca P. Aulagnier, a mãe tem uma função fundamental como mediadora, intérprete e organizadora das primeiras experiências sensoriais e perceptivas do bebê, de seu corpo e da realidade a sua volta.[23] Acolhidas, intermediadas e nomeadas pelo outro humano, pulsões, funções e vivências corporais são transformadas em representações, fantasias, sonhos e símbolos, originando o universo representativo da criança. A qualidade do trabalho de representação do sujeito, equivalente psíquico da metabolização, própria à atividade orgânica, depende da qualidade dessas primeiras relações.

A continência e a mediação da experiência orgânica e erógena da criança pelas fantasias e desejos daqueles que dela cuidam são determinantes para a constituição de seu paraexcitações,[24] para a maturação e a evolução das funções biológicas e também para o desenvolvimento e complexificação de seus recursos relacionais, psíquicos e emocionais.[25]

Lembremos que, a partir da noção freudiana de apoio das pulsões sexuais sobre as pulsões de autoconservação,[26] Dejours descreve a subversão libidinal do corpo biológico para a constituição do corpo erógeno.[27] Tendo como condição a presença de um outro humano, ela corresponde ao processo por meio do qual a fisiologia e a anatomia reais, presentes no nascimento, podem ser transcendidas para a constituição de uma outra ordem, psíquica e imaginária, na

---

23 P. Aulagnier (1975). *A violência da interpretação.*
24 S. Freud (1920). *Além do princípio do prazer, E.S.B.,* XVIII.
25 P. Marty (1990b). *A psicossomática do adulto.*
   L. Kreisler, M. Fain e M. Soulé (1974). *A criança e seu corpo.*
26 S. Freud (1905). *Três ensaios sobre a teoria da sexualidade, E.S.B.,* VII.
27 C Dejours (1989). *Repressão e subversão em psicossomática: investigações psicanalíticas sobre o corpo.*
   Cf. *O corpo, entre o biológico e o erógeno,* no Capítulo 4.

qual o desejo pode ter primazia sobre a necessidade. Cada parte do corpo implicada na sobrevivência e na existência do sujeito pode também ser utilizada de uma forma diferente daquela programada para a função fisiológica – como a boca, que pode ser utilizada não apenas para a alimentação, mas também para beijar.

A subversão libidinal se processa por meio da experiência e do brincar[28] da criança com seu próprio corpo, acompanhada e significada pela presença real ou imaginada do outro. A brincadeira possível com diferentes partes do corpo instaura uma latência libertadora daquilo que o instinto e a necessidade determinam como urgência, criando o espaço para a alucinação, o sonho, a fantasia e para o psiquismo. A partir dessas vivências no corpo real, anatômico, fisiológico, organiza-se o corpo erógeno,[29] o corpo imaginário,[30] uma outra dimensão daquelas vivências, fundamental para a integração psicossomática.

Dessa forma, advém a passagem do mosaico primordial,[31] marcado no nascimento pela primazia dos funcionamentos automáticos das funções orgânicas, para a integração, hierarquização e complexificação das dimensões orgânicas, comportamentais e psíquicas da economia psicossomática. Esse movimento depende das possibilidades de intricação entre as pulsões de vida e de morte,[32] também ela determinada pela qualidade da função materna.[33]

---

28 D. W. Winnicott (1971). *O brincar: uma exposição teórica.*
29 S. Leclaire (1979). *O corpo erógeno.*
30 M. Sami-Ali (1984). *Corps réel, corps imaginaire.*
31 P. Marty (1990b). *A psicossomática do adulto.*
  Cf. *Os estágios da constituição do objeto e o desenvolvimento individual,* no Capítulo 4.
32 S. Freud (1920). *Além do princípio do prazer, E.S.B.,* XVIII.
33 A. Green (1986). *Pulsion de mort, narcissisme négatif, fonction désobjectalisante.*
  P. Marty (1990b). *A psicossomática do adulto.*

Como vimos, desde o nascimento, o desenvolvimento e as experiências do sujeito são modulados por movimentos de integração e de desintegração funcional, em íntima correlação com os de organização e de desorganização pulsional. São eles que, na infância, marcam a cadência e as possibilidades de organização das funções primárias, como os ritmos orgânicos (fome, sono, carência, satisfação), a sensorialidade, a motricidade, a linguagem, o narcisismo, as relações objetais e o psiquismo.[34]

Contida e estimulada pelo contato e pela interação com o corpo da mãe, organiza-se paulatinamente a experiência sensorial, cinestésica e motora da criança. Percepções dos cheiros, dos sabores, do timbre e das oscilações da voz, das variações de cor, sombra e temperatura experimentadas pela proximidade e pelo distanciamento desse corpo forjam os primeiros registros e padrões sensoriais da criança, a partir dos quais ela passa a distinguir outros cheiros, sons, toques e estímulos visuais provenientes do mundo e de outras pessoas, experiências incipientes da alteridade.

Os movimentos experimentados no contato com o corpo materno, a mobilização pela mãe de partes do corpo da criança ao cuidar, brincar e proteger delineiam os limites de seus corpos, as primeiras vivências de seus músculos, tensões e relaxamentos que constituem a motricidade, também experimentada de forma espontânea e, inicialmente, descoordenada. Essas vivências promovem a diferenciação entre o interior e o exterior do corpo da criança. Como apontam Marty e Fain,[35] no bebê, tais interações por meio do movimento configuram as primeiras experiências de si mesmo, do outro e da relação, das quais se originam as relações de objeto.

Permeadas por palavras e por experiências de prazer e desprazer, próprias e do outro, todas essas primeiras formas de percepção,

---

34 Cf. *Evolução, integração e desintegração*, no Capítulo 4.
35 P. Marty e M. Fain (1955). *Importance de la motricité dans la relation d'objet.*

sensação e relação são nomeadas, significadas e marcadas por diferentes matizes de afeto, constituindo gradualmente o universo representativo do sujeito. Nesse processo, desde o desamparo vivido pelo recém-nascido, o olhar da mãe, do outro que cuida, tem também uma função estruturante de nomeação. O encontro da criança com sua imagem especular, reconhecida naquele olhar, é atravessado pelo desejo materno, que unifica a experiência fragmentada que a criança tem de seu corpo e de todas essas vivências,[36] organizando os primórdios de seu narcisismo, marcado pelo desejo do outro.

Como vimos, o conjunto dessas funções constitui os recursos da economia psicossomática de cada um para, ao longo da vida, lidar com experiências, conquistas, desafios, conflitos e vivências traumáticas. Em situações traumáticas, de excesso e de conflito, com vistas à preservação ou ao restabelecimento de um equilíbrio, a qualidade desses recursos e a consistência dos processos de integração que os constituíram determinam os modos mais ou menos organizados de funcionamento e sua capacidade para preservar a integridade dessas funções e do sujeito como um todo.

Quando consistentes, os recursos psíquicos e representativos (bem mentalizados), são os mais elaborados e capazes de proteger a economia psicossomática, por meio de dinâmicas que a preservam das desorganizações comportamentais e orgânicas, mais frágeis e primitivas.[37] Por ocasião de vivências perturbadoras e traumáticas, as manifestações psicopatológicas, tentativas de reorganização em torno dos recursos psíquicos, procuram conter, ligar e organizar tais excessos por meio da sintomatologia psíquica, buscando impedir ou interromper movimentos desorganizadores da economia psicossomática que, persistindo, podem se expressar pelas vias da

---

36 J. Lacan (1949). *O estádio do espelho com formador da função do Eu.*
37 P. Marty (1990b). *A psicossomática do adulto.*
  Cf. Capítulo 5, *Mentalização e somatização, desdobramentos clínicos.*

sintomatologia e doenças comportamentais e orgânicas, com maior risco à integridade física e, por vezes, à própria vida do sujeito.

Turbulências e desorganizações

Muitos fatores podem comprometer o desenvolvimento dos recursos integradores da economia psicossomática. A dificuldade do adulto em tolerar a experimentação corporal da criança, em razão da sua própria história e às dimensões eróticas e fantasmáticas mobilizadas por essas vivências, perturba a subversão libidinal, produzindo falhas na constituição do corpo erógeno da criança. Algumas partes do corpo podem permanecer cristalizadas em "zonas frias", automatismos e funcionamentos restritos, da ordem das necessidades biológicas, excluídas da relação com o outro e desprovidas de potencialidade erógena.[38] Ficam também comprometidos os recursos paraexcitantes do próprio sujeito para lidar com as excitações e intensidades pulsionais, conflitos internos e externos. As perturbações da função materna, excessos e violências vividos pela criança no meio familiar, os núcleos primitivos e vivências recalcadas ou forcluídas do adulto que dela cuida, dificuldades de continência, de mediação e de nomeação das experiências corporais dessa criança comprometem a intricação pulsional e, consequentemente, a organização da economia psicossomática e de seus recursos mais evoluídos.[39] Assim, como discutimos anteriormente, o desenvolvimento pode ser interrompido em níveis precoces de organização ou marcado por pontos de fragilidade, com menos recursos para a contenção e organização de excitações.

---

38 C. Dejours (1989). *Repressão e subversão em psicossomática: investigações psicanalíticas sobre o corpo.*

39 L. Kreisler, M. Fain e M. Soulé (1974). *A criança e seu corpo.*

Nessas condições, é maior a vulnerabilidade a situações de conflito. A precariedade dos recursos mentais resulta em dificuldade ou impossibilidade de organizar os excessos de excitação pela via psicopatológica e de conter os movimentos regressivos e as desorganizações progressivas.[40] Algumas das expressões dessas dinâmicas são o pensamento operatório e a depressão essencial,[41] bem como o comportamento vazio da criança,[42] caracterizados principalmente pelo empobrecimento dos recursos representativos, pelo esvaziamento afetivo, da vitalidade e da subjetividade. Observa-se também a desorganização, a perda de qualidade e de especificidade de diferentes funções, como a motricidade, a sensorialidade, as relações objetais, bem como de funções orgânicas e metabólicas, como alimentação, sono, digestão e excreção. No extremo, esses processos podem resultar, de forma crônica ou transitória, em descargas comportamentais, pela impulsividade, pela sintomatologia e doenças orgânicas, fora do circuito erógeno e representativo.

Experiências silenciadas

As mãos trêmulas de Marlene. Seu corpo imóvel, sua respiração aflita, suas palavras sem voz. Os longos minutos de silêncio, sem que nenhuma ideia, nenhuma imagem, nenhum relato pudesse ser compartilhados comigo. Apenas sua presença muda, contida, enigmática, maciçamente dominada pela sombra maligna de algo que parecia maior que o diagnóstico que recebera. Sentia que me buscava, que, quase sem forças, tentava me alcançar, capturada

---

40 P. Marty (1976). *Les mouvements individuels de vie et de mort.*
   Cf. *Pensamento operatório e depressão essencial*, no Capítulo 5.
41 P. Marty e M. de M'Uzan (1963). *La pensée opératoire.*
   P. Marty (1968). *La dépression essentielle.*
   Cf. *Regressões, desorganizações e somatizações*, no Capítulo 5.
42 L. Kreisler (1992). *A nova criança da desordem psicossomática.*

por alguma outra história que, naquele momento, eu não tinha como entender.

Vivendo o vazio de sua presença e a ausência de suas associações, sentia em mim a aflição, a angústia e a solidão que talvez ela experimentasse sem conseguir me dizer. Poderia ter lhe descrito minhas fantasias, meus sentimentos, minha compreensão do que imaginava ser seu desamparo. Poderia ter tentado transformar tudo isso em uma interpretação plausível de seu medo diante do diagnóstico e suas implicações, de sua frustração por uma gestação que jamais ocorreria e com a qual começara a sonhar. Pela intensidade dos afetos em mim mobilizados por seu silêncio, senti que tinha poucas chances de ser escutado.

Quando descrevi em voz alta suas mãos, sua respiração, seus lábios e seu silêncio, ela me ouviu. Hesitante, respondeu retomando um frágil fio associativo que revelou uma dor antiga, intensa e negada em sua história...

Quando chegou à análise, Marlene era uma mulher satisfeita, realizada profissionalmente, com uma vida social preenchida por boas relações familiares e de amizade. Feliz com seu marido, há quinze anos seu companheiro, não tinha filhos. "Não os desejava", dizia, "*não encontrava lugar para eles*", em sua vida tão preenchida pelo trabalho, por amigos, viagens e pela sensação de liberdade de não ter quem dela dependesse.

Porém, após dois anos de uma análise rica em lembranças e associações, turvaram-se suas "*claras certezas*" de que não desejava ser mãe. Surgiram aos poucos cenas esquecidas de sua infância, com irmãos, primos e amigos, marcadas pelo prazer de brincadeiras, passeios e travessuras. Passou cada vez mais a evocar a presença de sua mãe, dedicada a ela e a seus irmãos, seus olhares firmes e determinados, impossíveis de não serem obedecidos, impossíveis de não serem perdoados.

Com dificuldade, começou também a evocar outros olhares, imprecisos e distantes – aqueles que, durante alguns anos de sua infância, "*nos meses de fevereiro*", acompanhavam o desaparecimento do sorriso nos lábios de sua mãe, que ficava reservada, taciturna, pouco disposta ao convívio, às conversas, refratária até mesmo às folias do Carnaval. Seu rosto tornava-se sombrio, seu olhar, esquivo. Marlene temia aquele olhar desconhecido, que transformava sua mãe em uma estranha, que a privava de sua companhia, que a abandonava. Família e amigos pareciam respeitar aquele recolhimento que ela não compreendia, mas sentia-se proibida de questionar. Sua irmã e seu irmão, um pouco mais velhos, aparentemente menos assustados, também se sujeitavam silenciosos àquelas mudanças. Com o tempo, desapareceu aquele olhar do rosto de sua mãe e apagaram-se as lembranças de Marlene de seus temores solitários dos meses de fevereiro. Até aquela sessão...

Naquele dia, transtornada com o diagnóstico do tumor uterino, sentindo-se "*traída por seu corpo*", forçada por ele a renunciar violentamente a uma gravidez por anos impossível de ser desejada, reencontrou aqueles terrores incompreensíveis. Perdida e imóvel por um longo tempo, sentiu-se tocada pelas palavras que percorreram seu corpo e, ao percebê-lo, reencontrou-me. Ainda titubeante, encontrou também o olhar distante, perdido e silencioso de sua mãe e os temores que ele lhe provocava.

Lembrou-se dos meses de fevereiro de sua infância, do véu silencioso que recobria sua família, da profunda tristeza de sua mãe. "*Lembrou-se*" de José, irmão mais novo que nunca chegou a conhecer, pois a gravidez fora interrompida por um aborto espontâneo no quinto mês de gestação. Marlene tinha um ano e meio naquele momento.

Só bem mais tarde, por acaso e entre meias-palavras, soube de José. Nomeado desde a concepção para homenagear o avô materno, caso fosse menino, seu nome não podia ser evocado, mas fazia-se aflitiva e silenciosamente presente por sua ausência nos meses de fevereiro, mês em que a mãe abortou. Marlene tinha cerca de oito anos quando ouviu uma conversa entre a avó e a mãe, referindo-se a uma "*criança que não nasceu*" e à homenagem que a mãe "*não conseguira fazer*" a seu próprio pai. Tentou compreender, perguntar, mas as evasivas da mãe e da avó falaram mais forte. Apenas percebeu no rosto da mãe as feições transfiguradas por uma tristeza longínqua e familiar.

Só na adolescência compreendeu por si mesma que a mãe sofrera um aborto e, também, a tristeza fugidia de seu olhar. Apenas uma vez perguntou diretamente à mãe o que acontecera, buscando confirmar seu entendimento. Acabrunhada e esquiva, a mãe aquiesceu, admitindo sua dor e sua impossibilidade de falar a respeito da perda daquele bebê.

Naquele momento, apesar de aliviada da dúvida que vivera por tantos anos, Marlene não conseguiu se desvencilhar da tristeza da mãe, que nela se infiltrara, e voltou a silenciá-la. Nunca mais falou disso, nem com ela nem com ninguém. Com o tempo, também aquela dor insuportável, fugidiamente compartilhada, desapareceu sob o vistoso manto de suas conquistas e experiências de mulher adulta, "*feliz e realizada*".

A escuta do corpo

Mesmo nas análises de pacientes neuróticos e, segundo P. Marty, *bem mentalizados*, frequentemente observamos oscilações nos investimentos transferenciais, no ritmo, no conteúdo e na coloração afetiva da associação livre, de sonhos e de fantasias, que refletem as vivências libidinais, representativas, afetivas e objetais do sujeito.[43]

---

43 P. Marty (1990b). A psicossomática do adulto.

442 NOMEAR, SUBVERTER, ORGANIZAR

Algumas vezes, como observamos com Sofia, no capítulo anterior, e, neste, com Marlene, nos deparamos com mudanças bruscas em padrões associativos, emocionais e transferenciais característicos do paciente, bem como com rupturas profundas do vínculo com o analista e da possibilidade de elaboração do material e das vivências da sessão. Outras vezes, podemos constatar momentos mais ou menos prolongados de desorganizações da economia psicossomática, acompanhadas ou não de sintomas ou doenças orgânicas e atuações.[44]

O diagnóstico de tumor uterino maligno, a perspectiva da histerectomia e a provável impossibilidade da gravidez que passara a acalentar, o sentimento de "traição" vivido em seu próprio corpo, mobilizaram em Marlene marcas primitivas não apenas dos efeitos do aborto sofrido e por tantos anos silenciado pela mãe e pela família, mas também suas aflições infantis diante da periódica tristeza e distanciamento da mãe, provavelmente não apenas "nos meses de fevereiro".

A desorganização provocada pela mobilização dessas marcas manifestou-se na profunda alteração de sua postura na sessão, em seu silêncio, na paralisação de suas ideias, na impossibilidade de preservar o contato e, mesmo, de recuperá-lo quando a convidei explicitamente a se conectar comigo e com as ideias que lhe ocorriam. Senti, *em mim*, o peso daquelas vivências, da solidão e do medo que, naquele momento, era ela (e não a mãe) que não conseguia nomear. Intuí que, naquelas condições, as interpretações que me ocorriam seriam inócuas, pois Marlene não tinha como me ouvir.

Esperei muito tempo por palavras e associações que, naquelas circunstâncias, não tinham como emergir. Foi então que percebi a tênue, mas aflita expressão do que ela vivia em seu corpo. Ao tocá-la de outro modo, foi possível, a ela, reconectar-se a mim e dar forma

---

44 Cf. também o caso de Jean em R. M. Volich (2002). *Hipocondria, impasses da alma, desafios do corpo.*

e palavras a suas vivências congeladas. Com meu comentário ("*Há muitas maneiras de ser mãe*"), conseguiu se desprender do núcleo de sua sideração, libertando-se, aos poucos, de uma das ideias que a transtornaram e a emudeceram: a indiscriminação entre sua histerectomia e o aborto vivido pela mãe, questão que foi trabalhada ao longo de muitas sessões.

Marlene descobriu, então, como suas vivências, antigas, repetitivas e impossíveis de serem nomeadas, a impediram durante muito tempo de entrar em contato com seu desejo de ser mãe, negado e racionalizado pelas "*claras certezas*" de que não encontrava lugar para filhos em sua vida "*tão bem-sucedida social e profissionalmente*".

Continência, enquadre e escuta: um outro paradigma

Como constatamos na análise de Sofia, assim como as desorganizações psicossomáticas crônicas, muitas vezes observadas em pacientes *mal mentalizados,*[45] também os momentos de desorganização momentânea convocam mudanças significativas no manejo do enquadre, da escuta, da contratransferência e da interpretação, para sintonizar com as dimensões mais primitivas, não representativas, e com as oscilações evolutivas e contraevolutivas da economia psicossomática.

Em momentos como esses, vividos por Marlene, Sofia e muitos outros de nossos pacientes, observamos dinâmicas mais primitivas, aquém do recalcamento e da resistência neurótica, que confrontam o analista com descargas pulsionais diretas sem mediação representativa, impossíveis de serem trabalhadas por meio de associações, geralmente inexistentes, rarefeitas ou vazias. As palavras, esvaziadas de suas dimensões pulsional, afetiva e simbólica, perdem a

---

45 P. Marty (1990b). *A psicossomática do adulto.*

444 NOMEAR, SUBVERTER, ORGANIZAR

capacidade de evocar lembranças, por meio das quais poderiam se revelar conteúdos inconscientes, no caso de defesas neuróticas. Rompe-se, assim, uma importante via de acesso ao infantil e às primeiras experiências de vida do paciente.

Desaparecem também sonhos, fantasias, devaneios e lembranças encobridoras,[46] bem como formações de compromisso e mecanismos de defesa, que podem dar lugar a atuações comportamentais, expressões e sintomas corporais, tentativas mais rudimentares do paciente para ainda manifestar sua dor e seu afeto anestesiados. Pela intensidade dos movimentos de desorganização e da desintricação pulsional, a repetição passa a operar praticamente em circuito fechado, como pura expressão da compulsão à repetição e da pulsão de morte,[47] com poucas possibilidades de ligação e de transformação em lembranças.

Essas manifestações coexistem com o empobrecimento da trama transferencial e o retraimento libidinal, algumas vezes extremo, *aquém do narcisismo,*[48] que sidera, silencia e isola o paciente, como vimos com Marlene. O trabalho analítico fica restrito a elementos sensoriais e corporais brutos e fragmentados, matéria-prima rarefeita que resta para ser investida, na esperança de constituir ou resgatar a trama relacional do tratamento.

A fragilidade do laço transferencial, a porosidade representativa e a carência de um terreno psíquico consistente dificultam a constituição e a sustentação de interpretações e construções, muitas vezes claras para o analista, mas impossíveis de serem figuradas e elaboradas pelo paciente. Contrariamente à metáfora arqueológica,

---

46 S. Freud (1899). *Lembranças encobridoras, E.S.B., III.*

47 S. Freud (1914). *Sobre o narcisismo: Uma introdução, E.S.B., XIV.*

S. Freud (1920). *Além do princípio do prazer, E.S.B., XVIII.*

48 P. Marty (1968). *La dépression essentielle.*

Cf. *O narcisismo e seus destinos*, no Capítulo 6.

utilizada por Freud,[49] observamos que, com muitos pacientes, não se trata de *descobrir* ou *reconstruir* o que foi destruído ou perdido pelo recalcamento ou pela censura, mas de algo ainda mais complexo e primordial: *construir*, efetivamente *desde o início*, recursos, funções e instâncias que nunca se constituíram no sujeito.

Essas condições são impróprias para interpretações mais profundas e regressivas, de natureza pulsional, uma vez que, sem sustentação representativa, elas podem, inclusive, potencializar a desorganização do paciente.

O enquadre e a relação transferencial são os principais elementos a partir dos quais se processa o trabalho psicanalítico. Eles constituem um espaço relacional de continência, com potencial de elaboração e transformação das experiências do paciente, que remete às condições originárias de organização do desenvolvimento humano. A função terapêutica do analista[50] tem como paradigma a dimensão relacional estruturante da função materna.[51]

O enquadre psicanalítico "clássico" – frequência e duração das sessões, a utilização do divã, a abstinência e a neutralidade do analista, as associações livres do paciente e a atenção flutuante, a análise das resistências e da transferência,[52] mediadas predominantemente por comunicações verbais – é propício ao trabalho com as psiconeuroses, pautado pela dinâmica do recalcamento e de mecanismos de defesa psíquicos, porém, como vimos, é inadequado para o trabalho com funcionamentos mais primitivos e desorganizados.

A clínica psicanalítica das desorganizações psicossomáticas convoca o analista ao encontro com o paciente em territórios frágeis e

---

49 S. Freud (1937). *Construções em análise.*
50 E também de outros profissionais de saúde, como vimos no Capítulo 8, *A função terapêutica.*
51 P. Marty (1990b). *A psicossomática do adulto.*
   L. Kreisler (1992). *A nova criança da desordem psicossomática.*
   Cf. *Função estruturante, função materna*, no Capítulo 7
52 R. H. Etchegoyen (1989). *Fundamentos da técnica psicanalítica.*

446 NOMEAR, SUBVERTER, ORGANIZAR

primitivos, aquém de palavras, instâncias e funcionamentos psíquicos estruturados. Para que esse encontro seja possível – e, espera-se, minimamente transformador –, mudanças no enquadre, na relação e nos modos de observação e comunicação com o paciente são necessárias. Elas visam, justamente, preservar a função estruturante desse enquadre, para resguardar, desenvolver e organizar os recursos mais consistentes do sujeito para, como vimos, fomentar a função de representação.[53]

Para lidar com os movimentos de desorganização do paciente, o enquadre e a transferência devem também ser continentes para as manifestações corporais, perceptivas, sensoriais e motoras não verbalizadas. Muitas vezes, trata-se de uma análise minimalista, com níveis bastante incipientes de comunicação, a partir de tênues sinais (referência a ruídos, luzes, frio, calor), comportamentos, sintomas e doenças orgânicas. A sintonia do analista com essas manifestações passa não apenas por sua escuta, mas também pelo olhar (a apresentação, os gestos e movimentos do paciente), e mesmo por outras dimensões sensoriais, como o olfato (seus odores), o tato (a umidade, a vitalidade do aperto de mãos), formas de expressão possíveis para afetos e vivências não representadas pela palavra. O corpo do analista é particularmente solicitado pelas dinâmicas primitivas do paciente. As vivências contratransferenciais (sensações corporais, sentimentos, imagens) também se constituem como um importante recurso para a apreensão dessas dinâmicas.[54]

As condições regressivas promovidas pelo divã, pelo enquadre e pela regra de abstinência do analista, fatores importantes para o trabalho com pacientes psiconeuróticos, não apenas têm poucas

---

53 A. Green (1982). *La double limite.*
   A. Green (2000). *Le cadre psychanalytique: son interiorisation chez l'analyste et son application dans la pratique.*
   Cf. *Do enquadre clássico à necessidade de sua transformação*, no Capítulo 9.
54 Cf. *Trabalho terapêutico, trabalho do sonho*, no Capítulo 8.

chances de mobilizar os pacientes em momentos de desorganização, mas podem, inclusive, intensificar essa desorganização. A posição face a face, "um corpo a corpo à distância",[55] promove o contato e a função especular pelo olhar, uma maior atenção aos gestos e expressões faciais tanto do analista como do paciente, favorecendo o estabelecimento e a manutenção da relação terapêutica.

A partir da função materna e do *holding*, busca-se promover a reanimação libidinal,[56] a reorganização narcísica e objetal, bem como viabilizar a intricação entre as pulsões de vida e de morte e os núcleos masoquistas erógenos primários, necessários para lidar com sofrimentos, perdas e frustrações.[57] Pelo acompanhamento das oscilações dos movimentos de organização e desorganização do paciente, as vivências primitivas compartilhadas na relação podem ser nomeadas, traduzidas em palavras e imagens por meio de um trabalho ativo de figuração, para, como observamos com Marlene, adquirirem aos poucos densidade representativa, (re)organizando-se, por esse caminho, a economia psicossomática.

* * *

Há mais de um século, o fio do recalcamento orienta a clínica psicanalítica, revelando funcionamentos psíquicos requintados, que aperfeiçoaram os recursos para o tratamento das psiconeuroses e de outras manifestações psicopatológicas. Atravessados por esse fio, intuído e preconizado por Freud, *recordar, repetir e elaborar* são operadores fundamentais de uma análise.

Nos limites dessa clínica, um outro fio revelou-se aos psicanalistas. Desvelado por aqueles que se aventuraram no território do primitivo e do não representado, esse fio, como o de Ariadne, pode

---

55 M. Aisenstein (1998). *On est prié de ne pas tourner le dos.*
56 D. Braunschweig (1993). *Implications techniques de la théorie psychosomatique.*
57 B. Rosenberg (1991). *Masochisme mortifère, masochisme gardien de la vie.*

orientar o psicanalista pelo sombrio, tortuoso e incerto labirinto das desorganizações da economia psicossomática. Ao longo desse caminho, evidencia-se a importância de um outro paradigma clínico, *nomear, subverter, organizar.*

Nomear manifestações e expressões primitivas, motoras, sensoriais, comportamentais, aquém da palavra. *Subverter,* libidinizando funções marcadas apenas pelo instinto, pela necessidade e pelo biológico, propiciando a transcendência para a ordem erógena e pulsional. *Organizar,* por meio da continência, da reanimação libidinal e da transferência, a economia psicossomática interrompendo movimentos regressivos e desorganizações ou promovendo desenvolvimentos interrompidos por vivências traumáticas ou perturbadoras da história do sujeito.

Pela trama desses dois fios, ampliam-se os recursos da clínica psicanalítica para lidar com sofrimentos que sequer podem dizer seu nome, desassistidos pelo desejo, alienados da alteridade.

Referências bibliográficas[1]

III Consenso brasileiro no manejo da asma. *J. Pneumologia*, 28(suppl.1), June 2002.

Abraham, N. & Torok, M. (1995). *A casaca e o núcleo*. São Paulo, Escuta.

Ader, R. (1980). Psychosomatic and psychoimmunologic research. *Psychosomatic Medicine*, Nova York, 42(3), 307-321.

Ader, R. et al. (1981). *Psychoneuroimmuynology*. New York: Academic Press.

Aisenstein, M. (1998). On est prié de ne pas tourner le dos. In J. Schaeffer & G. Diatkine (Eds.). *Psychothérapies psychanalytiques* (p. 19-27). Paris: P.U.F.

---

1 Nesta bibliografia constam as referências completas das obras citadas no livro. Para facilitar a leitura, os trabalhos citados ao longo do texto constam na mesma página em nota de rodapé, com uma referência abreviada ao nome do autor, data, título e, para as citações, número da página. Nesta lista, como nas notas do texto, o ano entre parênteses após o nome do autor refere-se (quando possível) à data da primeira publicação original.

450 REFERÊNCIAS BIBLIOGRÁFICAS

Aisenstein, M. (1999). Interpréter aujourd'hui. *Revue française de psychosomatique*, Paris, 16, 41-44.

Aisenstein, M. (2019). *Dor e pensamento. Psicossomática contemporânea*. Porto Alegra, Dublinense.

Ajuriaguerra, J. (1980). *Manual de psiquiatria infantil* (2a ed.). Rio de Janeiro: Atheneu.

Alexander, F. (1953). Problèmes méthodologiques en médecine psychosomatique. *L'Évolution Psychiatrique*, 3, 333-344.

Alexander, F. (1952). *A medicina psicossomática*. Porto Alegre: Artes Médicas, 1989.

Alexander, F., French, T. M. & Pollock G. H. (1968). *Psychosomatic specificity*. University of Chicago Press.

Alonso, S. L., Gurfinkel A. C. & Breyton D. (Orgs.) (2002). *Figuras clínicas do feminino no mal-estar contemporâneo*. São Paulo: Escuta.

Anzieu, D. (1988). *O Eu-pele*. São Paulo: Casa do Psicólogo.

Anzieu, D. (1993). La fonction contenante de la peau du moi et de la pensée: conteneur, contenant, contenir. In D. Anzieu D., G. Haag et al. (Orgs.). *Les contenants de pensée* (p. XX-XX). Paris, Dunod.

American Psychiatric Association (APA) (2014). *Manual diagnóstico e estatístico de transtornos mentais V*. Porto Alegre: Editora Artmed.

Arantes, M. A. A. C & Vieira, M. J. F. (2002). *Estresse* (Coleção "Clínica Psicanalítica"). São Paulo: Casa do Psicólogo.

Aulagnier, P. (1978). *A violência da interpretação*. Rio de Janeiro: Imago, 1978.

Aulagnier, P. (1982). Condamné à investir. In *Un interprète en quête de sens* (p. 241-263). Paris: Ramsay, 1986.

Aulagnier, P. (1985). Naissance d'un corps, origine d'une histoire. In *Rencontres Psychanalytiques d'Aix en Provence – 4º Rencontre: Corps et Histoire* (p. 99-141). Paris: Les Belles Lettres.

Ayache, L. (1992). *Hippocrate*. Paris: P.U.F.

Barras, V. & Birchler T. (1995). La perfection de l'homme selon Galien. In N. Nicolaïdis & J. Press (Orgs.). *La psychosomatique aujourd'hui* (p. 31-49). Lausanne: Delauchaux et Niestlé.

Bartrop, R. L., Luckhurt, E. & Lazarus, L. (1977). Depressed lymphocyte function after bereavement. *The Lancet*, Londres, 1, 834-836.

Berlinck, M. T. (1999). O que é psicopatologia fundamental. *Revista Latinoamericana de Psicopatologia Fundamental*, São Paulo, 2(3).

Bion, W. R. (1973). *Atenção e interpretação: uma aproximação científica à compreensão interna na psicanálise e nos grupos*. Rio de Janeiro, Imago.

Birman, J. (2001). *Mal-estar na atualidade: a psicanálise e as novas formas de subjetivação* (3a ed). Rio de Janeiro: Civilização Brasileira.

Bitelman, B. (1997). Psicossomática em gastroenterologia. In F. C. Ferraz, & R. M. Volich (Orgs.) *Psicossoma I: psicossomática e psicanálise* (p. 173-178). São Paulo: Casa do Psicólogo.

Blalock, J. E. (1984). The immune system as a sensory organ. *Journal of Immunology*, Baltimore, 132(3), 1067-1070

Blalock, J. E. & Smith, E. M. (1985). The immune system: our mobile brain. *Immunology Today*, 6(4), 115-117.

Bleger, J. (1977). *Simbiose e ambiguidade*. Rio de Janeiro: Francisco Alves.

Bleger, J. (1984). *Psico-higiene e psicologia institucional*. Porto Alegre: Artes Médicas.

Breuer, J. & Freud, S. (1893-1895). Estudos sobre a histeria. *Edição Standard Brasileira das Obras Psicológicas Completas de Sigmund Freud* (Vol. II). Rio de Janeiro: Imago, 1980.

Bick, E. (1964). Notes on infant observation in psycho-analytic training. In M. Harris & E. Bick (Orgs.). *Collected papers of Martha Harris and Esther Bick* (p. 240-256). Great Britain: The Roland Harris Education Trust, 1987.

Bowlby, J. (1985). *Apego, perda e separação.* São Paulo: Martins Fontes.

Bydlowski, M. (1997). Transparence psychique due à la grossesse. In *La Dette de Vie: itinéraire psychanalytique de la maternité* (p. 91-103). Paris, P.U.F. 2002.

Bydlowski, M. (2002). O olhar interior da mulher grávida: transparência psíquica e representação do objeto interno. In L. Corrêa Filho, M. E. G. Corrêa & P. S. França (Orgs.). *Novos olhares sobre a gestação e a criança até os 3 anos: saúde perinatal, educação e desenvolvimento do bebê* (p. 205-214). Brasília: L.G.E.

Bouvet, M. (1956). La relation d'objet. In M. Bouvet (Orgs.). *Oeuvres psychanalytiques* (tomo 1) (p. XX-XX). Paris: Payot, 1985.

Brant F. & Nascimento M. (1981). Nos bailes da vida [Gravado por Milton Nascimento]. In Caçador de Mim [CD]. Rio de Janeiro: Philips.

Brazelton, T. B. & Cramer, B. G. (1992). *As primeiras relações.* São Paulo: Martins Fontes.

Braunschweig, D. (1993). Implications techniques de la théorie psychosomatique. *Revue Française de Psychosomatique*, Paris, 1(3), 21-32.

Braunschweig, D. & Fain, M. (1975). *La nuit, le jour: essai psychanalytique sur le fonctionnement mental.* Paris: P.U.F.

Brusset, B. (1998). Relation de compréhension psychologique et écoute métapsychologique. In J. Schaeffer & G. Diatkine (Eds.). *Psychothérapies psychanalytiques* (p. 49-66). Paris, P.U.F.

Bulfinch, T. (1999). *O livro de ouro da mitologia*. Rio de Janeiro: Ediouro.

Cabannis, J. G. (1843). *Rapports du physique et du moral de l'homme*. Paris: Charpentier.

Cantilino, A. et al. (2010). Transtornos psiquiátricos no pós-parto. *Revista de Psiquiatria Clínica*, São Paulo, 37(6), 278-84.

Cazeto, S. J. (1998). A psicossomática na formação do psicólogo. In R. M Volich., F. C. Ferraz & M. A. A. C. Arantes (Orgs.). *Psicossoma II: psicossomática psicanalítica* (p. 247-252). São Paulo: Casa do Psicólogo.

Cazeto, S. J. (2001). *A constituição do inconsciente em práticas clínicas na França do século XIX*. São Paulo: Escuta.

Chautard-Freire-Maia E.A. (1995). Mapeamento do genoma humano e algumas implicações éticas. *Educ. rev.* (11), Dez 1995. https://doi.org/10.1590/0104-4060.138. Consultado em 10/01/2022.

Chemouni, J. (1990). *Histoire du mouvement psychanalytique*. Paris: P.U.F.

Corominas, J. (1997). *Breve diccionario etimológico de la lengua castellana*. Madrid: Gredos.

Costa, D. O., Souza F. I. S., Pedroso G. C. et al. (2018). Transtornos mentais na gravidez e condições do recém-nascido: estudo longitudinal com gestantes assistidas na atenção básica. *Ciênc. saúde coletiva*, Rio de Janeiro, 23(3), p. 691-700.

Cramer, B. (1987). A psiquiatria do bebê: uma introdução. In: T. B. Brazelton; B. Cramer; L. Kreisler; R. Schappi & M. Soulé (Orgs.) *A dinâmica do bebê*. Porto Alegre: Artes Médicas.

454 REFERÊNCIAS BIBLIOGRÁFICAS

Cromberg, R. U. (2000). *Paranoia* (Coleção "Clínica Psicanalítica"). São Paulo: Casa do Psicólogo.

Davies, M. & Wallbridge, D. (1992). *Winnicott, introduction à son œuvre*. Paris: P.U.F.

Davis, E. P. et al. (2007) Prenatal exposure to maternal depression and cortisol influences infant temperament. Journal of the American Academy of Child and Adolescent Psychiatry, Baltie more, 46(6), 737-46.

Debray, R. (2002). Psychopathologie et somatisation. In r. Debray, c. Dejours & P. Fédida (Orgs.). *Psychopathologie de l´expérience du corps* (p. 1-62). Paris: Dunud.

Dejours, C., Marty, P. & Herzberg-Poloniecka, R. (1980). Les questions théoriques en psychosomatique. In *Encyclopédie Médico--Chirurgicale: Psychiatrie*, 3, article 37400 C-10.

Dejours, C. (1989). *Repressão e subversão em psicossomática: investigações psicanalíticas sobre o corpo*. Rio de Janeiro: Jorge Zahar, 1991.

Dejours, C. (1998). Biologia, psicanálise e somatização. In R. M Volich., F. C. Ferraz & M. A. A. C. Arantes (Orgs.). *Psicossoma II: psicossomática psicanalítica* (p. 45-67). São Paulo: Casa do Psicólogo.

Dejours, C. (2019). *Psicossomática e teoria do corpo*. São Paulo, Blucher.

Delouya, D. (2000). *Depressão* (Coleção "Clínica Psicanalítica"). São Paulo: Casa do Psicólogo.

Del Volgo, M. J. (1998). *O instante de dizer*. São Paulo: Escuta.

De M'Uzan, M. (1968). Transferts et névroses de transfert, *Revue française de psychanalyse*, 32, no. 2, 235-241.

De M'uzan, M. (1974). S.j.e.m. In *De l'art à la mort* (p. 151-163). Paris: Gallimard, 1977.

De M'uzan, M. (1976). Le travail du trépas. In *De l'art à la mort* (p. 182-199). Paris: Gallimard, 1977.

De M'uzan, M. (1984). Les esclaves de la quantité. *Nouvelle Revue de Psychanalyse, 30,* 129-138.

Descartes R. (1637). *Discurso sobre o método.* São Paulo: Hemus, s/d.

Descartes, R. (1649). As paixões da alma. In: Descartes, R. *Discurso do Método e As Paixões da Alma.* São Paulo: Nova Cultural, 1987.

Deutsch, F. (1928). De l'influence du psychisme sur la vie organique. *Revue Française de Psychanalyse,* Paris, 1, 106-119.

Deutsch, F. (1939). L'interrogatoire psychosomatique. In R. Held. *De la psychanalyse à la médicine psychosomatique.* Paris: Payot, 1968.

Dorian, B., Garfinkel, P., Brown, G. et al. (1982). Aberrations in lymphocyte subpopulations and functions during psychological stress. *Clm. Exp. Immunol.,* Oxford, 50, 132-138.

Duarte Costa C., Inneco P. F. D., Barakat F. & Nogueira Veloso, V. (2005). Aspectos clínicos e psicológicos da encoprese. *Revista Paulista de Pediatria,* São Paulo, 23(1), 35-40.

Dunbar, F. (1938). *Emotions and body changes.* New York: Columbia University Press.

Dunbar, F. (1943). *Psychosomatic diagnosis.* New York: Hoeber.

Eiguer, A. (1987). *O parentesco fantasmático. Transferência e contratransferência em terapia familiar e psicanalítica.* São Paulo, Casa do Psicólogo, 1995.

Eiguer, A., Carel, A., Andre Fustier, F. et al. (1997). *Le Génerationnel.* Paris: Dunod.

456 REFERÊNCIAS BIBLIOGRÁFICAS

Erlebacher, A., Vencato, D., Price, K. A., Zhang D, Glimcher, L. H. (2007). Constraints in antigen presentation severely restrict T cell recognition of the allogeneic fetus. *J Clin Invest.*, New York, 117(5),1399-411.

Escosteguy, N. U. (1997). *Transgeracionalidade.* Publicação CEAPIA, Porto Alegre, 10, 49-59.

Etchegoyen, R. H. (1989). *Fundamentos da técnica psicanalítica.* Porto Alegre: Artes Médicas.

Ey, H., Bernard, P. & Brisset, Ch. (1978). *Manuel de psychiatrie.* Paris: Masson.

Fain, M. (1971). Prélude à la vie fantasmatique. *Revue Française de Psychanalyse,* 35, 291-364.

Fain, M. & Kreisler. L. (1970). Discussion sur la genèse des fonctions représentatives. *Revue Française de Psychanalyse,* Paris, 34, 285-306.

Faisal-Cury, A., Araya, R., Zugaib M. et. al. (2010). Common mental disorders during pregnancy and adverse obstetric outcomes. *Journal of Psychosomatic Obstetrics & Gynecology,* Abingdon, 31(4), 229-35.

Fedida, P. (1971). L'anatomie dans la psychanalyse. *Nouvelle Revue de Psychanalyse,* 3, 109.

Fedida, P. (1978). La question de la théorie somatique dans la psychanalyse. *Psychanalyse à l'Université,* Paris, 3(12), 621-648.

Fédida, P. (1988). *A clínica psicanalítica: Estudos.* São Paulo: Escuta.

Fédida, P. (1992). L'angoisse dans le contre-transfert ou l'inquiétante étrangeté du transfert. In *Crise et contre-transfert* (p. 169-188). Paris: P.U.F.

Fédida, P. (1992). Rêve, visage et parole: le rêve et l'imagination de l'interprétation. In *Crise et contre-transfert* (p. XX-XX). Paris: P.U.F.

Fédida, P. (1992). Sur le rapport mère/enfant dans le contre-transfert. In *Crise et contre-transfert* (p. 11-144). Paris: P.U.F.

Fédida, P. (2002). O hipocondríaco médico. In M. Aisenstein, A. Fine, G. Pragier (Orgs.) *Hipocondria* (p. 129-156), São Paulo: Escuta.

Féré, C. (1892). *La pathologie des émotions.* Paris: Alcan.

Ferenczi, S. (1909). A respeito das psiconeuroses. In *Psicanálise 1: Obras Complet*as vol 1 (p. 41-56). São Paulo: Martins Fontes. 1991.

Ferenczi, S. (1917). As patoneuroses. In *Psicanálise 2: Obras Completas* vol 2 (p. 291-230). São Paulo: Martins Fontes. 1991

Ferenczi S. (1919). Pensamento e inervação muscular. In *Psicanálise 2: Obras Complet*as vol 2 (p. 347-349). São Paulo: Martins Fontes. 1991

Ferenczi S. (1926). As neuroses de órgão e seu tratamento. In *Psicanálise 3: Obras Complet*as vol 3 (p. 377-382). São Paulo: Martins Fontes, 1991

Ferenczi, S. (1928). A elasticidade da técnica psicanalítica. In *Psicanálise 4: Obras Completas* vol 4 (p. 25-36). São Paulo: Martins Fontes, 1991.

Ferenczi, S. (1933). Confusão de língua entre os adultos e a criança. In *Psicanálise 4: Obras Completas* vol 4 (p. 97-106). São Paulo: Martins Fontes, 1991.

Fernandes, M. H. (2003a). *Corpo* (Coleção "Clínica Psicanalítica"). São Paulo: Casa do Psicólogo.

Fernandes, M. H. (2003b). As formas corporais do sofrimento: a imagem da hipocondria na clínica psicanalítica contemporânea. In R. M. Volich, F. C. Ferraz & W. Ranña (Orgs.). *Psicossoma III: interfaces da psicossomática* (p. 107-129). São Paulo: Casa do Psicólogo.

458   REFERÊNCIAS BIBLIOGRÁFICAS

Fernandes, M. H. (2006). *Transtornos alimentares: anorexia e bulimia*. São Paulo: Casa do Psicólogo.

Ferraz, F. C. (1997). Das neuroses atuais à psicossomática. In F. C. Ferraz & R. M. Volich (Orgs.) *Psicossoma I: psicossomática e psicanálise* (p. 25-40). São Paulo: Casa do Psicólogo.

Ferraz, F. C. (1998). O mal-estar no trabalho. In R. M Volich., F. C. Ferraz & M. A. A. C. Arantes (Orgs.). *Psicossoma II: psicossomática psicanalítica* (p. 193-206). São Paulo: Casa do Psicólogo.

Ferraz, F. C. (2002). *Normopatia: sobreadaptação e pseudonormalidade* (Coleção "Clínica Psicanalítica"). São Paulo: Casa do Psicólogo.

Ferraz, F. (2008). O primado do masculino em xeque. Interlocuções sobre o feminino. In S. L. Alonso, D. Breyton, H. M. F. M. Albuquerque (Orgs.). *Na clínica, na teoria, na cultura* (p. 57-71). São Paulo, Escuta.

Ferraz, F. C. (2011). As montagens perversas como defesa contra a psicose. In *Ensaios Psicanalíticos* (p. 121-132). São Paulo: Casa do Psicólogo.

Ferraz, F. C. & Volich, R. M. (Orgs.). (1997). *Psicossoma I: psicossomática e psicanálise*. São Paulo: Casa do Psicólogo.

Ferreira, A. B. H. (1999). *Novo dicionário da língua portuguesa*. Rio de Janeiro: Nova Fronteira.

Ferro, A. (2008*)."Tecnica e criatividade": o trabalho analítico*. Rio de Janeiro: Imago

Field, D. M., Hernandez-Reif, M., Schanberg, S., Kuhn, C., Yando, R., Bendell, D. (2003). Pregnancy anxiety and comorbid depression and anger: effects on the fetus and neonate. *Depress Anxiety*, New York, 17(3), 140-51.

Fontes, I. (1999). Psicanálise do sensível: a dimensão corporal da transferência. *Revista Latinoamericana de Psicopatologia Fundamental*, São Paulo, 2(1), 137-152.

Franco, M. M. (1997). Psicanálise e psicossoma: um mapeamento do campo em que se dão as articulações. In R. M Volich., F. C. Ferraz & M. A. A. C. Arantes (Orgs.). *Psicossoma II: psicossomática psicanalítica* (p. 75-84). São Paulo: Casa do Psicólogo.

Freire-Costa, J. (2004). *O vestígio e a aura*. Rio de Janeiro, Garamond.

Freud, S. (1897). Carta nº 61 a W. Fliess. In *Edição Standard Brasileira das Obras Psicológicas Completas de Sigmund Freud* (Vol. I). Rio de Janeiro: Imago, 1988.[2]

Freud, S. (1888-1889). Prefácio à tradução de *De la suggestion*, de Bernheim. In *Edição Standard Brasileira das Obras Psicológicas Completas de Sigmund Freud* (Vol. I). Rio de Janeiro: Imago, 1988.

Freud, S. (1891). *Sobre a concepção das afasias: um estudo crítico*. Belo Horizonte: Autêntica, 2013.

Freud, S. (1894). As neuropsiconeuroses de defesa. *Edição Standard Brasileira das Obras Psicológicas Completas de Sigmund Freud* (Vol. III). Rio de Janeiro: Imago, 1988.

Freud, S. (1895a). Sobre os fundamentos para destacar da neurastenia uma síndrome específica intitulada de "neurose de angústia". In *Edição Standard Brasileira das Obras Psicológicas Completas de Sigmund Freud* (Vol. III). Rio de Janeiro: Imago, 1988.

---

2   Ao longo do texto, para evitar notas excessivamente longas, a referência à *Edição Standard Brasileira das Obras Psicológicas Completas de Sigmund Freud* é abreviada como E.S.B. (Edição Standard Brasileira), seguida do número do volume da coleção.

Freud, S. (1895b). Projeto de uma psicologia científica. In *Edição Standard Brasileira das Obras Psicológicas Completas de Sigmund Freud* (Vol. I). Rio de Janeiro: Imago, 1988.

Freud, S. (1896a). Manuscritos H de 24 de novembro de 1895 e K de 1 de janeiro de 1896. *Edição Standard Brasileira das Obras Psicológicas Completas de Sigmund Freud* (Vol. I). Rio de Janeiro: Imago, 1988.

Freud, S. (1896b). Observações adicionais sobre as neuropsicoses de defesa. In *Edição Standard Brasileira das Obras Psicológicas Completas de Sigmund Freud* (Vol. III). Rio de Janeiro: Imago, 1988.

Freud, S. (1898). A sexualidade na etiologia das neuroses. In *Edição Standard Brasileira das Obras Psicológicas Completas de Sigmund Freud* (Vol. III). Rio de Janeiro: Imago, 1988.

Freud, S. (1899). Lembranças encobridoras. In *Edição Standard Brasileira das Obras Psicológicas Completas de Sigmund Freud* (Vol. III). Rio de Janeiro: Imago, 1988.

Freud, S. (1900). A interpretação dos sonhos. In *Edição Standard Brasileira das Obras Psicológicas Completas de Sigmund Freud* (Vols. IV e V). Rio de Janeiro: Imago, 1988.

Freud, S. (1901). Sobre a psicopatologia da vida cotidiana. In *Edição Standard Brasileira das Obras Psicológicas Completas de Sigmund Freud* (Vol. VI). Rio de Janeiro: Imago, 1988.

Freud, S. (1904). O método psicanalítico de Freud. In *Edição Standard Brasileira das Obras Psicológicas Completas de Sigmund Freud* (Vol. VII). Rio de Janeiro: Imago, 1988.

Freud, S. (1905). Três ensaios sobre a teoria da sexualidade. In *Edição Standard Brasileira das Obras Psicológicas Completas de Sigmund Freud* (Vol. VII). Rio de Janeiro: Imago, 1988.

Freud, S. (1908). Caráter e erotismo anal. In *Edição Standard Brasileira das Obras Psicológicas Completas de Sigmund Freud* (Vol. IX). Rio de Janeiro: Imago, 1988.

Freud, S. (1909a). Análise de uma fobia em um menino de cinco anos. In *Edição Standard Brasileira das Obras Psicológicas Completas de Sigmund Freud* (Vol. X). Rio de Janeiro: Imago, 1988.

Freud, S. (1910a). A concepção psicanalítica da perturbação psicogênica da visão. In *Edição Standard Brasileira das Obras Psicológicas Completas de Sigmund Freud* (Vol. XI). Rio de Janeiro: Imago, 1988.

Freud, S. (1910b). Leonardo da Vinci e uma lembrança de sua infância. In *Edição Standard Brasileira das Obras Psicológicas Completas de Sigmund Freud* (Vol. XI). Rio de Janeiro: Imago, 1988.

Freud, S. (1911a). Formulações sobre os dois princípios do funcionamento mental. In *Edição Standard Brasileira das Obras Psicológicas Completas de Sigmund Freud* (Vol. XII). Rio de Janeiro: Imago, 1988.

Freud, S. (1911b). Notas psicanalíticas sobre um relato autobiográfico de um caso de paranoia. In *Edição Standard Brasileira das Obras Psicológicas Completas de Sigmund Freud* (Vol. XII). Rio de Janeiro: Imago, 1988.

Freud, S. (1912a). A dinâmica da transferência. In *Edição Standard Brasileira das Obras Psicológicas Completas de Sigmund Freud* (Vol. XII). Rio de Janeiro: Imago, 1988.

Freud, S. (1912b). Recomendações aos médicos que exercem a psicanálise. In *Edição Standard Brasileira das Obras Psicológicas Completas de Sigmund Freud* (Vol. XII). Rio de Janeiro: Imago, 1988.

462　REFERÊNCIAS BIBLIOGRÁFICAS

Freud, S. (1913a). Totem e tabu. In *Edição Standard Brasileira das Obras Psicológicas Completas de Sigmund Freud* (Vol. XIII). Rio de Janeiro: Imago, 1988.

Freud, S. (1913b). Sobre o início do tratamento. In *Edição Standard Brasileira das Obras Psicológicas Completas de Sigmund Freud* (Vol. XII). Rio de Janeiro: Imago, 1988.

Freud, S. (1914a). Sobre o narcisismo: uma introdução. In *Edição Standard Brasileira das Obras Psicológicas Completas de Sigmund Freud* (Vol. XIV). Rio de Janeiro: Imago, 1988.

Freud, S. (1914b). Recordar, repetir e elaborar. In *Edição Standard Brasileira das Obras Psicológicas Completas de Sigmund Freud* (Vol. XII). Rio de Janeiro: Imago, 1988.

Freud, S. (1914c). Sobre a história do movimento psicanalítico. In *Edição Standard Brasileira das Obras Psicológicas Completas de Sigmund Freud* (Vol. XIV). Rio de Janeiro: Imago, 1988.

Freud, S. (1915a). O instinto e suas vicissitudes. In *Edição Standard Brasileira das Obras Psicológicas Completas de Sigmund Freud* (Vol. XIV). Rio de Janeiro: Imago, 1988.

Freud, S. (1915b). Repressão. In *Edição Standard Brasileira das Obras Psicológicas Completas de Sigmund Freud* (Vol. XIV). Rio de Janeiro: Imago, 1988.

Freud, S. (1915c). Inconsciente. In *Edição Standard Brasileira das Obras Psicológicas Completas de Sigmund Freud* (Vol. XIV). Rio de Janeiro: Imago, 1988.

Freud, S. (1916-1917a). Conferências introdutórias sobre a psicanálise I. In *Edição Standard Brasileira das Obras Psicológicas Completas de Sigmund Freud* (Vol. XV). Rio de Janeiro: Imago, 1988.

Freud, S. (1916-1917b). Conferências introdutórias sobre a psicanálise II. In *Edição Standard Brasileira das Obras Psicológicas*

Completas de Sigmund Freud (Vol. XVI). Rio de Janeiro: Imago, 1988.

Freud, S. (1917a). Luto e Melancolia. In *Edição Standard Brasileira das Obras Psicológicas Completas de Sigmund Freud* (Vol. XIV). Rio de Janeiro: Imago, 1988.

Freud, S. (1917b). Suplemento metapsicológico à teoria dos sonhos. In *Edição standard brasileira das obras psicológicas completas de Sigmund Freud* (Vol. XIV). Rio de Janeiro: Imago, 1988.

Freud, S. (1919a). Introdução à psicanálise das neuroses de guerra. In *Edição Standard Brasileira das Obras Psicológicas Completas de Sigmund Freud* (Vol. XVII). Rio de Janeiro: Imago, 1988.

Freud, S. (1919b). O Estranho. In *Edição Standard Brasileira das Obras Psicológicas Completas de Sigmund Freud* (Vol. XIX). Rio de Janeiro: Imago, 1988.

Freud, S. (1920). Além do princípio do prazer. In *Edição Standard Brasileira das Obras Psicológicas Completas de Sigmund Freud* (Vol. XVIII). Rio de Janeiro: Imago, 1988.

Freud, S. (1921). Psicologia de grupo e análise do ego. In *Edição Standard Brasileira das Obras Psicológicas Completas de Sigmund Freud* (Vol. XVIII). Rio de Janeiro: Imago, 1988.

Freud, S. (1923a). Dois verbetes de enciclopédia. In *Edição Standard Brasileira das Obras Psicológicas Completas de Sigmund Freud* (Vol. XVIII). Rio de Janeiro: Imago, 1988.

Freud, S. (1923b). O ego e o id. In *Edição Standard Brasileira das Obras Psicológicas Completas de Sigmund Freud* (Vol. XIX). Rio de Janeiro: Imago, 1988.

Freud, S. (1924a). A dissolução do complexo de Édipo. In *Edição Standard Brasileira das Obras Psicológicas Completas de Sigmund Freud* (Vol. XIX). Rio de Janeiro: Imago, 1988.

464 REFERÊNCIAS BIBLIOGRÁFICAS

Freud, S. (1924b). O problema econômico do masoquismo. In *Edição Standard Brasileira das Obras Psicológicas Completas de Sigmund Freud* (Vol. XIX). Rio de Janeiro: Imago, 1988.

Freud, S. (1925a). A negação. In *Edição Standard Brasileira das Obras Psicológicas Completas de Sigmund Freud* (Vol. XIX). Rio de Janeiro: Imago, 1988.

Freud, S. (1925b). Um estudo autobiográfico. In *Edição Standard Brasileira das Obras Psicológicas Completas de Sigmund Freud* (Vol. XX). Rio de Janeiro: Imago, 1988.

Freud, S. (1926). Inibições, sintoma e ansiedade. In *Edição Standard Brasileira das Obras Psicológicas Completas de Sigmund Freud* (Vol. XX). Rio de Janeiro: Imago, 1988.

Freud, S. (1926fr). Inhibition, symptôme et angoisse. In *Oeuvres completes - Psychanalyse* (Vol. XVII). Paris, P.U.F., 1992.

Freud, S. (1927b). Fetichismo. In *Edição Standard Brasileira das Obras Psicológicas Completas de Sigmund Freud,* (Vol. XXI). Rio de Janeiro: Imago, 1988.

Freud, S. (1930). Mal-estar na civilização. In *Edição Standard Brasileira das Obras Psicológicas Completas de Sigmund Freud* (Vol. XXI). Rio de Janeiro: Imago, 1988.

Freud, S. (1933). Novas Conferências Introdutórias sobre Psicanálise, Angústia e vida pulsional. In *Edição Standard Brasileira das Obras Psicológicas Completas de Sigmund Freud* (Vol. XXII). Rio de Janeiro: Imago, 1988.

Freud, S. (1937). Construções em análise. In *Edição Standard Brasileira das Obras Psicológicas Completas de Sigmund Freud* (Vol. XXIII). Rio de Janeiro: Imago, 1988.

Freud, S. (1938). Esboço de psicanálise. In *Edição Standard Brasileira das Obras Psicológicas Completas de Sigmund Freud* (Vol. XXIII). Rio de Janeiro: Imago, 1988.

Freud, S. (1939). Moisés e o monoteísmo. In *Edição Standard Brasileira das Obras Psicológicas Completas de Sigmund Freud* (Vol. XXIII). Rio de Janeiro: Imago, 1988.

Freud, S.; Abraham, K. (1907-1926). *Correspondance*. Paris: Gallimard, 1969.

Fuks, L. (2002). Diferentes momentos da evolução feminina. In S. L. Alonso, A. C. Gurfinkel & D. Breyton (Orgs). *Figuras clínicas do feminino no mal-estar contemporâneo* (p. 105-114). São Paulo: Escuta.

Gachelin, G. (1985). Vie relationnelle et immunité. In *Rencontres Psychanalytiques d'Aix en Provence - 4ème Rencontre: Corps et Histoire* (p. 45-98). Paris: Les Belles Lettres.

Gachelin, G. (1986). Émotions et immunité. *La Recherche*, Paris, 17(177), 662-666.

Ganhito, N. C. P. (2001). *Distúrbios do sono* (Coleção "Clínica Psicanalítica"). São Paulo: Casa do Psicólogo.

Garma, A. (1961). Les images inconscientes dans la genèse de l'ulcère peptique. *Revue Française de Psychanalyse*, Paris, 25, 843-852.

Gay, P. (1991). *Freud, uma vida para nosso tempo*. São Paulo: Companhia das Letras.

Gitau, R., Cameron, A., Fisk, N.M., Glover, V. (1998). Fetal exposure to maternal cortisol. *The Lancet*, Londres, 352(9129), 707-708.

Glover, V, O'Connor, T. G. (2002). Effects of antenatal stress and anxiety: Implications for development and psychiatry. *Br J Psychiatr*, Londres, 180, 389-391.

Golse, B. & Bydlowski, M. (2002). Da transparência psíquica à preocupação materna primária: uma via de objetalização. In L.

Corrêa Filho, M. H. Corrêa Girade & P. França (Orgs.). *Novos olhares sobre a gestação e a criança até 3 anos: saúde perinatal, educação e desenvolvimento do bebê* (p. 205-214). Brasília: L.G.E. Editora.

Golse, B. (2011). O Bebê nas interfaces: entre psicanálise e apego, entre neurociências e psicopatologia, entre prevenção e predição. In S. M. A. Zornig & R. O. Aragão (Orgs.). *Nascimento: antes e depois, cuidados em rede* (2a ed.) (p. 15-32). Curitiba: Honoris Causa.

Green, A. (1980a). *Narcisismo de vida, narcisismo de morte*. São Paulo: Escuta, 1988.

Green, A. (1980b). A mãe morta. In *Narcisismo de vida, narcisismo de morte* (p. 247-282). São Paulo: Escuta, 1988.

Green, A. (1982). La double limite. *Nouvelle Revue de Psychanalyse*, 25, 267-283.

Green A. (1986). Pulsion de mort, narcissisme négatif, fonction désobjectalisante. In A. Green et al. (Orgs.). *La Pulsion de mort* (p. 54-55). Paris, P.U.F.

Green, A. (1995). *La causalité psychique. Entre nature et culture*. Paris: Odile Jacob.

Green, A. (2000). Le cadre psychanalytique: son interiorisation chez l'analyste et son application dans la pratique. In *L'avenir d'une désillusion* (p. 11- 46). Paris: P.U.F.

Groddeck, G. (1920). Sobre a psicanálise do orgânico no ser humano. In *Estudos psicanalíticos sobre psicossomática* (p. 73-82). São Paulo: Perspectiva, 1992.

Groddeck, G. (1923). *O livro D´Isso*. São Paulo, Perspectiva, 1984.

Groddeck, G. (1923fr) *Le livre du ça*. Paris: Gallimard, 1973.

Grote, N, Bridge J, Gavin A, Melville J, Iyengar S, Katon W. (2010). A meta-analysis of depression during pregnancy and the risk of preterm birth, low birth weight, and intrauterine growth restriction. *Arch Gen Psychiatry*, Chicago, 67, 1012-24.

Guest, F. L, Martins-de-Souza, D., Rahmoune, H., Bahn S. & Guest, P. (2013). Os efeitos do estresse na função do eixo hipotalâmico-pituitário-adrenal em indivíduos com esquizofrenia. *Rev Psiq Clín.*, São Paulo, 40(1), 20-7.

Gurfinkel D. (1997). Regressão e psicossomática: nas bordas do sonhar. In F. C. Ferraz & R. M. Volich (Orgs.) *Psicossoma I: psicossomática e psicanálise* (p. 41-71). São Paulo: Casa do Psicólogo.

Gurfinkel, D. (1998). Psicanálise e psicossoma: notas a partir do pensamento de Winnicott. In R. M Volich., F. C. Ferraz & M. A. A. C. Arantes (Orgs.). *Psicossoma II: psicossomática psicanalítica* (p. 105-125). São Paulo: Casa do Psicólogo.

Gurfinkel, D. (2001). Psicanálise, regressão e psicossomática: nas bordas do sonhar. In D. Gurfinkel (Org.). *Do sonho ao trauma: psicossoma e adicções* (p. 167-196). São Paulo: Casa do Psicólogo.

Gurfinkel, D. (2003). Sono e sonho: dupla face do psicossoma. In R. M. Volich, F. C. Ferraz & W. Ranña (Orgs.). *Psicossoma III: interfaces da psicossomática* (p. 205-230). São Paulo: Casa do Psicólogo.

Gurfinkel, D. (2008). *Sonhar, dormir, psicanalisar: viagens ao informe*. São Paulo: Escuta.

Gurfinkel, D. (2008). Por uma psicanálise do gesto. In R. M. Volich, F. C. Ferraz & W. Ranña (Orgs.). *Psicossoma IV: Corpo, história, pensamento* (p. 127-137). São Paulo: Casa do Psicólogo.

Haggard, H. W. (1943). *El médico en la historia*. Buenos Aires: Sudamericana.

468   REFERÊNCIAS BIBLIOGRÁFICAS

Halliday, J. L. (1943). Concept of a psychosomatic affection. *The Lancet*, Londres, 242(6275), 692-696.

Haynal, A. & Pasini, W. (1984). *Médecine psychosomatique*. Paris: Masson.

Held, R. (1968). *De la psychanalyse à la médicine psychosomatique*. Paris: Payot.

Iaconelli, V. (2005). Depressão pós-parto, psicose pós-parto e tristeza materna. *Revista Pediatria Moderna*, São Paulo, 41(4), 1-6.

Iaconelli, V. (2016). *Mal-estar na maternidade: do infanticídio à função materna*. São Paulo, Anablume.

Jacob, W. (2014). Fatores determinantes do envelhecimento saudável. In R. M. Volich, W. Ranña & P. Labaki (Orgs.) *Psicossoma V: Integração, desintegração e limites* (p. 271-283). São Paulo: Casa do Psicólogo.

Jaspers, K. (1985). *Psicopatologia geral* (v. 1). Rio de Janeiro: Atheneu.

Jeammet, P. H. (1998). Le perçu, l'agi e la représentation dans le processus psychanalytique. In J. Schaeffer & G. Diatkine (Eds.). *Psychothérapies psychanalytiques* (p. 29-48). Paris : P.U.F.

Jones, E. (1953). *Life and work of Sigmund Freud*. London: Penguin, 1977.

Jouvet, M. (1992). *Le sommeil et le rêve*. Paris: Odile Jacob.

Kamieniecki, H. (1994). *Histoire de la psychosomatique*. Paris: P.U.F.

Klein, M. (1933). O desenvolvimento inicial da consciência a criança. In *Contribuições à Psicanálise* (p. 335-348). Rio de Janeiro: Mestre Jou. 1981.

Klein, M. (1935). Uma contribuição à psicogênese dos estados maníaco-depressivos In: *Amor, Culpa e Reparação e outros trabalhos* (1921-1945) (p. 301-329). Rio de Janeiro, RJ: Imago, 1996.

Klein, M. (1948). Sobre a Teoria da Ansiedade e da Culpa. In *Inveja e Gratidão e Outros Trabalhos* (1946- 1963) (p. 44-163). Rio de Janeiro: Imago, 1991.

Kreisler, L., Fain, M. & Soulé, M. (1974). *A criança e seu corpo*. Rio de Janeiro: Zahar. 1981.

Kreisler, L. (1976). *La psychosomatique de l'enfant*. Paris: P.U.F.

Kreisler, L. (1992). *A nova criança da desordem psicossomática*. São Paulo: Casa do Psicólogo. 1999.

Kronfol Z., Silva J., Greden J., Dembinski S., Gardner, R. & Carroll, B. (1983). Impaired lymphocyte function in depressive illness. *Life Sci.*, San Francisco, 33, 241-247.

Labaki, M. E. P. (2001). *Morte* (Coleção "Clínica Psicanalítica"). São Paulo: Casa do Psicólogo.

Lacan, J. (1949). O estádio do espelho com formador da função do Eu. In *Escritos* (p. 96-102). RJ: Jorge Zahar, 1998,

Laplanche, J. (1970). *Vie et mort en psychanalyse*. Paris: Flammarion.

Laplanche, J. & Pontalis, J.-B. (1977). *Vocabulário da psicanálise*. Lisboa: Moraes.

Laplanche, J. (1988). *Teoria da sedução generalizada e outros ensaios*. Porto Alegre: Artes Médicas.

Laplanche, J. (2007). *Sexual: la sexualité élargie au sens freudien*. Paris: P.U.F.

Leboyer F. (1986). *Shantala uma arte tradicional massagem para bebês*. São Paulo: Ground.

Leclaire S. (1979). *O corpo erógeno*. Rio de Janeiro: Chaim S. Katz.

Lévi-Strauss, C. (1975). *Antropologia estrutural*. Rio de Janeiro: Tempo Brasileiro.

470   REFERÊNCIAS BIBLIOGRÁFICAS

Lima, A. A. S. (1997). Devir e acontecimento. In F. C. Ferraz & R. M. Volich (Orgs.) *Psicossoma I: psicossomática e psicanálise* (p. 75-86). São Paulo: Casa do Psicólogo.

Locke, S. E. & Gorman, J. R. (1989). Behavior and immunity. In H. I. Kaplan & B. J. Sadock (Eds.). *The comprehensive textbook of psychiatry* (p. 111-125). Baltimore: William & Wilkins.

Maddox, J. (1984). Psychoimmunology before its time. *Nature*, 309, 400.

Maiello, S. (1991) L'objet sonore – Hypothèse d'une mémoire auditive prénatale. *Journal de la psychanalyse de l'enfant*, v. 20, p. 40-66.

Maiello, S. (2010) À l'aube de la vie psychique. Réflexions autour de l'objet sonore et de la dimension spatio-temporelle de la vie prénatale. *Réminiscences*, pp. 103 -116.

Martins, M. A. (1998). Reflexões sobre a formação do médico. In R. M Volich., F. C. Ferraz & M. A. A. C. Arantes (Orgs.). *Psicossoma II: psicossomática psicanalítica* (p. 239-246). São Paulo: Casa do Psicólogo.

Marty, P. (1952). Les difficultés narcissiques de l'observateur devant le problème psychosomatique. *Revue Française Psychanalyse*, Paris, 16(3), 147-164.

Marty, P. & Fain, M. (1957). La relation objectale allergique. *Revue Française de Psychanalyse*, Paris, 22(1), 5-29.

Marty, P. (1968). La dépression essentielle. *Revue Française Psychanalyse*, Paris, 32(3), 595-598.

Marty, P. (1976). *Les mouvements individuels de vie et de mort*. Paris: Payot.

Marty, P. (1980). *L'ordre psychosomatique. Les mouvements individuels de vie et de mort 2. Désorganisations e régressions*. Paris: Payot.

Marty, P. (1985). Essai de classification psychosomatique de quelques malades somatiques graves. *Psychiatrie Française*, Paris, 753-762.

Marty, P. (1990a). Psychosomatique et psychanalyse. *Revue Française de Psychanalyse*, Paris, 3, 615-624.

Marty, P. (1990b). *A psicossomática do adulto*. Porto Alegre: Artes Médicas. 1994.

Marty, P. (1998). *Mentalização e psicossomática*. São Paulo: Casa do Psicólogo.

Marty, P. – I.P.S.O. (1987). *Grille pour la classification psychosomatique*. Miméo. Paris, Institut de Psychosomatique Pierre Marty.

Marty, P. & Fain, M. (1955). L'importance du rôle de la motricité dans la relation d'objet. *Revue Française de Psychanalyse*, Paris, 19, 205-232.

Marty, P. & De M'Uzan, M. (1963). La pensée opératoire. *Revue Française de Psychanalyse*, Paris, 27, 345-356.

Marty, P., De M'Uzan, M. & David, C. (1963). *L'investigation psychosomatique*. Paris: P.U.F.

Marty, P. & Nicolaïdis, N. (1996). *Psychosomatique, pensée vivante*. Bordeaux-Le-Buscat: L´Esprit du Temps.

Masson, J. M. (Ed.) (1986). *A correspondência completa de Sigmund Freud para Wilhelm Fliess* (1887-1904). Rio de Janeiro: Imago.

Mattar, M. J. G. & Penteado, A. F. C. (1997). Assistência hospitalar e ambulatorial ao recém-nascido: relato de uma experiência. In F. C. Ferraz & R. M. Volich (Orgs.) *Psicossoma I: psicossomática e psicanálise* (p. 163-169). São Paulo: Casa do Psicólogo.

McDougall, J. (1974). The psychosoma and the psychoanalytic process. *International Review of Psychoanalysis*, Londres, 1, 437-459.

McDougall, J. (1981). Corps et métaphore. *Nouvelle Revue de Psychanalyse,* 23, 57-81.

McDougall, J. (1982) *Teatros do eu: ilusão e verdade no palco psicanalítico.* Rio de Janeiro: Francisco Alves. 1992.

McDougall, J. (1984). The "dis-affected" patient: reflections on affect pathology. *Psychoanalytic Quarterly,* Nova York, 53, 386-409.

McLean, P. D. (1949). Psychosomatic disease and the "visceral brain". *Psychosomatic Medicine,* Nova York, 2, 338-353.

McLean, P. D. (1970). The triune brain: emotion and scientific bias. In *The Neurosciences. Second Study Program* (p. 336–349). Nova York: Rockefeller University Press.

Meltzer, D. (1984). *Dream-life: a re-examination of the psycho--analytical theory and technique.* London: Clunie Press.

Mesmer, F. A. (1779). Memória sobre a descoberta do magnetismo animal. In P. H. Figueiredo, *Mesmer, a ciência negada e os textos escolhidos.* Bragança Paulista: Lachâtre, 2005.

Misiak, H. (1961). *The philosophical roots of scientific psychology.* New York: Fordham University Press.

Missonnier, S. (2006). Parentalité prénatale, incertitude et anticipation. *Adolescence,* Londres, 5, 207-224.

Missonnier, S. (2007a). Le premier chapitre de la vie? Nidification fœtale et nidation parentale. *La psychiatrie de l'enfant,* Paris, 50(1), 61-80.

Missonnier, S. (2007b). Entre extrême incertitude et extrême onction: le diagnistic foetal. *Champ psychosomatique,* Paris, 45, 71-84.

Montagu, A. (1986). *Tocar.* São Paulo: Summus.

Moore, K. L., Persaud T. V. N. & Torchia, M. G. (2013). *Embriologia Básica* (8a ed.). Rio de Janeiro: Elsevier.

Mussen, P. H., Conger, J. J. & Kagan, J. (1974). *Child development and personality*. New York: Harper.

Nemiah, J. C. (1978). Alexithymia and psychosomatic illness. *JCE Psychiatry*, Arlington, 39, 25-37.

Nemiah, J. & Sifneos, P. (1970). Affect and fantasy in patients with psychosomatic disorders. In O. Hill (Ed.) *Modern trends in psychosomatic medicine* (p. 26–34). Londres: Buttenworths.

Nunes, M., Camey S., Ferri, C. et al. (2010). Violence during pregnancy and newborn outcomes: A cohort study in a disadvantaged population in Brazil. *European Journal of Public Health*, Estocolmo, 21, 92-7.

Pereira, L. V. & Sousa F. A. E. F. (1998). Mensuração e avaliação da dor pós-operatória: uma breve revisão. *Revista Latino-Americana de Enfermagem*, Ribeirão Preto, 6, 3, 77-84.

Pettingale, K. W. (1984). Coping and cancer prognosis. *Journal of Psychosomatic Research*, Nova York, 28, 363-364.

Pettingale, K. W., Greer, S., Tee, D. E. (1977). Serum IgA and emotional expression in breast cancer patients. *Journal of Psychosomatic Research*, Nova York, 21, 395-399.

Piontelli, A. (1992). *De feto à criança: Um estudo observacional e psicanalítico*. Imago: Rio de Janeiro. 1995.

Quayle, J. & Bunduki, V. (1997). Estados comportamentais do feto e psiquismo pré e perinatal. In M. Zugaib, D. Pedreira, M. L. Brizot & V. Bunduki. *Medicina Fetal* (p. 633-641). São Paulo: Atheneu.

Ranña, W. (1997). Psicossomática e o infantil: uma abordagem através da pulsão e da relação objetal. In F. C. Ferraz & R. M. Volich (Orgs.) *Psicossoma I: psicossomática e psicanálise* (p. 103-127). São Paulo: Casa do Psicólogo.

474   REFERÊNCIAS BIBLIOGRÁFICAS

Ranña, W. (1998). Pediatria e psicanálise. In R. M Volich., F. C. Ferraz & M. A. A. C. Arantes (Orgs.). *Psicossoma II: psicossomática psicanalítica* (p. 143-160). São Paulo: Casa do Psicólogo.

Ranña, W. (2002). Distúrbios funcionais da criança na clínica pediátrica. In E. Marcondes (Org.) *Pediatria básica* (p. 812-820). São Paulo: Servier.

Ranña, W. (2003). A criança e o adolescente: seu corpo, sua história e os eixos da constituição subjetiva. In R. M. Volich, F. C. Ferraz & W. Ranña (Orgs.). *Psicossoma III: interfaces da psicossomática* (p. 43-54). São Paulo: Casa do Psicólogo.

Ranña, W. (2014). Desafios à integração psicossomática na infância e a clínica da constituição da subjetividade: a privação, o excesso e a exclusão. In R. M. Volich, W. Ranña & P. Labaki (Orgs.) *Psicossoma V: Integração, desintegração e limites* (p. 169-185). São Paulo: Casa do Psicólogo.

Reich, W. (1933). *Análisis del carácter.* Buenos Aires: Paidós, 1978.

Reich, W. (1940). *A função do orgasmo.* São Paulo: Brasiliense, 1975.

Riley, V. (1981). Psychoneuroendochrine influences on immunocompetence and neoplasia. *Science*, Washington, 212, 1100-1109.

Rocha, F. (1998). Sobre impasses e mistérios do corpo na clínica psicanalítica. In R. M Volich., F. C. Ferraz & M. A. A. C. Arantes (Orgs.). *Psicossoma II: psicossomática psicanalítica* (p. 85-104). São Paulo: Casa do Psicólogo.

Rosenberg, B. (1991). *Masochisme mortifère, masochisme gardien de la vie.* Paris: P.U.F.

Rosenblat, S., Oreskes, I., Meadow, H., Spiers, H. (1968). The relationship between antigammaglobulin activity and depression. *American Journal of Psychiatry*, Washington, 124,1640-1644.

Rosenfeld, H. (1952). As manifestações transferenciais e a análise da transferência de um paciente esquizofrênico catatônico em fase aguda. In H. Rosenfeld. *Os estados psicóticos* (p. 121-134). Rio de Janeiro: Zahar. 1968.

Rothstein, W. (1997). Aids: o mal... está na civilização? In F. C. Ferraz & R. M. Volich (Orgs.) *Psicossoma I: psicossomática e psicanálise* (p. 211-234). São Paulo: Casa do Psicólogo.

Roudinesco, E. (1986). *Histoire de la psychanalyse en France* (v. 1). Paris: Seuil.

Ruesch, J. (1948). The infantile personality. *Psychosomatic Medicine*, Nova York, 10, 134-144.

Sami-Ali, M. (1984). *Corps réel, corps imaginaire*. Paris: Dunod.

Sami-Ali, M. (1995). *Pensar o somático: imaginário e patologia*. São Paulo: Casa do Psicólogo.

Schilder, P. (1923). *A imagem do corpo*. São Paulo: Martins Fontes. 1981.

Schleifer S. J. Keller, S. E. Camerino M e Cols. (1983). Suppression of lymphocyte stimulation following bereavement. JAMA. 1983;250(3):374-377.

Schleifer, S. J., Keller, S. E., Meyerson, A.T., Raskin, M. J., Davis, R. L. & Stein, M. (1984). Lymphocyte function in major depressive disorder. *Archives of General Psychiatry*, Chicago, 41, 484-486.

Schleifer, S. J., Keller, S. E., Siris, S. G., Davis, K. L. & Stein, M. (1985). Depression and immunity lymphocyte function in ambulatory depressed patients, hospitalized schizophrenic patients, and patients hospitalized for herniorraphy. *Archives of General Psychiatry*, Chicago, 42, 129-133.

Selye, H. (1946). The general adaptation syndrome and the disease of adaptation. *Journal of Clinical Endocrinology*, Springfield, 6, 117.

Sigal, A. M. (2002). Algo mais que um brilho fálico: considerações acerca da inveja do pênis. In S. L. Alonso, A. C. Gurfinkel & D. Breyton (Orgs). *Figuras clínicas do feminino no mal-estar contemporâneo* (p. 155-169). São Paulo: Escuta.

Sifneos, E. (1973). The prevalence of "alexythymic" characteristics in psychosomatics patients. *Psychotherapy and Psychosomatics*, Basel, 22, 255-263.

Sifneos, E. (1974). A reconsideration of psychodynamic mechanisms in psychosomatic symptom formation in view of recent clinical observations. *Psychother Psychosom.*, Basel, 24, 151-155.

Smadja, C. (1990). La notion de mentalisation et l'opposition névroses actuelles/névroses de défense. *Revue Française de Psychanalyse*, Paris, 54(3), 787.

Smadja, C. (1993). A propos des procédés autocalmants du moi. *Revue Française de Psychanalyse*, Paris, 4, 9-26.

Smadja, C. (1997). Angoisse et psychosomatique. In N. Amar, A. Le Guen & A. Oppenheimer. *Angoisses: pluralité d'approches* (p. 91-104). Paris: P.U.F.

Smadja, C. (2017). Le travail de somatisation. In F. Nayrou (Org.). *La psychosomatique* (p. 47-68). Paris: Presses Universitaires de France.

Smith Jr., G. R. (1983). Alexithymia in medical patients referred to a consultation/liason service. *American Journal of Psychiatry*, Washington, 140, 99-101.

De Souza P. C. L. Nota do tradutor de S. Freud (1923) O Eu e o Id. In Sigmund Freud. Obras Completas volume 16. São Paulo: Companhia das Letras.

Spitz, R. (1963). *O primeiro ano de vida*. São Paulo: Martins Fontes. 1993.

Stern, D. (1997). *A constelação da maternidade*. Porto Alegre: Artes Médicas.

Szwec, G. (1983). Les procédés autocalmants par la recherche de l'excitation. Les galériens volontaires. *Revue Française de Psychosomatique*, Paris, 4, 27-52.

Uchitel, M. (2000). *Neurose traumática: uma revisão crítica do conceito de trauma* (Coleção "Clínica Psicanalítica"). São Paulo: Casa do Psicólogo.

Tabacof, D. (2021). *Clínica da excitação. Psicossomática e traumatismo*. São Paulo: Blucher.

Teperman, D., Garrafa, T. & Iaconelli, V. (Orgs.) (2021). *Parentalidade & Psicanálise* (5 volumes - Parentalidade, Laço, Gênero, Corpo e Tempo). Belo Horizonte: Autêntica.

Thalenberg, J. M. (1997). Aspectos psicossomáticos da hipertensão arterial essencial. In F. C. Ferraz & R. M. Volich (Orgs.) *Psicossoma I: psicossomática e psicanálise* (p. 199-209). São Paulo: Casa do Psicólogo.

Vieira, W. C. (1998). Procedimentos calmantes e autocalmantes. In R. M Volich., F. C. Ferraz & M. A. A. C. Arantes (Orgs.). *Psicossoma II: psicossomática psicanalítica* (p. 59-71). São Paulo: Casa do Psicólogo.

Veldman, F. (2001). Philosophy behind science. Confirming affectivity, the dawn of human life: the pre-, peri- and postnatal affective-confirming. Haptonomic accompaniment of parents and their child. *Neuro Endocrinol Lett*, 22(4), 295-304.

Volich, R. M. (1985). Do poder da cura à cura do poder. In *Tempos de encontro. Escrita, escuta, psicanálise* (p. 389-401). São Paulo: Blucher. 2021.

Volich, R. M. (1995). O eclipse do seio na teoria freudiana – A recusa do feminino. *Percurso*, Maringa, 15.

Volich, R. M. (1995). Entre uma angústia e outra. *Boletim de Novidades Pulsional*, 80, 37-45.

Volich, R. M. (1997a). A técnica por um fio...: reflexões sobre a terapêutica psicossomática. In F. C. Ferraz & R. M. Volich (Orgs.) *Psicossoma I: psicossomática e psicanálise* (p. 87-101). São Paulo: Casa do Psicólogo.

Volich, R. M. (1998a). Câncer de mama, entrelinhas, entranhas: perspectivas psicanalíticas. *Boletim de Novidades Pulsional*, 107, 16-24.

Volich, R. M. (1998b). Gene real, gene imaginário: uma perspectiva fantas(má)tica da hereditariedade. *Revista Latinoamericana de Psicopatologia Fundamental*, São Paulo 1(2), 137-152.

Volich, R. M. (1998c). Uma voz no fim do túnel: reflexões sobre a formação em psicossomática. In R. M Volich., F. C. Ferraz & M. A. A. C. Arantes (Orgs.). *Psicossoma II: psicossomática psicanalítica* (p. 253-265). São Paulo: Casa do Psicólogo.

Volich, R. M. (1999a). De uma dor que não pode ser duas In M. T. Berlinck (Org.). *Dor* (p. 35-60), São Paulo, Escuta.

Volich, R. M. (1999b). Ser outro: ampliando a compreensão da relação terapêutica. *Revista da Associação Brasileira de Medicina Psicossomática*, Rio de Janeiro, 3, 89-94.

Volich, R. M. (1999d). O psicanalista em busca de sua alma. Reflexões sobre a "especialidade" do analista. In *Tempos de encontro. Escrita, escuta, psicanálise* (p. 403-434). São Paulo: Blucher. 2021

Volich, R. M. (2000). Paixões de transferência. *Revista Latinoamericana de Psicopatologia Fundamental*, São Paulo, 3(1), p. 143-157.

Volich, R. M. (2001). Os dilemas da formação do médico. Os tutores na residência de Clínica Médica da FMUSP. In *Tempos de encontro. Escrita, escuta, psicanálise* (p. 435-450). São Paulo: Blucher. 2021).

Volich, R. M. (2002). *Hipocondria: impasses da alma, desafios do corpo* (Coleção "Clínica Psicanalítica"). São Paulo: Casa do Psicólogo. [3a ed. Blucher, no prelo].

Volich, R. M. (2003). O eu e o outro: esboço de uma semiologia psicossomática da angústia. In R. M. Volich, F. C. Ferraz & W. Ranña (Orgs.). *Psicossoma III: interfaces da psicossomática* (p. 309-323). São Paulo: Casa do Psicólogo, p. 309-323.

Volich, R. M. (2004/2022). O cuidar e o sonhar: Por uma outra visão da ação terapêutica e do ato educativo. In *Tempos de encontro. Escrita, escuta, psicanálise* (p. 455-482). São Paulo: Blucher. 2021,.

Volich, R. M. (2005). A clínica dos farrapos - Por uma clínica psicanalítica das desorganizações. *Percurso*, Maringa, 34, 85-98.

Volich, R. M. (2008). Morrer de amor - os ideais e as desorganizações psicossomáticas. In R. M. Volich, F. C. Ferraz & W. Ranña (Orgs.). *Psicossoma IV: Corpo, história, pensamento* (p. 221-234). São Paulo: Casa do Psicólogo.

Volich, R. M. (2009). O corpo, entre a organização e o caos - Uma perspectiva psicossomática do envelhecer. In Da Costa Lopes R. G., Goldfarb D. C., e Da Côrte Pereira B. P. *Psicogerontologia: fundamentos e práticas*. Curitiba, Juruá.

Volich R. M. (2013). Mitologias: perspectivas clínicas dos movimentos de integração e desintegração. *Jornal de Psicanálise*, 46(85), 141-157.

Volich, R. M. (2015). A clínica da supervisão, da desorganização à autonomia. In A. M. Soares, C. R. Rua, R. M. Volich & M. E. P. Labaki (Orgs.). *Psicanálise e Psicossomática. Casos clínicos, construções* (p. 281-303). São Paulo: Escuta.

Volich, R. M. (2016a). Nomear, subverter, organizar. O corpo na clínica psicanalítica. *Revista Brasileira de Psicanálise*, 50(2), 47-64.

Volich, R. M. (2016b). O campo transferencial como recurso terapêutico: uma perspectiva psicossomática psicanalítica. In M. Kamers, H. Marcon & M. L. Tourinho Moretto (Orgs.). *Desafios atuais das práticas em hospitais e nas instituições de saúde* (p. 89-111). São Paulo: Escuta.

Volich, R. M. (2021). *Tempos de encontro. Escrita, escuta, psicanálise*. São Paulo: Blucher.

Volich R. M. (2022). Corações inquietos: Freud, Fliess e as neuroses atuais. In P. Ritter & F. C. Ferraz (Orgs.). *O grão de areia no centro da pérola: Sobre as neuroses atuais* (p. XX-XX). São Paulo: Blucher. Série Psicanálise Contemporânea. .

Volich, R. M., Ferraz, F. C. & Arantes, M. A. A. C. (Orgs.). (1998). *Psicossoma II: psicossomática psicanalítica*. São Paulo: Casa do Psicólogo.

Volich, R. M., Ferraz, F. C. & Ranña, W. (orgs.) (2003). *Psicossoma III: interfaces da psicossomática*. São Paulo: Casa do Psicólogo.

Volich, R. M., Ferraz, F. C. & Ranña, W. (Orgs.) (2008). *Psicossoma IV: Corpo, história, pensamento*. São Paulo: Casa do Psicólogo.

Wagner, C. M. (1996). *Freud e Reich: continuidade ou ruptura?* São Paulo: Summus.

Weiner, H. (1982). Contributions of psychoanalysis to psychosomatic medicine. *Journal of the American Academy of Psychoanalysis*, Nova York, 10, 27-46.

Westphal, K. (1914). Untersuchungen zur Frage der nervosen Entstehung peptischer Ulcera. *Deutsches Arch. klin. Med.*, Leipzig, 114, 327.

Wilheim, J. (2002). *O que é psicologia pré-natal?* São Paulo: Casa do Psicólogo.

Winnicott, D. W. (1949). A mente e sua relação com o psique-soma. In *Textos selecionados: da pediatria à psicanálise* (p. 409-425). Rio de Janeiro: Francisco Alves, 1982.

Winnicott D. W. (1951). Objetos transicionais e fenômenos transicionais. In *Textos selecionados: da pediatria à psicanálise* (p. 389-408). Rio de Janeiro: Francisco Alves, 1982,

Winnicott D. W. (1956). A preocupação materna primária. In *Da pediatria à psicanálise: obras escolhidas* (p. 399-405). Rio de Janeiro: Imago, 2000.

Winnicott D. W. (1958). A capacidade para estar só. In *O ambiente e os processos de maturação: estudos sobre a teoria do desenvolvimento emocional* (p. 31-37). Porto Alegre: Artes Médicas. 1990.

Winnicott, D. W. (1965). *O ambiente e os processos de maturação. Estudos sobre a teoria do desenvolvimento emocional.* Porto Alegre, Artes Médicas, 1983.

Winnicott, D. W. (1968). O uso de um objeto e relacionamento através de identificações. In *O brincar e a realidade* (p. 120-131). Rio de Janeiro: Imago. 1975.

Winnicott, D. W. (1971). O brincar: uma exposição teórica. In *O brincar e a realidade* (p. 59-77). Rio de Janeiro: Imago, 1975.

Wolff, H. G. (1950). *Life stress and bodily disease.* Baltimore: Williams and Wilkins.

Ziwar, M. (1949). Psychanalyse des principaux syndromes psychosomatiques. *Revue Française de Psychanalyse*, Paris, 13(4), 507.

Zornig, S. M. A. J. (2010). Tornar-se pai, tornar-se mãe: o processo de construção da parentalidade. *Tempo psicanal.*, Rio de Janeiro, 42(2), 453-470.

Zornig, S. M. A. & Aragão, R. O. (Orgs.) (2011). *Nascimento*: *antes e depois*, cuidados em rede (2a ed.). Curitiba: Honoris Causa.

Zweig, S. (1927). *Destruction d´um coeur.*. Paris, Belfond-Le livre de Poche, 1983.

Zweig, S. (s/d). *A cura pelo espírito*. Rio de Janeiro: Guanabara.

Zweig, S. (1991). *Amok ou le fou de Malais. Roman et nouvelles I.* Paris: Le Livre de Poche.

Índice remissivo

Ação específica 198

Adoecer

contexto relacional 373

Adoecimento

Groddeck 115

Hipócrates 39

mentalização e riscos somáticos 276

Afeto

desprazer 85

ligação com representação 86, 87

recalcamento 88

neuroses atuais 91

Agressividade

angústia 338

cronicidade simpática 130

eixo metafórico 225

Reich 124

riscos de acidente 130

Alexitimia 240

Alucinação primitiva 199

sonho 200

Ambiente

intrauterino 166

suficientemente bom 178

pré-natal 158

Ambivalência

materna 188

na gravidez 164

Anamnese associativa 125

Anatomia

imaginária 78

primeiras concepções 47

Angústia(s) 337, 345

arcaicas, automáticas 241, 354

contratransferência 374

de castração 205, 338, 350

de separação 186

descarga somática 92

diante do estranho 185

difusa 92

fonte da 12

Reich 122

semiologia 348, 353

sinal de alarme 270, 384

trauma do nascimento 157

Anorexia

neonatal 169

precoce 213, 218

Antecipação (S. Missonier) 160

Antitraumático (recurso) 347

Aparelho psíquico 87, 95

descarga, ligação 86, 88

Apoio (pulsional) 84, 193

Aquém do narcisismo 311, 344

"Arte da conversação" (M. Aisenstein) 415

Asma infantil 222

angústia diante do estranho 226

Associação livre 400, 426

Atenção flutuante 400

Atitudes maternas e adoecimento (Spitz) 207

Autoerotismo 212, 294, 299

Brincar

transcendência corporal 194

Capacidade de estar só 190

Características atuais maiores 264

Caráter (Reich) 123

Cavidade primária 184

Censura do amante 187, 190

Cérebro triuno 135

Cérebro visceral 135

Cirurgiões

Grécia Antiga 41

Classificação psicossomática 263

Clínica das desorganizações psicossomáticas 397, 410, 445

Clínica do transbordamento 319

Clínica psicanalítica

limites 394

paradoxos 431

Clivagem

psicose 89

Cólicas dos primeiros meses 216

Complexificação

economia psicossomática 154

Complexo de castração 188

Complexo de Édipo 188, 250

Comportamento vazio 208, 438

Compulsão à repetição 104, 338

Concepção

parentalidade 158

Conflito 82

Conjunção explosiva 279

Consciente 86, 87, 88

Constelação psicodinâmica específica 128

Constituição do objeto 181

Constituição do objeto, estágios 181, 183

Construção

do não representado 445

Continência 382

dificuldades 437

Continuidade funcional

psíquico e somático 432

Contratransferência 374

dificuldades relacionais 407

como paraexcitações 419

funcionamentos primitivos 396

Conversão

histeria 88, 91

Corpo

biológico e erógeno 192, 193, 195

imaginário 195, 196

psiquismo 429

sonho 429

na teoria freudiana 428

"Corpo à corpo à distância" 416

Couraça do caráter (Reich) 123

Cripta (Abraham & Torok) 404

Cuidar 177

Defesas psíquicas 152, 234

Demanda do paciente

dificuldades, ausência 409

Dependência fisiológica 157

Depressão

anaclítica 245

branca 208, 219

e imunidade 136

essencial 238, 308, 438

puerperal 168

Derivação psíquica 92

Desafetados (pacientes) 239

Desamparo 197, 249, 279, 288, 330

Descargas comportamentais 204, 234, 270, 313, 431, 438

Desenvolvimento fetal 162, 167, 170

e violência 168

Desenvolvimento humano 95

quadro ilustrativo 155

visão histórica 32

Desenvolvimento infantil

economia psicossomática 176

Desintegração

economia psicossomática 152

Deslocamento

neuroses obsessivas e fobias 88

Desmentido (Ferenczi) 403

Desorganizações psicossomáticas

dificuldades clínicas 401

Desprazer 85

fonte 88

Dificuldades narcísicas (observador) 306

Dinâmico (metapsicologia) 96

Doença

F. Alexander 127

Isso, Groddeck 117

J. McDougall 152

Doenças "de crises" 276

Doenças essenciais 132

Doenças evolutivas 277

Doenças, sintomas funcionais 132, 215, 287

Dor 325, 337

sinal 359

trabalho 359

Dualismo 64, 65

   principais correntes 66

Economia psicossomática

   evolução intrauterina 171

   organização e desorganização 242

   oscilações 104

   pré e perinatalidade 157

   pré-consciente 86

   pré-natal 165

   primeiras organizações 192

   sexualidade 84

Econômico (metapsicologia) 96

Ego (Eu) 187

   ego corporal 430

Ego ideal 247, 310

Emoções

   e imunidade 142

   sistemas vegetativo e nervoso central 125

Encontro terapêutico 398

   dificuldades 407

Encoprese 220

Enquadre clínico (*setting*)

   caracterísitcas 398

   continência 403, 443

   iatrogenia 402

   manejo 412

   mudanças, superações 396, 432

Enurese 220

Epigenética 141, 170, 193

Equilíbrio psicossomático 26, 191, 313

Equipamento de base

   do recém-nascido 175

Era moderna (concepções médicas) 54

Eros (v. pulsão de vida) 105

Escravos da quantidade 344

Escuta do corpo 441

Espaço intermediário, potencial 385, 411

Espasmo do soluço 218

Especializações médicas

   F. Alexander 127

Especificidade funcional

   Wolff, adoecimento 135

Especificidade psicodinâmica 126

Estadio do espelho 247, 295

Estranho familiar (*Unheimlich*)

   na gestação 164, 165

Estresse 135

   imunidade 138

   pré-natal 168

Estruturas fundamentais 264

Ética terapêutica 375

Eu célula 140

Eu-pele 172

Evolução

   economia psicossomática 152, 175

Excitação

   relação prazer/desprazer 104

Experiência

   alucinatória 199

   de satisfação 198

Fantasia
 funções, origens 197
 ligação de excitações, psiquismo 200
 organização economia
 psicossomática 202
Fecundação
 sentimentos, fantasias 164
Filogênese 152
Fixação-regressão 316
Fixações orgânicas (P. Marty) 166
Fobias 88
Fonte somática da representação 150
Forclusão do corpo erógeno 196
Formação de compromisso 83, 90, 91
Fragmentação funcional 310
Função continente 158
 Bion e Anzieu 162
Função materna 177, 184
 função interpretativa 416
 função terapêutica 378, 413
Função paterna 187, 189
Função sensorial
 sistema imunológico 141
Função terapêutica 371
 decepção 380
 holding 414
 relatos clínicos 367, 386, 423
 subjetivação 417
 simbolização 417
 tolerância à frustração 414
Funcionamento neurovegetativo
 F. Alexander 126

Funções parassimpáticas
 expressões psicossomáticas 130
Funções pré-natais 163
Funções simpáticas
 expressões psicossomáticas 130
Fusão
 amor e destrutividade 106

Gerência materna 179
Gestação
 desenvolvimento 153
 vivências do feto 157
Gravidez imaginária 159
Haptonomia 172
Hierarquização funcional
 função materna 184
Hipnotismo 69, 71, 72
Hipocondria 93, 102, 193, 292
Histeria 89
Holding 162
Hospitalismo 179

Idade Média
 concepções médicas 43
Identificações corporais do bebê 181
Imagem corporal (P. Schilder) 112
Imunológico (sistema) 140
Inconsciente 86
 Groddeck e Freud 119
Inorganizações 220, 311
Insônia 211

488   ÍNDICE REMISSIVO

Instinto 95

Heinroth 58

P. Marty 253

Instituto de Psicossomática de Paris (IPSO) 148

Integração

economia psicossomática 152

Interpretação

angústia contratransferencial 374

funcionamentos primitivos 415

Intersubjetividade 161

Intricação pulsional 303, 434

Isso (Id)

Groddeck, Freud 119

manifestações, Groddeck 115

Libido 84

etiologia das neuroses 101

Reich 122

Linguagem de órgão (McLean) 135

Linhagens evolutivas 170

"Mãe morta" 209

Magnetismo animal 69

Masoquismo 340

Masoquismo guardião da vida 400, 447

Masoquismo mortífero 343

Mecanismos de defesa, 84, 91, 232, 269,

Megacolon funcional 220

Melancolia 240, 317

do anatomista 51

Mentalização 205, 234, 237, 267

classificação 263

Mericismo 208

Metapsicologia

modelo 95

implicações clínicas 396

Mitologia

adoecimento e cura 33

Monismo 64

principais correntes 66

Mosaico primitivo 183

Motricidade

do feto 171

bebê 181, 435

Ferenczi 111

Movimentos fetais 171

Multicausalidade

medicina da 144

Nanismo por sofrimento psicológico 219

"Não"

terceiro organizador, Spitz 187

Narcisismo 227, 231, 248

Necessidade

alucinação primitiva 200

Neonecessidades 226, 271

Neurastenia 91, 93

Neuroimunomodulação 142

Neuroses

bem mentalizadas 265

de angústia 91, 92, 93, 122

de caráter 274

de comportamento 266, 271

de órgão 111, 128

de mentalização incerta 273

diagnóstico diferencial 103

grau de complexidade 102

mal mentalizadas 271

mentais 268

obsessivas 88

Neuroses atuais 94, 102

características 92

Neuroses mistas 99, 103

Neuroses narcísicas 100

Neuroses traumáticas 93, 98

Neuroses vegetativas (F. Alexander) 129

Nidação biopsíquica 162

Nomeação, nomear 178, 436

Nomear, subverter, organizar

paradigma clínico 448

Normopatia 239, 320

Nosografia psicanalítica 89, 94, 99

Nosografia psicossomática 265

Núcleos psicossomáticos originários 170

Objeto

estágios, constituição 182

sonoro (Maiello)174

transicional 411

Objetos (fenômenos) transicionais 186

Ontogênese 153

Operadores

teórico, clínico, psicanálise 147

Organização cenestésica 184

Organização diacrítica 184

Organizadores psíquicos 182

Paradesinvestimento 332

Paradoxo fundamental 331

Para-excitações

barreira de contato 177

contratransferência 374

sono-sonho 202

Parentalidade

e desenvolvimento infantil 176

pré e perinatal 158

real e fantasmática 159

Particularidades habituais maiores 264

Parto 162

prematuro 169

Patoneurose (Ferenczi) 111

Pensamento operatório 238, 308, 438

Pensamento psicanalítico

meio médico, hospitalar 408

Percepção

celular 141

do feto 171

Perfis de personalidade 131

Perinatalidade 157, 172

Personalidade alérgica essencial 224

Personalidades infantis

manifestações psicossomáticas 135

Perspectiva evolutiva 153

Pesadelo 351

Pictograma (P. Aulagnier) 151

Pioneiros da psicossomática 121
  relação com psicanálise 107

Posição face a face 417

Pré-consciente 86, 155
  Espessura, fluidez, lacunas 237

Prematuridade 167

Prénatalidade 157

Preocupação materna primária 178

Primeira tópica 86, 87

Princípio de automação 183

Princípio de constância 63, 338

Princípio de prazer 105

Princípio de realidade 105, 185, 200

Processo originário (P. Aulagnier) 151

Processo primário 91

Psicofisiológicas (hipóteses) 134

Psicogênese
  questionamento 149

Psicologia pré-natal 170, 172

Psiconeuroimunologia 136, 143

Psiconeuroses (Neuropsicoses) 94, 102
  características 92

Psicoses 89

Psicoterapia
  e psicanálise 381
  primórdios 72
  funções 397
  oscilações da transferência 286

Psiquismo fetal
  controvérsia 174
  e perinatalidade 172

Puerpério 167

Pulsão
  "conceito-limite" 95

Pulsões
  de autoconservação 105
  de morte (função desintegradora) 105, 402
  de vida (função integradora) 105
  do ego 105
  sexuais 105

Reanimação libidinal 381, 414, 447

Recalcamento 84, 87, 88
  clínica 425

Recordar, repetir, elaborar
  paradigma clínico 447

Registros mnêmicos pré-natais 172

Regressões
  processo terapêutico 400
  psíquicas 275
  somáticas 278
  sono-sonho 201

Relação de objeto virtual 161

Relação funcional 154

Relação fusional
  biológica, pré-natal 166

Relação terapêutica 382, 402

Renascimento
  concepções médicas 46

Representação
  de coisa e de palavra 236
  ligação com afetos 86

Resíduos filogenéticos
  manifestações psicossomáticas 134

Resistência

Groddeck 115

Jeammet, P. 399

narcísicas 376

Reich 123

Rêverie 400

Sedução estruturante 414

Segunda tópica 119

Self (Winnicott) 178

Self imunológico 140

Sensorialidade do feto 171

Setting psicanalítico (v. Enquadre)

Sexualidade 83

Significantes enigmáticos (Laplanche) 414

Simbólico

sintoma psiconeurótico 91

Simbolização

Isso, Groddeck 115

Síndrome Geral de Adaptação (estresse) 135

Sintomas

significado e localizações 100

Sistema nervoso central

simpático e parasimpático 129

Situação antropológica fundamental (J. Laplanche) 173

Sofrimento 287, 325

Sonambulismo 71

Sonho

alucinação primitiva 200

organização, economia psicossomática 202

Sono

desenvolvimento, primeiros meses 201

paradoxal (REM) 200

Subversão libidinal 193, 199, 433

perturbações 437

Sucessão sindrômica 224

Técnica psicanalítica 100, 425

ampliação 94

indicações 101

Técnicas psicoterapêuticas mediadoras 296

Terapêutica psicanalítica

ampliação, Groddeck 118

Terror noturno 351

Thanatos (v. pulsão de morte)

Tópico (metapsicologia) 96

Trabalho de figurabilidade 399, 410

Trabalho de luto 257, 317

Trabalho do sonho

trabalho terapêutico 382

Trabalho do trespasse 257

Transcendência

do orgânico 191

pulsional 300

Transferência 373

comunicações primitivas 384

decepção transferencial 380

dimensões sensomotora e sensorial 384

matizes 285

natureza das angústias 384

trabalho psíquico 383

Transmissão transgeracional 161

Transparência psíquica (M. Bydlowski) 160

Transtornos alimentares 319

Transtornos mentais

na gestação 168

Trauma do nascimento 157

Trauma, traumatismo 97

Traumatismos pré-natais (J. Wilheim) 169

Unheimlich (v. estranho familiar)

Unidade funcional antitética (Reich) 123

Vazio depressivo 350

Vegetoterapia (Reich) 124

Violência e desenvolvimento fetal 168

Vitalismo 56

Vivências

intrauterinas 169

maternas e desenvolvimento fetal 167

sensório-perceptivas do feto 163

Zona conflitual nodal (F. Alexander) 129

Índice de autores e nomes[1]

Abraham, Karl 108

Abraham, Nicolas 404

Adler, Alfred 293

Ader, Robert 139

Aguida, Helly Angela
    Eu célula 140

Aisenstein, Marilia 13, 148, 401, 418
    "Arte da conversação" 415

Ajuriaguerra, Julian 172

Alexander, Franz 108, 120, 121, 125, 126, 128

Anzieu, Didier 162, 172

Arantes, Maria Auxiliadora A. C.
    estresse 135

Aristóteles
    alma e humores 36

Aulagnier, Piera 148, 166
    função do intérprete 178
    funções corporais 150
    paradesinvestimento 332

Avicena 44

Ballint, Michael 109

Bernard, Claude 63, 160, 173

Bernheim, Hippolyte 79, 80
    hipnotismo 72
    mestre de Freud 80

Bichat, François Xavier 58

Bleger, José 399, 408

Bouvet, Maurice
    identificações corporais 181

Bowlby, John 163

---

1 Este índice permite localizar e contextualizar no plano biográfico e/ou conceitual os principais autores e pensadores mencionados no livro. No caso de múltiplas incidências, cada uma é referida ao conceito abordado na respectiva passagem.

Braunschweig, Denise
   continência 382
   reanimação libidinal 381
Brazelton, Thomas Berry 179
   ambiente e desenvolvimento 158
Breuer, Joseph 78, 91
Brücke, Ernst 80
   mestre de Freud 75
Bydlowski, Monique M. 160

Cabannis, Jean Georges 59
Cannon, Walter 63
Cazeto, Sidnei José 72
Charcot, Jean Marie
   hipnose 79
   hipnose e histeria 73
   histeria 78
   mestre de Freud 77, 80
Chíron 34
Corvisart, Jean 60
Cramer, Bertrand 158, 175, 179
   ambiente e desenvolvimento 158
   equipamento de base 175

Darwin, Charles 75
   perspectiva evolutiva 153
David, Christian 148
De M´Uzan, Michel 14, 148
   escravos da quantidade 344
   trabalho do trespasse 257
Debray, Rosine,
   conjunção explosiva 279

Dejours, Christophe 148
   corpo erógeno 195
   subversão libidinal 193, 433
Descartes, René 52
Deutsch, Felix 108, 110, 120, 121
   anamnese associativa 125
Dunbar, Flanders 125, 158
   perfis de personalidade 130

Eiguer, Alberto
   transmissão transgeracional 161
Escosteguy, N. U.
   transmissão transgeracional 161
Esculápio 34
   Hipócrates 36
Ey, Henry
   monismo/dualismo 66

Fain, Michel 148
   atividade onírica 202
   censura do amante 190
   dimensão relacional 158
   motricidade 181
   sono-sonho 200
Fédida, Pierre 148
   condições para análise 397
   contratransferência 374, 419
   melancolia do anatomista 51
   psicoterapia e psicanálise 381
Ferenczi, Sándor 108, 109
   dispositivo clínico 395
   motricidade 111
   neuroses de órgão 110

patoneurose 111

psicanálise, doenças orgânicas 112

"sentir com" 372

Fernandes, Maria Helena

anorexia 193

clínica do transbordamento 319

corpo do analista 418

Ferraz, Flávio 188, 234, 239, 320

Fliess, Wilhelm 76, 89

Fontes Ivanise

psicanálise do sensível 418

Freud, Sigmund

apoio 193

Charcot e histeria 77

conflito e seus destinos 82

desamparo 193

dimensões tópicas 86

experiência de satisfação, ação específica 198

experiências do nascimento 157

Ferenczi 110

formação e primeiros anos como médico 75

funções do psiquismo 85

Groddeck 114

Liébeault e Bernheim 79

mecanismos das psiconeuroses 88

movimento psicanalítico 107

objeto da pulsão 180

o psíquico e o somático 81

paraexcitações 177

psiconeuroses e neuroses atuais 89, 99

pulsão e metapsicologia 95

pulsões de vida e de morte 104

sexualidade 83

setting psicanalítico 398

técnica psicanalítica, indicações, objetivos 394, 425

transferência 72

traumatismo 97

Fuks, Lucía 188, 189

Gachelin, Gabriel

emoção e imunidade 142

mediação psicossomática 142

self imunológico 140

Galeno 41

Ganhito, Nayra 201

Goethe 75

Golse, Bernard

marcas sensoriais pré-natais 173

transparência psíquica 160

Green, André 148

aparelho psíquico 399

enquadre, representação 412

função objetalizante 344

"mãe morta" 209

trabalho de ficurabilidade 399

Groddeck, Georg 108, 110, 113, 121

adoecimento 115

método terapêutico 118

o Isso 115, 119

Hahnemann, Charles 59

Halliday, James L. 126

ÍNDICE DE AUTORES E NOMES

Heinroth, Johan Christian 58
F. Deutsch 125
Hipócrates
juramento 34
teorias 36
Iaconelli, Vera
configurações identitárias 189
função parental 159

Jackson, John H.
perspectiva evolutiva 153
Jaspers, Karl 67
Jeammet, Philippe
manejo resistência 399
trabalho representativo 415
Jelliffe, Smith E. 110
Jones, Ernst 109
Jouvet, Michel
sono, sonho 200
Jung, Carl 293

Klein, Melanie 108
relações de objeto 162
Kreisler, Léon 148
anorexia neonatal 169
epigenética do corpo erógeno 193
função do ambiente 176
função materna 177
linhagens evolutivas 170
reciprocidade social 179
vivências gestacionais 168

Lacan, Jacques
estadio do espelho 247, 295
olhar relação terapêutica 417
Laplanche, Jean
significantes enigmáticos 414
situação antropológica
fundamental 173
repressão 88
Leboyer, Frédérick
Shantala 172
Leclaire, Serge
corpo erógeno 159, 195, 434
Lévy-Strauss, Claude
eficácia simbólica 72
Liébeault, Ambroise-Auguste 79
hipnotismo 72

Maiello, Suzanne
objeto sonoro, proto-objeto 173
Maimonides 44
Martins, Milton de Arruda
medicina da multicausalidade 143
Marty, Pierre
depressão essencial 238, 308
desenvolvimento humano 148
fixações orgânicas 166
função materna do terapeuta 381
hierarquização e função materna 184
mosaico primitivo 183
motricidade 181
organização e desorganização psicossomáticas 156

pensamento operatório 238, 308

pré-consciente 86

McDougall, Joyce 148

pacientes desafetados 239

doença somática 152

passagem do corpo à psique 150

Mesmer, Joseph Anton

magnetismo animal 69

Meynert, Theodor 77, 80

Missonier, Silvain

antecipação 160

estranhamento corporal na
gravidez 164

marcas intrauterinas 173

nidação biopsíquica 162

relação de objeto virtual 161

Montagu, Ashley

contato sensorial e sistema imune 179

estimulação tátil e
desenvolvimento 172

Morgagni, Giovanni 62

Nothnagel, Hermann 76, 80

Paracelso 46

Parcheminey, G.

psicogênese, questionamento 149

Paré, Ambroise 49

Pasteur, Louis 62

Pinel, Philippe 63

Piontelli, Alexandra

experiências intrauterinas 173

movimentos fetais 171

Platão

alma 35

método Hipocrático 37

Ranña, Wagner

cuidados maternos e
desenvolvimento 176

epigenética 170

organização pulsional e relações
objeto 192

Reich, Wilhelm 108,120

couraça do caráter 123

economia sexual, psiquismo,
funções vegetativas 121

vegetoterapia 124

Roetgen, Wilhelm 61

Rosenberg, Benno

masoquismo guardião da vida 400,

Sami Ali, M.

corpo imaginário 159, 195

Schilder, Paul

imagem corporal 112

Selye, Hans

síndrome geral de adaptação 135

Sigal, Ana Maria 188

Smadja, Claude

trabalho de somatização 401

Soulé, Michel

ambiente e desenvolvimento
infantil 158

498 ÍNDICE DE AUTORES E NOMES

Spitz, René 120
  desenvolvimento neurofisiológico, cavidade primária 184
  estágios constituição objetal, organizadores 182
  hospitalismo 179
Stahl, Georg Ernst 57
Stern, Daniel
  pré-história da criança e parentalidade 159
Sydenham, Thomas 55

Tabacof, Diana
  clínica da excitação 397
Torok, Maria 404

Uchitel, Myriam
  neurose traumática 97

Vesalius, Andreas 46
Vieira, Maria José Femenias
  estresse 135
Virchow, Rudolf 62

Wagner, Cláudio Melo
  resistências a W. Reich 124

Wilheim, Joana
  registros traumáticos pré-natais 169
  registros mnêmicos pré-natais 172
Winnicott, Donald W. 148
  ambiente e desenvolvimento 158
  ambiente e integração do self 178
  capacidade de estar só 190
  cuidados maternos e desenvolvimento 176
  espaço intermediário, potencial 385, 411
  fenômenos transicionais 186, 385
  o brincar e o corpo 194
  preocupação materna primária 162, 178
  psicoterapia e psicanálise 397

Ziwar, M.
  etiologia psicossomática 150
  psicogênese, questionamento 149
Zornig, Silvia
  pré-história da criança e parentalidade 159
Zweig, Stefan 23
  cura pelo espírito 73
  Mesmer e magnetismo animal 70

GRÁFICA PAYM
Tel. [11] 4392-3344
paym@graficapaym.com.br